图解交通事故赔偿认定

锁进宏 编著

法律出版社
LAW PRESS·CHINA
北京

图书在版编目（CIP）数据

图解交通事故赔偿认定 / 锁进宏编著 . -- 北京：法律出版社, 2025. -- ISBN 978-7-5244-0465-1

I. D922.145

中国国家版本馆 CIP 数据核字第 20252AE490 号

图解交通事故赔偿认定
TUJIE JIAOTONG SHIGU PEICHANG RENDING

锁进宏 编著

责任编辑 陈昱希
装帧设计 鲍龙卉
图书策划 王文娟 王社发
插 图 王文娟

出版发行 法律出版社	开本 710毫米×1000毫米 1/16
编辑统筹 法规出版分社	印张 30.25　字数 603千
责任校对 杨锦华	版本 2025年8月第1版
责任印制 耿润瑜	印次 2025年8月第1次印刷
经　　销 新华书店	印刷 固安华明印业有限公司

地址：北京市丰台区莲花池西里7号（100073）
网址：www.lawpress.com.cn　　　　　　　　　销售电话：010-83938349
投稿邮箱：info@lawpress.com.cn　　　　　　客服电话：010-83938350
举报盗版邮箱：jbwq@lawpress.com.cn　　　　咨询电话：010-63939796
版权所有·侵权必究

书号：ISBN 978-7-5244-0465-1　　　　　　　　定价：98.00元

凡购买本社图书，如有印装错误，我社负责退换。电话：010-83938349

前 言

在经济高速发展的现代社会中,交通事故已成为我们生活中一种常见的事件,当事故降临,作为当事人及其家属等,往往会被卷入一系列复杂的法律程序、保险理赔和情绪的旋涡中。

如何厘清责任?如何公平合理地赔偿?如何避免陷入漫长的纠纷?这些问题,常常让当事人感到焦虑、迷茫甚至无助。若缺乏交通事故赔偿方面的知识,当事人本该获得的权益可能无法得到充分、合理地保障。比如,在一个交通事故案例中(详见(2022)粤14民终270号民事判决书),受害人有可能获得40多万元的赔偿款项,但是由于其不清楚与交通事故赔偿相关法律法规及有关知识和方法,在调解阶段只获得了10多万元赔偿,法院判决生效,之后虽然申请再审,但法院未予支持。当事人由于相关知识欠缺给自己造成了一定的经济损失。

本书的初衷,正是为了帮助每一位普通人在遭遇交通事故后,能够冷静、清晰、正确、合理地维护自身合法权益。我们深知,法律条文对于非专业人士而言,往往如同迷宫般艰深晦涩,而情绪上的冲击更可能干扰理性判断。因此,本书的写作原则始终围绕三个核心:易懂、实用、可操作。

交通事故发生后,围绕"交通事故赔偿"会产生诸如找谁赔、赔多少、赔给谁、怎么赔等一系列问题,普通当事人对这些基本问题应该有个基本的了解认识,这样才能更好地维护自己的合法权益。

第一,找谁赔?即赔偿义务人问题。在交通事故中,肇事车辆驾驶人和保险公司通常是该事故中的赔偿义务人。此外,还有一些容易被忽略的赔偿义务人,包括驾驶人或肇事车辆所属单位、挂靠人、盗窃车辆者、道路管理单位等。如果在处理赔偿事宜中,没有明确所有的赔偿义务人,在进行赔偿协商或诉讼时,就极易出现各方相互推诿、推卸赔偿责任,遗漏赔偿义务人的情况。

尽管机动车大多投保了交强险、商业险等,在具体理赔环节保险公司也会一定程度地参与,然而保险公司毕竟是商业性单位,在理赔过程中当然也要考虑自身利益,在一些特殊情景下,如酒驾、无证驾驶或驾驶人行为属于保险免赔范围内的;在保险合同中有免责、免赔约定的,比如,私自改变车辆使用性质,用货车载人或用客运车载货等,若发生交通事故,保险公司也不承担赔偿责任,这时就容易引发侵权人、受害人和保险公司之间的纠纷。

第二，赔多少？即赔偿金额问题。作为受害人一方，如果当事人了解一些相关的基本知识，就会知道应该要求赔偿多少。作为普通当事人，有的可能获得赔偿数额较少，有的可能漫天要价，产生纠纷；而作为负有赔偿义务的一方，也会因为不清楚相关知识，纠结于到底赔多少，或希望少赔甚至不赔等问题。

第三，赔给谁？即赔偿权利人问题。这主要分为两种情形，一种是索赔者是否具备要求另一方当事人赔偿的权利。例如，受害人死亡且没有直系亲属，其他亲属提出赔偿要求等等。另一种是各赔偿权利人之间的赔偿金额分配问题。由于不同赔偿权利人的诉求和利益存在差异，如何公平、合理地分配事故赔偿金就成了一个棘手的问题，如果处理不当，不仅会损害部分赔偿权利人的合法权益，还可能引发新的矛盾和纠纷。

第四，怎么赔？即赔偿方式的问题。事故发生后，如何处理赔偿，大多当事人一头雾水，不知如何是好。处理赔偿的方式、途径有多种，比如当事人可以自行和解；可以向保险公司提出理赔申请；对损害赔偿有争议，可以申请公安交管部门进行调解；调解不成，当事人可以提起民事诉讼，由人民法院依法判决，这其中还涉及需要注意的一些问题，比如，是否要请律师；如何去请律师。这里需要注意的是，有的在事故发生后，当事人因多种原因，案件在法院审理前被个别不良代理人低价买断赔偿金，而当事人自己由于缺乏相关知识，造成自身权益受损。因此，我们应该选择正确、恰当、合理的赔偿方式和途径，争取获得最大权益。

交通事故赔偿环节，看似复杂，但要基本了解它并不难，关键是我们要多学习，读者通过阅读本书，可以比较全面、准确、快捷地掌握交通事故赔偿方面的基本知识，有效地指导我们理赔活动，最大限度地保护我们的合法权益。

最后，希望这本书能成为您手边的一盏灯，当交通意外发生时，它能照亮您的前路，帮助您减少焦虑，避开陷阱，在复杂的规则中找到属于自己的答案。愿这本书能赋予您足够的底气与智慧，让您在维权的路上走得更稳、更远。

鉴于编者水平有限，书中难免会有谬误之处，希望广大读者给予批评指正。本书在编写过程中，得到了我的同事和朋友们的大力支持，他们是：赵露露、周力、李勇军、陶晶晶、徐允喆、胡志鹏、李德良、周婷婷、计仕成等。在这里对他们的帮助致以由衷的感谢。

锁进宏
2025 年 6 月 16 日于合肥市交警支队

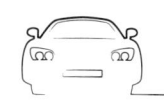

说明　常用名称全称简称对照表

序号	全称	简称
1	《中华人民共和国民法典》	《民法典》
2	《中华人民共和国保险法》	《保险法》
3	《中华人民共和国刑法》	《刑法》
4	《中华人民共和国民事诉讼法》	《民事诉讼法》
5	《中华人民共和国道路交通安全法》	《道路交通安全法》
6	《中华人民共和国道路交通安全法实施条例》	《道路交通安全法实施条例》
7	《道路交通事故处理程序规定》（中华人民共和国公安部令第146号）	《交通事故处理程序规定》
8	《机动车交通事故责任强制保险条例》	《交强险条例》
9	《最高人民法院关于审理人身损害赔偿案件适用法律若干问题的解释》（2022年修正）	《人身损害赔偿解释》
10	《最高人民法院关于审理道路交通事故损害赔偿案件适用法律若干问题的解释》（2020年修正）	《交通事故损害赔偿解释》
11	《道路交通事故认定书》	《事故认定书》
12	《道路交通事故证明》	《事故证明》
13	机动车交通事故责任强制保险	交强险
14	机动车第三者责任保险	商业三者险

目 录

第一章　交通事故赔偿责任的划分

01. 法院并非必须按照《事故认定书》的事故责任认定来划分赔偿责任 / 002
02. 交通事故的事故责任与赔偿责任的关系 / 004
03. 交通事故中有责任的行人或非机动车一方一般不需要赔偿机动车一方的损失 / 006
04. 非机动车与行人发生交通事故，赔偿责任的划分方法 / 008
05. 交通事故中无责任一方承担赔偿责任的情形 / 010
06. 交通事故中机动车一方能够免除或减轻赔偿责任的情形 / 012
07. 交通事故责任无法认定，赔偿责任的划分方法 / 014
08. 交通事故肇事者需要承担刑事责任的情形下对赔偿数额的影响 / 017
09. 多辆车发生交通事故，赔偿责任的划分方法 / 019
10. 擅自驾驶他人车辆发生交通事故，赔偿责任的划分方法 / 022
11. 机动车因超员、超载发生交通事故的赔偿责任的划分 / 024
12. 因道路管理维护、建设、施工问题导致的交通事故的赔偿责任的划分 / 026
13. 因道路上障碍物导致的交通事故赔偿责任的划分 / 029
14. 道路上的雾气、烟团导致的交通事故的赔偿责任的划分 / 031
15. 交通事故发生时当事人未戴安全头盔对赔偿责任的影响 / 033
16. 因交通信号设施故障造成交通事故的赔偿责任的承担 / 034
17. 达到报废标准的车辆发生交通事故的赔偿责任的划分 / 037
18. 因车辆存在缺陷导致交通事故的赔偿责任的划分 / 039
19. 交通事故中好意搭载的乘车人受伤的赔偿责任的划分 / 040

第二章　赔偿权利和赔偿责任主体

01. 赔偿义务人的确定 / 044
02. 车辆出租人需要承担交通事故赔偿责任的情形 / 046

03. 车辆出借人需要承担交通事故赔偿责任的情形 / 048

04. 挂名车主需要承担赔偿责任的情形 / 050

05. 挂靠车辆发生交通事故的赔偿责任承担对象 / 053

06. 驾驶人执行职务时发生交通事故的赔偿责任的承担对象 / 054

07. 有优先通行权的特种车辆发生交通事故的赔偿责任的承担对象 / 057

08. 事故救援期间发生的交通事故的赔偿责任的承担对象 / 059

09. 交通事故造成胎儿死亡，侵权人应承担的赔偿责任 / 061

10. 未办理过户手续的已转让车辆发生交通事故的赔偿责任的承担对象 / 063

11. 连环购车但未办理转移登记的车辆发生交通事故的赔偿责任的承担对象 / 065

12. 转让或多次转让拼装、报废的车辆发生交通事故，赔偿责任的承担对象 / 067

13. 驾校学员练车中发生交通事故的赔偿责任的承担对象 / 070

14. 交通事故肇事者属于无民事行为能力或限制行为能力人的赔偿责任的承担对象 / 072

15. 交通事故受害人属于无民事行为能力或限制行为能力人，要求赔偿的权利行使人 / 074

16. 交通事故中"顶包人"需要承担的赔偿责任 / 076

17. 肇事车为盗抢车辆的赔偿责任的承担对象 / 078

18. 使用伪造号牌或套牌机动车发生交通事故的赔偿责任的承担对象 / 081

19. 交通事故的肇事者已死亡，赔偿责任的承担对象 / 083

20. 交通事故的受害者已死亡的赔偿的对象 / 085

21. 身份不明的受害人死亡的赔偿 / 087

22. 交通事故中身份不明的肇事者死亡的赔偿 / 090

23. 交通事故中存在承揽关系的承揽人受伤的赔偿 / 092

24. 交通事故肇事者是单位雇员的赔偿 / 094

25. 快递、跑腿发生交通事故致他人受损的承担对象 / 097

26. 无人驾驶车辆发生交通事故的赔偿 / 099

27. 网约车、出租车发生交通事故致他人受损的赔偿 / 100

28. 公共交通工具发生交通事故致第三人损害的赔偿 / 103

29. 工伤赔偿和交通事故赔偿可以兼得的项目 / 104

30. 已获侵权赔偿的交通事故受害人仍可获人身保险赔偿 / 106

31. 分期付款购买的车辆肇事的赔偿责任 / 108

32. 亲友聚会出游所乘车辆发生交通事故的赔偿 / 111

33. 乘客上下车辆时发生交通事故受伤的赔偿责任 / 113

34. 乘车人擅自下车、跳车导致伤亡的赔偿 / 115

35. 试乘试驾过程中发生交通事故造成损害的赔偿责任 / 118

36. 乘坐配偶车辆发生交通事故导致受伤的赔偿责任 / 120

37. 旅游过程中发生交通事故时旅行社的赔偿责任 / 121

38. 医疗过失给交通事故伤者造成损害的赔偿 / 123

39. 涉外交通事故的赔偿责任 / 125

40. 交通意外事故的赔偿责任 / 127

41. 交通事故的连带责任 / 129

42. 外卖骑手送餐时发生交通事故受损，获得工伤赔偿的方式 / 132

43. 交通事故导致被保护的古树名木受损害的赔偿 / 134

44. 寄宿学生在外出途中遇到交通事故时学校应承担的赔偿责任 / 136

45. 交通事故发生时乘客未系安全带的赔偿 / 138

第三章　交通事故的保险理赔

01. 交通事故保险理赔流程 / 142

02. 交通事故的交强险与商业三者险的赔偿次序 / 143

03. 交强险第三人范围的界定 / 145

04. 交强险的赔偿范围 / 147

05. 肇事车辆未投交强险，投保义务人和侵权人是同一人的赔偿 / 149

06. 肇事车辆未投交强险，投保义务人和侵权人不是同一人的赔偿 / 151

07. 交通事故受害人直接向保险公司要求交强险赔偿 / 153

08. 多车之间发生交通事故的交强险赔偿 / 156

09. 交强险垫付后可向侵权人追偿的情形 / 158

10. 违法拒保、拖延承保或违法解除交强险合同的交强险赔偿的承担对象 / 160

11. 未投保交强险，实际侵权人承担赔偿责任后不能向投保义务人追偿 / 163

12. 交通事故中存在多个受害人的交强险赔偿 / 164

13. 未向投保人履行免责条款告知义务，保险合同中免责条款的有效性 / 166

14. 交强险人身伤亡保险金请求权不可转让 / 168

15. 保险公司在交通事故赔偿诉讼中诉讼地位的认定 / 170

16. 交强险过期未续保的保险赔偿 / 172

17. 保险人履行免责条款说明义务的判断 / 174

18. 投保人允许他人驾驶车辆造成投保人损害时，商业三者险的免赔认定 / 178

19. 牵引车和挂车连接使用时发生交通事故的保险赔偿 / 180

20. 交通事故肇事车辆已转让但未办理保险合同变更手续的保险赔偿 / 183

21. 交通事故肇事车辆在交强险有效期内改装的保险赔偿 / 185

22. 交通事故肇事者逃逸的保险赔偿 / 187

23. 交通事故发生后当事人未通知保险公司的保险赔偿 / 189

24. 交通事故受损车辆的维修费高于其实际价值的保险赔偿 / 191

25. 保险公司的追偿权 / 193

26. 肇事车辆拥有多份交强险的保险赔偿办法 / 196

27. 机动车商业险赔偿范围和理赔条件 / 199

28. 交通事故肇事车辆的投保人不是车主的保险赔偿 / 202

29. 机动车保险免责条款的生效条件 / 204

30. 车辆自燃的保险赔偿 / 207

31. 车辆被盗抢损毁的盗抢险赔偿 / 209

32. 改变使用性质的车辆发生交通事故的保险免赔认定 / 211

33. 超载车辆发生交通事故的保险赔偿认定 / 213

34. 交通事故肇事者准驾车型不符的保险赔偿认定 / 215

35. 机动车商业险理赔的前置条件 / 216

36. 交通事故肇事车辆未注册或没年检，商业保险免赔的情形 / 219

37. 交通事故的被保险人未通知投保车辆危险程度增加，商业保险可免赔 / 221

38. 解除机动车保险合同与撤销机动车保险合同的区别 / 224

39. 交通事故当事人骗保的后果 / 227

40. 交通事故受害人死亡时，过继的晚辈要求保险公司赔偿的认定 / 229

第四章　交通事故的财产损失赔偿

01. 交通事故财产损失赔偿范围 / 234

02. 交通事故财产损失的分类 / 234

03. 车辆价值的鉴定 / 238

04. 交通事故中车辆损坏程度与赔偿数额的关系 / 240

05. 车辆贬值损失应当赔偿的情形 / 242

06. 交通事故导致车内设施损坏的赔偿认定 / 245

07. 车辆爆胎损失的赔偿认定 / 245

08. 交通事故导致车内动物伤亡损失的赔偿 / 246

09. 未按规定牵引的宠物被车辆碰撞伤亡的赔偿 / 248
10. 物流公司擅自转包的货物因交通事故受损的赔偿 / 250

第五章　交通事故的人身损害赔偿

01. 交通事故受害人医疗费的认定与计算 / 254
02. 交通事故受害人医疗费的支付方式 / 256
03. 交通事故肇事者逃逸，医疗费的支付办法 / 258
04. 交通事故伤者的非医保用药费用的承担主体 / 259
05. 交通事故伤者后续治疗费的认定与计算 / 261
06. 交通事故伤者护理期的确定 / 264
07. 交通事故伤者护理依赖程度的确定 / 265
08. 交通事故伤者的护理级别 / 266
09. 交通事故伤者的护理费的认定与计算 / 267
10. 交通事故伤者住院伙食补助费的认定与计算 / 269
11. 交通事故伤者的营养费的认定与计算 / 270
12. 交通事故伤者误工费的认定与计算 / 272
13. 交通事故伤者的残疾辅助器具费的认定与计算 / 274
14. 交通事故中交通住宿费的认定与计算 / 276
15. 交通事故伤者的鉴定费的认定与计算 / 278
16. 交通事故伤者的伤残赔偿金的认定与计算 / 280
17. 交通事故受害人精神损害抚慰金的认定与计算 / 283
18. 交通事故的死亡赔偿金的认定与计算 / 286
19. 交通事故丧葬费的认定与计算 / 287
20. 交通事故中被扶养人生活费的认定与计算 / 288
21. 超过法定工作年龄计算交通事故受害人的误工费 / 291
22. 交通事故发生后受害人自杀死亡的赔偿 / 292

第六章　交通事故伤残鉴定

01. 需要做伤残鉴定的损伤 / 296
02. 交通事故的伤残鉴定流程 / 298

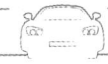

03. 交通事故损伤参与度 / 301

04. 交通事故的损伤参与度与外伤参与度的区别 / 303

05. "损伤参与度"减免交通事故赔偿责任的情形 / 304

06. 交通事故伤者选择伤残鉴定的时机 / 306

07. 交通事故伤者的医疗终结时间 / 309

08. 交通事故鉴定的项目 / 310

09. 精神损害的鉴定 / 315

10. 选择伤残鉴定机构需要注意的事项和方式 / 316

11. 误工期的鉴定 / 318

12. 鉴定交通事故受害人的营养期的依据和方法 / 319

13. 交通事故护理期的鉴定 / 321

14. 交通事故当事人对鉴定结果有异议的处理 / 322

15. 交通事故受害人的伤残鉴定费由谁承担？/ 324

第七章　交通事故受害人的伤残划分依据及鉴定标准

01. 一级伤残的划分依据及鉴定标准 / 328

02. 二级伤残的划分依据及鉴定标准 / 333

03. 三级伤残的划分依据及鉴定标准 / 338

04. 四级伤残的划分依据及鉴定标准 / 342

05. 五级伤残的划分依据及鉴定标准 / 347

06. 六级伤残的划分依据及鉴定标准 / 353

07. 七级伤残的划分依据及鉴定标准 / 359

08. 八级伤残的划分依据及鉴定标准 / 365

09. 九级伤残的划分依据及鉴定标准 / 371

10. 十级伤残的划分依据及鉴定标准 / 378

11. 伤者损伤程度与个体能力对应的伤残等级 / 385

第八章　交通事故的证据

01. 交通事故需要证明的事实 / 388

02.《事故认定书》的解读 / 390

03. 交通事故的证据类型 / 391

04. 交通事故证据的取得途径 / 395

05. 交通事故赔偿诉讼中的举证责任和举证期限 / 398

06. 交通事故证据的保全 / 401

07. 交通事故的证据交换 / 404

08. 交通事故证据的分析和判断 / 406

09. 交通事故常用证据目录表 / 408

第九章　交通事故赔偿的自行协商与调解

01. 交通事故赔偿的自行协商 / 410

02. 交通事故赔偿的自行协商的范围及注意事项 / 411

03. 交通事故调解流程 / 413

04. 无关人员旁听交通事故赔偿的调解 / 417

05. 调解的条件 / 418

06. 交通事故赔偿的调解开始时间 / 419

07. 交通事故赔偿中不适用调解的情形 / 419

08. 交通事故赔偿调解协议的效力 / 420

09. 交通事故当事人达成调解协议后又反悔的处理 / 421

第十章　交通事故赔偿案件的起诉、应诉和反诉

01. 交通事故案件适格诉讼主体的确定 / 426

02. 交通事故赔偿诉讼案件管辖法院的确定 / 428

03. 交通事故赔偿诉讼时效 / 429

04. 交通事故当事人向法院起诉 / 430

05. 交通事故赔偿受理立案的流程 / 430

06. 交通事故赔偿案件诉讼文书送达的方式 / 431

07. 交通事故赔偿案件中当事人申请审判人员回避的情形 / 433

08. 交通事故赔偿案件的保全申请 / 435

09. 交通事故赔偿案件的开庭审理的环节 / 438

10. 交通事故赔偿案件常见的上诉理由 / 439

11. 交通事故赔偿案件的二审流程 / 441

12. 交通事故赔偿案件的二审调解步骤 / 443

13. 交通事故赔偿案件的强制执行 / 443

14. 交通事故赔偿案件的被告人应诉前的准备 / 444

15. 被告人在交通事故赔偿案件中的质证 / 445

16. 交通事故赔偿案件的反诉 / 448

17. 交通事故赔偿案件的诉讼缴纳费用 / 450

附　录　交通事故常用文书

01. 道路交通事故认定书 / 454

02. 交通事故认定复核申请书 / 456

03. 民事起诉状 / 457

04. 民事答辩状 / 458

05. 民事上诉状 / 459

06. 伤残鉴定申请书 / 460

07. 变更诉讼请求申请书 / 461

08. 当事人自行协商交通事故协议书 / 462

09. 公安交通管理简易程序处罚决定书 / 463

10. 交通事故损害赔偿调解申请书 / 464

11. 交通事故赔偿协议书 / 465

12. 执行申请书 / 466

13. 财产保全申请书 / 467

14. 证据保全申请书 / 468

15. 网络查控申请书 / 469

16. 回避申请书 / 470

CHAPTER 1

第一章
交通事故赔偿责任的划分

01 法院并非必须按照《事故认定书》的事故责任认定来划分赔偿责任

专业解答

在有关交通事故赔偿的司法实践中，多数情况下，法院经过调查了解，会确认《事故认定书》的事实。但法院并非必须按照《事故认定书》的责任认定来划分当事人的赔偿责任。在案件审理中，法院需要综合案件事实、在案证据以及当事人陈述来依法对《事故认定书》的证明力度进行审查和确认。如果确定《事故认定书》的责任认定没有异议，则按照《事故认定书》的责任认定来划分赔偿责任；如果《事故认定书》的责任认定确实存在不公正情形，则法院可以重新划分事故责任，进而重新划分赔偿责任。

2012年全国高级人民法院民一庭庭长座谈会上的总结中提到，"一般而言，交警部门作出的交通事故认定书，载明了案件的基本事实，并对各方应承担的责任作出了认定，这是交警部门通过现场勘查、调查取证后作出的认定，该证据的效力较高，在庭审质证中，除非对此提出异议的当事人举出足够充分的证据，一般应当作为据以定案的证据。但是，对于确实存在疑点的案件，我们也不能仅凭交警部门的有关鉴定就草率下结论，而是要正确运用证据规则，对包括公安机关出具的鉴定在内的有关鉴定结论，综合案件的具体情况，充分运用各种技术手段判定是否可以采信。"由此看出，《事故认定书》只作为交通事故民事赔偿案件的证据使用，是否采信，要看法官的判断。

案例链接 （2023）黔民再21号民事判决书

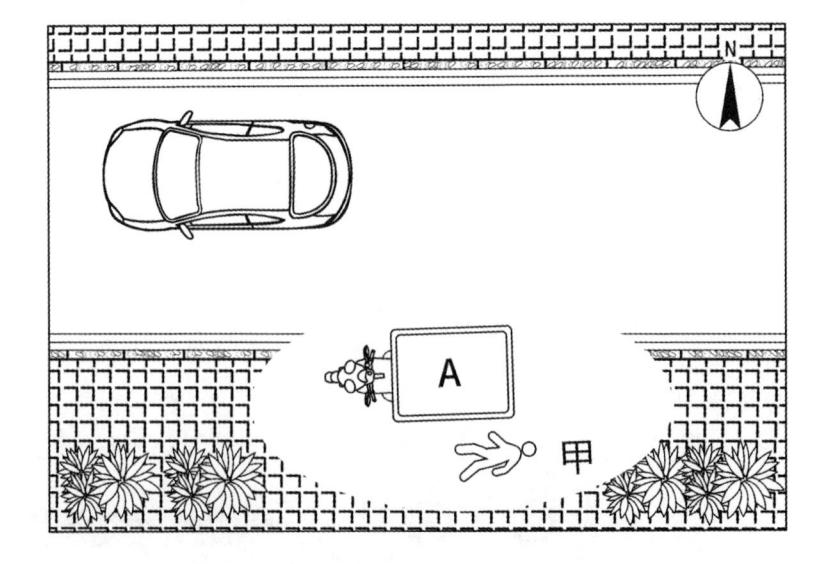

如图所示，20××年6月12日，A车驾驶人驾驶三轮载货摩托车A搭载乘客甲行驶至甲家门口时停车，后下车打开货箱侧门准备卸货，A车驾驶人让甲下车，发生甲下车过程中从车上摔下受伤的交通事故。当事人过错行为、事故责任和赔偿比例的关系见表1–1。

表1–1 过错行为、事故责任和赔偿比例的关系

当事人	交警认定		法院认定	
	过错行为	事故责任	过错行为	赔偿比例
A车驾驶人	1. 驾驶无号牌三轮摩托车； 2. 违法载客	全部	1. 驾驶无号牌三轮摩托车； 2. 违法载客； 3. 车辆侧门未锁牢	60%
甲	无	无	没有尽到安全注意义务	40%

后双方因赔偿事宜协商未果，甲向法院起诉，请求判令A车驾驶人赔偿其因此事故造成的全部损失。

A车驾驶人辩称，本案并不是机动车交通事故责任纠纷案件。首先，A车搭载甲行驶至甲家门口，A车驾驶人停车、熄火，下车搬运货物，甲自行从停止状态的A车上下车时不慎摔倒，不属于交通事故。其次，本案中违法载人行为从A车驾驶人停车、熄火下车时就已经结束，车已经呈停止状态，造成损害的原因是甲自行下车，A车驾驶人的行为与甲的损害结果之间没有因果关系。

法院认为

本案是否属于机动车交通事故责任纠纷，并不影响法院对本案责任划分的认定。

《交通事故损害赔偿解释》第24条规定："公安机关交通管理部门制作的《事故认定书》，人民法院应依法审查并确认其相应的证明力，但有相反证据推翻的除外。"《事故认定书》在民事诉讼中的性质是证据，其证据属性应为书证，因此《事故认定书》并非当然作为民事诉讼中认定案件事实的依据，作为交通事故损害赔偿案件中的证据，应当经过质证后，由法院审查确定其证据能力和证明力。因此即便本案属于机动车交通事故责任纠纷，已经存在交警部门出具案涉《事故认定书》，也并不影响法院对本次事故责任重新作出划分。案涉《事故认定书》认定A车驾驶人承担事故全部责任，并不妥当。本案中，A车驾驶人对案涉车辆管理不善，使车辆侧门突然打开，存在过失，但并非故意或重大过失。同时，甲作为完全民事行为能力人，在准备下车过程中有必要的安全注意义务，甲在准备下车时没有注意做好自我保护，倚靠侧门，使自身重心失衡，也是其摔伤的次要原因，其本身行为也对其摔伤存在一定过错，按照过错程度与原因力，应当承担15%的过错责任。综上，《事故认定书》认定A车驾驶人承担本次交通事故的

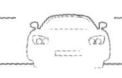

全部责任，甲无责任，不妥当，法院予以纠正。根据过错程度，A 车驾驶人承担本次事故 85% 赔偿责任，但是 A 车驾驶人对甲的搭乘，属于好意免费搭乘，并且其对事故发生并无故意和重大过失，根据《民法典》第 1217 条的规定，可以减轻其 25% 的赔偿责任，故最终 A 车驾驶人应当承担本次事故 60% 的赔偿责任。

总　结

本案中，法院认为交警出具的《事故认定书》中的事故责任认定不妥当，就通过梳理、分析双方当事人在事故中的过错大小并依据《民法典》的有关规定划分了赔偿责任。

02 交通事故的事故责任与赔偿责任的关系

专业解答

赔偿责任的比例通常根据事故责任认定来确定。一般来说，承担全部责任的一方需要承担 100% 的赔偿责任。但《道路交通安全法》第 76 条规定，机动车与非机动车驾驶人、行人之间发生交通事故时，即便机动车一方没有过错，也需要承担不超过 10% 的赔偿责任。

下面是交通事故责任与赔偿比例的关系具体内容，见表 1-2.1。

表 1-2.1　事故责任与赔偿比例的关系（仅供参考）

事故类型	事故责任	责任方	赔偿比例	说明
机动车与非机动车或行人	全部责任与无责任	全责方	100%	
		无责方	机动车 ≤ 10%	机动车无责，要承担不超过 10% 的赔偿责任
	主要责任与次要责任	主责方	90%~80%	有重大过失，如酒驾、无证驾驶、严重超速等
		次责方	10%~20%	有轻微过失，如没有注意道路安全等
		主责方	80%~70%	有重大过失
		次责方	20%~30%	有一般过失，如没有保持足够的安全距离、没有充分注意交通信号等
		主责方	70%~60%	有较大过失，如频繁违规变道等
		次责方	30%~40%	有明显过失，如违规掉头等
	同等责任	责任方 1	40%~60%	双方的过错严重程度大致相当的，如都是一般过失的或都是严重过失的情况
		责任方 2	40%~60%	

续表

事故类型	事故责任	责任方	赔偿比例	说明
机动车与机动车	全部责任	全责方	100%	一方无过失
		无责方	0	
	主次责任	主责方	90%~70%	有重大过失
		次责方	10%~30%	有轻微或一般过失
	同等责任	责任方1	50%	双方过错严重程度相当
		责任方2	50%	

案例链接　（2024）浙03民终2521号民事判决书

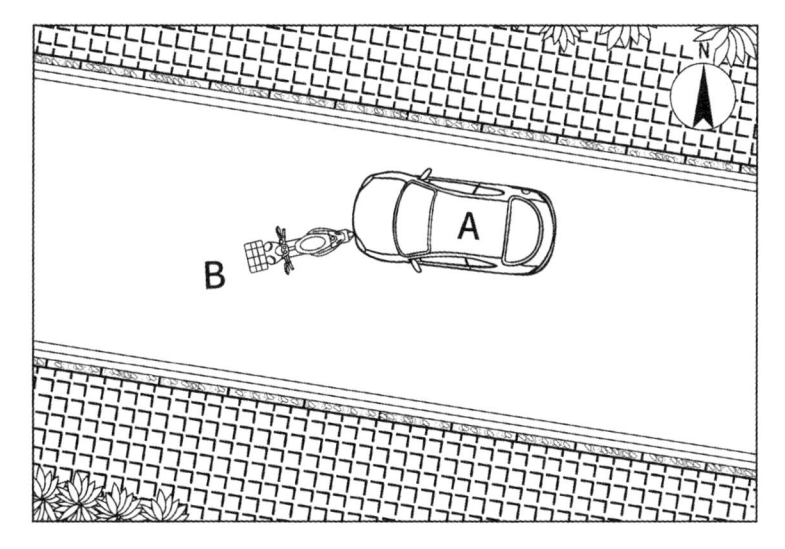

如图所示，20××年6月27日，A车驾驶人在驾驶证丢失期间，饮酒驾驶A车超员、超速行驶至某路段时，遇右前方B车驾驶人驾驶电动车B向左斜向横过机动车道左转弯时，A车左前部与B车后部发生碰撞，造成B车驾驶人受伤及两车损坏的道路交通事故。当事人过错行为、事故责任和赔偿比例的关系见表1-2.2。

表1-2.2　过错行为、事故责任和赔偿比例

当事人	过错行为	事故责任	赔偿权利	赔偿义务	赔偿比例
A车驾驶人	1. 驾驶证丢失期间开车； 2. 饮酒驾驶； 3. 超员； 4. 超速	主要		有	80%
B车驾驶人	横过机动车道	次要	有		20%

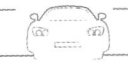

双方协商赔偿未果后，B 车驾驶人向法院起诉，请求判令 A 车驾驶人赔偿其各项损失，A 车保险公司在保险范围内先行承担赔偿责任。

法院认为

本案当事人双方对《事故认定书》认定的事故责任没有异议，法院予以确认。至于赔偿责任，法院认为，从 B 车驾驶人、A 车驾驶人行为与导致损害发生的原因力来看，非机动车一方造成机动车一方损失的因果关系更小、原因力更弱，从过错来看，由于机动车驾驶人是该高速运输工具便利利益拥有者及"高速危险"结果的控制者，故应是侵害发生的行为主体及责任主体。

结合本案的事故原因、保险情况等，根据《道路交通安全法》第 76 条的规定，判定 B 车驾驶人自行承担 20% 的赔偿责任。A 车驾驶人承担 80% 的赔偿责任。A 车保险公司应先在交强险限额范围内赔付 B 车驾驶人，对于 B 车驾驶人超出交强险部分的损失，由 A 车保险公司在商业险责任限额内按照 80% 的比例赔付给 B 车驾驶人，仍有不足的，由 A 车驾驶人按照 80% 的比例赔付给 B 车驾驶人。

总　结

在当事人对事故责任划分没有异议的情况下，赔偿比例会参照事故责任大小来划分。本案中，双方当事人分别承担事故主要责任和次要责任；法院再根据双方行为的因果关系大小、原因力强弱和过错严重程度，确定了当事人分别承担的赔偿责任比例。

03 交通事故中有责任的行人或非机动车一方一般不需要赔偿机动车一方的损失

专业解答

对于承担事故责任的行人或非机动车，是否需要赔偿机动车一方的损失这个问题，答案是一般不需要赔偿。根据《民法典》第 1208 条的规定："机动车发生交通事故造成损害的，依照道路交通安全法律和本法的有关规定承担赔偿责任。"机动车一方向行人或非机动车一方索赔，需要依据《道路交通安全法》的规定。而《道路交通安全法》没有关于机动车一方可以向行人或非机动车一方主张赔偿的法律规定，只有第 76 条规定了减轻机动车一方责任的情形。实践中，有些地方基层法院依据《民法典》第1165条的规定支持机动车一方的赔偿请求，有的地方则依据《道路交通安全法》的规定不予支持。但总体来说是不支持，或在上诉中被改判不支持。

案例链接 （2021）沪74民终933号民事判决书

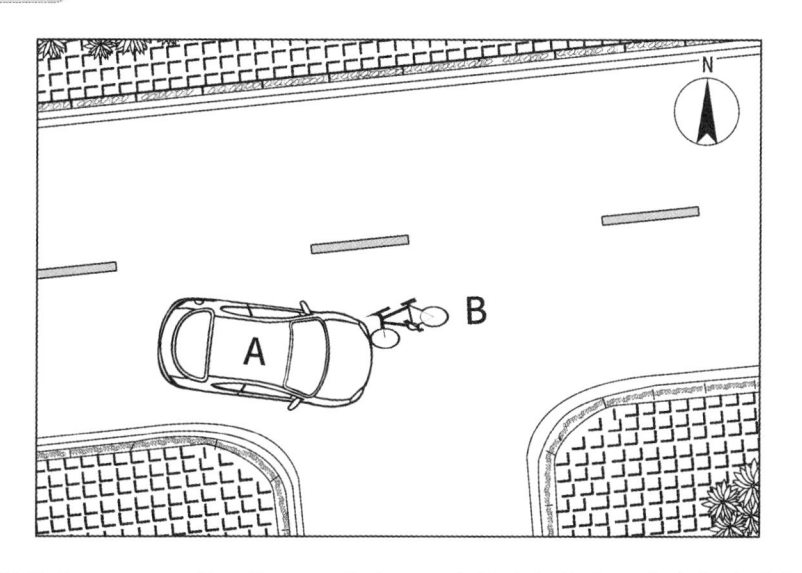

如图所示，20××年1月28日上午，A车驾驶人驾驶A车在某路段向右转弯时，与逆向行驶的自行车B发生碰撞，双方车辆均有不同程度的损坏，B车驾驶人腿部受轻微伤。当事人过错行为、事故责任和赔偿比例的关系见表1-3。

表1-3 过错行为、事故责任和赔偿比例的关系

当事人	车辆类型	过错行为	事故责任	赔偿比例
A车驾驶人	机动车	未确保安全驾驶	同等	50%
B车驾驶人	非机动车	逆行	同等	0

A车驾驶人就A车损坏赔偿事宜向法院起诉，要求B车驾驶人承担赔偿责任。

法院认为

在机动车与非机动车发生交通事故时，非机动车所遭受的危险性远远高于机动车一方，非机动车一方的过错基本在减轻机动车一方的赔偿责任中予以考量。法律法规通过引导机动车投保商业三者险、车辆损失险等方式，已经实现了机动车一方自身财产损失风险的分担和转移，从出于平衡各方利益的角度考虑，法律并未规定非机动车驾驶人需根据自己的过错赔偿机动车一方的车辆损失。从双方行为与导致损害发生

的原因力来看，非机动车一方造成机动车一方损失的因果关系更小、原因力更弱。从当事人的过错来看，由于机动车所有人或驾驶人是该高速运输工具便利利益的拥有者及"高速危险"结果的控制者，故应是该侵害发生的行为主体及责任主体。结合本案的事故原因、保险情况等，尽管交警认定双方当事人承担事故同等责任，但在 B 车驾驶人不存在主观故意等情况下，不宜支持 A 车驾驶人向 B 车驾驶人的损害赔偿诉求。

总 结

本案中，机动车驾驶人要求有过错的非机动车驾驶人承担赔偿责任，但法院认为该主张缺乏法律依据，并且非机动车一方不是故意的，故法院不支持机动车驾驶人的该项主张。

04 非机动车与行人发生交通事故，赔偿责任的划分方法

专业解答

非机动车与行人之间发生交通事故，首先需要根据双方在事故中的过错行为和过错严重程度来确定当事人的事故责任，其次参照事故责任划分双方的赔偿比例。行为人因过错侵害他人民事权益造成损害的，应当承担侵权责任；给他人造成人身损害的，应赔偿医疗费、误工费、营养费、伙食补助费、护理费、交通费等为治疗和康复支出的合理费用。造成残疾的，应当赔偿残疾赔偿金；侵害人身权益造成严重精神损害的，还应当赔偿精神损害抚慰金。在划分赔偿责任时，应综合考虑双方违反交通安全法规的情形、双方行进的方式，并依照《民法典》第 1165 条、第 1173 条、第 1179 条、第 1183 条，以及《道路交通安全法》《道路交通安全法实施条例》的相关规定，酌情确定赔偿责任比例。

第一章 交通事故赔偿责任的划分

案例链接 （2024）冀01民终6284号民事判决书

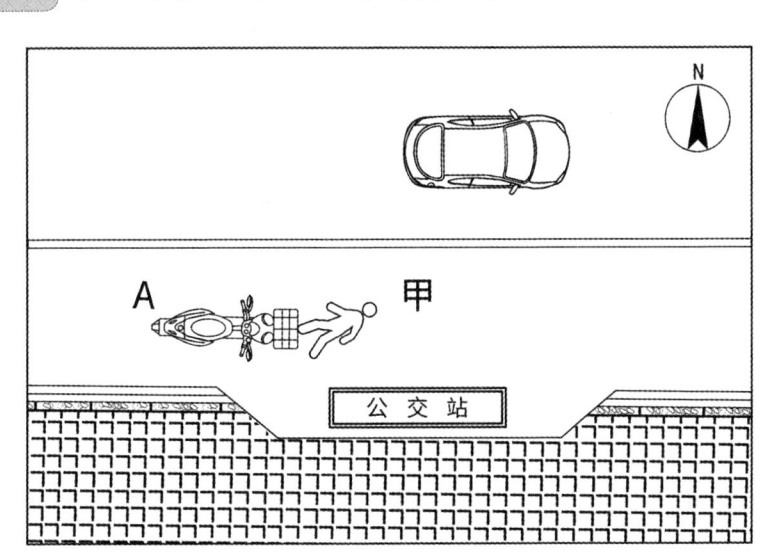

如图所示，20××年6月20日，A车驾驶人驾驶电动车A沿某道路南侧非机动车道由西向东行驶至某公交站东侧处时，将由南向北步行横过非机动车道的行人甲撞倒在地，致甲倒地受伤。因事发地方无监控，双方对事故发生经过陈述不一致，交警未划分事故责任，只出具了《道路交通事故证明》。

甲向法院起诉，要求A车驾驶人赔偿医疗费、营养费、伙食补助费、伤残赔偿金、精神损害抚慰金、交通费、鉴定费等各项费用。

法院认为

行为人因过错侵害他人民事权益造成损害的，应当承担侵权责任；给他人造成人身损害的，应赔偿医疗费、误工费、营养费、伙食补助费、护理费、交通费等为治疗和康复支出的合理费用；造成残疾的，应当赔偿残疾赔偿金；侵害人身权益造成严重精神损害的，还应当赔偿精神损害抚慰金。

法院根据已有证据和日常经验，在本次事故发生时，A车驾驶人作为非机动车的驾驶人应当具备安全出行的意识，在途经公交站上下车乘客流量较大的情况下，应及时采取减速、避让等安全措施。而甲在通过非机动车道时，也应谨慎观察道路状况，确保安全通行。现双方均未尽到安全注意义务，并导致了甲因本次交通事故受伤达到九级伤残，法院酌情划分双方当事人的事故责任和赔偿比例。（具体关系见表1-4）

表 1-4　事故责任和赔偿比例的关系

当事人	事故责任	赔偿权利	赔偿义务	赔偿比例
A 车驾驶人	主要		有	65%
甲	次要	有		35%

总　结

本案中，虽然交警部门未划分事故责任，但法院可以根据已有证据和经验，分析判断出双方当事人在事故中都存在过错，并依据双方的过错程度等划分赔偿责任的比例。

05 交通事故中无责任一方承担赔偿责任的情形

专业解答

根据《道路交通安全法》第 76 条的规定，在机动车与机动车之间发生的事故，无事故责任的一方不需要承担赔偿责任。在机动车与非机动车、行人之间发生事故，非机动车或行人无事故责任的，不需要赔偿；无事故责任一方是机动车的，机动车一方需要承担不超过 10% 的赔偿责任；若交通事故是由非机动车驾驶人、行人故意碰撞机动车造成的，则机动车一方不需要承担赔偿责任。

而在非机动车与行人的交通事故中，无事故责任方不需要承担赔偿责任。

但在某些特定情形下，无事故责任方也可能需要承担一定的赔偿责任。根据交强险的规定，即使被保险人在交通事故中无责任，也要在交强险无责赔偿限额内对受害人进行赔偿。例如，在机动车与机动车之间发生交通事故时，无责方的交强险要对对方的人身伤亡在无责任死亡伤残赔偿限额（18000 元）、无责任医疗费用赔偿限额（1800 元）、无责任财产损失赔偿限额（100 元）范围内进行赔偿。

对于机动车与非机动车、行人之间发生交通事故，交强险无责赔偿限额相应也会适用，以保障受害人能得到一定程度的补偿。

第一章 交通事故赔偿责任的划分

案例链接 （2024）陕 0423 民初 718 号民事判决书

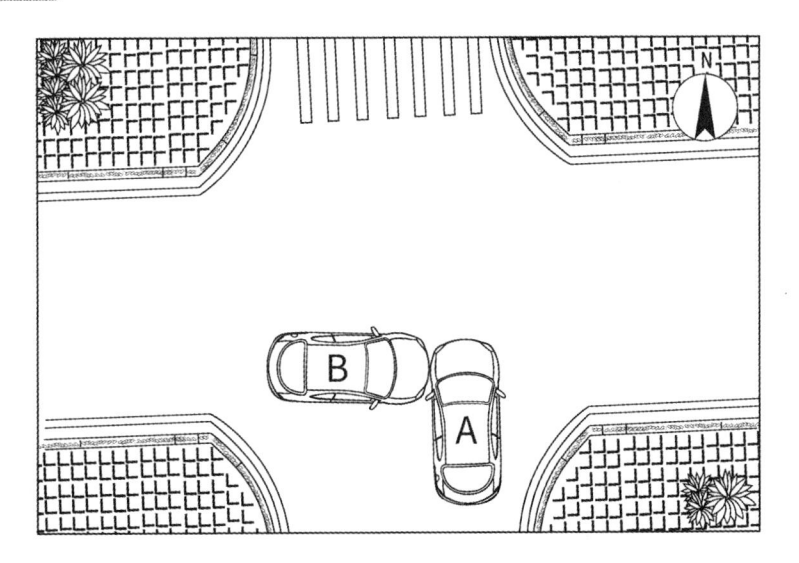

如图所示，20××年6月7日，A车驾驶人驾驶A车由南向北行驶至某交叉路口时，因违反机动车交通信号灯与由西向东行驶B车驾驶人驾驶的B车发生碰撞，造成A车驾驶员、乘车人甲受伤，且两车受损的道路交通事故。当事人过错行为、事故责任和赔偿比例的关系见表1-5。

表1-5 过错行为、事故责任和赔偿比例的关系

当事人	过错行为	事故责任	赔偿义务	交强险赔偿比例
A车驾驶人	违反机动车交通信号灯	全部	有	100%
B车驾驶人	无	无		
乘车人甲	无	无		
B车保险公司		无	有	≤10%

交警出具的《事故认定书》认定，A车驾驶人承担全部责任，B车驾驶人无责任，甲无责任。

甲向法院提出诉讼请求：判令B车驾驶人及B车保险公司在交强险限额内共同赔偿甲各项损失。

法院认为

根据交通事故责任认定，A车驾驶人承担全部责任，B车驾驶人无责任，甲无责任。因事故发生时B车投保了交强险，B车驾驶人无责任时B车保险公司需要在交强险无责限额内承担赔偿责任，故法院支持甲的主张。

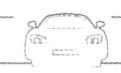

总　结

从本案可以看出，尽管机动车驾驶人不承担事故责任，但按照规定，其保险公司依然需要在交强险范围内承担不超过 10% 的赔偿责任，也就是交强险无责限额赔偿。

06 交通事故中机动车一方能够免除或减轻赔偿责任的情形

专业解答

在机动车与非机动车、行人之间发生交通事故，非机动车、行人一方存在过错的情况下，机动车一方可以减轻赔偿责任。《民法典》第 1173 条规定："被侵权人对同一损害的发生或者扩大有过错的，可以减轻侵权人的责任。"《道路交通安全法》第 76 条也有相关规定。

在非机动车驾驶人、行人故意碰撞机动车的情况下，如自杀、碰瓷等，机动车可以免除赔偿责任。《民法典》第 1174 条规定："损害是因受害人故意造成的，行为人不承担责任。"同时，《道路交通安全法》第 76 条规定："交通事故的损失是由非机动车驾驶人、行人故意碰撞机动车造成的，机动车一方不承担赔偿责任。"

造成交通事故的原因是第三人的过错，那么机动车能够免除或减轻赔偿责任。《民法典》第 1175 条规定："损害是因第三人造成的，第三人应当承担侵权责任。"

机动车一方出于好意，免费让人搭乘时造成搭乘人受到损害的，也能够减轻机动车驾驶人的赔偿责任。《民法典》第 1217 条规定："非营运机动车发生交通事故造成无偿搭乘人损害，属于该机动车一方责任的，应当减轻其赔偿责任，但是机动车使用人有故意或者重大过失的除外。"

除上述法律法规规定情况外，机动车一方可以免除或减轻赔偿责任的情形还包括在交通事故中存在不可抗力的因素，如发生地震、台风、洪水等自然灾害；非机动车驾驶人、行人的行为超出正常可预见范围的，如突然摔倒、在道路上突发疾病等。（具体见表 1-6.1）

第一章 交通事故赔偿责任的划分

表 1-6.1 机动车一方能够免除或减轻赔偿责任的情形

情形	免除赔偿	减轻赔偿
非机动车驾驶人、行人有过错		是
非机动车驾驶人、行人主观故意	是	
存在第三方过错	是	（或者）是
机动车好意搭乘		是
自然灾害		是
非机动车驾驶人、行人行为不可预见		是

案例链接（2024）云 07 民终 124 号民事判决书

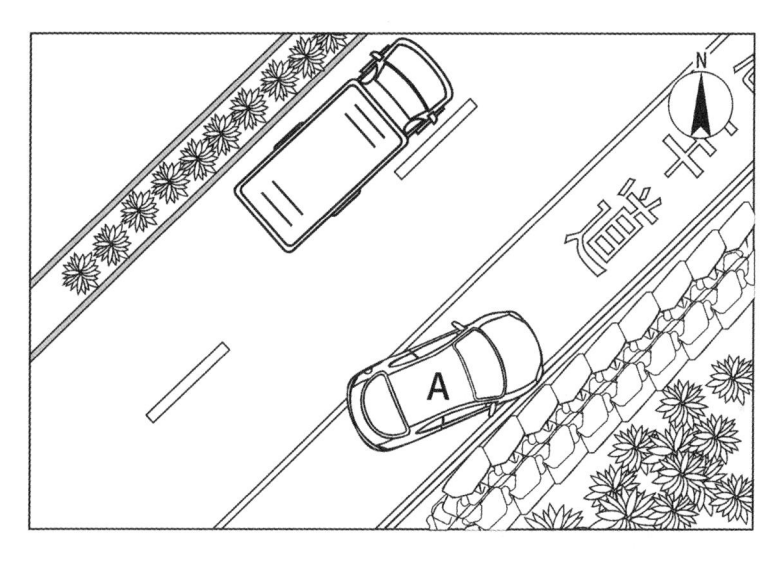

如图所示，20×× 年 9 月 29 日，A 车驾驶人驾驶 A 车搭乘甲在高速公路行驶途中因车辆驶出路面与道路东侧挡墙碰撞，造成 A 车驾驶人和甲死亡且车辆受损的交通事故。双方当事人的过错行为、事故责任和赔偿比例的关系见表 1-6.2。

表 1-6.2 过错行为、事故责任和赔偿比例的关系

当事人	过错行为	事故责任	赔偿比例 减轻前	赔偿比例 减轻后	减轻赔偿原因
A 车驾驶人	1. 未按照操作规范安全驾驶 2. 过度疲劳驾驶机动车上道路行驶	全部	100%	80%	好意搭乘
乘车人甲家属		无			

甲家属向法院提起诉讼，要求 A 车驾驶人家属赔偿因本次交通事故给甲家属造成的各项损失。

013

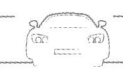

法院经审理认为，案涉交通事故中 A 车驾驶人承担全部责任，因 A 车驾驶人已在交通事故中死亡，A 车驾驶人家属作为 A 车驾驶人的法定继承人，应当在可继承 A 车驾驶人的遗产范围内承担赔偿责任。但是，A 车驾驶人驾驶非营运车辆让甲无偿乘坐行为属于好意同乘，应当减轻其赔偿责任，故酌情减轻 20% 的责任，因此 A 车驾驶人家属需按照 80% 的赔偿比例向甲家属进行赔付。

总　结

本案中，法院认定驾驶人无偿搭载受害人的行为属于好意搭乘，而好意搭乘是机动车一方减轻赔偿责任的情形之一。因而，驾驶人的赔偿责任比例减少了 20%。

07 交通事故责任无法认定，赔偿责任的划分方法

专业解答

在交通事故案件审理中，会有一些事故责任无法认定，此时交警会出具《道路交通事故证明》，记录事故的基本情况，如时间、地点、当事人信息及调查得到的事实，并分别送达各方当事人。如果当事人双方无法就责任划分达成一致，可以通过法律途径解决。法院一般会根据案件具体情况进行判决或调解，以确定责任比例和赔偿问题。如果条件允许，会使用技术检测和鉴定等手段进行必要的技术检测和鉴定，以帮助确定事故责任。这包括监控视频分析、事故现场勘查等。实践中，对此种情形法院认定事故责任、划分赔偿责任的原则通常是过错推定原则。

所谓过错推定，也叫过失推定，指的是从案件的事实出发，推定当事人双方在事故中是否存在过错行为以及其过错行为对损害结果的作用大小。如当事人逃逸或者故意破坏、伪造现场、毁灭证据，使交通事故责任无法认定的，当事人应负事故的全部责任。这里运用的就是过错推定方法来确定逃逸一方的责任。

《民法典》第 1165 条规定，行为人因过错侵害他人民事权益造成损害的，应当承担侵权责任。如果行为人不能证明自己没有过错，应当承担侵权责任。当双方都是机动车时，如果能够证明对方有过错，则按照各自的过错程度承担赔偿责任。如果无法查明双方过错，则由机动车双方平均分担赔偿责任。

当一方是机动车，另一方是非机动车或行人时，如果机动车能证明非机动车或行人有过错，则可以根据过错程度减轻或免除机动车一方的赔偿责任。如果机动车不能证明非机动车或行人有过错，则由机动车一方承担赔偿责任。这在《道路交通安全

法》第 76 条有明确规定。

当双方都是非机动车时，如果能够证明对方有过错，则按照各自的过错承担赔偿责任。如果不能证明双方过错，则由双方平均分担赔偿责任。

当一方是非机动车，另一方是行人时，也可以用过错推定原则来划分事故责任，从而根据事故责任承担相应的赔偿责任。

案例链接　（2023）粤 0306 民初 6587 号民事判决书

如图所示，20××年 8 月 11 日，行人甲行走在某人行道路段，其左侧同向 A 车驾驶人驾驶的三轮轻便摩托车 A 与其并行通过时，甲倒地受伤，随后治疗无效死亡。事故发生后，A 车驾驶人驾车离开现场。交警出具的《道路交通事故证明》表明无法确认 A 车驾驶人驾驶的车辆与甲是否发生身体接触，事故基本事实无法查清。

甲家属就赔偿事宜向法院诉讼请求，判令 A 车驾驶人赔偿甲家属因事故造成的各项损失。

A 车驾驶人辩称：（1）本案不是交通事故而是意外事件，无任何证据证明 A 车经过案发现场时与死者甲存在身体接触或碰撞，经鉴定 A 车无任何碰撞或刮蹭痕迹，也未留有甲事发时所着服装的织物纤维，故本案定性错误，属于意外事件，A 车驾驶人无需对此承担法律责任。（2）甲的死因不明，不能排除自身疾病引发的意外死亡，而非因所谓的交通事故跌倒事发后死亡。

法院认为

《道路交通安全法》第 119 条第 5 项规定，"交通事故"，是指车辆在道路上因过错或者意外造成的人身伤亡或者财产损失的事件，根据该规定，车辆是否与受害人身体发生直接接触或碰撞并非构成交通事故的必要条件，也不是承担事故责任的前提条件，应当根据行为人在事故发生的过程中是否存在过错来认定。行人与机动车发生交通事故后，职能部门对双方引发事故的责任无法认定时，应适用过错推定原则。综合全案证据，甲在事发后向交警称其被A车撞倒；证人虽未直接目睹A车与甲发生碰撞，但其多次陈述听到"砰"的声音，且在听到声音后立即回头，看到A车离开后，甲倒在离A车离开处很近的地面上。甲系本案事故当事人，仅有其一人的陈述无法确认甲与A车发生碰撞，但结合证人证言，A车从甲身边经过时与甲摔倒应为同一时间发生或相隔时间极短，即使现有证据无法证实A车与甲发生直接碰撞，但A车行驶在人行道上，甲为避让A车亦可能导致摔倒。故法院认定甲为避让A车导致摔倒，本案属于交通事故。甲摔倒与A车驾驶人的驾驶行为存在因果关系。由于甲摔倒与其自身年龄较大、行动能力较弱亦存在一定关系，故法院认定甲自行承担本案事故的次要责任，A车驾驶人驾驶制动系不符合安全技术条件的机动车在人行道上行驶，在经过行人身边时未尽到谨慎注意义务，酌定A车驾驶人承担本案事故的主要责任，故应对此交通事故责任承担80%的赔偿责任。

但是本案的事故仅造成甲右股骨颈骨折，而事发时甲已85岁，对损伤的耐受性较低，可能引发其他并发症。故法院认定甲自身疾病系造成其死亡的主要原因，本案事故造成的损伤是次要原因，A车驾驶人在对甲死亡结果的参与度中，本院酌定按30%计算。因此，A车驾驶人应对甲家属的损失承担24%（80%×30%）的赔偿责任。（见表1-7）

表1-7 过错行为、事故责任和赔偿比例的关系

当事人	过错行为	事故责任 交警认定	事故责任 法院认定	赔偿比例
A车驾驶人	1. 驾驶制动系统不合格的机动车； 2. 驾驶机动车在人行道上行驶； 3. 未尽到谨慎注意义务	无法认定	主要	24%
行人甲	躲避肇事车摔倒，与其自身年龄较大、行动能力较弱亦存在一定关系		次要	0%

总　结

本案中，交警无法认定事故责任，法院遂运用过错推定原则，结合案件已有证据，确定了双方当事人的事故责任和赔偿责任比例。

08 交通事故肇事者需要承担刑事责任的情形下对赔偿数额的影响

> **专业解答**

　　交通事故的刑事责任主要涉及危险驾驶罪和交通肇事罪，其中较为常见的是交通肇事罪，其判定标准包括事故的严重程度、责任划分以及是否存在加重情节。

　　事故的严重程度：包括致人重伤、死亡或者使公私财产遭受重大损失。

　　责任划分：根据事故责任划分，包括全部责任、主要责任和同等责任，同等责任只有在极为严重的事故中，如死亡人数达到3人以上的特别重大事故才可能涉及。

　　加重情节：如饮酒后、服用国家管制的精神药品或者麻醉药品后驾驶机动车辆，无驾驶资格驾驶机动车辆，明知是安全装置不全或者安全机件失灵的机动车辆而驾驶等违法行为的，即使仅造成重伤1人也可能被追究刑事责任。

　　交通事故刑事责任的量刑标准可参见《刑法》第133条、《最高人民法院关于审理交通肇事刑事案件具体应用法律若干问题的解释》第2条规定等。

　　那么，刑事责任对赔偿金额有影响吗？答案是肯定的。刑事责任在一定程度上会使侵权人赔偿金额增加。一方面，如果一方承担刑事责任，当事人为了减轻处罚，会积极主动赔偿受害人的损失，并通过给予对方一定数额的额外赔偿来寻求受害人一方的谅解，并获得受害人一方出具的《谅解协议书》，谅解书一般会载有"受害者已经谅解，同时请求免于追究被告人（犯罪嫌疑人）刑事责任"等内容。法院也会适当考虑受害人一方的谅解意见。《最高人民法院关于适用〈中华人民共和国刑事诉讼〉的解释》第157条规定："审理刑事附带民事诉讼案件，人民法院应当结合被告人赔偿被害人物质损失的情况认定其悔罪表现，并在量刑时予以考虑。"

　　另一方面，如果肇事者被追究刑事责任，公安机关或法院在确定赔偿金额时也会综合考虑犯罪的性质、情节以及对受害方造成的损害程度等因素，赔偿金额可能会相对较高。

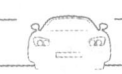

案例链接 （2024）浙04民终1207号民事判决书

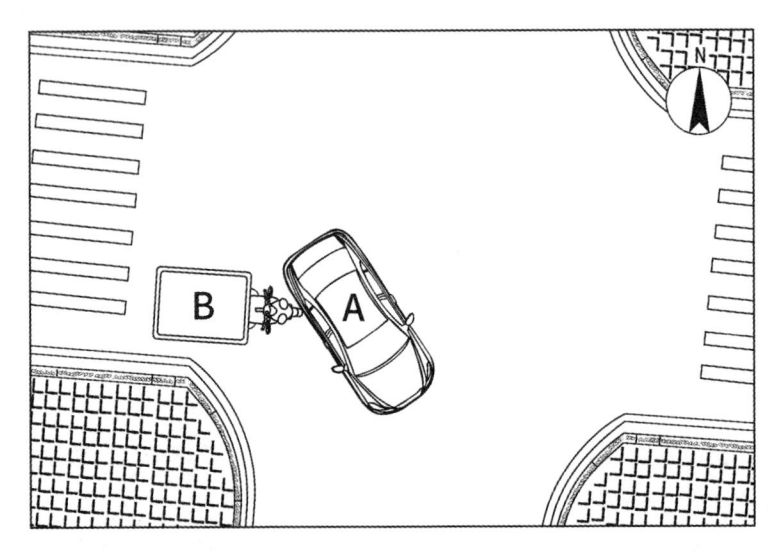

如图所示，20××年3月23日，A车驾驶人驾驶A车行驶至事发地点右转弯时，与右侧非机动车道同方向直行的B车驾驶人驾驶的电动三轮车B发生碰撞，造成B车驾驶人抢救无效死亡及车辆损坏的交通事故。事故责任和赔偿比例的关系见表1-8。

表1-8 事故责任和赔偿比例的关系

当事人	事故责任	赔偿义务	赔偿比例	刑事责任	额外赔付
A车驾驶人	全部	有	100%	交通肇事罪	10万元
B车驾驶人	无			无	无

同年8月20日，在A车保险公司的保险赔偿范围外，A车驾驶人额外支付10万元给B车驾驶人家属，取得B车驾驶人家属的谅解，并与B车驾驶人家属达成《谅解协议书》。同月31日，法院判决A车驾驶人犯交通肇事罪。法院在量刑时根据A车驾驶人赔偿被害人家属并取得谅解这一事实，认为A车驾驶人能够积极悔罪，判处有期徒刑一年，缓刑一年六个月。其中，《谅解协议书》对缓刑判决有一定作用。

总结

本案中，驾驶人涉嫌交通肇事罪，为减轻刑罚，除了正常的赔偿外，还向死者家属进行了额外赔付，获得了死者家属的谅解。由此可以看出，刑事责任在一定程度上会增加侵权人的赔偿数额。

09 多辆车发生交通事故，赔偿责任的划分方法

> **专业解答**

多辆机动车之间发生交通事故，赔偿责任的认定分两种情况：

1. 每个单独损害相结合形成最终损害的

（1）多辆车发生交通事故造成同一损害时，各机动车驾驶人之间没有共同故意也没有共同过失的情况下，每个机动车驾驶人的单独行为结合起来共同造成一个损害的，如果能明确事故责任，则各侵权人按事故责任比例承担相应的赔偿责任，见图1-9.1；
（2）如果不能明确事故责任，则侵权人平均承担赔偿责任，见图1-9.2。《民法典》第1172条规定："二人以上分别实施侵权行为造成同一损害，能够确定责任大小的，各自承担相应的责任；难以确定责任大小的，平均承担责任。"

如甲酒驾将行人乙撞伤倒地（前起事故），随后丙驾驶车辆将倒地的乙再次撞伤（二次事故）。在此事故中，甲和丙既没有事先商量说要故意撞乙，也没有相同的过错。由于甲将乙撞伤的程度与丙将乙撞伤的程度已经无法区分，无法明确划分事故责任，则甲与丙平均承担事故责任。在总赔偿中，甲承担75%（前起事故50%的赔偿+后起事故25%的赔偿），丙承担25%（前起事故0+后起事故25%的赔偿）。

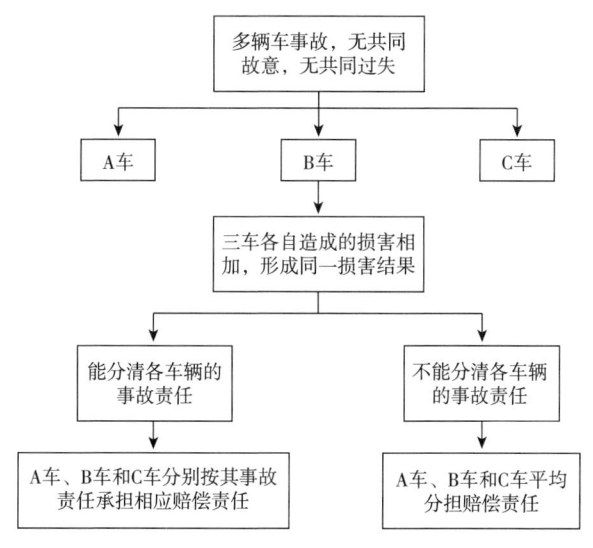

图1-9.1 多车事故赔偿关系

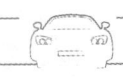

2.每个单独损害都能造成最终损害的

多辆车发生交通事故造成同一损害时，各机动车之间没有共同故意也没有共同过失的，每个机动车的单独行为都可能造成全部损失的，则各侵权人需要承担连带赔偿责任，见图1-9.2。《民法典》第1171条规定："二人以上分别实施侵权行为造成同一损害，每个人的侵权行为都足以造成全部损害的，行为人承担连带责任。"

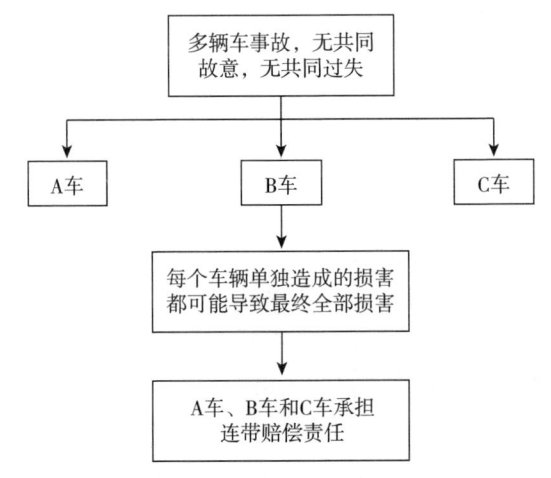

图 1-9.2　多车事故赔偿关系

案例链接　（2024）苏 07 民终 2797 号民事判决书

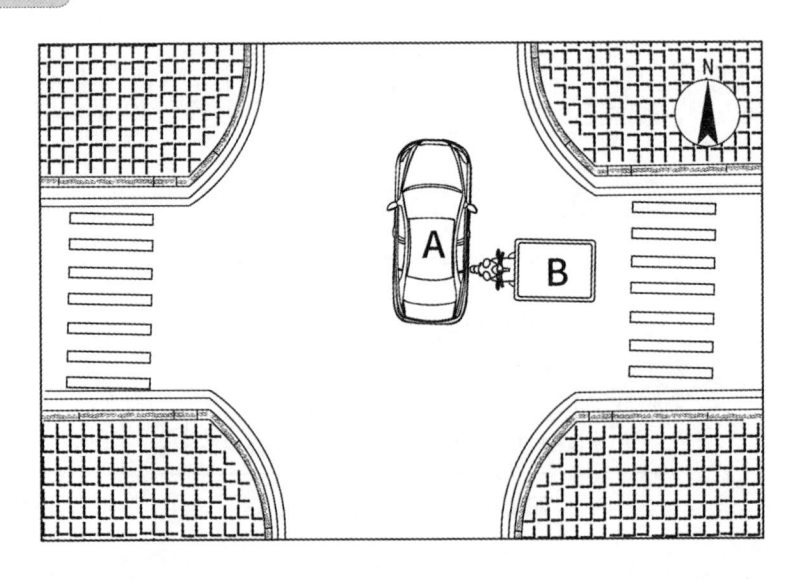

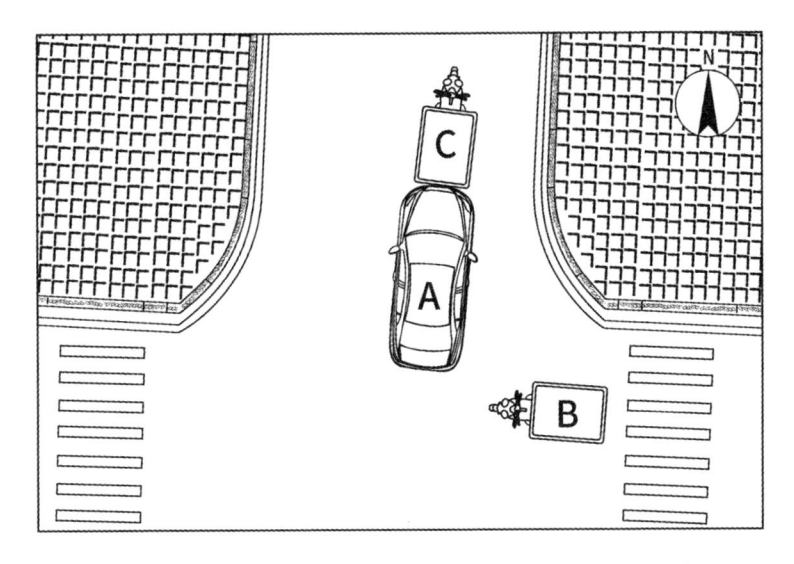

如图所示，20××年10月16日，A车驾驶人驾驶A车经过某路口时，与B车驾驶人驾驶的无号牌三轮摩托车B发生碰撞，后A车又和C车驾驶人驾驶的三轮电动车C发生碰撞，事故导致三车损坏，B车驾驶人、C车驾驶人受伤。事故责任和赔偿比例的关系见表1-9。

表1-9 事故责任和赔偿比例的关系

当事人	事故责任	赔偿义务	赔偿比例	
			交强险	超交强险责任
A车驾驶人	同等	有	50%	50%
B车驾驶人	同等	有	50%（A车保险公司垫付后追偿）	50%
C车驾驶人	无		0	
A车保险公司		有	50%	

经查明，A车投保了交强险，事故发生在保险期内，B车无交强险。

C车驾驶人就其损失赔偿事宜向法院起诉，请求依法判令A车驾驶人、B车驾驶人、A车保险公司赔偿其全部损失。

法院认为

依照《交通事故损害赔偿解释》第18条第2项规定："多辆机动车发生交通事故造成第三人损害，损失超出各机动车交强险责任限额之和的，由各保险公司在各自责任限额范围内承担赔偿责任；损失未超出各机动车交强险责任限额之和，当事人请求由各保险公司按照其责任限额与责任限额之和的比例承担赔偿责任的，人民法院应予支持。"第18条第3项规定："多辆机动车发生交通事故造成第三人损害，其中部分

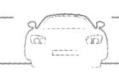

机动车未投保交强险，当事人请求先由已承保交强险的保险公司在责任限额范围内予以赔偿的，人民法院应予支持。保险公司就超出其应承担的部分向未投保交强险的投保义务人或者侵权人行使追偿权的，人民法院应予支持。"本案 B 车未投保交强险，庭审中 C 车驾驶人主张由 A 车保险公司在交强险范围内优先赔付损失，该请求于法有据，法院予以支持。C 车驾驶人超出交强险赔偿部分的损失，由 A 车驾驶人、B 车驾驶人根据事故责任划分承担赔偿责任。

✎ 总　结

从本案可以看出，多辆机动车发生交通事故，各方事故责任明确，则各方当事人按照各自事故责任分别承担相应的赔偿责任。

10. 擅自驾驶他人车辆发生交通事故，赔偿责任的划分方法

专业解答

未经车主或车辆管理者允许，擅自驾驶车辆发生交通事故，属于机动车一方责任的，如果车主或管理者没有过错，则由驾驶人承担赔偿责任。如果车主或管理者有过错，那么车主或管理者需要承担相应的赔偿责任。《民法典》第 1212 条规定："未经允许驾驶他人机动车，发生交通事故造成损害，属于该机动车一方责任的，由机动车使用人承担赔偿责任；机动车所有人、管理人对损害的发生有过错的，承担相应的赔偿责任，但是本章另有规定的除外。"因为驾驶人是实际控制和操作机动车的人，其对交通事故的发生具有直接的因果关系，所以应当对由此产生的损害后果负责。

车主或管理者的过错行为，比较常见的包括将车钥匙随意乱放、车辆停放且未熄火、不及时取下车钥匙等，或者将车辆停放在容易被他人获取使用的场所等，使车辆处于一种可被他人轻易擅自驾驶的状态。在这些情景下，如果有人擅自驾驶车辆发生交通事故而造成他人损失，那么车主或管理者可能会被认定存在未能尽到谨慎管理肇事车辆的过错，需要承担相应的（一般为次要）赔偿责任。

案例链接　（2022）青民申 661 号民事裁定书

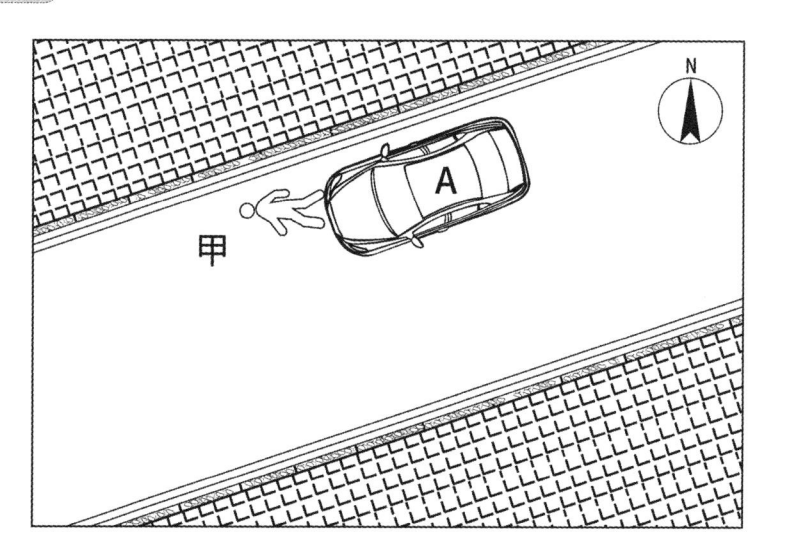

如图所示，20××年某日，乘车人甲明知 A 车驾驶人是未成年人，不可能有驾驶机动车资格，却擅自将 A 车钥匙交给 A 车驾驶人，并由其驾驶 A 车外出，导致发生 A 车在行驶过程中将行人乙撞伤的交通事故。当事人过错行为、事故责任和赔偿责任的关系见表 1-10。

表 1-10　过错行为、事故责任和赔偿责任的关系

当事人	过错行为	事故责任	赔偿义务	赔偿责任
A 车驾驶人	1. 无证驾驶；2. 未成年人驾驶	全部		
行人乙	无	无		
乘车人甲	管理车辆不当	无	有	连带责任
A 车驾驶人监护人		无	有	
A 车车主	无	无		无

乙向法院起诉，请求判令 A 车驾驶人、甲和 A 车车主赔偿自己因事故造成的全部损失。

甲辩称，虽然其将车钥匙交给 A 车驾驶人具有一定的过错，但驾车造成乙受伤系 A 车驾驶人所致。依照法律规定，能够确定侵权人的，应当由侵权人承担责任。本案中，能够确定 A 车驾驶人系侵权人。因此，甲不应当承担对乙的赔偿责任。

A 车驾驶人称，甲明知 A 车驾驶人无驾照，仍然将车钥匙交由 A 车驾驶人，双方共同的违法行为造成乙受伤，双方应当承担连带赔偿责任。而甲作为成年人，明知 A 车驾驶人为未成年人，应当履行临时的监护义务，却反而将车钥匙交给 A 车驾驶人，由 A 车驾驶人驾车载着甲上路行驶，其应当在共同侵权中承担主要赔偿责任。

📝 法院认为

A车所有人将A车停放于停车场，车钥匙放在家中，车辆熄火且已锁车，A车所有人已尽到对车辆的管理义务，对A车发生交通事故无过错，不应承担赔偿责任。

甲在明知A车驾驶人没有驾驶证，不具备驾驶资格的情况下，却擅自拿A车钥匙给A车驾驶人，让其驾车上路行驶。甲虽没有驾驶车辆，但让没有驾照的A车驾驶人驾驶车辆时双方均知道是违法的行为，并对违法行为的危险性应当有共同的认识，即可能对自身及他人造成危险，从而危害公共道路安全，具有较大的社会危害性，且二人共同的违法行为导致乙被撞受伤。因此，法院认定甲及A车驾驶人的行为构成共同侵权，判决甲与A车驾驶人的法定监护人承担连带赔偿责任。

📝 总 结

从本案可以看出，机动车所有人在事故中没有过错，无须承担赔偿责任。而乘车人因擅自将车辆交由未成年人即无驾驶资格的人驾驶，其行为存在过错，需要承担连带赔偿责任。

11 机动车因超员、超载发生交通事故的赔偿责任的划分

> 专业解答

超载，是指交通运输工具如车辆、船舶的实际装载量超过核定的最大容许限度。货运超载通常是指机动车运输的货物超过货运机动车的荷载总重。

货车超载标准可参照《超限运输车辆行驶公路管理规定》第3条规定，"本规定所称超限运输车辆，是指有下列情形之一的货物运输车辆：（一）车货总高度从地面算起超过4米；（二）车货总宽度超过2.55米；（三）车货总长度超过18.1米；（四）二轴货车，其车货总质量超过18000千克；（五）三轴货车，其车货总质量超过25000千克；三轴汽车列车，其车货总质量超过27000千克；（六）四轴货车，其车货总质量超过31000千克；四轴汽车列车，其车货总质量超过36000千克；（七）五轴汽车列车，其车货总质量超过43000千克；（八）六轴及六轴以上汽车列车，其车货总质量超过49000千克，其中牵引车驱动轴为单轴的，其车货总质量超过46000千克。前款规定的限定标准的认定，还应当遵守下列要求：（一）二轴组按照二个轴计算，三轴组按照三个轴计算；（二）除驱动轴外，二轴组、三轴组以及半挂车和全挂车的车轴每侧轮胎按照双轮胎计算，若每轴每侧轮胎为单轮胎，限定标准减少3000千克，但安装符合

国家有关标准的加宽轮胎的除外；（三）车辆最大允许总质量不应超过各车轴最大允许轴荷之和；（四）拖拉机、农用车、低速货车，以行驶证核定的总质量为限定标准；（五）符合《汽车、挂车及汽车列车外廓尺寸、轴荷及质量限值》（GB1589）规定的冷藏车、汽车列车、安装空气悬架的车辆，以及专用作业车，不认定为超限运输车辆"。

超员，是指车辆载客超过额定乘员。

《道路交通安全法》第49条规定："机动车载人不得超过核定的人数，客运机动车不得违反规定载货。"《道路交通安全法实施条例》第55条第1款第1项规定："公路载客汽车不得超过核定的载客人数，但按照规定免票的儿童除外，在载客已满的情况下，按照规定免票的儿童不得超过核定载客人数的10%。"

超载、超员均属于违反《道路交通安全法》的违法行为，会使行驶车辆的危险程度显著增加，从而大大提高交通事故发生的概率。在交通事故赔偿案件中，驾驶超载、超员车辆的行为过错程度较大，客观上会加重超限车辆驾驶人的事故责任并增加赔偿比例，值得注意的是，超限往往是保险免赔的条件之一，这更加重了侵权人的赔偿责任。

有的商业保险合同中明确规定，"因超载、超员发生交通事故的，保险公司不负责赔偿被保险车辆的损失"。如保险公司已尽到说明义务，那么保险公司就无需在商业险内承担赔偿责任。

案例链接　（2024）新28民终1135号民事判决书

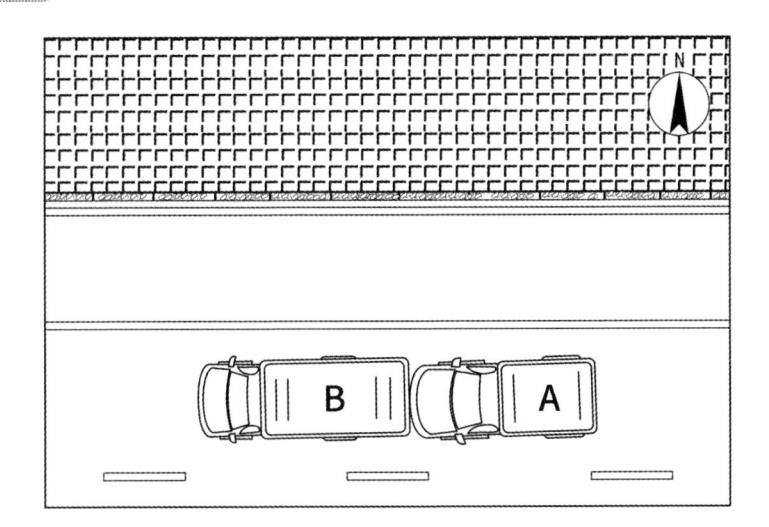

如图所示，20××年2月26日，A车驾驶人驾驶A车行驶至某路段时，追尾撞到前方同向停驶的B车尾部，造成B车驾驶人受伤且车辆受损的交通事故。双方当事人的过错行为、事故责任和赔偿比例的关系见表1-11。

025

表 1-11　过错行为、事故责任和赔偿比例的关系

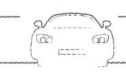

当事人	过错行为	事故责任	赔偿义务	赔偿比例
A 车驾驶人	1. 未与前车保持足以采取紧急制动措施的安全距离； 2. 车辆超载	全部	有	100%
B 车驾驶人	无	无		0%
A 车保险公司				免赔
甲公司			有	

经查明，A 车登记在甲公司名下，A 车在 A 车保险公司投保了商业险，使用性质为营业货车，核定载质量为 400000 千克，事故发生在保险期内。

因 A 车超载导致保险拒赔，甲公司向法院起诉，请求判令 A 车保险公司在商业险范围内赔偿甲公司因 A 车肇事造成的损失。

A 车保险公司答辩称，A 车保险公司不承担商业险赔偿责任。在 A 车投保时，向投保人出具的保单中已载明："下列原因导致的被保险机动车的损失和费用，保险人不承担赔偿责任：……（二）违反安全装载规定……"

法院认为

A 车保险公司提供的"机动车商业保险投保单"有甲公司加盖的公章，能证实 A 车保险公司已向甲公司尽到了免责条款的解释说明义务，故该免责条款生效，遂判决驳回甲公司的全部诉讼请求。

总　结

本案中，因超载行为属于保险合同免责范围，尽管投保人试图通过诉讼来获得保险赔偿，但未获法院支持，导致原本应该由保险公司承担的赔偿责任，现在只能由侵权人的单位承担。

12 因道路管理维护、建设、施工问题导致的交通事故的赔偿责任的划分

专业解答

在交通事故中，如果事故的发生或其后果的扩大是由道路管理、设计或建设方面

的原因引起的，那么赔偿责任认定将涉及道路建设、管理、设计等单位。这类情况包括但不限于以下几种情形：

（1）管理维护方面：如道路上的防护栏不符合国家标准或摆放位置不合理，导致车辆或行人容易发生碰撞、绊倒或加重受害人的损伤程度。

（2）道路施工后的遗留问题：如施工结束后，路面上仍留有凸起的钢筋、水泥块或其他异物，或由于施工不当导致路面出现凹陷，这些都可能成为交通安全隐患。

（3）道路设计规划不合理：如设计道路的转弯半径过小、视线遮挡严重等，会增加事故发生的风险。

在上述情况下，如果能够明确区分道路管理维护、设计或施工单位在事故中的具体责任，那么应当按照各自的过错程度来划分赔偿比例。如道路设计不合理、道路维护单位的管理不到位等是导致交通事故发生的原因之一，则应当按照各自的责任比例来分摊赔偿费用。

如果难以精确划分各方的具体责任，即无法明确哪一方的过错更大时，通常会采用平均分担的方式，即道路管理维护单位、设计单位以及施工单位共同平均承担赔偿责任。

案例链接 （2023）陕08民终2432号民事判决书

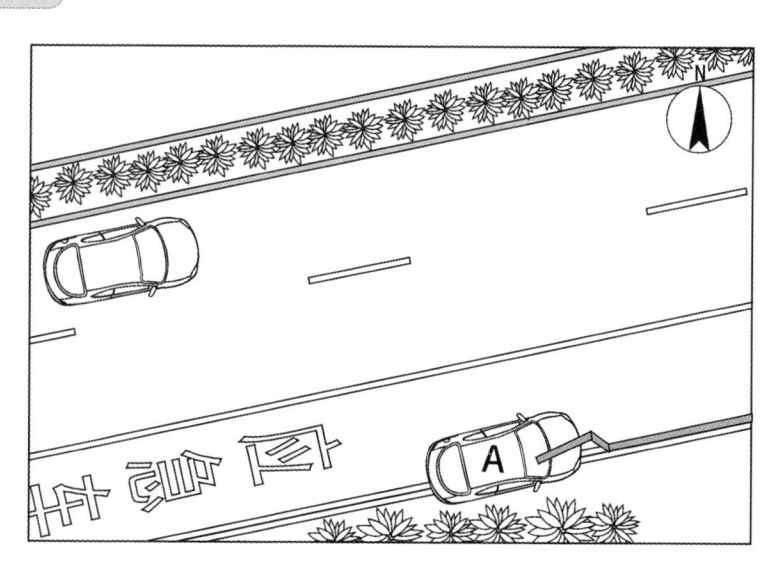

如图所示，20××年4月30日，A车驾驶人驾驶A车行驶至某高速路段时，碰撞道路右侧防护栏，造成A车1名乘员当场死亡，A车驾驶人及乘员甲、乙等人受伤，车损及路损的道路交通事故。当事人过错行为、事故责任和赔偿比例的关系

见表 1-12。

表 1-12 过错行为、事故责任和赔偿比例的关系

当事人	过错行为	事故责任	赔偿义务	赔偿比例
A 车驾驶人	未确保安全	全部	有	70%
甲等乘车人		无		
丙公司	道路护栏存在安全隐患，没有尽到管理维护义务		有	30%

事故发生后，经甲、乙等人申请，法院委托，某机动车物证司法鉴定中心作出《××高速公路交通事故护栏鉴定意见》，鉴定意见表明：1.事故地点案发时涉案路段的路侧护栏存在安全隐患，该安全隐患不会诱发交通事故，但车辆与其碰撞后通常能加重事故的严重程度。2.造成本次事故 1 人死亡、3 人受伤的严重后果，驾驶员不当驾驶行为是主要原因，路侧护栏的安全隐患（护栏端头刺入车体内）是次要原因。

甲、A 车驾驶人等人向法院起诉，因案涉公路护栏具有安全隐患，丙公司作为案涉公路的建设、经营、管理者，未尽安全防护、保障义务，具有重大过错，请求法院依法判令丙公司赔偿相关经济损失。

丙公司辩称：本案是因交通事故路段防护栏设计安装缺陷导致的侵权，不存在道路管理缺陷，应适用《交通事故损害赔偿解释》第 8 条规定，由建设、施工单位承担赔偿责任。

法院认为

本案系因案涉交通事故路段防护栏具有安全隐患而导致的纠纷。经鉴定，涉案路段的路侧护栏存在安全隐患，车辆与其碰撞后通常会加重事故的严重程度，路侧护栏的安全隐患（护栏端头刺入车体内）是加重事故后果的次要原因。丙公司作为该设施的管理者，未及时注意到该安全风险并进行处置，对因该护栏导致的加重损害后果存在过错，应承担侵权赔偿责任，故酌情认定丙公司承担 30% 的赔偿责任。

总 结

由本案可以看出，如道路设施存在安全隐患，加重了交通事故的损害后果，作为道路段的管理单位没有及时发现并处理该安全隐患，应当承担相应的赔偿责任。

13 因道路上障碍物导致的交通事故赔偿责任的划分

专业解答

因道路上的障碍物导致的交通事故，其损害责任的主体除了肇事车辆驾驶人，还包括堆放、倾倒、遗撒妨碍通行物品的行为人，以及未尽清理、防护、警示等义务的公共道路管理者。

如果道路管理者能够证明其已经按照相关要求对道路进行了清理、警示、防护等预防措施，那么赔偿责任由造成道路障碍的行为人和肇事车辆驾驶人承担。如果道路管理者不能够证明自己没有过错，那么道路管理者、造成道路障碍的人和肇事车辆驾驶人需要根据过错大小，承担相应的赔偿比例。《民法典》第1255条规定："堆放物倒塌、滚落或者滑落造成他人损害，堆放人不能证明自己没有过错的，应当承担侵权责任。"第1256条规定："在公共道路上堆放、倾倒、遗撒妨碍通行的物品造成他人损害的，由行为人承担侵权责任。公共道路管理人不能证明已经尽到清理、防护、警示等义务的，应当承担相应的责任。"《道路交通安全法》第48条规定："机动车载物应当符合核定的载质量，严禁超载；载物的长、宽、高不得违反装载要求，不得遗洒、飘散载运物。"等等，都是对道路障碍物责任归属的明确规定。

案例链接（2022）辽13民终1893号民事判决书

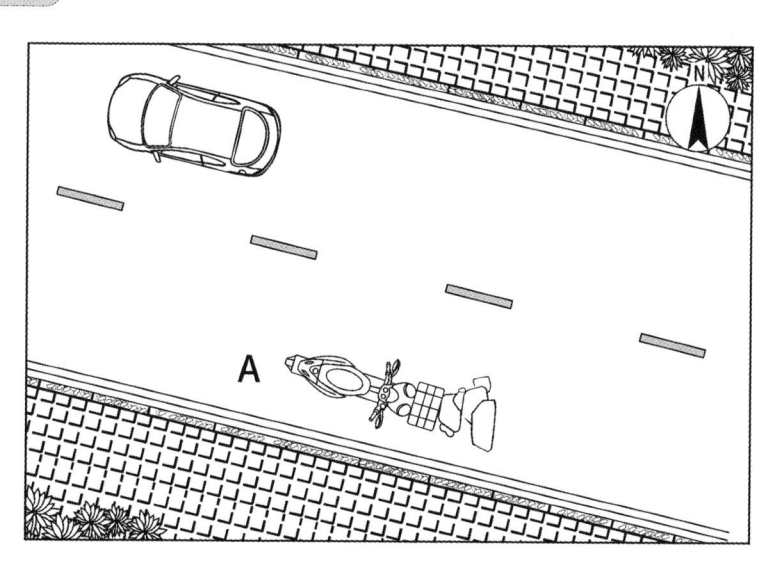

如图所示，20××年10月11日，A车驾驶人驾驶两轮电动车A沿道路由西向东行驶至某路段时刮到路面石块发生单方事故，致使A车驾驶人受伤。当事人过错行

029

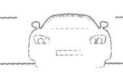

为、事故责任和赔偿比例的关系见表 1-13。

表 1-13　过错行为、事故责任及赔偿比例的关系

当事人	过错行为	事故责任	赔偿义务	赔偿比例
A 车驾驶人	驾驶非机动车上道路行驶未遵守有关交通安全的规定	全部		30%
甲公司	未尽到及时巡视和清障义务		有	70%

经查明，甲公司承担涉案路段的维护管理工作。

A 车驾驶人向法院起诉，请求判令甲公司赔偿其因事故造成的各项损失。事实和理由：A 车驾驶人因为刮到与地面颜色相近的且挡在道路中间的石头，才发生交通事故，致使其受伤住院，造成经济损失。甲公司作为该路段清扫企业，没有尽到及时清扫障碍物的义务，致使 A 车驾驶人受伤，故甲公司应对其进行赔偿。

甲公司辩称：（1）没有充分证据证明 A 车驾驶人是因刮到路面石块摔倒受伤。首先，交警到达现场时，A 车驾驶人已经被 120 急救车拉走，照片不是原现场，因此无法判断事故发生时，石头是当时即在车附近，还是后来为抢救 A 车底下的伤员临时从路边取来垫用。其次，我单位清扫员作为事发现场的个人证人（不代表公司），在发生事故的当月 14 日的交警询问笔录里面，只是说在 100 米的远处看到 A 车压着 A 车驾驶人的腿，整个笔录里面没有提到石头。（2）甲公司不是公共道路上堆放、倾倒、遗撒妨碍通行的物品的行为人，作为企业法人也没有对上述行为采取措施的行政执法权。（3）甲公司已经按住建部发布的《城市道路清扫保洁质量与评价标准》尽到清扫人应尽的清理义务，作为道路管理人之一，不应承担相应的责任。

法院认为

根据交警部门拍摄的现场照片，A 车倒在非机动车道，倒地位置有一石块。《事故认定书》证实 A 车驾驶人系刮到路面石块发生单方事故，即 A 车驾驶人的损害事实与路面石块存在因果关系，甲公司否认路面有石块未提供证据证明，法院对交警部门出具的责任认定予以采信。

甲公司负有及时清理公路杂物，维护道路通行安全的义务，现甲公司未能提供证据证明已尽到及时巡视和清障的义务，亦不能寻得石块的具体遗撒人，其应当对 A 车驾驶人的损失承担赔偿责任。A 车驾驶人作为正常的成年人，骑车出行时本身承担有对道路交通情况审慎注意的义务，事故发生时亦无天气、照明不佳等不利情形，因此 A 车驾驶人应对此次事故造成的损失承担一定的责任。综合分析各方的责任，对双方当事人赔偿责任做了划分。（见表 1-13）

总 结

从本案可以看出,事发路段维护管理方没有充分证据证明其已对道路上的障碍物尽到清理、防护、警示等义务,也没有证据表明谁是遗撒障碍物的行为人,则管理方需要对障碍物导致的交通事故损害承担相应的赔偿责任。

14 道路上的雾气、烟团导致的交通事故的赔偿责任的划分

专业解答

在道路上,尤其是在高速公路上,出现雾气、烟团等现象会大大增加发生交通事故的风险。当这些现象出现时,驾驶人应当采取预防措施,如降低车速并保持安全距离,以确保通行安全。但是,有时雾气或烟团会突然出现在路面上,给驾驶人带来突发性的危险,让驾驶人猝不及防,从而导致交通事故的发生。在这种情况下,如何划分赔偿责任需要结合具体案情考虑。

1. 天气原因产生的雾气或烟团

如果雾气或烟团是由于自然天气条件造成的,显然无法追究"老天爷"的责任。在这种情况下,责任的划分需要考虑以下两个因素:

一是在遇到雾气或烟团时驾驶人是否采取了适当的应对措施,如减速行驶、开启雾灯等。如果驾驶人已经尽到了合理的注意义务,但仍无法避免事故的发生,那么可以减免驾驶人的赔偿责任。

二是道路管理部门是否有足够的预警系统和应急措施来应对突发性天气变化。如是否在雾气或烟团出现时及时发布警告信息,是否设置了足够的警示标志和设备等。在这种情况下,如果道路管理部门未能提供必要的安全保障,则道路管理部门可能需要承担一定的赔偿责任。

2. 人为原因造成的雾气或烟团

如果雾气或烟团是由人为原因造成的,如工厂排放的废气、焚烧杂物引发的浓烟等,那么赔偿责任的划分就需要考虑雾气、烟团制造者的过错与交通事故的关系,由其承担相应的赔偿责任。

即便存在人为原因造成的雾气或烟团,驾驶人也需要在遇到突发情况时采取合理的应对措施。如果未能及时减速或采取其他必要的安全措施,驾驶员也需要承担相应

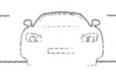

的赔偿责任。

案例链接 （2024）冀09民终951号民事判决书

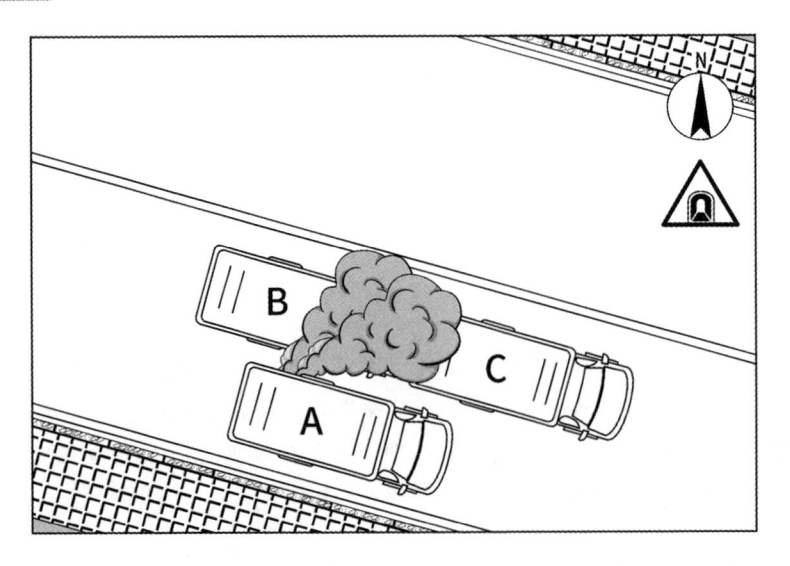

如图所示，20××年12月3日，A车驾驶人驾驶A车行驶至隧道内某处，因车辆轮胎起火停车于道路右侧紧急停车带，随后火势增大，产生大量烟雾，导致视线受阻。随后，B车驾驶人驾驶B车进入烟雾路段，与前方的C车发生追尾相撞，造成B车驾驶人受伤，车辆、道路不同程度受损。这是一起车载化工产品泄漏导致路产损失的道路交通事故。事故责任和赔偿比例的关系见表1-14。

表1-14 事故责任和赔偿比例的关系

当事人	事故责任	赔偿义务	赔偿比例
A车驾驶人	同等	有	
B车驾驶人	同等	有	
C车驾驶人	无		
A车保险公司		有	50%
B车保险公司		有	50%

因赔偿事宜无法协调一致，C车驾驶人向法院提起诉讼，请求判令A车驾驶人、A车保险公司、B车保险公司赔偿其车损等各项经济损失。

此次事故中，A车产生烟雾使视线受阻，是导致事故的原因之一；B车未采取有效措施，追尾C车，是导致事故的另一原因。根据交警部门的事故责任划分，法院划分了双方当事人的赔偿比例（见表1-14）。法院认定因A车、B车投保了交强险和商业险，故A车、B车保险公司应根据保险合同约定，在保险责任限额范围内赔付C车驾驶人各项损失。

总　结

由本案可以看出，因烟雾导致交通事故发生，如能够明确产生烟雾的责任人，可以根据烟雾对交通事故发生的原因力的大小，确定产生烟雾的责任人的赔偿责任。

15 交通事故发生时当事人未戴安全头盔对赔偿责任的影响

专业解答

一般情况下，驾驶人未佩戴符合标准的安全头盔的行为只是交通违法行为，因为与事故发生没有因果关系，所以不作为认定事故责任条件。比如某一起事故中，如果未戴头盔是当事人唯一的过错行为，那么当事人就不需要承担事故责任。

尽管未戴头盔的过错行为对交通事故责任划分没有影响，可交警往往会把这一事实行为作为交通违法行为记载在《事故认定书》或《事故证明》等证据上，那么在后续确定赔偿比例时，如果当事人未戴头盔的行为确实加重了自身损害后果，那么法院通常会认定其对损害结果的扩大存在过错，认定当事人需要承担一定的赔偿责任，从而减轻侵权人的赔偿责任。比如本来应当是 100% 赔偿，最终可能是 90%、80% 甚至更低的比例。

案例链接　（2024）鄂 11 民终 2886 号民事判决书

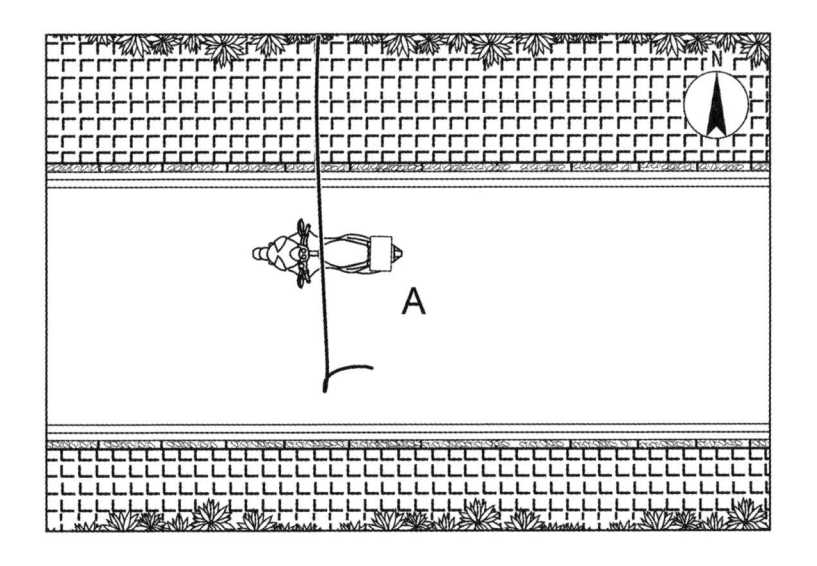

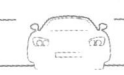

20××年10月15日，A车驾驶人驾驶二轮普通摩托车A行至某路段时，横过道路的光缆线掉落且打在A车驾驶人身上，且将A车绊倒，致使A车驾驶人摔倒受伤。据交警出具的《事故证明》认定，甲公司所有的光缆线掉落是造成A车驾驶人摔倒受伤的原因。A车驾驶人向法院起诉，请求判令甲公司赔偿医疗费、后期治疗费等各项费用。双方当事人过错行为、赔偿义务和赔偿比例的关系见表1-15。

表1-15 过错行为、赔偿义务和赔偿比例的关系

当事人	过错行为	赔偿义务	赔偿比例
A车驾驶人	未佩戴安全头盔		5%
甲公司		有	95%

法院认为

本案系公共道路妨碍通行损害责任，适用过错推定原则。根据《民法典》第1253条关于"建筑物、构筑物或者其他设施及其搁置物、悬挂物发生脱落、坠落造成他人损害，所有人、管理人或者使用人不能证明自己没有过错的，应当承担侵权责任。所有人、管理人或者使用人赔偿后，有其他责任人的，有权向其他责任人追偿"之规定，A车驾驶人有权向侵权人主张精神和财产损害赔偿。

甲公司所有的线缆坠落导致A车驾驶人驾车时被绊倒受伤，且不能证明其在事故中不存在过错，因此本案侵权责任应由甲公司承担。同时，A车驾驶人未按规定佩戴安全头盔，对其自身损害后果的扩大具有过错，根据过失相抵规则，法院判定减轻甲公司5%的赔偿责任。

总 结

本案中，受害人没有佩戴安全头盔导致事故结果损失扩大，需要自行承担一定的损失。反之，如果受害人按照规定佩戴安全头盔，那么该事故结果可能就不会扩大，更谈不上受害人自行承担损失一说。

16 因交通信号设施故障造成交通事故的赔偿责任的承担

专业解答

因交通信号设施问题，如信号灯坏了、信号灯指示有错误等原因造成的交通事故，除了交通事故的当事人需要承担事故责任，进行相应赔偿外，承担信号灯管理职

责的单位也需要根据其过错大小，承担一定的赔偿责任。《道路交通安全法》第105条规定："道路施工作业或者道路出现损毁，未及时设置警示标志、未采取防护措施，或者应当设置交通信号灯、交通标志、交通标线而没有设置或者应当及时变更交通信号灯、交通标志、交通标线而没有及时变更，致使通行的人员、车辆及其他财产遭受损失的，承担有相关职责的单位应当依法承担赔偿责任。"

案例链接 （2019）云23民终930号民事判决书

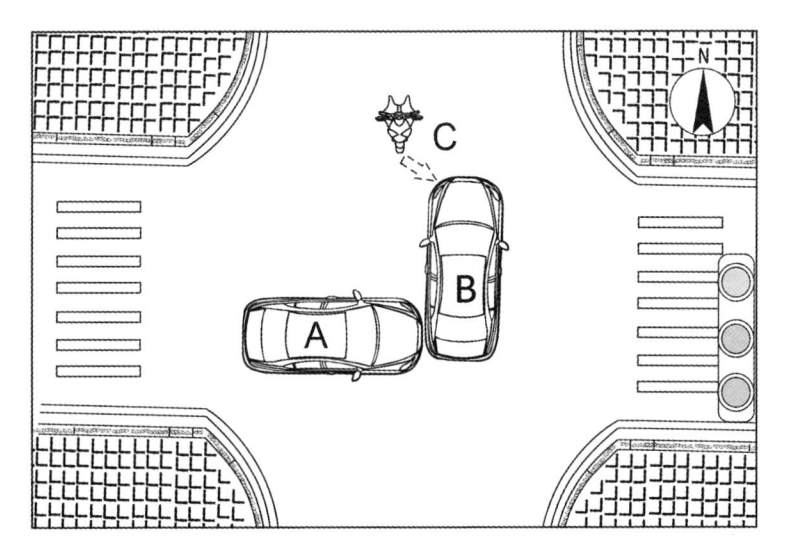

如图所示，20××年6月6日，A车驾驶人驾驶A车由西往东行驶至道路交叉口处时，遇行驶方向交通信号灯故障（不亮），并在以50km/h的车速直行通过路口时与由B车驾驶人驾驶的由南往北行驶的B车相撞。事故发生时，B车车速为81km/h，路口信号灯为绿灯。两车碰撞后，B车又与对向在左转车道内等候左转信号灯的C车驾驶人驾驶的二轮摩托车C相撞，造成三车受损，B车驾驶人受伤，C车驾驶人经抢救无效死亡的交通事故。案涉路段的交通信号灯养护和管理部门是甲公司。当事人过错行为、事故责任和赔偿比例的关系见表1-16。

表1-16 过错行为、事故责任和赔偿比例的关系

当事人	过错行为	事故责任	赔偿义务	赔偿比例
A车驾驶人	未让右	同等	有	50%
B车驾驶人	超速	同等	有	30%
C车驾驶人	无	无		
甲公司	未尽管理、维护职责	同等	有	20%

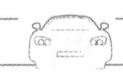

C车驾驶人家属向法院起诉，请求判令A车驾驶人、甲公司、B车驾驶人、A车保险公司、B车保险公司共同赔偿C车驾驶人家属因事故造成的各项损失。

甲公司辩称：甲公司不应承担共同赔偿责任。事实与理由如下：（1）交通信号灯维护属于交警部门承担的法定管理职责，不应笼统归结到管养职责中。交通信号灯属于交通安全设施中的一种，是管理者对交通秩序进行动态管理的手段，起到"代交警部门"指挥的作用，与交警部门的指挥同属交通指挥体系，其道路交通安全的管理部门是交警部门。（2）本案事故路段交通信号灯经过交警部门交工验收，已经投入使用。根据《××省道路交通安全条例》第28条的规定，本案的交通信号灯在建设完成后，甲公司已于事故发生前的20××年5月2日发函给交警部门，由交警部门接管该路段的交通安全管理工作。交警部门之后的交工验收，该公路及设施也已投入使用。

法院认为

甲公司系案涉交通信号灯装置的建设方和产权人，对案涉交通信号灯承担有管理、维护的义务，由于该公司未尽管理、维护职责，未及时发现案涉交通信号灯出现故障并进行维修，或向交警部门报告以采取防范措施，为事故发生埋下安全隐患，与事故发生存在因果关系。甲公司未提供证据证明已按照法律法规、规章、国家标准、行业标准或者地方标准尽到安全防护、警示等管理维护义务，故其应依法承担相应的赔偿责任。

本案结合事故责任与侵权行为来确定赔偿比例。A车驾驶人、B车驾驶人系此次道路交通事故的实际参与者和侵权行为的实施者，甲公司系案涉道路交通安全设施的消极管护方，从事故发生的直接原因以及侵权行为与损害后果的原因力大小看，A车驾驶人、B车驾驶人的过错程度大于甲公司，所承担的赔偿责任应高于甲公司，故法院根据《民法典》规定的归责原则，确定各方的赔偿责任（见表1-16）。综上，A车保险公司和B车保险公司先在交强险责任范围内进行赔偿，剩余部分由A车保险公司在商业险范围内按照50%、B车保险公司在商业险范围内按照30%、甲公司按照20%的比例进行赔偿。

总　结

本案中，交通信号灯故障是导致交通事故发生的因素之一，作为交通信号设施管护单位，因其无法证明尽到了防护、警示、及时维修等义务，说明其在事故中存在过错，故其需要承担一定的赔偿责任。

17 达到报废标准的车辆发生交通事故的赔偿责任的划分

专业解答

达到报废标准的车辆指的是，汽车使用达到一定期限，各个系统的组件大部分已完成使命，维护和修理已不能保障汽车的安全行驶，即"达到国家报废标准，或者虽未达到国家报废标准，但发动机或者底盘严重损坏，经检验不符合国家机动车运行安全技术条件"的机动车。依据商务部、发改委、公安部、原环境保护部联合发布的《机动车强制报废标准规定》，应当及时报废更新。

在认定交通事故责任实践中，驾驶拼装或者已达到报废标准的机动车的行为属于加重事故责任的情形之一，也就是说在原划分责任的基础上，再加重其一级责任，其他方可以对应减轻一级事故责任。事故责任加重，自然赔偿责任也应加重，赔偿金额也会随之增加。因此，驾驶拼装或者已达到报废标准的车辆发生交通事故时，会加大驾驶人、所有人或管理人的赔偿责任。

案例链接　（2024）新 27 民终 424 号民事判决书

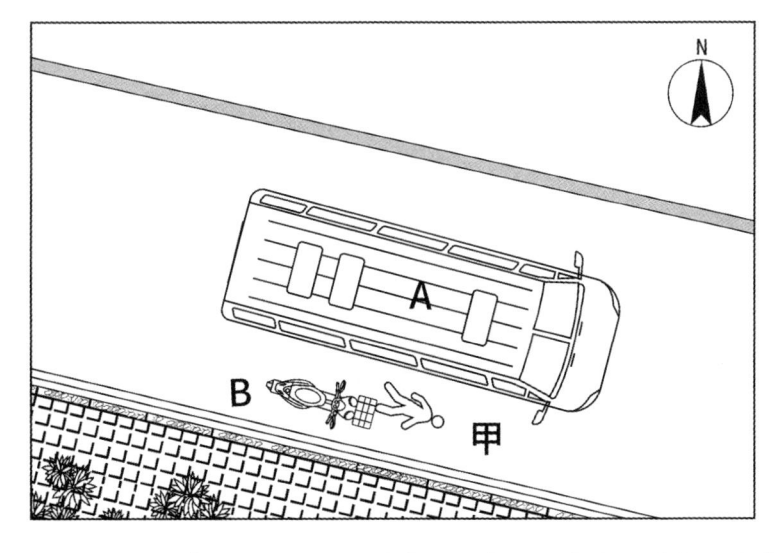

如图所示，20×× 年 8 月 1 日，A 车驾驶人驾驶公交车 A 未按规定靠边停车，下车的乘客甲与 B 车驾驶人驾驶的两轮摩托车 B（车辆属性为机动车）发生碰撞，致使 B 车失控侧翻碰撞道路西侧路沿石，造成 B 车驾驶人抢救无效死亡、B 车受损的交通事故。交警作出《事故认定书》认定，当事人的过错行为、事故责任和赔偿比例的关系见表 1-17。

表 1-17 过错行为、事故责任和赔偿比例的关系

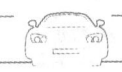

当事人	过错行为	事故责任	赔偿义务	赔偿比例
A 车驾驶人	未按规定靠边停车	同等		
A 车乘客甲	无	无		
B 车驾驶人	1. 饮酒驾驶； 2. 驾驶达到报废标准的电动车； 3. 未与前车保持安全车距	同等		
B 车驾驶人家属				50%
A 车所属公司			有	
A 车保险公司			有	50%

B 车驾驶人家属就其损失向法院起诉，请求判令 A 车驾驶人、A 车保险公司、A 车所属公司赔偿各项损失费。其费用先由 A 车保险公司在交强险和商业险赔偿限额内予以赔偿；不足部分，由 A 车驾驶人和 A 车所属公司共同承担赔偿责任。

A 车保险公司辩称：首先，仅就 B 车驾驶人饮酒这一行为，就完全可以判定此次事故中 B 车驾驶人至少承担事故的主要责任。其次，根据事故视频可以看出 B 车驾驶人驾驶 B 车没有戴头盔。这种行为也是事故发生后导致其死亡的主要原因。最后，本次事故发生时，A 车驾驶人在 B 车驾驶人之前进入停靠站，B 车驾驶人所驾驶机动车，远远未达到与同车道前车距离规定所确定的距离，这也是应当作为其本人承担事故责任的主要原因之一。因此，可以看出 B 车驾驶人在本次事故中应当承担全部责任，A 车驾驶人不应当承担任何责任，故 A 车保险公司也就不应该承担本次事故的商业保险赔偿责任。

法院认为

交警对事故责任的划分依据主要为，A 车驾驶人违法停车是导致事故的直接原因，但因 B 车驾驶人涉嫌饮酒后驾驶达到报废标准的 B 车，故加大了 B 车驾驶人承担后果的比例，减轻了 A 车驾驶人在事故中的责任，认定当事人双方为同等责任。A 车保险公司主张 B 车驾驶人应当承担全部责任的理由不能成立。

根据《民法典》第 1213 条的规定，法院对 B 车驾驶人家属的主张予以支持。

总　结

本案中，B 车驾驶人驾驶达到报废标准的车辆，存在过错，减少了 A 车的事故责任比例，从而减轻了侵权人的赔偿责任比例；反之，如果 B 车是合格车辆，那么 A 车一方将会承担更高比例的赔偿责任。

18 因车辆存在缺陷导致交通事故的赔偿责任的划分

专业解答

当机动车存在危及人身、财产安全的不合理设计或机动车的质量不符合国家标准或行业标准的情况,且此缺陷与交通事故的发生有因果关系时,机动车生产者和销售者需要承担相应的赔偿责任。

如果车辆生产者或销售者能够划分具体事故责任时,则根据事故责任划分赔偿比例;如果二者不能划分事故责任,一般要求车辆生产者和销售者平均承担赔偿责任。《民法典》第1202条规定:"因产品存在缺陷造成他人损害的,生产者应当承担侵权责任。"第1203条规定:"因产品存在缺陷造成他人损害的,被侵权人可以向产品的生产者请求赔偿,也可以向产品的销售者请求赔偿。产品缺陷由生产者造成的,销售者赔偿后,有权向生产者追偿。因销售者的过错使产品存在缺陷的,生产者赔偿后,有权向销售者追偿。"

案例链接 (2020)豫03民终1801号民事判决书

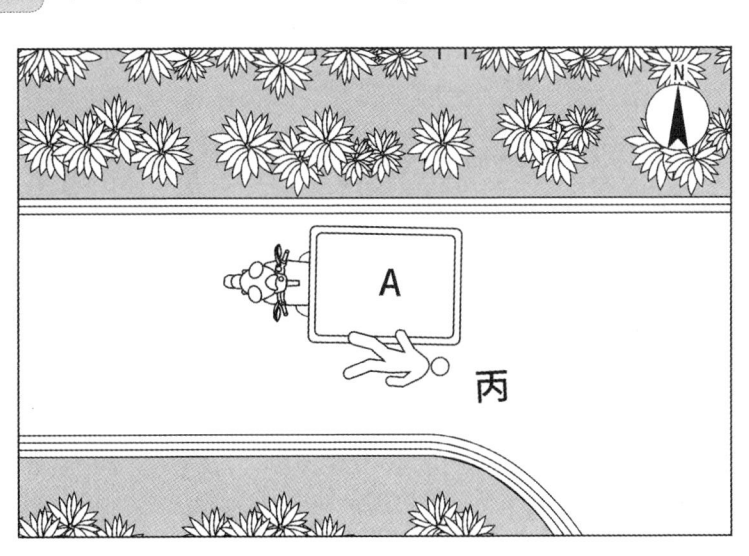

如图所示,20××年9月20日,A车驾驶人从甲公司处购买了由乙公司生产的电动三轮车A。某日下午,A车驾驶人驾驶A车载着母亲丙及六七百斤小麦在下坡行驶时发生侧翻,造成A车驾驶人及丙当场死亡、车辆损坏的交通事故。交警部门委托司法鉴定中心对A车制动性能进行鉴定。其鉴定意见为:A车制动性能不符合国家标准。

A车驾驶人与丙家属向法院起诉，请求判令甲公司、乙公司连带赔偿死者家属各项损失。

乙公司辩称，此次事故的发生系A车驾驶人在驾驶过程中未谨慎驾驶造成的事故，交通事故的当事人应当承担主要赔偿责任。

法院认为

A车驾驶人与丙家属以产品责任纠纷提起本案诉讼，有权选择向产品生产者或产品销售者请求赔偿。甲公司、乙公司作为A车的销售者与生产者，主体资格适格。

乙公司作为A车的生产者，因产品存在制动性能不符合国家标准的缺陷，且未提供证据证明其对因产品存在缺陷造成的损害有法律规定的免责事由，故应承担侵权责任。而A车驾驶人未尽谨慎安全驾驶义务致使车辆侧翻，存在过错；丙自身安全意识不强，亦存在过错，故可以减轻乙公司的责任。结合本案实际情况，乙公司承担60%的民事赔偿责任为宜。因本案现有证据并不能证明事故车辆存在的缺陷系因甲公司的过错造成，故对A车驾驶人与丙家属主张甲公司作为事故车辆的销售者应承担过错责任的诉讼请求，法院不予支持。当事人过错行为和赔偿比例的关系见表1-18。

表1-18　过错行为和赔偿比例的关系

当事人	过错行为	赔偿权利	赔偿义务	赔偿比例
A车驾驶人	未尽谨慎安全驾驶义务			
丙	自身安全意识不强			
乙公司	A车制动性能不合格		有	60%
A车驾驶人与丙家属	无	有		

总　结

本案中，A车存在的缺陷是导致交通事故的原因之一，因此A车生产方需要承担一定的赔偿责任。因无证据证明A车销售方存在故意销售有缺陷的车等过错，故其无需承担赔偿责任。

19 交通事故中好意搭载的乘车人受伤的赔偿责任的划分

专业解答

好意搭载，是指机动车驾驶人出于善意、好意无偿允许他人搭乘的一种行为。比如，某甲驾车送孩子上学，出于善意，免费将邻居小孩一起送往学校，某甲的行为就属于好意搭载。

好意搭载时发生交通事故导致乘车人受伤的，属于机动车驾驶人一方责任的，事故责任方需要承担赔偿责任。但是，好意搭载是人与人之间互帮互助、建立和谐人际关系的表现，是善良风俗的延续，应当加以鼓励和提倡。因此，如果搭乘者有过错的，应减轻驾驶者的赔偿责任；如果搭乘者无过错的，机动车驾驶人也没有故意或者重大过失的情况下，需适当酌情减轻驾驶人对搭乘者的赔偿责任。《民法典》第1217条规定："非营运机动车发生交通事故造成无偿搭乘人损害，属于机动车一方责任的，应当减轻其赔偿责任，但是机动车使用人故意或者有重大过失的除外。"

案例链接 （2024）新01民终4414号民事判决书

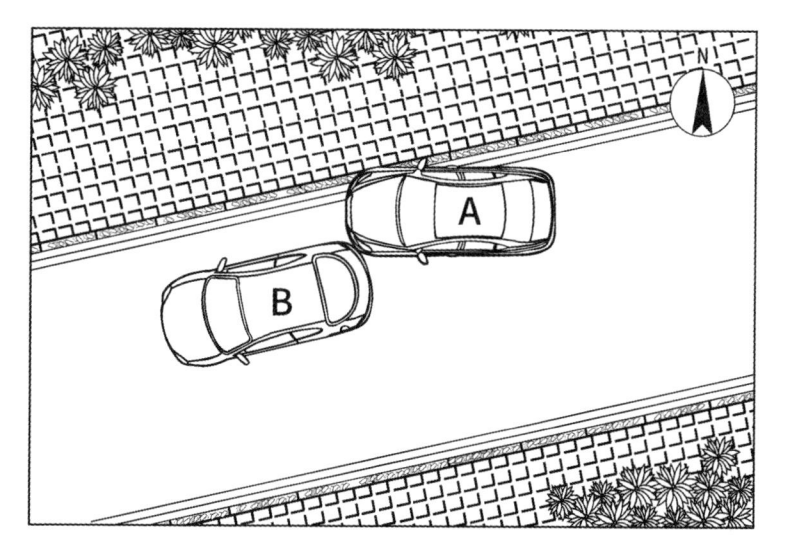

如图所示，20××年6月17日，A车驾驶人驾驶A车追尾碰撞前方B车驾驶人驾驶的B车，后A车冲上路沿石碰撞到道路指示牌，致使A车乘车人甲受伤。当事人过错行为、事故责任和赔偿比例的关系见表1-19。

表1-19　过错行为、事故责任和赔偿比例的关系

当事人	过错行为	事故责任	赔偿义务	赔偿比例 减轻前	赔偿比例 减轻后
A车驾驶人	未与前车保持安全距离	全部	有	100%	70%
B车驾驶人		无			
乘车人甲		无			

甲向法院起诉，请求判令 A 车驾驶人赔偿其全部损失。

A 车驾驶人辩称，仅认可承担一部分赔偿责任。事故事实是，A 车驾驶人受人委托，无偿好意施惠去接甲。交通事故发生时，甲坐在副驾驶，没有系安全带，且手中抱着吃饭时要喝的酒，这是致使甲胸肋受伤的主要原因。甲本人对于事故受伤也是有过错的，所以也应当就此承担责任。

法院认为

A 车驾驶人驾驶非营运机动车并允许甲无偿搭乘同行的行为系甲提供驾乘方便及帮助，具有利他性，属于好意同乘。A 车驾驶人虽然承担事故全部责任，但造成事故原因即 A 车驾驶人过错行为而并非故意或重大过失。因此，结合本案的实际情况，鉴于 A 车驾驶人是好意同乘，根据《民法典》第 1217 条的规定，应减轻其赔偿责任，故酌定 A 车驾驶人承担 70% 的赔偿责任。

总　结

本案中，驾驶人好意搭载的行为是减轻侵权人赔偿责任的情形之一，同时驾驶人不存在重大过失或故意行为，所以最终驾驶人的赔偿责任有所减轻。

CHAPTER 2

第二章
赔偿权利和赔偿责任主体

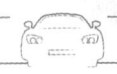

01 赔偿义务人的确定

专业解答

当事人在交通事故中受到了损害，应该找谁赔偿，谁又应为事故损失买单呢？这里的"谁"，就是指交通事故赔偿义务人。所谓交通事故赔偿义务人是指交通事故损害赔偿责任的承担者，也就是需要赔钱给受害人的一方，在诉讼案件中通常为被告。准确确定交通事故损害的赔偿义务人，是顺利处理交通事故损害赔偿案件的基础和关键。只有确定了损害赔偿责任的赔偿义务人，受害人的权益才能得以维护。无论是通过协商、调解还是诉讼，"找谁""告谁"是一个很重要的问题。如果告的对象不对，不仅浪费了时间、人力、财力，还无法达到获取赔偿的目的。

赔偿义务人包括以下几类：（1）驾驶人。通常称"驾驶员""司机""开车的"等，即肇事车辆的驾驶人员。（2）车辆所有人。即车主，指的是车辆权利登记证上记载的车辆权利人，如在机动车行驶证上"所有人"一栏登记的姓名或单位名称。（3）车辆管理者。指利用车辆所有人的委托、租借等合法方式获得车辆的支配权，再将该车辆用出租、出借等方式给他人使用的人或单位。（4）保险公司。机动车一般有投保交强险和商业险，在发生交通事故时，承保交强险和商业险的保险公司需要根据保险合同的约定条款，在保险责任范围内对受害人进行赔偿。（5）监护人。如果导致交通事故发生的侵权人是无民事行为能力人或限制民事行为能力人，那么其监护人需要承担相应的赔偿责任。（6）其他赔偿义务人。除上述赔偿义务人之外，还有驾校、道路建设单位、公路管理者、车辆生产厂商、车辆销售商、车辆维修单位、维修人员和车辆挂靠单位等与侵权人、肇事车辆存在关联的其他人员或单位。

案例链接　（2023）新40民终2668号民事判决书

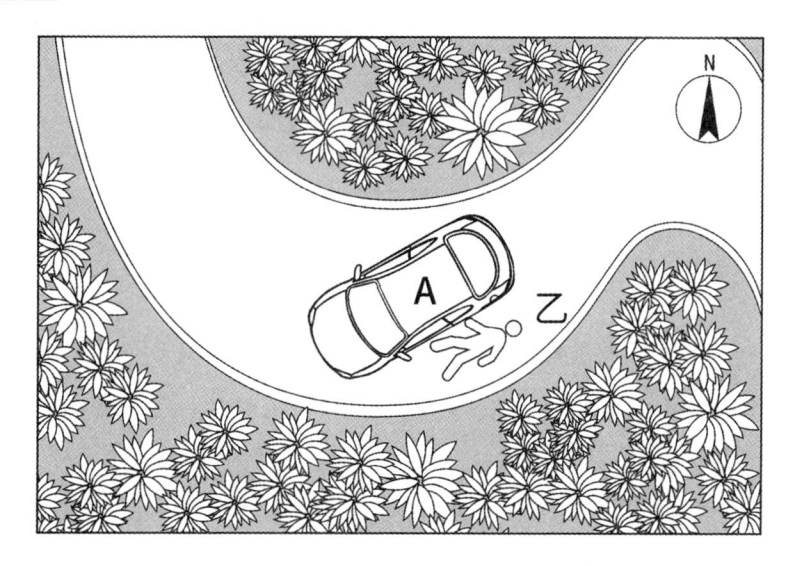

如图所示，20××年7月11日，甲驾校学员即A车驾驶人驾驶A车在驾校内练车时，因操作不当，A车发生侧滑导致路人乙的左脚受伤。教练丙当时没有随车指导。交警部门调查后以时间过长、没有原始的现场、事故责任无法认定为由出具《不予受理告知书》。

A车投保了交强险、商业三者险和驾驶学员意外伤害险。

乙向法院起诉，请求判令A车驾驶人、丙、甲驾校、A车保险公司赔偿其全部损失。

法院认为

驾校从事经营活动，学员向驾校缴纳培训费，驾校是机动车的实际控制人，驾校雇佣教练控制该车的行驶情况，并通过这种行为获利。丙属于执行职务，A车驾驶人驾驶A车时丙没有随车指导，是造成此次事故的根本原因，因此该起事故中丙应承担全部责任，其造成的损失由丙承担。而甲驾校与丙之间存在雇佣关系，丙在执行雇佣行为中造成他人损害的，雇主需承担连带赔偿责任，故甲驾校应对乙的损失承担连带赔偿责任。因A车在保险公司投保了相关保险，因此乙的损失首先由A车保险公司在保险限额内进行赔付，剩余部分由丙和甲驾校连带赔付。当事人过错行为、事故责任和赔偿比例的关系见表2-1。

表 2-1 过错行为、事故责任和赔偿比例的关系

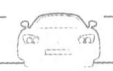

当事人	过错行为	事故责任	赔偿义务	赔偿比例	超出保险赔偿部分
A车驾驶人	操作不当	无法认定			
甲驾校			有		连带责任
教练丙	没有随车指导		有		
行人乙	无				
A车保险公司		无	有	100%	

总 结

本案中，甲驾校、A车保险公司及教练丙均为赔偿义务人。甲驾校和教练丙承担连带责任，赔偿A车保险公司超出保险限额的部分。

02 车辆出租人需要承担交通事故赔偿责任的情形

专业解答

这里的车辆出租人指的是，通过收取一定费用的方式，将车辆出租给他人使用的车主。在这种情况下发生交通事故，造成他人损害，属于机动车一方责任的，若车辆出租人无过错，出租人不需要承担赔偿责任，赔偿责任由驾驶人承担。若出租人存在过错，则出租人需要承担相应的赔偿责任。《民法典》第1209条规定，因租赁、借用等情形导致机动车所有人、管理人与使用人不是同一人时，发生交通事故造成损害，属于该机动车一方责任的，由机动车使用人承担赔偿责任；机动车所有人、管理人对损害的发生有过错的，承担相应的赔偿责任。

如何判断车辆出租人在交通事故中是否存在过错行为呢？《交通事故损害赔偿解释》（2020年修正）第1条规定，机动车发生交通事故造成损害，机动车所有人或者管理人有下列情形之一，人民法院应当认定其对损害的发生有过错，并适用《民法典》第1209条的规定确定其相应的赔偿责任：（1）知道或者应当知道机动车存在缺陷，且该缺陷是交通事故发生原因之一的；（2）知道或者应当知道驾驶人无驾驶资格或者未取得相应驾驶资格的；（3）知道或者应当知道驾驶人因饮酒、服用国家管制的精神药品或者麻醉药品，或者患有妨碍安全驾驶机动车的疾病等依法不能驾驶机动车的；（4）其他应当认定机动车所有人或者管理人有过错的。

案例链接 （2018）闽民再346号民事判决书

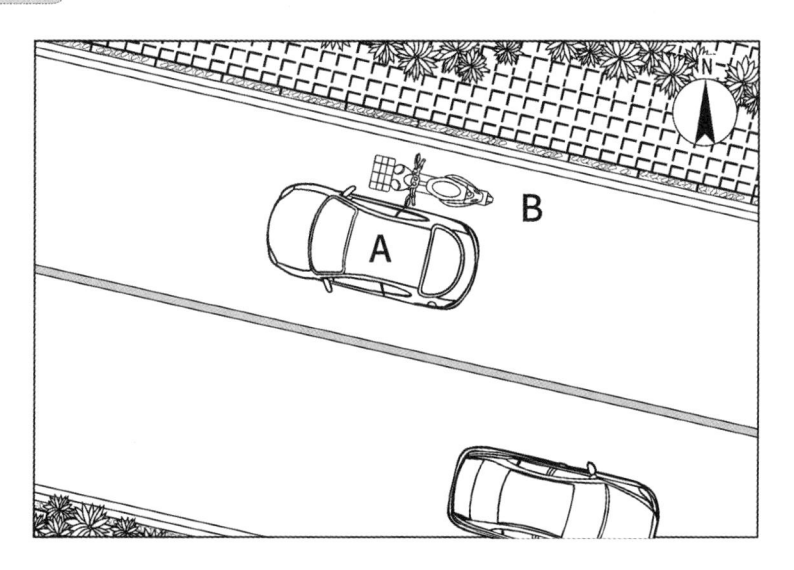

如图所示，20××年12月3日，A车驾驶人驾驶A车与B车驾驶人驾驶的无牌号二轮摩托车B在某路段发生碰撞，造成B车驾驶人当场死亡及两车损坏的交通事故。事故发生后，A车驾驶人驾车逃逸。当事人过错行为、事故责任和赔偿比例的关系见表2-2。

表2-2 过错行为、事故责任和赔偿比例的关系

当事人	过错行为	事故责任	赔偿义务	交强险责任	赔偿比例
A车驾驶人	1. 酒后驾驶；2. 无证驾驶；3. 逃逸	全部	有		70%
B车驾驶人		无			
B车驾驶人家属		无			
甲公司	未尽审查注意义务	无	有		30%
A车保险公司			有	有	

经查明，A车所有人是甲公司，A车由甲公司出租给A车驾驶人使用。

B车驾驶人家属就其损失向法院提起诉讼，请求判令A车驾驶人、甲公司、A车保险公司共同赔偿其各项经济损失，承担连带赔偿责任。

甲公司辩称其已尽到注意义务，不存在任何过错，不应承担赔偿责任。A车驾驶人向甲公司申请租车时，持本人身份证及驾驶证原件在甲公司当场复印并签署。根据《交通事故损害赔偿解释》第1条的规定，甲公司只有在"知道"或"应当知道"A车驾驶人的驾驶证被吊销的情形下才需要承担责任，而甲公司对此并不知情。

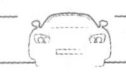

B车驾驶人家属称，首先，A车驾驶人驾驶证已被吊销，甲公司在出租车辆时没有要求其提交驾驶证，也没有审查其是否具备驾驶资格，甲公司提交的驾驶证复印件并非A车驾驶人的驾驶证，其仅向甲公司提供本人照片，并在该驾驶证复印件上签字，对该复印件的来源不清楚。可见，甲公司向A车驾驶人出租A车时，A车驾驶人并不具备驾驶资格，甲公司没有尽到审查注意义务，存在过错，其应承担相应的赔偿责任。其次，甲公司虽然将车辆租给A车驾驶人使用，但仍对车辆进行间接支配，享有管理权和监督权。其通过出租A车给A车驾驶人来获取经济利益，作为受益人，甲公司应当对A车运行过程中可能发生的风险承担连带责任。

法院认为

A车驾驶人酒驾并逃逸，A车保险公司仅在交强险内赔偿，商业险内不承担赔偿责任。甲公司系A车的登记车主，拥有A车的所有权，其对A车虽不直接占有，仍具有管理监督权，对A车运行风险负有防范义务。虽然A车驾驶人提供的机动车驾驶证复印件显示其具有驾驶资格，但A车驾驶人的驾驶证已被吊销，事实上不具有驾驶资格。甲公司未尽审查注意义务，将A车交给无驾驶资格的A车驾驶人使用并发生事故，存在过错，应承担与其过错相适应的赔偿责任。根据甲公司的过错程度，法院酌定了当事人的赔偿责任比例。

总　结

本案中，车辆出租人未尽到审慎义务，将车辆租给驾驶证被吊销的人，导致事故发生，车辆出租人存在过错，因此，需要承担相应的赔偿责任。

03 车辆出借人需要承担交通事故赔偿责任的情形

专业解答

这里的车辆出借人指的是车主无偿将车辆借给他人使用的情况。当车主无偿出借车辆给他人使用时发生交通事故，机动车一方有责任的，如果车辆出借人没有过错，则不需要承担赔偿责任，而是由机动车驾驶人承担赔偿责任。如果车辆出借人有过错，则车辆出借人也需要承担相应的赔偿责任。《民法典》第1209条对此有相应规定。

车辆出借人的过错主要体现在没有对借车人是否能够安全驾驶机动车进行合理审查，或没有对出借车辆进行安全检查与维护。《交通事故损害赔偿解释》（2020年修正）第1条中也有相关说明。

在地方层面，不同地区也有具体细分，如辽宁省沈阳市中级人民法院《机动车交通事故责任纠纷案件审判实务问题解答》第8条对如何把握"出借车辆人过错"进行了解答，即机动车出借人有下列行为之一的，应当认为出借人存在过错：（1）出借机动车不符合《沈阳市道路车辆管理办法》第11条规定的上路行驶条件，且机动车存在安全隐患的；（2）出借机动车未按规定投保交强险；（3）出借机动车未进行年检，且交通事故成因与车辆未年检有因果关系的；（4）出借人在明知借用人为未成年人、无驾驶能力人、饮酒人、吸毒人员等人员情况下，继续出借车辆的；（5）其他情形。

案例链接　（2022）豫08民终1066号民事判决书

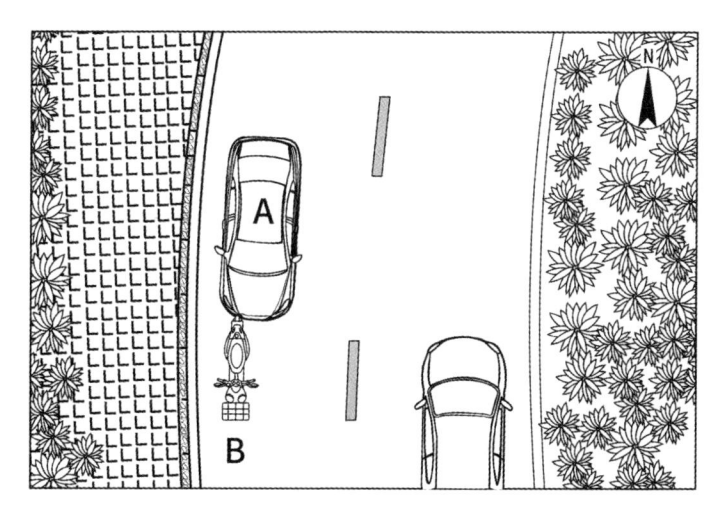

如图所示，20××年9月8日4时，A车驾驶人驾驶A车由北向南行驶至某路段时，与前方同向B车驾驶人驾驶的电动车B追尾相撞，造成B车驾驶人当场死亡、两车损坏的交通事故。当事人的过错行为、事故责任和赔偿比例的关系见表2-3。

表2-3　过错行为、事故责任和赔偿比例的关系

当事人	过错行为	事故责任	赔偿权利	赔偿义务	赔偿比例
A车驾驶人	1. 车辆灯光装置不合格； 2. 超速； 3. 未按照操作规范安全驾驶、文明驾驶； 4. 逃逸	全部		有	90%
B车驾驶人	无	无			
B车驾驶人家属		无	有		
A车车主	将存在缺陷的车辆交由他人使用	无		有	10%

049

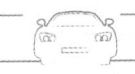

B 车驾驶人家属就本案赔偿事宜向法院起诉，请求依法判决 A 车驾驶人、A 车车主连带赔偿其家属各项损失。

法院认为

A 车车主将自己所有的 A 车借给 A 车驾驶人使用并发生交通事故，从交警出具的《事故认定书》对事故成因分析来看，A 车灯光装置不符合要求是导致事故发生的原因之一。根据法律规定，A 车车主将存在缺陷的车辆交由他人使用造成事故发生，并且该缺陷是交通事故发生原因之一，A 车车主对此应承担相应赔偿责任，结合 A 车车主的过错程度及车辆缺陷对事故发生产生的具体影响，法院确定 A 车车主应承担 10% 赔偿责任。

总 结

本案中，车辆所有人将有问题的车借给他人使用，且此问题是造成事故的原因之一，出借人因而成为赔偿义务人之一，需要承担相应的赔偿责任。

04 挂名车主需要承担赔偿责任的情形

专业解答

挂名车主通常指的是在车辆登记注册时，名义上的车主并非实际使用人或实际出资人，即只是在车辆管理部门登记的车主信息中显示为车主的人，而非实际使用人或控制人。

作为车辆的挂名车主会有潜在的交通事故责任风险，一旦发生交通事故，如果实际驾驶人逃逸或无力承担赔偿责任等，挂名车主可能需要承担连带责任。虽然在某些情况下，挂名车主可以举证证明自己并非实际使用人或对事故发生无过错，但这可能需要耗费大量的时间和精力，且最终是否免责也不确定。

如果车辆涉及违法犯罪活动，如交通肇事逃逸、利用车辆运输违禁物品等，挂名车主可能需要配合调查并可能承担相应的法律责任。即使最终证明违法行为与挂名车主无关，也可能会给其带来诸多麻烦和困扰。

若实际使用人未按时偿还车辆贷款、保险费，未及时处理交通违章罚款等费用，相关部门或债权人可能会向挂名车主追讨。此外，如果车辆在使用过程中出现质量问题或引发其他经济纠纷，挂名车主也可能需要参与解决，甚至可能承担一定的赔偿责任。

在交通事故赔偿纠纷中，挂名车主是否需要承担赔偿责任，最主要的依据就是挂名车主在交通事故中存不存在过错。

如果挂名车主没有过错，则不需要承担赔偿责任。北京三中院《类型化案件审判指引：机动车交通事故责任纠纷类审判指引》第6条中回答了借名买车，责任主体及责任承担的问题："限购政策导致一些非本地居民借用他人身份证的情形，或者出现未摇取小客车购车资格的人借用他人资格的情况。尽管出名人将身份证借给他人购买机动车会因其行为违法产生行政责任，但是其就机动车的运行完全不享有支配权，也不存在运行利益。其出借身份证与交通事故的发生无法建立侵权法上的因果关系。因此，在车辆发生事故后，不应由出名人即名义车主承担赔偿责任，而应由借名人即实际车主承担责任。"

如果挂名车主有过错，则需要承担相应的赔偿责任。挂名车主可能存在的过错有：

（1）知道或者应当知道机动车存在缺陷，且该缺陷是交通事故发生原因之一的；

（2）知道或者应当知道驾驶人无驾驶资格或者未取得相应驾驶资格的；

（3）知道或者应当知道驾驶人因饮酒、服用国家管制的精神药品或者麻醉药品，或者患有妨碍安全驾驶机动车的疾病等依法不能驾驶机动车的；

（4）未依法缴纳交强险等其他应当认定机动车挂名人有过错的。

除上述过错之外，如果挂名车主能够从肇事车辆运行中获得利益的，如存在挂靠单位收取费用等情况，那么该挂名车主也需要承担一定赔偿责任。

案例链接 （2024）冀01民终1778号民事判决书

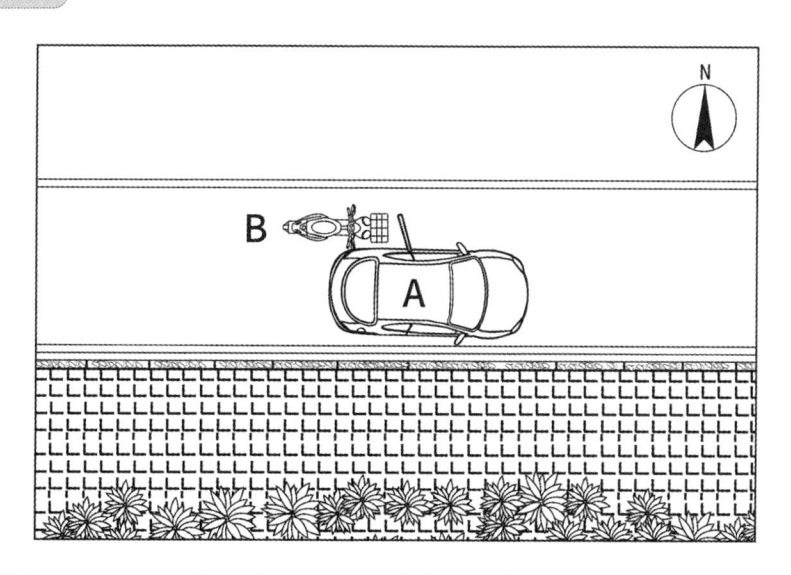

如图所示，20××年5月18日，A车驾驶人驾驶登记在挂名车主甲名下的A车，在某路段停车开门时，与B车驾驶人驾驶的电动车B发生碰撞，造成B车驾驶

051

人受伤。当事人的过错行为、事故责任和赔偿责任的关系见表2-4。

表2-4 过错行为、事故责任和赔偿责任的关系

当事人	过错行为	事故责任	赔偿权利	赔偿义务	交强险赔偿责任
A车驾驶人	开车门妨碍他人通行	全部		有	共同承担
挂名车主甲	未依法缴纳交强险			有	
B车驾驶人	无	无	有		

B车驾驶人为获得赔偿，向法院起诉，请求判令A车驾驶人、甲赔偿其全部损失。

甲辩称，其无需对B车驾驶人承担侵权赔偿责任。甲不是A车实际所有人，与A车驾驶人属于借名买车关系，车辆所有权人不是必然以登记为准，甲从未占有使用过A车，A车实际所有权人为A车驾驶人。

A车驾驶人承认A车是其花钱购买，在发生事故时A车驾驶人是买了保险的，但保险尚未生效。A车发生交通事故之后的赔偿责任不应让甲承担，A车驾驶人愿意承担全部责任。

法院认为

本案争议焦点为：甲是否应与A车驾驶人共同承担案涉赔偿责任。首先，机动车等物权的依法设立、变更、转让和消灭，未经登记，不得对抗善意第三人。本案中，甲系案涉车辆登记的所有权人。甲主张A车驾驶人系案涉车辆的实际所有权人，双方系借名买车关系，并提交《汽车转让协议合同书》和《车主免责协议书》等证据。根据法律规定及合同相对性原则，甲、A车驾驶人之间的上述约定，对B车驾驶人不发生效力。其次，在我国境内道路上行驶的机动车的所有人或者管理人，应当依照《道路交通安全法》的规定投保交强险。未依法投保交强险的机动车发生交通事故造成损害，当事人请求投保义务人在交强险责任限额范围内予以赔偿的，法院应予支持。如果投保义务人和侵权人不是同一人，当事人请求投保义务人和侵权人在交强险责任限额范围内承担相应责任的，法院应予支持。本案中，甲作为A车登记的所有权人，系A车交强险的法定投保义务人。故法院认定由法定投保义务人甲及侵权人A车驾驶人在交强险限额范围内共同承担赔偿责任。甲依据《车主免责协议书》享有的权利可另行主张。

总结

本案中，挂名车主有义务为车辆投保交强险，但A车没有依法投保交强险，所以挂名车主作为投保义务人，应当作为赔偿义务人之一与侵权人共同承担交强险范围内的赔偿责任。

05 挂靠车辆发生交通事故的赔偿责任承担对象

专业解答

挂靠，是指车辆实际所有人为了满足车辆运输管理的需要将车辆注册登记在某个具有运输经营权的公司名下，实际车辆所有人按期支付给该公司一定费用，并以该公司的名义对外从事运输经营活动的行为。车辆的实际所有人为挂靠人，被挂靠的公司称为被挂靠人或被挂靠公司。

《民法典》第1211条规定："以挂靠形式从事道路运输经营活动的机动车，发生交通事故造成损害，属于该机动车一方责任的，由挂靠人和被挂靠人承担连带责任。"如某车主将自己所购买的车挂在某公司名下，并定期向某公司支付约定数额的费用，对外以某公司的名义开展运输货物业务来获得收益，在日常运货过程中发生事故造成他人损害，某车主需要进行赔偿时，某公司也需要承担连带赔偿责任。

案例链接 （2024）浙07民终2536号民事判决书

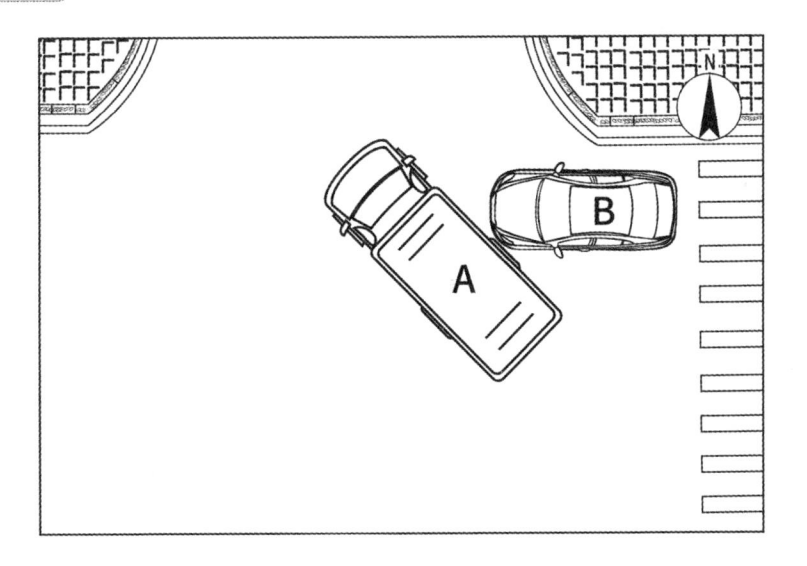

如图所示，20××年10月1日，A车驾驶人驾驶A车沿路由东往西行驶，当车行驶至某路口转弯时，与同方向右侧直行的由B车驾驶人驾驶的B车发生碰撞，造成两车受损、B车驾驶人及车上乘客甲受伤的交通事故。当事人的过错行为、事故责任和赔偿责任的关系见表2-5。

表 2-5　过错行为、事故责任和赔偿责任的关系

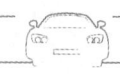

当事人	过错行为	事故责任	赔偿权利	赔偿义务	赔偿责任
A 车驾驶人	转弯不让直行	全部		是	连带
乙公司	无	无		有	
B 车驾驶人	无	无			
乘客甲	无	无	有		
A 车保险公司	无	无		有	是

另查明，A 车由实际车主挂靠登记在乙公司名下，由实际车主雇佣的具备驾驶资格的 A 车驾驶人驾驶。

甲就其损失赔偿事宜向法院起诉，请求判令 A 车驾驶人、A 车保险公司、乙公司共同赔偿甲因交通事故造成的各项损失。

法院认为

A 车驾驶人在此次事故中承担事故全部责任，根据本案发生交通事故过错程度、原因力及损害后果，法院确认由 A 车保险公司在交强险和商业险限额内赔偿甲合理损失，损失超出商业三者险限额的，由乙公司与 A 车驾驶人承担连带赔偿责任。

本案争议焦点为乙公司是否应当承担连带赔偿责任。以挂靠形式从事道路运输经营活动的机动车，发生交通事故造成损害，属于该机动车一方责任的，由挂靠人和被挂靠人承担连带责任。本案中，A 车登记和挂靠于乙公司名下，乙公司亦自认 A 车挂靠在乙公司，由乙公司收取挂靠费和代缴车辆保险。因 A 车驾驶人未提交实际车主（挂靠人）的身份信息和相应证据，法院无法追加实际车主为共同被告，A 车驾驶人承担责任后可根据雇佣关系向实际车主另行主张权利。所以，对于超出保险赔偿的部分，应由 A 车驾驶人和甲公司一同承担连带赔偿责任。

总　结

本案中，A 车与乙公司形成挂靠关系，发生交通事故，按照法律规定，肇事车辆挂靠人和被挂靠人需要承担连带赔偿责任，双方均有赔偿义务。

06　驾驶人执行职务时发生交通事故的赔偿责任的承担对象

专业解答

驾驶人在执行职务的过程中发生交通事故造成损害的，首先由用人单位承担赔偿

责任，但具体情况需根据相关法律法规和实际情况进行具体分析。用人单位在承担侵权责任后，如果发现该驾驶人存在故意或重大过失情形，可以向其追偿。这是用人单位对内部员工的一种追责机制。《民法典》第1191条第1项规定："用人单位的工作人员因执行工作任务造成他人损害的，由用人单位承担侵权责任。用人单位承担侵权责任后，可以向有故意或者重大过失的工作人员追偿。"这里的用人单位不仅包含国家机关，也包含一般法人和组织。

如果驾驶人属于劳务派遣，其在执行工作任务中造成交通事故的，由接受劳务派遣的用工单位承担赔偿责任。如果劳务派遣单位有过错，劳务派遣单位需要承担相应的赔偿责任。如存在没有对派遣员工进行交通安全培训；明知道被派遣的员工不能安全驾驶车辆，还安排其从事驾驶工作；劳务派遣单位安排的工作任务不合理；超载等情形。《民法典》第1191条第2项规定："劳务派遣期间，被派遣的工作人员因执行工作任务造成他人损害的，由接受劳务派遣的用工单位承担侵权责任；劳务派遣单位有过错的，承担相应的责任。"

至于驾驶人是否属于执行职务，可以从事故发生时其行为内容、时间、地点、场合、目的等综合考虑判断。如驾驶人行为是否在上班时间内、是否员工在传送公司物品、办理公司业务途中等。

案例链接　（2024）苏09民终1222号民事判决书

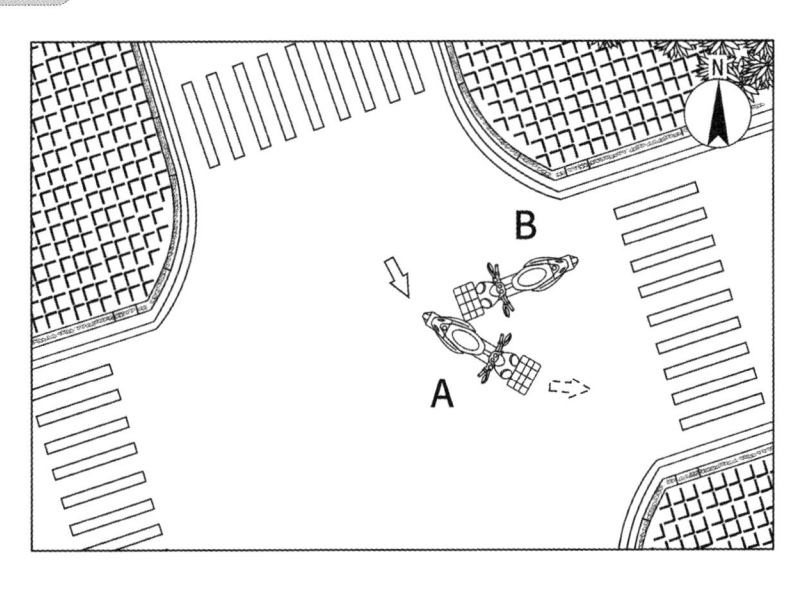

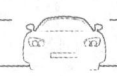

如图所示，20××年6月7日，A车驾驶人驾驶电动车A从其工作单位甲研究所出来，上公路左转弯时，与B车驾驶人驾驶的电动车B相撞，致B车驾驶人受伤。事故责任和赔偿比例的关系见表2-6。

表2-6　事故责任和赔偿比例的关系

当事人	事故责任	赔偿权利	赔偿义务	赔偿比例
A车驾驶人	主要			
甲研究所			有	70%
B车驾驶人	次要	有		30%

B车驾驶人就赔偿事宜向法院提起诉讼，要求A车驾驶人及甲研究所赔偿其因本起交通事故所受到的各项损失。

甲研究所辩称，本起事故是A车驾驶人引起的，且其承担主要责任。根据法律规定，应当认定A车驾驶人存在重大过失，本起事故造成的损失应由A车驾驶人承担，而不应由甲研究所承担。

B车驾驶人称，根据《民法典》第1191条、第1192条的规定，甲研究所应当承担赔偿责任。

A车驾驶人辩称，A车驾驶人虽系本起事故的直接责任人，但本起事故是A车驾驶人在执行职务过程中发生的，根据《民法典》第1191条之规定，B车驾驶人的损失应当由甲研究所承担。

法院认为

该案的争议焦点在于A车驾驶人的行为是否属于职务行为。本案中，甲研究所表示"认可其职务行为"。A车驾驶人在执行职务的过程中与B车驾驶人驾驶的B车发生碰撞，致使B车驾驶人受伤，甲研究所应就其员工即A车驾驶人在执行工作任务中给他人造成的损害承担侵权赔偿责任。甲研究所认为A车驾驶人存在重大过失并以此主张甲研究所不承担赔偿责任的理由无法律依据，法院不予采信。因此，法院根据《民法典》第1191条的规定，判决甲研究所按A车驾驶人的事故责任比例，赔偿B车驾驶人经法院认可的各项损失。

总　结

本案中，A车驾驶人是在执行职务时发生了交通事故，且不存在重大过失或故意行为，按照法律规定，A车驾驶人所负的赔偿责任，由其所在工作单位承担，该工作单位在本案中负有赔偿义务。

07 有优先通行权的特种车辆发生交通事故的赔偿责任的承担对象

> 专业解答

有优先通行权的特种车辆主要指的是警车、消防车、救护车、工程救险车和公路监督检查车等专用车辆。《道路交通安全法》第15条规定："警车、消防车、救护车、工程救险车应当按照规定喷涂标志图案，安装警报器、标志灯具。其他机动车不得喷涂、安装、使用上述车辆专用的或者与其相类似的标志图案、警报器或者标志具。警车、消防车、救护车、工程救险车应当严格按照规定的用途和条件使用。公路监督检查的专用车辆，应当依照公路法的规定，设置统一的标志和示警灯。"《道路交通安全法》第53条规定："警车、消防车、救护车、工程救险车执行紧急任务时，可以使用警报器、标志灯具；在确保安全的前提下，不受行驶路线、行驶方向、行驶速度和信号灯的限制，其他车辆和行人应当让行。"有优先通行权的特种车辆在执行紧急任务时享有道路优先通行权，这意味着特种车辆在行驶过程中可以不受行驶路线、方向、速度和信号灯的限制，其他车辆和行人应当避让。

但是，这种优先通行权并不意味着特种车辆在发生交通事故后可以无条件免除责任。优先通行权是赋予优先权人具有优先于他人通行的权利，而不是免除其依法应当承担的义务。如果特种车辆在行驶时忽视了自己应尽的注意义务，造成交通事故的，其仍然要承担事故责任和赔偿责任，对当事人责任的划分主要是根据当事人双方在事故中的过错程度来确定。

有优先通行权的特种车辆在发生交通事故时，如果不属于正在执行职务的情形，在认定事故责任时，不会考虑其优先通行的权利，按照一般交通事故处理。

如果是在执行职务时发生交通事故造成损害的，若特种车辆在事故中没有过错，且其他车辆和行人没有避让，那么特种车辆一般不需要承担赔偿责任。若特种车辆有过错，如没有开启警灯、没有鸣笛、违反交通安全法等，那么特种车辆驾驶人需要承担相应的事故责任。由于是在执行职务，其赔偿责任由特种车辆所有人承担。如120急救中心的救护车运送病人过程中，救护车未开启闪光警示灯，与其他车辆或行人发生交通事故造成他人受到损害，救护车未开启闪光警示灯是导致事故发生的原因之一，那么救护车驾驶人需要承担相应的事故责任，而救护车驾驶人在执行职务，交通事故的赔偿责任就由救护车所有人承担。

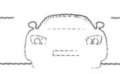

案例链接 （2024）渝 0102 民初 1397 号民事判决书

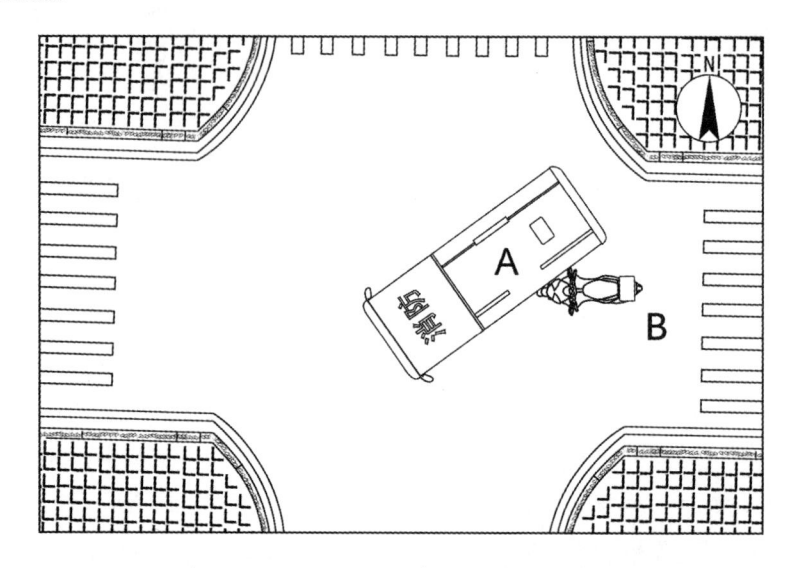

如图所示，20××年10月14日，A车驾驶人驾驶应急抢险救援消防车A，行驶至某十字路口处与B车驾驶人驾驶的摩托车B相撞，造成B车驾驶人受伤及两车受损的交通事故。事故责任和赔偿比例的关系见表2-7。

表2-7 事故责任和赔偿比例的关系

当事人	事故责任	赔偿权利	赔偿义务	赔偿比例
A车驾驶人	主要			
B车驾驶人	次要	有		30%
甲消防队	无		有	
A车保险公司			有	70%

经查明，A车所有人是甲消防队，A车投保了商业三者险，但未投保交强险。

B车驾驶人向法院提出诉讼，请求判令A车驾驶人、甲消防队、A车保险公司赔偿其因本起事故造成的各项损失。

法院认为

A车驾驶人在履行职务中发生本次交通事故，其后果应由甲消防队承担，A车驾驶人在本案中不承担赔偿责任。

结合交通事故责任认定，B车驾驶人承担30%的赔偿责任，甲消防队承担70%的赔偿责任。由于A车未投保交强险，故对交强险范围内的损失应由甲消防队承担。超出交强险的赔偿，由 A 车保险公司在商业三者险范围内按照 70% 的比例进行赔偿。还有不足的，由甲消防队进行赔付。

✎ 总　结

本案中，有优先通行权的消防车在执行职务时发生交通事故，根据事故责任划分，消防车驾驶人承担主要责任。因事故发生时侵权人是在执行职务，故根据规定其赔偿责任应由消防队承担。

08 事故救援期间发生的交通事故的赔偿责任的承担对象

专业解答

有时候，机动车在行驶途中会发生故障，无法继续通行，不得不停下来等待救援维修。这期间，如果故障车辆驾驶人按照规定，已经采取适当的预防措施，如按《道路交通安全法》第 52 条、第 68 条规定，开启危险警示灯；将车辆尽可能地转移到安全的地方；将警告标志设置在故障车来车方向 50~100 米处（高速公路上应放在 150 米以外的地方），车上人员迅速转移到安全地带，并且迅速报警等。此时，在故障车辆救援期间发生交通事故的，该故障车辆驾驶人一般不需要承担赔偿责任，赔偿责任由另一方承担。比如故障车辆停在路边，驾驶人已按照规定做好预防警示措施后，后方车辆碰撞到该故障车，这时赔偿责任由后方车辆一方承担。

如果故障车辆驾驶人没有采取合理的预防措施或预防措施不到位，那么故障车辆驾驶人就需要承担相应的赔偿责任。

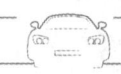

案例链接 （2022）陕10民终230号民事判决书

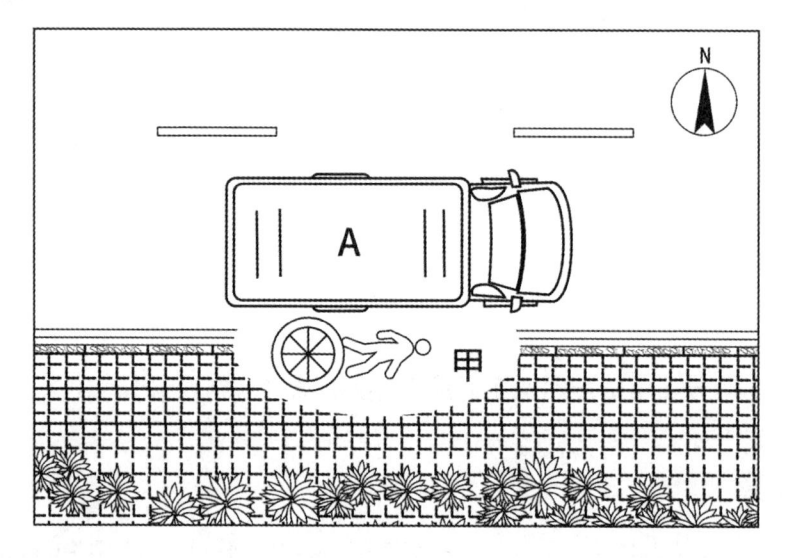

如图所示，20××年11月26日，A车行驶至某路段时发生故障。A车驾驶人将A车停放在路边，打电话联系汽车修理部的修理工甲，让其前来更换右后轮损坏的刹车鼓，双方约定修理费100元，材料款另计。甲来到现场修理，开始卸里侧轮胎时，里侧轮胎发生爆炸致甲受伤。

甲就赔偿事宜向法院提起诉讼，诉请A车保险公司赔偿其损失。

A车保险公司认为，本案事故发生在A车因故障停驶后的维修过程中，车辆的操作控制权已经由车辆驾驶人、所有人转移到甲处。因A车处于停驶状态，A车的商品属性、作用未得到体现，且本案事故不是因驾驶人或管理人的过错造成的，交警部门也未将本起事故认定为道路交通事故，更无从认定事故责任归属。A车驾驶人与甲之间构成车辆维修的承揽合同法律关系，因维修行为造成维修人员自身损害的，应当按照承揽合同的相关规定处理。依据《机动车综合商业保险条款》第24条第3款第3项的约定，在竞赛、测试期间，在营业性场所维修、保养、改装期间，不论任何原因造成的人身财产损失和费用，保险人均不承担赔偿责任。因此，保险公司应免于承担赔偿责任。

法院认为

交通事故是指车辆在道路上因过错或意外造成人身伤亡或者财产损失的事件。本案事故是车辆在行驶过程中因发生故障临时停靠在路边修理，甲在拆卸轮胎的过程中，轮胎发生爆炸致甲受伤。该起事故的发生既有当事人的过错因素，亦有一定的意

第二章　赔偿权利和赔偿责任主体

外因素，符合《道路交通安全法》关于"交通事故"的定义范畴，应认定为道路交通事故。

结合本案，A车驾驶人未对A车的安全技术性能进行认真检查，明知拆卸轮胎和更换刹车鼓存在较大的安全风险，特别是轮胎钢圈可能破损爆胎风险增大，却在A车发生故障时将A车交给没有相应维修资质的甲进行修理，导致发生事故致使甲受伤。甲未取得相应车辆修理资质，在拆卸轮胎时对存在的安全隐患没有察觉，未尽到安全注意义务，亦未采取相应的安全保护措施。故双方对事故的发生均有一定的过错。故酌定甲与A车驾驶人应各承担50%的事故责任（见表2-8）。A车保险公司先在交强险限额内赔偿甲损失，不足部分由A车保险公司在商业三者险限额内按50%比例替代A车驾驶人向甲承担赔偿责任。

表2-8　过错行为和赔偿比例的关系

当事人	事故责任	过错行为	赔偿权利	赔偿义务	赔偿比例
A车驾驶人	未认定	1. 疏于对车辆进行维修保养和检查； 2. 雇用没有维修资质修理工		有	
修理工甲	未认定	修车时未尽到合理的注意义务	有		50%
A车保险公司		无		有	50%

总　结

本案中，事故是在车辆救援期间发生的，当事人双方存在承揽关系，并且当事人均存在过错，因此二者都需承担相应的赔偿责任，具体赔偿比例则根据二者过错程度划分。

09 交通事故造成胎儿死亡，侵权人应承担的赔偿责任

专业解答

《民法典》第13条规定："自然人从出生时起到死亡时止，具有民事权利能力，依法享有民事权利，承担民事义务。"此外，《民法典》第16条规定，胎儿娩出时为死体的，其民事权利能力自始不存在。通常不能获得独立的死亡赔偿金。由此可以理解，胎儿没有出生，不具有民事权力，也就不存在对胎儿进行赔偿的义务人。但是，在交通事故中，胎儿的母亲也就是孕妇，因交通事故遭到了严重的身体与精神损害，侵权人有赔偿孕妇损失的义务，尤其是精神损失。

孕妇作为交通事故的受害者，有权主张因交通事故导致的自身损害赔偿，赔偿范围包括医疗费、误工费、护理费、住院伙食补助费、营养费、精神损害抚慰金等。

案例链接 （2021）青02民终575号民事判决书

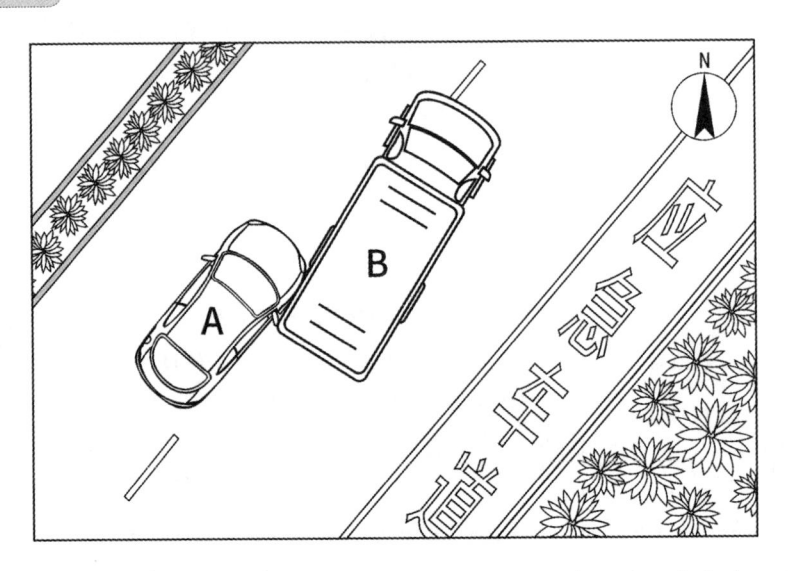

如图所示，20××年1月15日，A车驾驶人驾驶A车搭载甲在高速公路行驶过程中，与前方B车驾驶人驾驶的B车发生碰撞，导致甲受伤。事故责任和赔偿比例的关系见表2-9。同时，本次事故还导致甲的胎儿死于腹中，给甲造成了一定的精神痛苦。

表2-9 事故责任和赔偿比例的关系

当事人	事故责任	赔偿权利	赔偿义务	赔偿比例	精神抚慰金（元）
A车驾驶人	同等		有	50%	
B车驾驶人	同等		有		
A车乘客甲	无	有			20000
B车保险公司			有	50%	

甲就其损失向法院起诉，请求判令B车驾驶人、B车保险公司赔付因本次交通事故所产生的各项损失，其中包括因胎儿死亡造成精神损害的精神抚慰金50000元。

B车保险公司辩称，甲主张精神损失无法律依据，不应当赔偿甲的精神抚慰金。

法院认为

关于甲主张精神抚慰金的请求，根据《民事侵权精神损害赔偿解释》第10条规定，甲在此次交通事故中受伤并致胎儿死亡，其在精神上遭受了损害，结合侵权人的过错责任、造成的后果和当地生活水平，法院酌情确定精神损害抚慰金为20000元。

总　结

本案中，交通事故造成胎儿死亡，侵权人虽然不需要直接对胎儿进行赔偿，但对孕妇因胎儿死亡造成精神损害有赔偿的义务；也就是说，侵权人不仅要赔偿孕妇医疗费、误工费、护理费等费用，还需赔偿其精神损失。

10 未办理过户手续的已转让车辆发生交通事故的赔偿责任的承担对象

专业解答

在二手车辆交易过程中，往往有这样的情况，即车辆实际交付与办理车辆过户手续之间会有时间间隔，这就存在未办理过户手续车辆上路行驶的情况，车辆上路行驶，难免存在发生交通事故的可能。这就会出现赔偿责任是由原车主还是买车人承担的问题。对此，《民法典》第1210条中明确规定："当事人之间已经以买卖或者其他方式转让并交付机动车但是未办理登记，发生交通事故造成损害，属于该机动车一方责任的，由受让人承担赔偿责任。"

这就是说，如果转让车辆已经完成实际交付，车辆名义上的所有人已经不再支配车辆的运行，也没有从车辆运行中获得利益，对事故的发生也不存在过错，属于机动车一方责任的，由受让人承担赔偿责任，车辆名义上的所有人不需要承担赔偿责任。还有种情况，即转让的机动车存在拼装或者达到报废标准等情况，那么转让人和受让人要承担连带责任。因为拼装车或者报废车本身存在巨大的安全隐患，转让这种不符合上路标准的车辆的行为是违法的，属于双方都有过错，所以需要对事故责任承担连带责任。

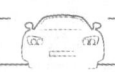

案例链接　（2024）辽05民终922号民事判决书

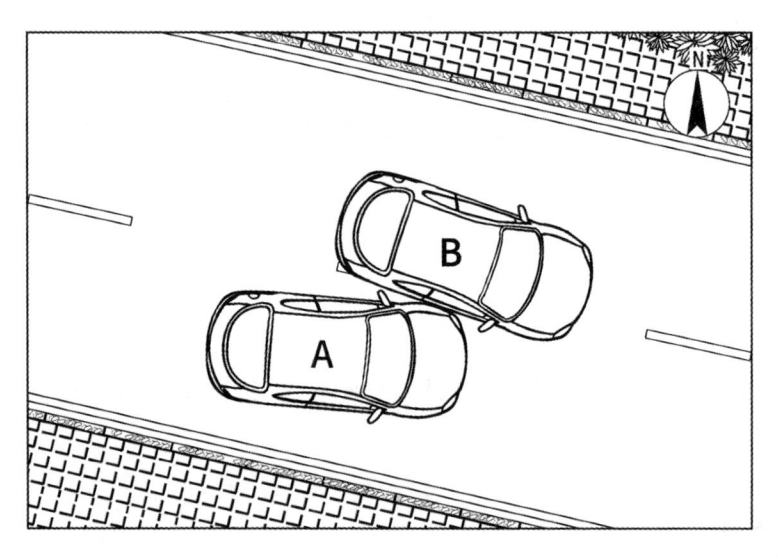

如图所示，20××年12月8日，A车驾驶人驾驶A车与同向B车驾驶人驾驶的B车右前门处相撞，B车被撞后向左变向撞上路中心护栏后向前滑行停在快车道内，A车则转向右前方驶出路外撞到路边树后停车，造成A车驾驶人、B车驾驶人受伤及两车损坏的交通事故。双方当事人的过错行为、事故责任和赔偿比例的关系见表2-10。

表2-10　过错行为、事故责任和赔偿比例的关系

当事人	过错行为	事故责任	赔偿权利	赔偿义务	赔偿比例
A车驾驶人	醉驾、未注意观察	全部		有	100%
B车驾驶人	无	无	有		
A车登记车主	无	无		无	

经查明，事故发生前A车已经由A车登记车主委托某二手车车行出售给A车驾驶人，事故发生时车辆已实际交付A车驾驶人支配使用，但暂未办理过户手续。

B车驾驶人向法院起诉，请求判令A车登记车主、A车驾驶人与A车保险公司赔付因事故造成的各项损失。

A车保险公司辩称，本起交通事故中A车驾驶人有醉酒驾驶机动车行为，醉酒驾驶是A车商业险保险公司免赔事由，A车保险公司拒绝赔偿。

✏️ **法院认为**

虽然A车暂未办理过户手续，但由于A车登记车主在此事故中不存在过错，根

据《民法典》第1210条的规定，A车登记车主不是本起事故的赔偿义务人，不需要承担赔偿责任。

依照《机动车交通事故责任强制保险条例》第22条有关规定，驾驶人醉酒驾驶，发生道路交通事故的，造成受害人的财产损失，保险公司不承担赔偿责任。依据《民法典》第1179条、第1184条、第1208条、第1210条，A车投保了交强险，事故发生在保险期间内，因事故发生时A车驾驶人有醉酒驾驶的违法行为，A车保险公司在交强险范围内对醉酒驾车致受害人财产损失部分不承担赔偿责任，但对人身损害不能免责。关于B车驾驶人的人身损害，A车保险公司应在交强险责任范围内进行赔偿，其余部分由A车驾驶人进行赔付。

总 结

本案中，虽然发生事故的车辆未办理过户手续，但车辆登记车主已不再拥有车辆的支配权，且在事故中没有过错，所以车辆登记车主不需要承担赔偿责任。

11 连环购车但未办理转移登记的车辆发生交通事故的赔偿责任的承担对象

专业解答

连环购车，是指车辆经过多次转手买卖的情况。当连环购车但未办理转移登记的车辆发生交通事故时，属于机动车一方责任的，由车辆的实际占有人承担赔偿责任。《最高人民法院关于连环购车未办理过户手续，原车主是否对机动车发生交通事故致人损害承担责任请示的批复》中指出："连环购车未办理过户手续，因车辆已经实际交付，原车主既不能支配该车的运营，也不能从该车的运营中获得利益，故原车主不应对机动车发生交通事故致人损害承担责任。"《民法典》第1210条规定："当事人之间已经以买卖或者其他方式转让并交付机动车但是未办理登记，发生交通事故造成损害，属于该机动车一方责任的，由受让人承担赔偿责任。"

一般情况下，车辆转让以实际交付为准，多次转让的车辆已经完成了实际交付，那么最后一位受让人就是实际车主，拥有车辆的占有权和使用权。原车辆登记人因交付车辆，已经失去了车辆的运行和控制权。所以，在发生交通事故时，原车辆登记人不需要承担赔偿责任，应该由实际占有车辆的一方承担赔偿责任。

案例链接 （2024）湘0626民初1379号民事判决书

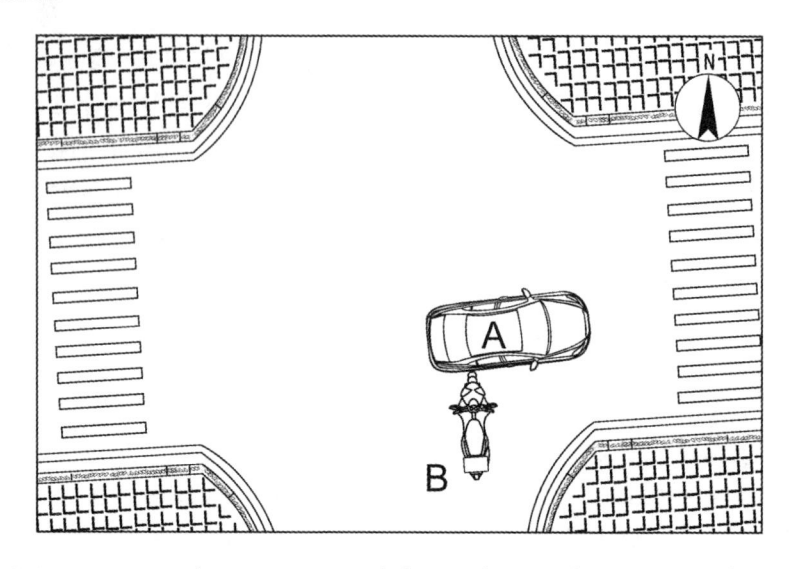

如图所示，20××年6月1日，A车驾驶人驾驶A车，与右方驶来由B车驾驶人驾驶的摩托车B相撞，造成B车驾驶人受伤及两车受损的交通事故。事故责任和赔偿比例的关系见表2-11。

表2-11　事故责任和赔偿比例的关系

当事人	事故责任	赔偿权利	赔偿义务	赔偿比例
A车驾驶人	主要		有	
B车驾驶人	次要	有		30%
A车登记人	无		无	
A车保险公司	无		有	70%

经查明，事故发生前A车登记人已将A车销售给甲车行，之后甲车行又将A车销售给A车驾驶人，A车尚未办理转移登记手续。

B车驾驶人向法院提出诉讼，请求判令A车保险公司在交强险与商业第三者险责任限额内赔偿各项损失，超出保险限额仍有不足部分由A车驾驶人、A车登记人按事故责任比例承担连带赔偿。

A车登记人辩称，首先，A车登记人作为名义所有人，既不能支配机动车的使用从而控制其风险，也不能从机动车的使用中获取运行利益。其次，A车登记人与本次交通事故中的A车驾驶人没有任何身份关联或工作交集，A车驾驶人驾驶A车发生交通事故，与A车登记人并无法律上的因果关系。最后，A车登记人对涉案道路交通事故的发生没有过错，对B车驾驶人的损失没有赔偿义务。

法院认为

关于 A 车登记人是否需要承担赔偿责任的问题，法院认为，虽然 A 车驾驶人驾驶的案涉的 A 车登记所有权人为 A 车登记人，但根据审理查明的事实，A 车由甲车行从 A 车登记人处购买后又销售给了 A 车驾驶人，故对 B 车驾驶人要求 A 车登记人承担连带赔偿责任的诉讼请求，根据《民法典》第 1210 条的规定，法院不予支持。

总　结

本案中，A 车属于连环购车后尚未办理转移登记手续的情形，原车主在该事故中不存在过错，无须承担本起事故赔偿责任。

12. 转让或多次转让拼装、报废的车辆发生交通事故，赔偿责任的承担对象

专业解答

根据《报废机动车回收管理办法》以及原国家工商局、公安部等七部门联合颁布的《关于禁止非法拼（组）装汽车、摩托车的通告》的规定，拼装车大致分四类，见表 2-12.1。

表 2-12.1　拼装机动车分类

序号	类别
1	利用报废汽车零件组装的机动车
2	利用进口汽车零部件组装成的机动车
3	未经国家批准，私自组装的机动车
4	山寨版、仿制仿造（由无生产机动车资质的企业违法生产）

也有学者指出，凡是没有生产机动车的资质、等级而生产的机动车，均可纳入"拼装车"的范畴。

有关转让或多次转让拼装、报废的车辆发生交通事故的赔偿问题，多部法律法规均有专门规定，如《民法典》第 1214 条规定："以买卖或者其他方式转让拼装或者已经达到报废标准的机动车，发生交通事故造成损害的，由转让人和受让人承担连带责任。"《最高人民法院关于适用〈中华人民共和国民法典〉侵权责任编的解释（一）》第 20 条规定："以买卖或者其他方式转让拼装或者已经达到报废标准的机动车，发生

交通事故造成损害，转让人、受让人以其不知道且不应当知道该机动车系拼装或者已经达到报废标准为由，主张不承担侵权责任的，人民法院不予支持。"《交通事故损害赔偿解释》（2020年修正）第4条规定："拼装车、已达到报废标准的机动车或者依法禁止行驶的其他机动车被多次转让，并发生交通事故造成损害，当事人请求由所有的转让人和受让人承担连带责任的，人民法院应予支持。"

这意味着，无论经过多少次转让，所有参与转让和受让的主体都可能对事故损害承担连带责任，受害人可以向转让人、受让人中的任何一方或多方主张全部赔偿责任，任何一方都不得以超过自己应承担的部分为由而拒绝赔偿。即所有的转让人和所有的受让人都需要承担连带赔偿责任。如果转让人和受让人能证明自己不知道该车是拼装车或报废车时，根据各自过错的大小，承担各自的赔偿责任。如果交通事故的发生是受让人的严重行为过错导致的，如酒驾、逆行、超载超速等情况，那么受让人需要承担较高的赔偿责任。

由于拼装车辆和报废车辆本身的非法性，无法购买保险，因此对于因拼装、报废车辆发生交通事故致人伤亡的，受害人一方不能向保险公司主张赔偿权利，也不存在保险公司承担赔偿责任的情况。

案例链接　（2024）陕06民终732号民事判决书

如图所示，20××年5月1日，A车驾驶人在未取得机动车驾驶证的情形下，驾驶摩托车A与由北向南B车驾驶人驾驶的B车相撞，造成A车驾驶人及A车乘车人甲受伤、两车受损的交通事故。双方当事人的过错行为、事故责任和赔偿比例的关系见表2-12.2。

表 2-12.2　过错行为、事故责任和赔偿比例的关系

当事人	过错行为	事故责任	赔偿权利	赔偿义务	赔偿责任
A车驾驶人	无证驾驶报废车辆；逆向行驶	全部			100%
A车乘车人甲	无	无	有		
B车驾驶人	无	无			
A车驾驶人法定监护人	无	无		有	连带
乙法定监护人	无	无		有	连带
丙某法定监护人	无	无		有	连带
丁某法定监护人	无	无		有	连带

经查明，A车是乙的母亲于2020年夏天购买的二手摩托车，乙于2021年2月以500元将A车卖给丙与丁（两人各支付250元），卖车款给了其母亲。同年3月，丙又以550元将A车卖给A车驾驶人，分给丁100元。A车驾驶人、乙、丙、丁都是未成年人。转卖顺序见表2-12.3。

表 2-12.3　转卖顺序

转让时间	转让轮次	出让人	受让人
2020年夏天	第一次		乙的母亲
2021年2月	第二次	乙	丙、丁
2021年3月	第三次	丙	A车驾驶人

A车查询的信息为检验有效期至2012年，并且该车辆识别号查不到任何信息，属于报废车辆。

甲向法院起诉，请求判令A车驾驶人、乙、丙、丁以及他们的监护人赔偿自己各项损失。

乙辩称，事故原因为A车驾驶人无证驾驶，事故责任认定书也并没有反映出是因为A车的质量原因造成的事故，因此，即使A车属于报废车辆，A车缺陷也并非本案损害发生的原因，与损害结果无因果关系。乙不应承担连带赔偿责任。

丁辩称，首先，丙向A车驾驶人出售该车辆时，未告知丁也没有征得丁法定监护人的同意，事后受让人也未催告丁的法定代理人。其次，侵权行为并非丁造成，所以，丁不应该承担任何赔偿责任。

丙辩称，其不承担连带责任。

法院认为

A车驾驶人无证驾驶报废车辆，有重大过失，不能减轻其赔偿责任。但A车驾驶

人在发生交通事故时，未满 18 周岁，属于限制民事行为能力人，其赔偿责任应由 A 车驾驶人的法定监护人承担。

丙与丁共同出资购买报废摩托车，后丙将该摩托车出售后，分给丁 100 元，应认定为丁对 A 车再次转让的事实知情。依据《民法典》第 1214 条的规定，乙、丙、丁买卖、转让拼装或已达到报废标准的机动车，发生交通事故造成损害的，应对 A 车驾驶人承担的赔偿份额承担连带责任，因乙、丙、丁系未成年人，属于限制民事行为能力人，其应承担的赔偿责任由其法定监护人承担。

总　结

本案中，多次转让报废车辆的各转让人和受让人，因其行为违反了法律强制性规定，依照法律规定，各转让人和受让人都有赔偿义务，应对受害人承担连带赔偿责任。

13. 驾校学员练车中发生交通事故的赔偿责任的承担对象

专业解答

驾校学员在练车过程中发生交通事故的，属于机动车一方责任的，应由教练员承担事故责任。而教练员指导学员练车，属于执行职务，应该由教练员所在的驾驶培训机构承担赔偿责任。《道路交通安全法实施条例》第 20 条规定："学习机动车驾驶，应当先学习道路交通安全法律法规和相关知识，考试合格后，再学习机动车驾驶技能。在道路上学习驾驶，应当按照公安机关交通管理部门指定的路线、时间进行。在道路上学习机动车驾驶技能应当使用教练车，在教练员随车指导下进行，与教学无关的人员不得乘坐教练车。学员在学习驾驶中有道路交通安全违法行为或者造成交通事故的，由教练员承担责任。"《民法典》第 1191 条规定："用人单位的工作人员因执行工作任务造成他人损害的，由用人单位承担侵权责任。用人单位承担侵权责任后，可以向有故意或者重大过失的工作人员追偿。"

如驾校学员存在违法行为、故意行为或重大过失，且教练员已经尽到适当的注意义务或采取了必要的制止措施仍无法避免事故发生，可减轻或免除教练员的责任，此时学员可能需要承担相应责任，驾校也需承担一定的管理责任。

第二章 赔偿权利和赔偿责任主体

案例链接 （2023）鄂1081民初3136号民事判决书

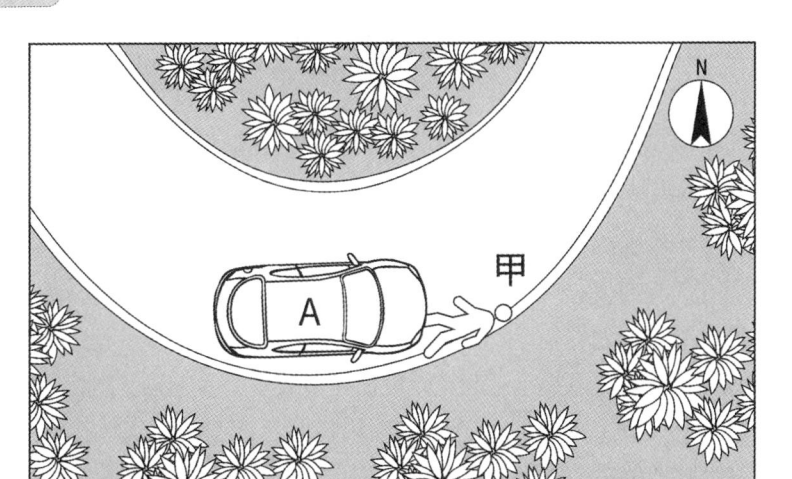

如图所示，20××年4月8日，A车驾驶人（C1证学员）驾驶A车在乙驾校院内沿小河线左转弯时，撞倒行人甲，造成甲受伤的事故。交警未就案涉交通事故划分事故责任。（见表2-13）

表2-13 事故责任和赔偿比例的关系

当事人	事故责任	赔偿权利	赔偿义务	赔偿比例
A车驾驶人	未划分			
行人甲	未划分	有		
乙驾校			有	100%

甲向法院提出诉讼，请求判令A车驾驶人、A车驾驶人教练、乙驾校、A车保险公司赔偿各项损失。

A车保险公司辩称，本案A车驾驶人在事故发生时系驾校学员，当时并未取得驾驶资格，且在事故发生时车内也未有驾校教练随车，故在事故发生时，A车驾驶人属于无证驾驶情形，根据《交强险条例》第22条之规定，A车保险公司仅需在交强险内垫付抢救费用，并有权追偿，但本案中甲伤情已治疗终结，并不存在需抢救的伤情，故A车保险公司无需垫付抢救费用，也无需在交强险以及商业险范围内承担任何赔偿责任。

法院认为

根据《道路交通安全法实施条例》第20条和《民法典》第1191条的规定，学员在练车过程中所造成的交通事故的损失应由教练承担，但教练是驾校雇佣的员工，教

071

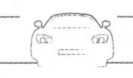

练因执行教学工作任务造成他人损害的，由用人单位即乙驾校承担侵权责任。乙驾校承担侵权责任后，可以向有故意或者重大过失的教练追偿。本案中，A 车驾驶人的教练系乙驾校员工，因其工作疏忽导致 A 车驾驶人在学车期间撞伤甲，赔偿责任应由乙驾校承担。

关于 A 车保险公司辩称理由，法院认为，A 车不同于普通车辆，是需要长期培训无驾驶证学员的教练车，且乙驾校投保案涉保险项目的目的是为规避学员在练习驾驶技能的过程中发生意外损害或其他风险，并在出现事故时能够减少自身损失。保险公司明知投保人在投保时契合保险条款中的免责事由仍然承保的，应当承担保险责任。如果按照案涉保险条款的约定，乙驾校未能获得任何赔偿，此情形显然有违乙驾校投保的初衷。保险公司未善意提示乙驾校，反而在事故发生后，又以驾驶员无有效驾驶证属于免除责任范围为由拒赔，有违诚信原则，因此该免责条款对乙驾校不产生效力，法院对其辩称理由不予采信。

法院认定甲的损失由 A 车保险公司在交强险及商业险范围内进行赔偿，仍有不足的，由乙驾校承担赔偿责任。

总　结

本案中，驾校学员在练习驾驶车辆过程中发生事故，按照法律规定该损失由学员教练承担，但教练是驾校的员工，其指导学员属于执行职务，所以赔偿责任最终由教练所在驾校承担。

14　交通事故肇事者属于无民事行为能力或限制行为能力人的赔偿责任的承担对象

专业解答

无民事行为能力人，是指不满八周岁的未成年人、八周岁以上的未成年人但不能辨认自己行为的，以及不能辨认自己行为的成年人。

限制民事行为能力人，是指八周岁以上的未成年人、不能完全辨认自己行为的成年人。

当肇事人属于无民事行为能力或限制行为能力人时，如儿童、精神病人、青少年人等，其法定监护人需要承担赔偿责任。《民法典》第 23 条规定："无民事行为能力人、限制民事行为能力人的监护人是其法定代理人。"

肇事者是无民事行为能力或限制行为能力人，如其没有财产，则由肇事者的监护人进行赔偿。如其有财产，则赔偿先从肇事者的财产中支付，不足的再由监护人赔偿。《民法典》第 1188 条规定："无民事行为能力人、限制民事行为能力人造成他人损害的，由监护人承担侵权责任。监护人尽到监护职责的，可以减轻其侵权责任。有财产的无民事行为能力人、限制民事行为能力人造成他人损害的，从本人财产中支付赔偿费用；不足部分，由监护人赔偿。"

如果监护人将肇事者委托给他人照看的，除了监护人需要承担赔偿责任，受托人有过错的，也需要根据过错大小承担相应的赔偿责任。《民法典》第 1189 条规定："无民事行为能力人、限制民事行为能力人造成他人损害，监护人将监护职责委托给他人的，监护人应当承担侵权责任；受托人有过错的，承担相应的责任。"

无民事行为能力或限制行为能力人的监护人范围，可以参照有关法律规定。《民法典》第 27 条规定："父母是未成年子女的监护人。未成年人的父母已经死亡或者没有监护能力的，由下列有监护能力的人按顺序担任监护人：（一）祖父母、外祖父母；（二）兄、姐；（三）其他愿意担任监护人的个人或者组织，但是须经未成年人住所地的居民委员会、村民委员会或者民政部门同意。"

无民事行为能力或者限制民事行为能力人是成年人的，《民法典》第 28 条规定："无民事行为能力或者限制民事行为能力的成年人，由下列有监护能力的人按顺序担任监护人：（一）配偶；（二）父母、子女；（三）其他近亲属；（四）其他愿意担任监护人的个人或者组织，但是须经被监护人住所地的居民委员会、村民委员会或者民政部门同意。"

案例链接 （2024）新 23 民终 2402 号民事判决书

20×× 年 4 月 30 日，乘车人甲使用微信扫码，开启由乙公司所有和运营的电动车 A 交由 A 车驾驶人驾驶。A 车驾驶人驾驶 A 车行驶至某路段右转弯时，与行驶的电动车 B 相撞，致使 B 车驾驶人受伤。事故责任和赔偿比例的关系见表 2-14。

表 2-14　事故责任和赔偿比例的关系

当事人	事故责任	赔偿义务	赔偿比例
A 车驾驶人	全部		
乘车人甲	无		
B 车驾驶人	无	无	
A 车驾驶人法定监护人		有	70%
乘车人甲法定监护人		有	30%

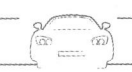

B车驾驶人就损失赔偿事项向法院起诉，请求判令A车驾驶人、甲、A车驾驶人家属、甲家属和乙公司赔偿其各项损失。

法院认为

事发时A车驾驶人已年满15周岁，具备一定的认识能力及控制自己行为的能力，能够判断出骑行电动车具有危险性，但仍载人骑行，存在过错，A车驾驶人的行为与B车驾驶人受伤的发生具有法律上的因果关系，故A车驾驶人应承担70%的侵权责任。A车驾驶人系限制民事行为能力人，根据《民法典》第1188条的规定，A车驾驶人应承担的民事赔偿责任，依法由其法定监护人承担。

乘车人甲未满16周岁，使用微信扫码使得A车驾驶人能够骑行电动车，主观上亦存在过错，应承担30%的次要赔偿责任，因乘车人甲为限制民事行为能力人，其应承担的民事赔偿责任，依法由其法定监护人承担。

乙公司作为车辆的所有人和运营商，在车辆租借过程中已经在首页用户注册和解锁时告知使用人，禁止借用、租用、转让，用户应对其账号及验证码项下的一切活动负全部责任，用户年龄应符合16周岁以上。也就是说，乙公司已经告知驾驶电动车的驾驶人应该具备的基本条件，故乙公司在本案中不承担赔偿责任。

总　结

本案中，交通事故肇事者年满15周岁，属于限制民事行为能力人。在这种情形下，依据法律规定，肇事者的赔偿责任由其法定监护人承担。

15 交通事故受害人属于无民事行为能力或限制行为能力人，要求赔偿的权利行使人

专业解答

交通事故中，当受害人属于无民事行为能力或限制行为能力人，如儿童、智障者等，其监护人可以要求侵权人进行赔偿。

在无民事行为能力或限制行为能力人发生交通事故后，当事人应立即告知其监护人，监护人需及时拨打"120"急救电话和"122"报警电话。监护人要收集与事故相关的各种证据，如医疗记录、诊断证明、费用清单、事故现场照片、视频、目击证人的联系方式等，这些证据将有助于后续的赔偿主张。

在事故责任明确后，监护人可以与侵权方及其保险公司协商赔偿，可以提出具体的赔偿要求和依据，尝试达成赔偿协议。如果双方能够协商一致，可以签订赔偿协议并按照协议履行。

若协商不成，监护人可以作为无民事行为能力或限制行为能力人的法定代理人，向有管辖权的人民法院提起民事诉讼，主张其合法权益。

案例链接 （2024）新31民终1946号民事判决书

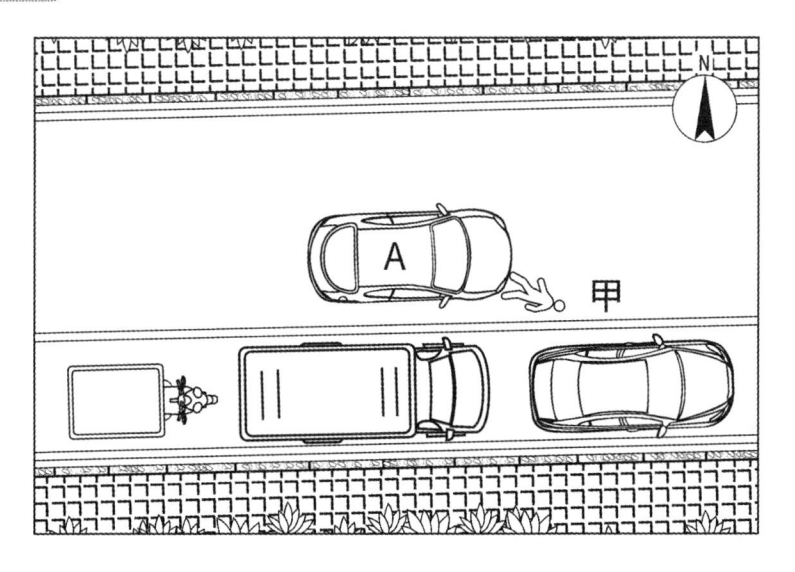

如图所示，20××年9月27日，A车驾驶人驾驶A车行驶至某路段南侧时与冲过路旁临时停放车辆间隙的儿童甲发生碰撞，导致甲受伤。交警出具的《事故证明》载明：因当事人和证人说法不一致的原因，无法划分责任。

甲母亲向法院起诉，请求判令A车驾驶人赔偿其因该事故造成的全部损失。

A车驾驶人诉称，A车驾驶人在道路正常行驶过程中，因甲在草坪和人行道与一个小女孩追逐，冲过路旁临时停放车辆间隙，碰撞到A车后部，导致发生交通事故。A车驾驶人第一时间停车找甲的家属并报警，并给"120"打了急救电话。当时出警的特警和目击证人可以证实事故发生过程，请法院调查核实后，依法公正判决。

甲的母亲答辩称，A车驾驶人提出发生交通事故时甲的母亲不在现场，却对上述意见未提供充分的证据，发生事故后，甲的母亲和保安先过去，然后警务站的民警到达现场，交警是后来才到的。当时没有目击证人，承担调查这起事故责任的交警多次打电话联系目击证人，目击证人则称自己当时不在现场。

法院认为

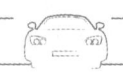

甲和A车驾驶人驾驶的车辆接触的事实存在，A车驾驶人作为机动车驾驶人应承担更高的避险义务，甲系幼童，根本不能预见事故发生，不能认定其对事故的发生存在故意或者重大过失，因案件当事人和证人对事故发生的过程陈述不一致，且案发现场无监控录像，鉴于交警部门对案涉交通事故责任无法认定，且无其他证据证明事故成因，故认定当事人双方在此事故中要承担同等责任。（见表2-15）

表2-15 事故责任和赔偿比例的关系

当事人	事故责任 交警认定	事故责任 法院认定	赔偿权利	赔偿义务	赔偿比例
A车驾驶人	未认定	同等		有	50%
儿童甲	未认定	同等			
甲的母亲		有			50%

因为A车没有投保交强险，所以A车驾驶人应承担交强险范围内的赔偿责任，超过交强险限额范围内的损失应当由A车驾驶人根据同等责任，按照50%的比例承担赔偿责任。

总结

本案中，受害人是儿童，属于无民事行为能力人，其主张赔偿的权利由其法定监护人行使，也就是受害人的母亲。

16 交通事故中"顶包人"需要承担的赔偿责任

专业解答

交通肇事后让人"顶包"的行为，分为两种情况。在不构成犯罪的情况下，"顶包人"属于妨害社会管理秩序的行为，会受到行政处罚。在肇事者构成犯罪的情况下，"顶包人"可能涉嫌包庇罪。根据《刑法》第310条的规定："明知是犯罪的人而为其提供隐藏处所、财物，帮助其逃匿或者作假证明包庇的，处三年以下有期徒刑、拘役或者管制；情节严重的，处三年以上十年以下有期徒刑。犯前款罪，事前通谋的，以共同犯罪论处。"

因为"顶包"行为不是导致交通事故发生的原因，与事故发生没有因果关系，只是事故发生后的过错行为，所以不需要承担交通事故的民事赔偿责任。但交通事故中存在的"顶包"行为，一般会加重肇事者一方的事故责任进而加重其赔偿责任。

此外，在交通事故侵权行为中，如果"顶包"行为使得受害人无法及时准确地向真正侵权人主张权利，"顶包人"可能会被认定为与真正侵权人承担连带责任。例如，当真正的肇事司机无力赔偿或者逃逸后无法查找时，受害人有可能要求"顶包人"承担全部赔偿责任。"顶包人"在承担赔偿责任后，可以向真正的侵权人进行追偿，但这需要"顶包人"通过法律程序去主张。

案例链接 （2024）黔03民终929号民事判决书

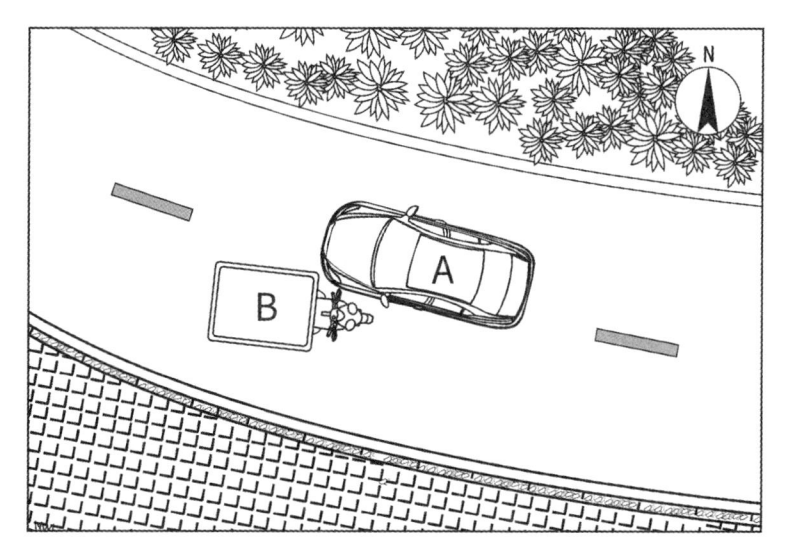

如图所示，20××年1月22日，A车驾驶人驾驶A车行驶至某路段时，与对向行驶的由B车驾驶人酒驾且无证驾驶的三轮摩托车B碰撞，造成B车驾驶人死亡及两车损坏的道路交通事故。事故发生后，A车驾驶人的妻子甲为A车驾驶人顶包，A车驾驶人隐匿在事故现场、否认自己是A车的驾驶人。交警通过调查发现事故真相后，划分了事故责任。（见表2-16）

表2-16 过错行为、事故责任和赔偿比例的关系

当事人	过错行为	事故责任	赔偿权利	赔偿义务	赔偿比例
A车驾驶人	逃逸	全部		有	100%
B车驾驶人	1. 无证驾驶； 2. 醉驾	无			
顶包人甲	顶包	无			
B车驾驶人亲属		无	有		

077

B车驾驶人亲属向法院起诉，请求判令A车保险公司在保险范围内赔偿其各项损失，A车保险公司不赔偿的部分由A车驾驶人与甲进行赔付。

A车保险公司称，（1）A车驾驶人与甲的"顶包"行为构成逃逸。因"顶包"行为导致无法查清A车驾驶人在发生交通事故时有没有其他严重违法行为，结合《保险法》第21条的规定，保险公司无法确定保险事故的性质、原因、损失的，保险公司对无法确定的部分不承担赔偿责任。（2）A车到事故发生时，已经连续6年投保，甲与A车驾驶人对保险条款的约定也是有所了解的，同时，《道路交通安全法》第70条也规定了交通事故发生后驾驶人的义务，逃逸是法律规定的禁止性行为，在商业险免责范围内，A车驾驶人与甲是熟知的，故A车保险公司只在交强险范围内承担责任，商业险部分不承担责任。

法院认为

本案中，A车驾驶人与顶替者甲共同商量"顶包"，导致实际驾驶人即A车驾驶人驾驶状态无法查清，让他人顶包的行为违背了诚实信用原则。该"顶包"行为本身不应受法律保护。A车驾驶人在主观上具有重大过错，客观上导致了A车保险公司及交警无法认定事故发生时实际驾驶人的真实驾驶状态，A车驾驶人的行为符合法定及保险合同约定的免赔情形，A车保险公司在商业险内不承担赔偿责任。

甲虽然参与"顶包"，但并非本次交通事故的侵权人，且未直接参与事故发生的过程，据此判断甲不承担赔偿责任。

因此，对超过交强险的赔偿部分由A车驾驶人承担全部赔偿责任。

总　结

本案中，"顶包人"不是侵权人，无需对交通事故中的受害人承担赔偿责任，但是"顶包"行为属于逃逸，不仅会加重侵权人的事故责任，还属于保险免赔事项，会加重其赔偿责任。

17 肇事车为盗抢车辆的赔偿责任的承担对象

专业解答

如果盗窃人、抢劫人或者抢夺人是肇事车辆驾驶人，发生交通事故造成损害的，盗窃人、抢劫人或者抢夺人需要承担赔偿责任。如果盗窃人、抢劫人或者抢夺人与肇事车辆驾驶人不是同一人,发生交通事故造成损害,属于该机动车一方责任的,由盗窃人、抢劫人或者抢夺人与肇事车辆驾驶人承担连带赔偿责任。《民法典》第1215条规定:"盗窃、抢劫或者抢夺的机动车发生交通事故造成损害的,由盗窃人、抢劫人或者抢夺人承担赔偿责任。盗窃人、抢劫人或者抢夺人与机动车使用人不是同一人,发生交通事故造成损害,属于该机动车一方责任的,由盗窃人、抢劫人或者抢夺人与机动车使用人承担连带责任。保险人在交强险责任限额内垫付抢救费用的,有权向交通事故责任人追偿。"

至于车辆所有人,一般情况下,如果车辆所有人能够证明车辆是被盗抢的,且自身没有过错,那么车辆所有人不承担赔偿责任。车辆所有人需要提供诸如报警记录、车辆被盗抢的相关证明材料等。

如果车辆所有人对车辆被盗抢存在过错,如车辆钥匙保管不当、车辆防盗装置存在明显故障而未及时修理等情况,可能会被要求承担相应的赔偿责任。比如,车主将车辆钥匙随意放置在未上锁的车内,导致车辆容易被盗抢,在这种情况下,当车辆被盗抢后发生交通事故造成他人损害时,车主可能要承担一定比例的赔偿责任。

案例链接 (2021)湘10民终2199号民事判决书

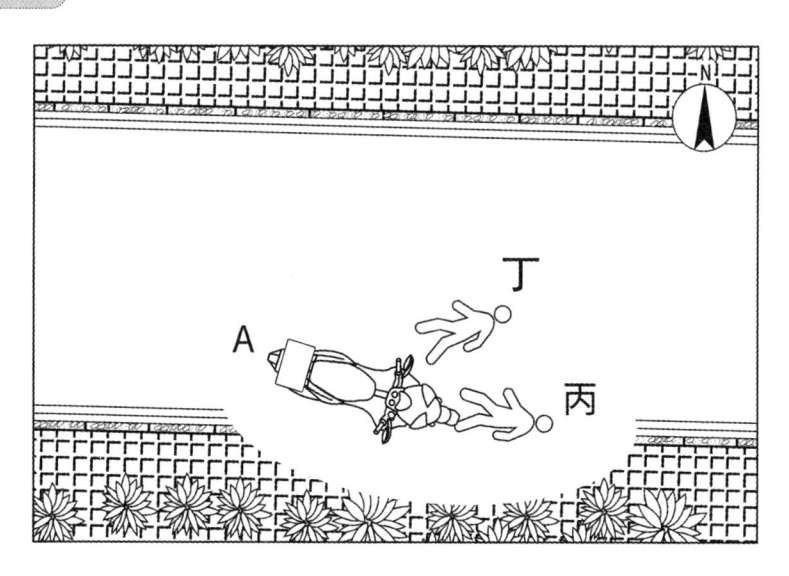

如图所示,20××年9月6日,A车驾驶人驾驶由其、甲、乙等7人偷窃来的摩托车A搭乘丙、丁,在行驶途中因A车驾驶人操作不当,致使A车撞上道路右边人行道路沿石后向前滑行摔倒,造成乘车人丙抢救无效死亡,A车驾驶人、丁受伤,A车受损的道路交通事故。当事人过错行为、事故责任及赔偿责任的关系见表2-17。

表 2-17　过错行为、事故责任和赔偿责任的关系

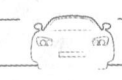

当事人	过错行为	事故责任	赔偿义务	赔偿责任
A 车驾驶人	1. 驾驶车辆操作不当； 2. 偷窃肇事车辆	全部	有	
甲、乙等 6 人	偷窃肇事车辆		有	
A 车驾驶人、甲、乙等 7 人的法定监护人			有	共同承担
丙、丁		无	无	

丙父母就其损失向法院起诉，请求判令 A 车驾驶人、甲、乙等 7 人共同连带赔偿丙父母各项损失。

甲、乙等 6 人辩称，甲、乙等人不应承担本案赔偿责任。事实和理由：A 车驾驶人所驾驶的 A 车，是 A 车驾驶人召集甲、乙等人偷窃的，该车价值不到 500 元，价值较低，且甲、乙等人是基于年幼无知好玩，而不是以牟利为目的。同时，该交通事故不是发生在甲、乙等人正在实施偷窃该车辆的行为时，而是在 3 天之后。A 车驾驶人单独驾驶支配 A 车，说明 A 车驾驶人是 A 车的实际运行支配人，该交通事故发生的责任在于 A 车驾驶人，而甲、乙等 6 人皆未到场，亦不知情。

法院认为

根据《民法典》第 1188 条 "无民事行为能力人、限制民事行为能力人造成他人损害的，由监护人承担侵权责任。监护人尽到监护职责的，可以减轻其侵权责任。有财产的无民事行为能力人、限制民事行为能力人造成他人损害的，从本人财产中支付赔偿费用；不足部分，由监护人赔偿" 之规定，A 车驾驶人在本次事故中承担全部责任，应对丙父母的全部损失承担赔偿责任。

A 车驾驶人等 7 人的盗窃行为虽不构成犯罪，但该盗窃行为使得涉案车辆脱离了车辆原所有人、管理人的正常管理，车辆被盗后，A 车原车主、管理人对涉案车辆在一段时期内处于无法支配的局面，对交通事故的发生无法预见，也无力控制，因此，A 车原车主、管理人对车辆被盗后发生的交通事故不承担责任。

根据《民法典》第 1215 条的规定，法院认为，盗窃而来的机动车发生交通事故造成损害的，由盗窃人、抢劫人或者抢夺人承担赔偿责任。故甲、乙等 6 人对甲的死亡损失要承担赔偿责任。因 A 车驾驶人、甲、乙等 7 人均系未成年人，根据《民法典》的规定，有财产的无民事行为能力人、限制民事行为能力人造成他人损害的，从本人的财产中支付赔偿费用，不足部分由监护人赔偿。因此，由 7 人的监护人共同承担赔偿责任。

✏️ 总　结

本案中，盗窃的车辆发生交通事故，共同实施盗窃车辆行为的所有人员都需要和侵权人共同承担因侵权产生的赔偿责任。

18 使用伪造号牌或套牌机动车发生交通事故的赔偿责任的承担对象

专业解答

套牌车，是指参照真实牌照，将号码相同的假牌安装在其他车辆上使用，这种车辆有很多是报废后被人通过非法渠道获取，翻新后使用。或者说套牌车就是两辆车或多辆车同时使用同一车牌号。

套牌行为可能对被套牌车主造成损害。如因为套牌车的违法行为，导致被套牌车主的交通违章罚款、保险费增加等，使被套牌车主遭受经济损失，套牌车主应当赔偿被套牌车主的这些损失。

使用伪造的号牌或套牌机动车发生交通事故造成损害，属于机动车一方责任的，如果被伪造号牌或套牌的机动车所有人或管理人对机动车伪造号牌、套牌不知情，也没有从中获益，则不需要承担赔偿责任。伪造号牌、套牌方按照在事故中的过错大小，需要承担相应的赔偿责任。

如果被伪造号牌、套牌的机动车所有人或者管理人同意伪造、套牌，那么机动车所有人或者管理人需要和伪造号牌、套牌方一起承担连带赔偿责任。

最高人民法院《交通事故损害赔偿解释》（2020年修正）第3条明确规定："套牌机动车发生交通事故造成损害，属于该机动车一方责任，当事人请求由套牌机动车的所有人或者管理人承担赔偿责任的，人民法院应予支持；被套牌机动车所有人或者管理人同意套牌的，应当与套牌机动车的所有人或者管理人承担连带责任。"

对于购买保险的伪造号牌或套牌机动车来说，保险公司是否需要对其承担事故赔偿责任呢？由于保险公司承保的是拥有真正号牌的车辆，而不是伪造号牌或套牌机动车，并且对伪造号牌或套牌不知情，所以保险公司不需要对伪造号牌、套牌机动车事故承担赔偿责任。

案例链接　（2023）豫05民终4316号民事判决书

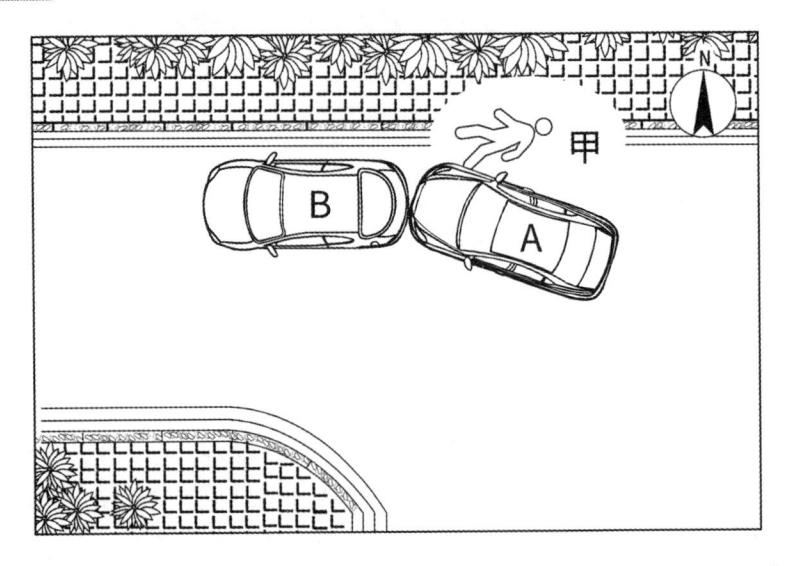

如图所示，20××年3月7日，A车驾驶人驾驶A车沿道路行驶至事发路段，因操作不当造成车辆失控冲到路边，先后撞击路边站立的行人甲以及停放的B车，造成甲受伤，两车及路边部分财物损坏的交通事故。当事人过错行为、事故责任和赔偿比例的关系见表2-18。

表2-18　过错行为、事故责任和赔偿比例的关系

当事人	事故责任	过错行为	赔偿义务	交强险赔偿责任	赔偿比例
A车驾驶人	全部	1.无证驾驶；2.操作不当	有		100%（保险不赔部分）
行人甲	无	无		无	
B车车主	无	无	有	无	
B车保险公司	无	无	有	100%	
乙车行					
被套牌车主丙	无	无	无	无	

经查明，A车登记车主为乙车行，A车未投保交强险；B车投保了交强险。A车事发时悬挂的车牌号显示车主为丙。

甲向法院起诉，请求判令A车驾驶人、乙车行、丙赔偿各项损失，B车保险公司在交强险无责范围内承担赔偿责任。

法院认为

由于 A 车未投保交强险，甲请求先由 B 车保险公司在责任限额内予以赔偿符合法律规定。B 车保险公司应当在交强险无责任限额内赔偿甲的损失。A 车未投保交强险，故 A 车驾驶人作为直接侵权人对甲的其余损失承担全部赔偿责任。乙车行仅为 A 车的登记车主，并非该车辆的实际所有人或管理人，甲主张其承担赔偿责任缺乏事实和法律依据，法院不予支持。甲主张丙作为被套牌机动车所有人承担相应责任，但甲未提供证据证明丙作为被套牌机动车所有人同意涉案车辆进行套牌，无法证明丙存在过错，故对甲要求丙承担赔偿责任的主张不予支持。

总 结

本案中，没有证据证明被套牌车车主同意伪造号牌或套牌，且被套牌车车主在此事故中也不存在其他过错，所以被套牌车车主不需要承担赔偿责任。套牌车驾驶人作为实际侵权人需承担除保险公司赔偿之外相应的赔偿责任或全部的赔偿责任。

19 交通事故的肇事者已死亡，赔偿责任的承担对象

专业解答

交通事故中肇事者死亡的，应当先由保险公司在保险限额内承担赔偿责任，如果肇事者有遗产，不足部分由肇事者的遗产继承人在遗产继承范围内承担赔偿责任。

遗产继承人指的是继承自然人死亡时遗留的个人合法财产的自然人。有遗嘱的，遗产继承人就是遗嘱中指定的人。没有遗嘱的，按照法律规定的继承人顺序继承遗产。法人（包括国家）虽然可以取得遗产，但一般不列为继承人。《民法典》第 1127 条规定："遗产按照下列顺序继承：第一顺序：配偶、子女、父母；第二顺序：兄弟姐妹、祖父母、外祖父母。继承开始后，由第一顺序继承人继承，第二顺序继承人不继承；没有第一顺序继承人继承的，由第二顺序继承人继承。"

在现实生活中，可能会出现肇事者的遗产继承人放弃继承遗产的情形。这种情况下，法院会从受害者角度考虑，仍然认定由遗产继承人在遗产继承范围内承担赔偿责任。

如果肇事人没有遗产，那么受害人的损失将无法得到保险赔偿之外的应该由肇事人承担的赔偿。

案例链接 （2024）辽 0281 民初 973 号民事判决书

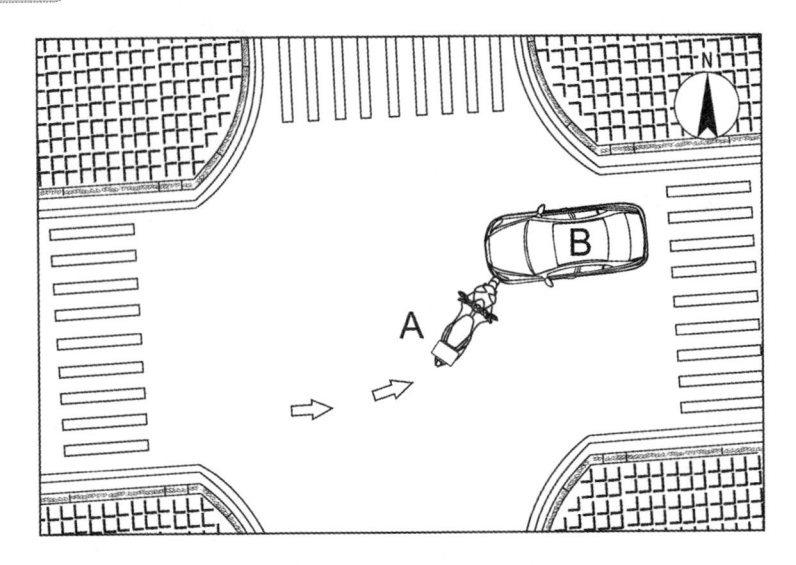

如图所示，20××年 4 月 10 日，A 车驾驶人驾驶无牌照摩托车 A 由西向东行驶至某路口左转弯时，与由东向西行驶的 B 车发生碰撞，导致 A 车损坏、A 车驾驶人死亡。当事人过错行为、事故责任和赔偿比例的关系见表 2-19。

表 2-19 过错行为、事故责任和赔偿比例的关系

当事人	过错行为	事故责任	赔偿义务	赔偿比例
A 车驾驶人	1. 无证驾驶； 2. 未按规定戴安全头盔； 3. 车辆未登记； 4. 未让直行车先行	主要		
B 车驾驶人	超速	次要		30%
A 车驾驶人继承人			有	70%

经查明，B 车在保险公司投保了机动车损失险。事故发生后，B 车保险公司向 B 车驾驶人支付了 B 车的施救费、车辆维修费等保险赔偿金。同年 6 月 13 日，B 车驾驶人签署机动车辆保险权益转让书。

B 车保险公司向法院起诉，请求判令 A 车驾驶人继承人在继承 A 车驾驶人遗产范围内赔偿 B 车保险公司已支付的保险赔偿金。

法院认为

根据《保险法》第 60 条第 1 款的规定，因第三者（本案即 A 车驾驶人一方）对保险标的的损害而造成保险事故的，保险人自向被保险人赔偿保险金之日起，在赔偿

金额范围内代位行使被保险人对第三者请求赔偿的权利。本案中，保险公司作为 B 车的保险人，自向被保险人赔偿保险金之日起，取得代位被保险人向保险事故的责任方请求赔偿的权利。

B 车驾驶人已将其就取得赔偿款部分向责任方追偿的权利转让给 B 车保险公司，根据事故责任划分，B 车驾驶人承担事故次要责任，A 车驾驶人承担事故主要责任。故酌定 A 车驾驶人按 70% 的比例进行赔偿。由于 A 车驾驶人已死亡，A 车驾驶人的继承人，因其未明确表示放弃继承遗产，故应在所继承的 A 车驾驶人遗产范围内承担 70% 的赔偿责任。

总　结

本案中，事故的肇事人虽已经死亡，但他的遗产继承人并没有声明放弃遗产，所以肇事者的遗产继承人就是赔偿义务人，需要在遗产范围内进行赔偿。

20. 交通事故的受害者已死亡的赔偿的对象

专业解答

交通事故中受害人死亡的，责任方需要向受害人的近亲属进行赔偿。《民法典》第 1181 条规定："被侵权人死亡的，其近亲属有权请求侵权人承担侵权责任。被侵权人为组织，该组织分立、合并的，承继权利的组织有权请求侵权人承担侵权责任。被侵权人死亡的，支付被侵权人医疗费、丧葬费等合理费用的人有权请求侵权人赔偿费用，但是侵权人已经支付该费用的除外。"

关于近亲属的范围，《民法典》第 1045 条规定："配偶、父母、子女、兄弟姐妹、祖父母、外祖父母、孙子女、外孙子女为近亲属。"只要能够证明其与受害者是近亲属关系，就可以要求事故责任方进行赔偿。

在诉讼时，当事人需要提供其与死者是近亲属关系的相关证明，包括户口簿、出生证明、公安机关开具的亲属关系证明、婚姻登记证明、社区居委会或村委会开具的亲属关系证明等。

案例链接　（2023）苏民再196号民事判决书

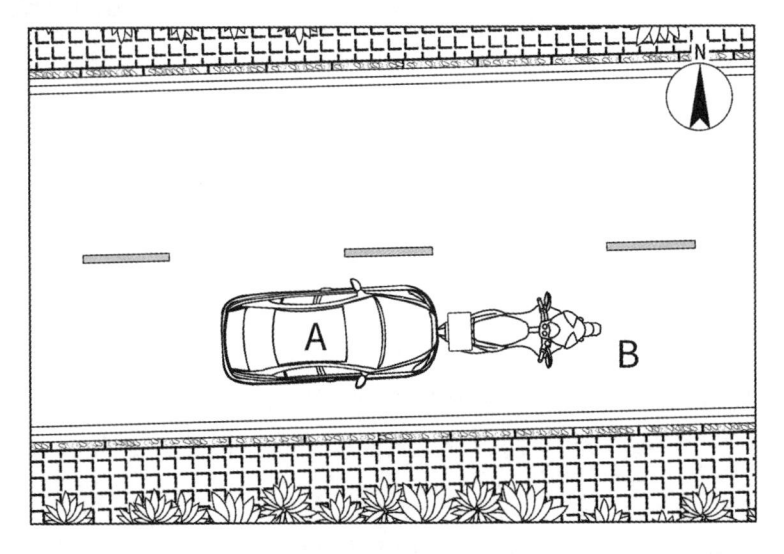

如图所示，20××年4月16日，A车驾驶人饮酒后驾驶A车碰撞到前方同向行驶的B车驾驶人（未佩戴安全头盔）所骑的摩托车B（后座搭载甲，未佩戴安全头盔）尾部，造成B车驾驶人、甲当场死亡。事发后A车驾驶人从现场弃车逃逸，后A车驾驶人迫于警方压力到派出所投案。当事人过错行为、事故责任和赔偿比例的关系见表2-20。

表2-20　过错行为、事故责任和赔偿比例的关系

当事人	过错行为	事故责任	赔偿权利	赔偿义务	赔偿比例
A车驾驶人	1. 酒驾； 2. 超速； 3. 逃逸； 4. 疏于观察，未能及时有效采取措施	全部		有	100%
B车驾驶人	未佩戴安全头盔	无			0
甲	未佩戴安全头盔	无			0
B车驾驶人家属			有		

经查明，事故发生时A车车主将A车借给A车驾驶人驾驶。B车驾驶人与甲是夫妻关系。

B车驾驶人和甲家属向法院起诉，请求判令A车驾驶人、A车车主、A车保险公司赔偿死者亲属全部损失，A车驾驶人、A车主承担连带责任。

A车保险公司辩称，A车商业保险合同中，逃逸行为在商业险免责范围中，因机动车商业保险条款是保险行业协会统一制定的，故A车商业险保险公司提供给本案

投保人的保险条款中,关于"逃逸不赔"的约定也已加粗加黑显示,即已尽到提示义务。A车保险公司只在交强险范围内赔付。

法院认为

关于A车驾驶人肇事逃逸,A车保险公司是否在商业险限额内免赔的问题。本案中,A车保险公司未能提供足以证明其履行提示义务的证据。所以,A车保险公司应当承担商业险赔偿责任。

关于死者亲属要求A车车主承担连带赔偿责任的意见。法院认为,A车车主出借给A车驾驶人的A车经交警检测不存在安全、技术性能方面的缺陷,车况良好;车辆借用人即A车驾驶人持有驾驶证,具备相应的驾驶资格,可以驾驶涉案车辆,其驾驶证也在有效期内,因此A车车主已尽到了出借人相应的注意义务,在本起事故中并无过错,故死者亲属要求A车车主承担连带赔偿责任的意见,法院不予支持。

综上所述,B车驾驶人与甲死亡产生的各项损失先由A车保险公司在交强险和商业险范围内进行赔偿,超出部分再由A车驾驶人承担赔偿责任。

总　结

本案中,交通事故中的两位受害人死亡,他们的近亲属有权要求侵权人赔偿,法院也支持死者家属主张赔偿的合理要求。

21 身份不明的受害人死亡的赔偿

专业解答

在受害人死亡且身份无法确认的情况下,谁可以要求侵权人赔偿呢?实践中,部分地区有相关规定,如《山东省实施〈中华人民共和国道路交通安全法〉办法》第68条规定:"交通事故死亡人员身份无法确认的,交通事故责任人应当予以赔偿,赔偿费暂由县级以上人民政府指定的部门保管,待死亡人员身份确定后由其转交。死亡人员的身份应当按照城镇居民认定,年龄按照法医鉴定报告的大约年龄段取中间年龄计算。按照推定的年龄推定为六十岁以下成年人的,被扶养人推定为一人,扶养年限按照二十年计算。死亡人员身份核实后,按照实际身份、年龄重新计算。"

除此之外,保险公司与事故责任方可以向支付了受害人医疗费、丧葬费等合理费用的单位或个人进行赔偿。

交通事故中的"无名尸"案，由于无法查清被害人的身份信息，更无从查找其法定代理人和近亲属使其行使民事权利，检察院为其提起附带民事诉讼也没有法律依据。在司法实践中的具体做法有以下几种：

（1）在公安机关侦查阶段，在肇事者愿意且积极赔偿的情况下，公安机关考虑到肇事者的认罪态度和将来的量刑问题，以及被害人法定代理人和近亲属将来可能提起诉讼的时效问题，公安机关可以与肇事者达成赔偿协议。但公安机关无权提起刑事附带民事诉讼。

（2）由民政部门、道路救助基金管理机构、法院、公安部门代为提起附带民事诉讼。实际上，民政部门作为无名被害人的法定代理人向法院提起民事诉讼具有一定的法律依据。依据国务院《城市生活无着的流浪乞讨人员救助管理办法》第4条规定："县级以上人民政府民政部门承担流浪乞讨人员的救助工作，并对救助站进行指导、监督。"可见，县级以上人民政府民政部门对流浪乞讨人员承担有救助的职责，不仅体现在保障流浪乞讨人员的基本生活，还应当包括在其遭受人身损害后对其提供法律援助，为其主张民事赔偿权利。这是对生命的尊重，也是社会的进步，填补了公民权利保障制度中的一个盲点。

案例链接 （2019）豫0821民初1503号民事判决书

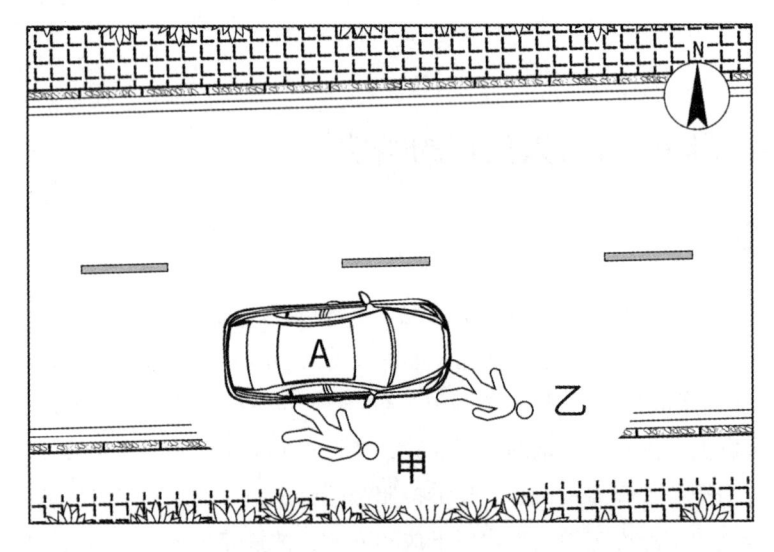

如图所示，20××年12月4日，A车驾驶人醉酒驾驶A车由西向东行驶至某路段时与道路南侧的行人甲、乙相撞，又撞倒道路南侧路灯灯杆后起火燃烧，造成甲和乙当场死亡、A车驾驶人受伤、A车及灯杆损坏的交通事故。当事人过错行为、事故责任和赔偿责任的关系见表2-21。

第二章 赔偿权利和赔偿责任主体

表 2-21 过错行为、事故责任和赔偿责任的关系

当事人	过错行为	事故责任	赔偿义务	赔偿责任	赔偿款保管单位
A车驾驶人	醉驾；疏于观察、操作不当	全部责任	有	共同承担	
A车所属单位	管理车辆不当		有		
行人甲		无			
行人乙		无			
当地人民法院					是

事故发生后因两名死者尸体烧伤程度高，无法辨认身份。法院于20××年下达（20××）山刑初字第××号刑事判决书，载明，A车驾驶人违反交通运输管理法规，酒后驾驶机动车，发生重大事故，致2人死亡，其行为已构成交通肇事罪。A车驾驶人案发后在未找到被害人家属的情况下，主动向法院上缴10万元，作为对被害人损失的赔偿款。

直至事故发生12年后，经交警部门委托鉴定，找到事故中甲的家属。

甲家属向法院起诉，请求判令A车驾驶人、A车驾驶人及A车所属单位、A车保险公司赔偿死者家属各项损失。

A车驾驶人答辩称，A车驾驶人系职务行为，相关事故赔偿责任应当由单位履行，A车已经投保，A车保险公司应在相关保险责任范围内承担相应责任。

A车所属单位辩称，此次事故是A车驾驶人个人行为，并非与单位有任何工作职务上的关系；本单位在车辆管理上无过错，依法不应承担赔偿责任。

A车保险公司答辩称，本案事故发生时，该A车驾驶人存在醉酒情形，属于交强险的免赔事由，故A车保险公司依法不应当承担责任。本案事故受害人家属所主张的人身相关损失，A车保险公司在交强险限额范围内承担赔偿责任后，对侵权人享有追偿权。

法院认为

根据《道路交通安全法》第76条的规定，机动车发生交通事故造成损失的，保险公司应当在保险限额内进行赔偿。本案中，A车在保险公司投有交强险，A车保险公司应当以保单载明的限额为标准进行赔偿。

涉案车辆系A车所属单位所有，因A车所属单位对车辆疏于管理，致使A车驾驶人醉酒后驾驶涉案车辆离开单位并发生事故，该单位和A车驾驶人对事故的发生均有过错，二者的过错共同导致事故发生，故双方应承担共同侵权责任，故对侵害甲生命造成的损失应共同承担赔偿责任。

关于A车驾驶人当时交纳的10万元，因当时受害人身份不明，未实际交付受害人，现本案中甲家属应得5万元赔偿款。

综上所述，A车保险公司需要在交强险限额内对死者甲家属进行赔偿；扣除交强险和5万元赔偿后的剩余部分，由A车驾驶人及A车所属单位进行赔付。

📝 总　　结

本案中，受害人死亡且身份不明，法院作为交通事故赔偿权利人保管了侵权人的赔偿款，并在找到受害人家属时，返还了其家属应得的赔偿款。

22 交通事故中身份不明的肇事者死亡的赔偿

专业解答

发生交通事故时，肇事人死亡且身份不明的，受害人可以通过以下方法寻求赔偿：

（1）受害人或其家属可以申请道路交通事故社会救助基金垫付抢救费用或丧葬费等费用。

（2）如果车辆购买了保险，受害人可以要求承保的保险公司对其损失进行赔偿。

（3）从肇事车辆信息中找到该车的管理人、所有人等相关人员，受害人可以根据他们的过错，向其主张赔偿。

案例链接　（2020）豫0811民初5069号民事判决书

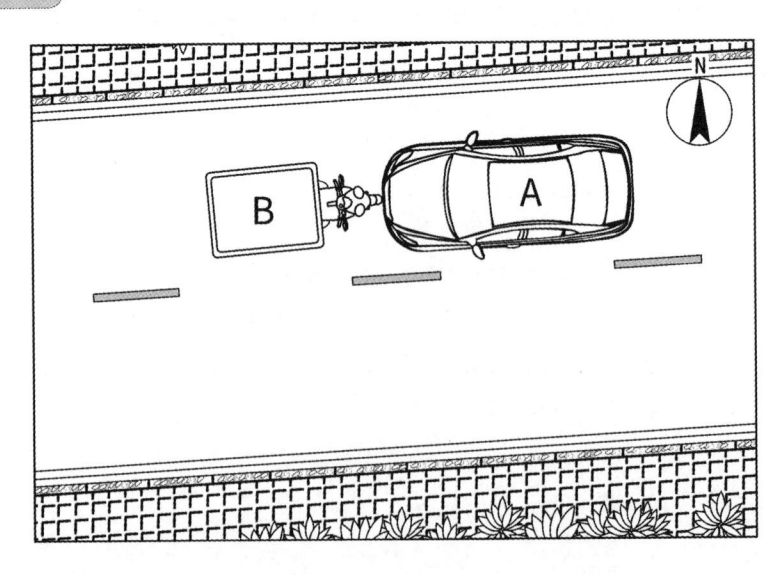

如图所示，20××年8月6日，A车驾驶人驾驶自己所有的A车行驶至某路段时与前方逆向行驶的B车驾驶人驾驶的三轮车B相撞，造成两车损坏、B车驾驶人死亡的交通事故，当事人过错行为、事故责任和赔偿比例的关系见表2-22。

表2-22 过错行为、事故责任和赔偿比例的关系

当事人	过错行为	事故责任	赔偿义务	赔偿比例	垫付方	最终赔偿方
B车驾驶人	逆行	全部	有	100%		
A车驾驶人		无			是	
A车保险公司						是

事故发生时B车驾驶人身份不明，A车驾驶人在交警部门的协调下为B车驾驶人垫付了抢救费与丧葬费。该事故导致A车受损，经鉴定评估A车损失为10700元。A车驾驶人支付施救费2600元。A车在保险公司投保了交强险和附加车辆损失险等商业险，事故发生在保险期内。

A车驾驶人向法院起诉，请求判令A车保险公司在交强险内赔偿A车驾驶人的垫付款，在车损险内赔偿A车损失、施救费等。

A车保险公司辩称，因事故全责方B车驾驶人已经死亡，A车驾驶人向A车保险公司代位追偿除应提供的垫付款项证明和B车驾驶人身份及死亡证明材料外，还应当提供B车驾驶人财产继承人的相应材料，以便代为行使追偿权。

法院认为

（1）关于垫付款。A车驾驶人驾驶投保的车辆发生交通事故，虽然A车驾驶人无责任，但该事故中B车驾驶人死亡，因此，A车保险公司作为机动车交强险的保险人应在交强险无责赔付的限额内予以理赔。现A车驾驶人主张垫付款，并未超出交强险无责赔付人身损失赔付限额，故A车驾驶人支出的抢救费与丧葬费系代A车保险公司垫付，应由A车保险公司承担赔偿责任；（2）关于车辆损失费和施救费。A车投保车辆损失险，故A车保险公司应承担保险责任。虽然该保险事故系因第三人侵权造成的，但向侵权第三人追偿，是A车保险公司承担保险责任之后取得的相应权利，而非其承担保险责任的前提，A车保险公司以A车驾驶人放弃对第三方请求赔偿的权利、未提供第三人遗产情况和继承人情况为由拒绝履行保险理赔责任，并无相应的事实和法律依据，也未提交相应的合同依据，其抗辩不能成立。

综上，A车保险公司应在保险限额内赔偿A车驾驶人因本事故造成的各项损失。

总　结

本案中，肇事者身份不明且已死亡，无事故责任一方垫付了抢救费与丧葬费。由于无责一方购买了保险，所以无责方的垫付款和车辆损失等相关费用由保险公司承担。

23 交通事故中存在承揽关系的承揽人受伤的赔偿

专业解答

承揽关系是承揽人按照定作人的要求完成工作，交付工作成果，定作人给付报酬的权利义务关系。定作人指的是提出委托的一方；承揽人指的是根据委托承担加工、定作、修理、复制、测试、检验等工作的一方。如甲需要定制一套家具，委托家具厂乙完成。此时，甲就是定作人，家具厂乙就是承揽人。承揽合同是以完成工作成果为目的，提供劳务仅仅是完成工作成果的手段，承揽合同的当事人之间不存在支配与服从的关系，承揽人在完成工作过程中具有独立性。

发生交通事故导致承揽人受伤的，如果定作人没有过错，则定作人不承担赔偿责任，由事故责任方承担赔偿责任。如果定作人存在过错，如要求承揽人超载、非运营车改成运营车等情形，则根据定作人和承揽人的过错大小，双方需要承担相应比例的赔偿责任。《民法典》第1193条规定："承揽人在完成工作过程中造成第三人损害或者自己损害的，定作人不承担侵权责任。但是，定作人对定作、指示或者选任有过错的，应当承担相应的责任。"

如果承揽人属于执行职务的，承揽人也可以要求所在单位进行相应的赔偿。

案例链接 （2024）苏09民终825号民事判决书

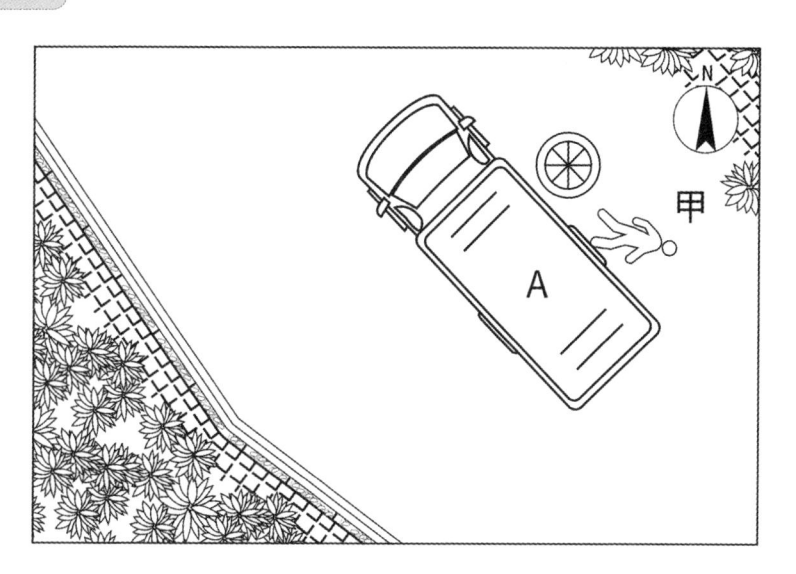

如图所示，20××年8月8日，A车驾驶人驾驶A车行驶至某路段时，A车发生故障抛锚在路边，A车驾驶人打电话让维修工甲前来维修。在维修过程中，因千斤顶滑落，A车车身将甲面部砸伤。

经查明，A车登记所有人是乙公司，该车是挂靠在乙公司。（见表2-23）

表 2-23 过错行为和赔偿比例的关系

当事人	过错行为	赔偿权利	赔偿义务	赔偿比例
A车驾驶人	1. 对车辆疏于维修保养； 2. 未尽到必要的危险提醒以及安全防护义务		有	连带承担60%
乙公司			有	
承揽人甲	未尽到安全谨慎注意义务	有		40%

甲向法院起诉，请求判令A车驾驶人、乙公司、A车保险公司赔偿因此事故造成的各项损失。

A车保险公司辩称，（1）车辆修理时已经处于静止状态，不属于交通事故侵权，本案承揽人因事故受到的人身损害，既不属于交强险也不属于商业三者险保险责任赔偿范围。即便认定本案属于机动车交通事故，A车保险公司也不应当承担商业三者险范围内的赔偿责任。根据商业保险合同条款条约定，车辆在维修期间不属于保险公司的赔偿范围。（2）甲修理汽车的行为属于承揽行为，甲和A车驾驶人之间应当是承揽合同法律关系。甲是注册登记的个体工商户，专业从事车辆修理人员，对车辆维修过程中的突发情况，应当有预见能力，对车辆维修工具也应当有相应的控制能力。在维

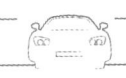

修时，车辆实际由甲控制和支配，而不是车辆驾驶员。甲在修理过程中未尽到合理的安全谨慎注意义务导致受伤，是事故发生的主要原因。（3）本案中没有证据证明A车驾驶人在定作和指示、选任方面有过错，不应随意推定其有过错。

A车驾驶人辩称，其在车辆发生故障后联系甲到现场进行维修，对于本起事故的发生没有任何过错。甲在维修车辆过程中受伤，应当由甲本人承担全部责任。

法院认为

涉案事故是车辆在道路上，因为当事人的过错造成人身伤亡的事件，符合"交通事故"的定义范畴，应予认定为交通事故。因案涉事故是车辆在道路行驶过程中发生故障进行修理时发生的，并非在营业性场所维修，所以，本案不属于商业三者险免责情形。

本案中，A车驾驶人疏于对营运车辆的维修、保养，致使车辆存在安全隐患，以致在行驶过程中抛锚，对事故的发生存在过错，是造成本起事故的主要原因；甲在对案涉车辆修理过程中未尽到合理的安全谨慎注意义务，对事故的发生亦存在过错，是造成事故的次要原因；综合当事人的过错程度和相关法律规定，酌定由A车驾驶人及被挂靠人乙公司连带承担60%的赔偿责任，甲承担40%的赔偿责任。因此，甲的损失由A车保险公司在交强险和商业三者险范围内赔偿，不足部分，再由A车驾驶人、乙公司进行赔付。

总　结

本案中，事故发生的场景不同于修理场所，仍属于交通事故范畴，保险公司和定作人均要对受害人承担相应的赔偿责任。

24 交通事故肇事者是单位雇员的赔偿

专业解答

雇员在从事雇佣活动的过程中发生交通事故造成他人受到损害的，雇主应当代替雇员承担赔偿责任。

如何判断雇员是否属于从事雇佣活动？一般来说，当雇员的行为、工作时间、内容是受雇主指示的，雇主能够从中获得利益的，应当判定雇员属于从事雇佣活动；或雇员的行为与执行职务有关系，也应当判定雇员属于从事雇佣活动。

如果雇员存在故意或重大过失，如酒驾、违法等行为，则雇员与雇主承担连带赔偿责任。雇主可以在赔偿后，向有故意或重大过失的雇员进行追偿。

因他人原因造成交通事故导致从事雇佣活动的雇员受到损害的，事故责任方需要对雇员承担赔偿责任，雇员也可以向雇主要求补偿。雇主在补偿雇员后，可以向事故责任方进行追偿。

雇员因为从事雇佣活动造成自己受到损害的，如雇员在从事交通运输活动中发生事故，导致自己受伤，则由雇员和雇主根据双方的过错大小，承担相应的赔偿责任。

《民法典》第1191规定："用人单位的工作人员因执行工作任务造成他人损害的，由用人单位承担侵权责任。用人单位承担侵权责任后，可以向有故意或者重大过失的工作人员追偿。劳务派遣期间，被派遣的工作人员因执行工作任务造成他人损害的，由接受劳务派遣的用工单位承担侵权责任；劳务派遣单位有过错的，承担相应的责任。"第1192条规定："个人之间形成劳务关系，提供劳务一方因劳务造成他人损害的，由接受劳务一方承担侵权责任。接受劳务一方承担侵权责任后，可以向有故意或者重大过失的提供劳务一方追偿。提供劳务一方因劳务受到损害的，根据双方各自的过错承担相应的责任。提供劳务期间，因第三人的行为造成提供劳务一方损害的，提供劳务一方有权请求第三人承担侵权责任，也有权请求接受劳务一方给予补偿。接受劳务一方补偿后，可以向第三人追偿。"

如果存在无偿劳务帮工的情况，帮工人在帮工过程中发生交通事故造成他人受到损害的，被帮工人需要承担赔偿责任。若帮工人存在故意或重大过失行为，则被帮工人可以向帮工人进行追偿。但值得注意的是，如果被帮工人事先已经明确拒绝帮工的，则被帮工人可以不承担赔偿责任。《人身损害赔偿解释》（2022年修正）第4条规定："无偿提供劳务的帮工人，在从事帮工活动中致人损害的，被帮工人应当承担赔偿责任。被帮工人承担赔偿责任后向有故意或者重大过失的帮工人追偿的，人民法院应予支持。被帮工人明确拒绝帮工的，不承担责任。"

因他人原因造成交通事故导致帮工人在帮工过程中受到损伤的，事故责任方需要对帮工人承担赔偿责任，帮工人也可以向被帮工人要求进行适当补偿。被帮工人在补偿帮工人后，可以向事故责任方进行追偿。

帮工人因为从事帮工活动导致自己受到损害的，如帮工人在驾车时，因操作不当撞到了墙壁，使自己受到伤害的情况，帮工人和被帮工人根据双方的过错大小，承担相应的赔偿责任。但值得注意的是，尽管被帮工人事先已经明确拒绝帮工的，被帮工人可以不承担赔偿责任，但出于情理考虑，被帮工人可以对帮工人进行适当补偿。

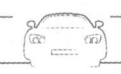

案例链接 （2024）新 23 民终 1068 号民事判决书

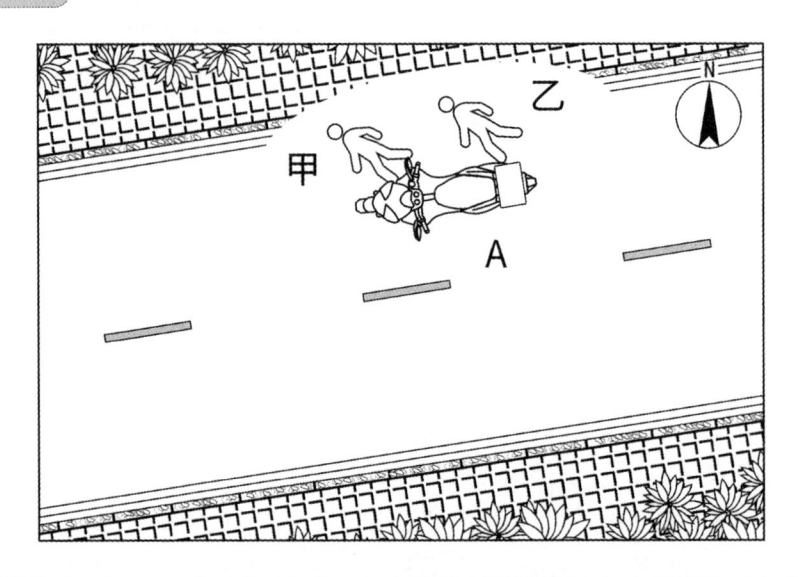

如图所示，20××年6月30日，A车驾驶人驾驶摩托车A将路边同方向行走的甲、乙刮撞，造成甲、乙受伤。事故责任和赔偿比例的关系见表2-24。

表 2-24　事故责任和赔偿比例的关系

当事人	事故责任	赔偿权利	赔偿义务	赔偿比例
A车驾驶人	全部		有	
行人甲	无	有		
行人乙	无	有		
A车驾驶人所属单位			有	100%

事故发生时，A车驾驶人在从事雇佣活动。

甲、乙向法院起诉，请求判令A车驾驶人、A车驾驶人所属单位赔偿各项损失。

A车驾驶人所属单位称：公司从未雇用A车驾驶人，未签订任何雇佣协议或劳务派遣协议，更未要求A车驾驶人作为公司的雇员从事与公司有关的经营活动。公司与A车驾驶人之间既不存在雇佣关系，也不存在任何劳务关系。公司从未给A车驾驶人支付过任何劳务报酬。

A车驾驶人辩称，A车是公司所有的，管理权也归公司，其是受雇于公司，其在交警队做笔录及领取交通事故认定书，均是以A车驾驶人所属单位的工作人员身份领取的。

法院认为

关于A车驾驶人所属单位与A车驾驶人之间是否存在雇佣关系的问题，虽然A车驾驶人所属单位与A车驾驶人之间没有书面雇佣协议或者劳务派遣协议等，但《事故认定书》中记载A车驾驶人系A车驾驶人所属单位的职工，且当事人签字处有A车驾驶人、A车驾驶人所属单位的主管签字确认，对此事故相关当事人未提出异议。另A车驾驶人提供的交警执法记录仪影像资料、微信聊天记录等证据也足以证实A车驾驶人所属单位与A车驾驶人之间存在雇佣关系。根据《民法典》第1191条、第1192条的规定，由于A车驾驶人系为A车驾驶人所属单位执行工作任务时发生本案交通事故，且A车驾驶人承担事故的全部责任，造成甲、乙损害，故A车驾驶人应承担的赔偿责任由作为用人单位的A车驾驶人所属单位承担。

总　结

本案中，肇事者执行工作任务时发生交通事故，并且有足够证据证明肇事者受其单位雇佣，依据《民法典》的规定，其侵权产生的赔偿责任由其所在单位承担。

25 快递、跑腿发生交通事故致他人受损的赔偿的承担对象

专业解答

在快递、跑腿过程中发生交通事故导致他人遭到损害的，由于快递、跑腿属于执行职务行为，因此，由其所在的公司或和快递、跑腿人员有劳务关系的公司承担赔偿责任。

如果快递、跑腿人员在事故中存在故意或严重过错，如故意撞人、闯红灯、酒驾等违法行为，则公司在完成赔偿后可以向该事故责任人进行追偿。

在实际生活中，存在快递、跑腿人员没有签订劳动合同，和其注册平台或公司也没有其他劳动关系特征，不构成劳动关系的情况。这时可以从利益关系的角度判断，平台或公司会从快递、跑腿人员的工作中获得一定收益，且平台或公司有责任对骑手和骑手驾驶的车辆进行审核与管理的，发生交通事故时，如果平台或公司存在过错，如平台或公司没有尽到审慎管理的义务，导致骑手存在一定的道路安全隐患，那么该平台或公司就需要根据过错大小，和快递、跑腿人员一起承担相应的赔偿责任。

案例链接 （2024）冀01民终3588号民事判决书

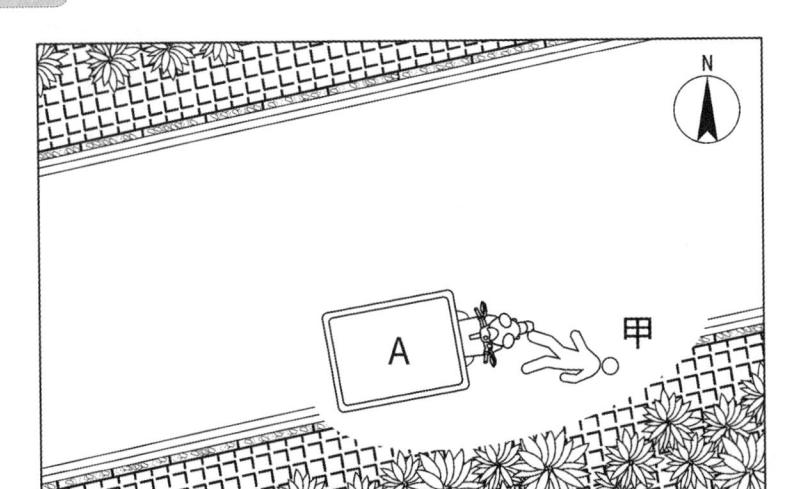

如图所示，20××年12月24日，A车驾驶人驾驶三轮车A与前方行人甲发生交通事故，致甲受伤。当事人过错行为、事故责任和赔偿比例的关系见表2-25。

表2-25　过错行为、事故责任和赔偿比例的关系

当事人	过错行为	事故责任	赔偿权利	赔偿义务	赔偿比例
A车驾驶人	未注意安全	全部		有	
行人甲	无	无	有		
A车驾驶人所属公司				有	100%

经查明，事发时A车驾驶人从事快递派送收发工作。

甲向法院起诉，请求判令A车驾驶人、A车驾驶人所属公司赔偿甲全部损失。

A车驾驶人所属公司辩称，A车驾驶人和A车驾驶人所属公司应共同承担责任。

A车驾驶人辩称，A车驾驶人在完成工作任务过程中，驾驶A车不慎与甲发生交通事故。A车驾驶人承担的赔偿责任已远超A车驾驶人的承受能力，A车驾驶人即便在本次交通事故中存在过错，也已经赔付了相应的赔偿金，A车驾驶人所属公司作为用工单位，与A车驾驶人本身非平等的责任主体，A车驾驶人不应和A车驾驶人所属公司共同承担责任，《民法典》也明确规定了由用工主体承担责任。

法院认为

A车驾驶人系甲快递公司的员工，事故发生在A车驾驶人执行工作任务过程中。根据《民法典》第1191条的规定，A车驾驶人所属公司作为用人单位，应对A车驾

驶人在履职过程中造成的甲的损害承担赔偿责任。

总　结

本案中，肇事者从事快递派送收发工作，在执行工作任务中发生事故，按照法律规定，其赔偿责任应当由所在的公司承担。

26 无人驾驶车辆发生交通事故的赔偿

专业解答

无人驾驶汽车又称自动驾驶汽车，不存在"驾驶人"，如果交通事故归责于无人驾驶的机动车一方，应由无人驾驶机动车的管理人、所有人承担赔偿责任。如果事故是行人或其他车辆的过错导致，那么行人或其他车辆需要对事故承担相应责任。

无人驾驶机动车在法律术语上属于"智能网联汽车"。但是，不管是传统机动车还是无人驾驶的机动车，一旦发生交通事故，都要在现行《道路交通安全法》的体系下进行责任划分。2021年，工信部、公安部、交通运输部印发的《智能网联汽车道路测试与示范应用管理规范（试行）》规定了智能网联汽车"在道路测试、示范应用期间发生交通事故，应当按照道路交通安全法律法规规章确定当事人的责任，并依照有关法律法规及司法解释确定损害赔偿责任；公安机关交通管理部门应当依法对当事人的道路交通安全违法行为作出处罚"。

我国多地已针对无人驾驶汽车颁布地方性法规，比如深圳2022年出台了《深圳经济特区智能网联汽车管理条例》，首次对无人驾驶汽车交通事故侵权责任问题作出了相关规定。2023年2月1日，《上海市浦东新区促进无驾驶人智能网联汽车创新应用规定》正式实施，该规定第28条规定，"无驾驶人智能网联汽车在开展创新应用期间发生交通违法行为的，由公安机关按照道路交通安全法律法规对车辆所有人或者管理人进行处理"。第29条规定，"无驾驶人智能网联汽车在开展创新应用期间发生交通事故的，由公安机关交通管理部门按照道路交通安全法律法规进行交通事故责任认定。无驾驶人智能网联汽车发生交通事故并造成损害，依法应由智能网联汽车一方承担责任的，由该无驾驶人智能网联汽车所属的企业先行赔偿，并可以依法向承担责任的自动驾驶系统开发者、汽车制造者、设备提供者等进行追偿"。在各省市辖区范围内，存在关于无人驾驶汽车的地方性法规的，可以直接适用地方性法规的规定。

27 网约车、出租车发生交通事故致他人受损的赔偿

> **专业解答**

　　网约车，是指从事网络预约出租汽车经营服务的车辆。乘客根据自身需求通过打车软件下单打车，在打车软件平台上注册的司机接受乘客的订单，然后司机驾驶车辆将乘客从出发地送往目的地，最后乘客通过微信、支付宝等网络支付方式进行付费。

　　网约车平台有责任对注册的司机与车辆进行审查与管理。《网络预约出租汽车经营服务管理暂行办法》第17条规定："网约车平台公司应当保证提供服务车辆具备合法营运资质，技术状况良好，安全性能可靠，具有营运车辆相关保险，保证线上提供服务的车辆与线下实际提供服务的车辆一致，并将车辆相关信息向服务所在地出租汽车行政主管部门报备。"第18条规定："网约车平台公司应当保证提供服务的驾驶员具有合法从业资格，按照有关法律法规规定，根据工作时长、服务频次等特点，与驾驶员签订多种形式的劳动合同或者协议，明确双方的权利和义务。网约车平台公司应当维护和保障驾驶员合法权益，开展有关法律法规、职业道德、服务规范、安全运营等方面的岗前培训和日常教育，保证线上提供服务的驾驶员与线下实际提供服务的驾驶员一致，并将驾驶员相关信息向服务所在地出租汽车行政主管部门报备。网约车平台公司应当记录驾驶员、约车人在其服务平台发布的信息内容、用户注册信息、身份认证信息、订单日志、上网日志、网上交易日志、行驶轨迹日志等数据并备份。"

　　此外，网约车平台还掌握着价格制定、订单分配、利益分享比例等多项经营信息。《网络预约出租汽车经营服务管理暂行办法》第19条规定："网约车平台公司应当公布确定符合国家有关规定的计程计价方式，明确服务项目和质量承诺，建立服务评价体系和乘客投诉处理制度，如实采集与记录驾驶员服务信息。在提供网约车服务时，提供驾驶员姓名、照片、手机号码和服务评价结果，以及车辆牌照等信息。"

　　综上所述，网约车平台是网约车的管理、经营主体之一。当网约车在运营过程中发生交通事故导致乘客或其他人受到损害时，属于机动车一方责任的，除了网约车司机需要承担赔偿责任外，受害人还可以要求网约车平台对其损害承担连带赔偿责任。

　　出租车，是指有喷涂、安装出租汽车专用标志，可在道路上巡游揽客、站点候客，按照特定乘客意愿提供运送服务，以里程和时间计收费用的营运载客的车辆。

　　出租车发生交通事故导致乘客受到损害的，不管驾驶人是否有过错，出租车公司都要对乘客承担赔偿责任。如果乘客存在故意、重大过失或身体健康原因，如乘客突

然抢夺方向盘、跳车、身体突发疾病等，出租车公司可以免除或减轻赔偿责任。

关于出租车驾驶人是否要承担赔偿责任，以及对其他遭受损害的人应该怎么赔偿？这两个问题主要根据驾驶人和出租车公司之间的具体关系来确定。

（1）驾驶人是出租车公司工作人员的，驾驶人属于执行职务。这种情况下，发生交通事故导致乘客或其他人受到损害的，赔偿责任由出租车公司承担。如果驾驶人存在故意或重大过失行为，则驾驶人和出租车公司承担连带赔偿责任，出租车公司已经承担了全部赔偿责任的，可以向有故意或重大过失的驾驶人进行追偿。

（2）驾驶人承包出租车公司的车辆，以出租车公司名义从事客运服务，出租车公司从中获得一定收益的。这种情况下，驾驶人是出租车辆的运行支配者，而出租车公司也能从中获得利益，因此驾驶人与出租车公司需要对乘客或其他受到损害的人承担连带赔偿责任。

（3）车主与出租车公司存在挂靠关系的。这种情况下，因为出租车公司也能从中获得利益，所以司机与出租车公司需要对乘客或其他受到损害的人承担连带赔偿责任。

案例链接　（2024）吉71民终138号民事判决书

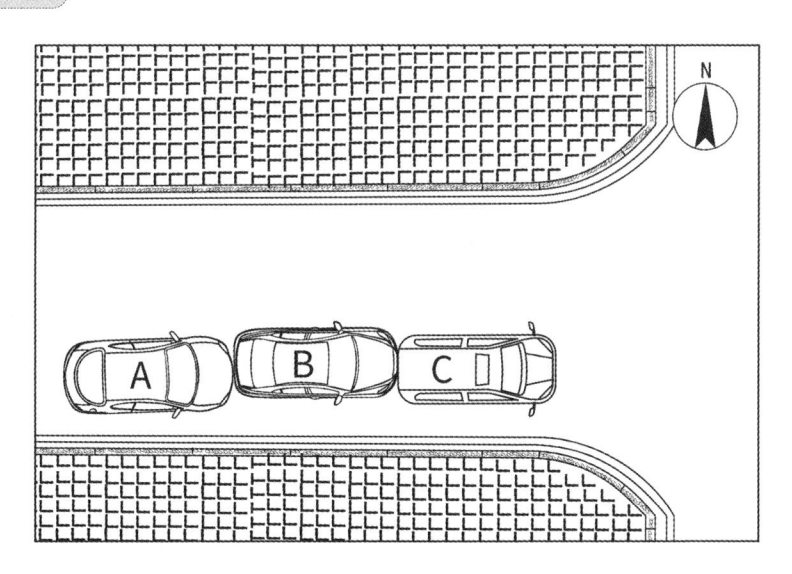

如图所示，20××年4月30日，A车驾驶人驾驶A车搭载乘客甲，与同方向等信号灯的B车、C车相撞，造成三车受损及甲受伤的交通事故。当事人过错行为、事故责任和赔偿比例的关系见表2-27。

表 2-27　过错行为、事故责任和赔偿比例的关系

当事人	过错行为	事故责任	赔偿权利	赔偿义务	赔偿比例
A 车驾驶人	未与前车保持安全车距	全部		有	
A 车乘车人甲	无	无	有		
A 车所属公司	无			有	100%

经查明，A 车所属公司与 A 车驾驶人签订了《车辆挂靠合同》，约定 A 车驾驶人将案涉车辆登记在 A 车所属公司名下，作为网络预约出租车运营，同时接受 A 车所属公司的管理。

甲向法院起诉，请求判令 A 车驾驶人、A 车所属公司连带赔偿甲各项损失。

A 车所属公司辩称，A 车所属公司不应承担赔偿费用。A 车驾驶人不是公司职工，双方不是挂靠关系，而是买卖关系，故公司不是案涉运输合同当事人。且甲自己有过错，没有系安全带。

法院认为

A 车所属公司与 A 车驾驶人签订的《车辆挂靠合同》，属于典型的挂靠经营。

甲乘坐 A 车所属公司营运的网约车，即与 A 车所属公司建立了出租汽车运输合同法律关系。甲作为乘客，享有安全到达目的地的权利，A 车所属公司作为承运人，具有将乘客安全运抵目的地的义务。《民法典》第 823 条第 1 款规定："承运人应当对运输过程中旅客的伤亡承担赔偿责任；但是，伤亡是旅客自身健康原因造成的或者承运人证明伤亡是旅客故意、重大过失造成的除外。"

甲受伤是 A 车所属公司运营的网约车违反交通规则发生事故所致，非乘客自身原因导致，故作为承运人的 A 车所属公司对甲在乘车期间造成的损害应当承担赔偿责任。

关于 A 车所属公司是否要求 A 车驾驶人进行赔偿，系双方内部约定，对外不发生效力，双方可另寻途径解决。因此，A 车所属公司作为肇事网约车营运方，应对甲的全部合理损失进行赔偿。

总　结

本案中，受害人是网约车的乘客，其与网约车的营运方形成承运关系。发生事故时乘客无过错，故网约车的营运方应当承担受害人的赔偿责任。

28 公共交通工具发生交通事故致第三人损害的赔偿

专业解答

公共交通工具如公交车、长途汽车等，发生交通事故导致他人受到损害，公共交通工具一方有责任的，因公共交通工具驾驶人属于执行职务行为，相应的赔偿责任由驾驶人所属单位承担。如果驾驶人存在故意或严重过错行为，该单位在进行赔偿后可以对驾驶人进行追偿。《民法典》第1191条规定，用人单位的工作人员因执行工作任务造成他人损害的，由用人单位承担侵权责任。用人单位承担侵权责任后，可以向有故意或者重大过失的工作人员追偿。

案例链接 （2024）鄂09民终3274号民事判决书

20××年10月14日，A车驾驶人驾驶公交车A行驶至某公交站路段时，与路边等待乘车的甲发生碰撞，造成甲受伤。事故责任和赔偿比例的关系见表2-28。

甲就赔偿事宜向法院起诉，要求A车驾驶人、A车驾驶人所属单位、A车保险公司赔偿其各项损失。

表2-28 事故责任和赔偿比例的关系

当事人	事故责任	赔偿权利	赔偿义务	赔偿比例
A车驾驶人	全部			
甲		有		
A车驾驶人所属单位			有	100%

法院认为

机动车发生交通事故造成损害，属于该机动车一方责任的，先由承保机动车强制保险的保险人在强制保险责任限额范围内予以赔偿；不足部分，由承保机动车商业保险的保险人按照保险合同的约定予以赔偿；仍然不足或者没有投保机动车商业保险的，由侵权人赔偿。A车驾驶人所属单位对其工作人员因执行工作任务造成的损害承担赔偿责任，A车驾驶人不应在本案中承担侵权赔偿责任。综上，由A车保险公司赔偿甲损失，不足的由A车驾驶人所在单位赔付。

总 结

本案中，属于公交车致第三人受损的情景，因驾驶人属于执行工作任务，所以受

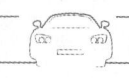

害人的损失应由保险公司和驾驶人所属单位赔偿。

29 工伤赔偿和交通事故赔偿可以兼得的项目

专业解答

交通事故中的赔偿是基于侵权损害赔偿的请求权，工伤赔偿是基于工伤保险赔偿的请求权，法院在裁判中一般支持受害者同时享有这两种赔偿。（见表2-29.1）

表2-29.1　公司与交通事故赔偿项目对照

	工伤	侵权
就高选择一项	医疗费	医疗费
	停工留薪期间护理费＋生活护理费	护理费
	住院伙食补助费	住院伙食补助费
	交通费	交通费
	外省市就医食宿费	外省市就医住宿费、伙食费
	康复治疗费	康复费、康复护理费、适当整容费、后续治疗费
	辅助器具费	残疾辅助器具费
	供养亲属抚恤金	被扶养人生活费
	丧葬补助金	丧葬费
兼得	停工留薪期工资	误工费
	一次性伤残补助金	残疾赔偿金
	一次性工亡补助金	死亡赔偿金
	伤残津贴	营养费
	一次性工伤医疗补助金	精神抚慰金
	一次性伤残就业补助金	家属处理事故的费用

如果事故肇事者与受害者之间没有劳动关系，那么受害者在接受交通事故赔偿义务人的赔偿时，受害人符合工伤情形的，可以同时要求其单位进行工伤赔偿。

如果事故肇事者与受害者之间存在劳动关系，那么受害者只能向公司请求工伤赔偿，而不能向事故责任人要求侵权赔偿。如同一家公司的甲和乙需要共同完成公司要求的清理道路垃圾的任务，甲在道路边指挥乙驾驶车辆铲除垃圾，由于乙操作不当，使甲受到损害，此时甲只能向公司请求工伤赔偿，不能向乙要求侵权赔偿。

需要注意的是，如果工伤赔偿金额比侵权损害赔偿金额少，那么用人单位应该对二者的差额部分进行适当补偿。

当事人主张工伤赔偿的前提是受害人的损害属于工伤范围内。根据《工伤保险条例》第 14 条的规定，职工在以下情形下应当认定为工伤：（1）在工作时间和工作场所内，因工作原因受到事故伤害的。（2）工作时间前后在工作场所内，从事与工作有关的预备性或者收尾性工作受到事故伤害的。（3）在工作时间和工作场所内，因履行工作职责受到暴力等意外伤害的。（4）患职业病的。（5）因工外出期间，由于工作原因受到伤害或者发生事故下落不明的。（6）在上下班途中，受到非本人主要责任的交通事故或者城市轨道交通、客运轮渡、火车事故伤害的。（7）法律、行政法规规定应当认定为工伤的其他情形。

案例链接 （2024）粤民再 123 号民事判决书

20×× 年 9 月 22 日，A 车驾驶人驾驶 A 车行驶至某路段时，因 C 车驾驶人违法停车，而导致 A 车与 B 车驾驶人驾驶的二轮电动车 B 车碰撞，造成两车损坏、B 车驾驶人受伤的交通事故。当事人过错行为、事故责任和赔偿比例的关系见表 2-29.2。

表 2-29.2　过错行为、事故责任和赔偿责任比例的关系

当事人	过错行为	事故责任	赔偿比例	工伤赔偿	交通事故赔偿
A 车驾驶人	未注意路面安全	主要	70%		
B 车驾驶人	无	无		有	
C 车驾驶人	违法停车	次要	30%		
A 车保险公司					有
C 车保险公司					有

当地人社部门认定 B 车驾驶人在本次事故中所受伤害属于工伤。B 车驾驶人已领取工伤保险赔偿金。

B 车驾驶人就赔偿问题向法院起诉，请求判令 A 车驾驶人、C 车驾驶人、A 车保险公司和 C 车保险公司赔偿其各项损失。

A 车保险公司认为，B 车驾驶人的误工费应减去工伤赔偿部分。但 B 车驾驶人认为工伤保险赔偿请求权与人身损害赔偿请求权属于两个不同法律关系，两者可以并存，现行法律并未禁止工伤职工同时享受工伤保险待遇和人身损害赔偿，B 车驾驶人作为被侵权人获得工伤保险待遇后，并不减轻或免除侵权人责任。

法院认为

本案争议焦点为：如何认定 B 车驾驶人的误工损失。本案中，B 车驾驶人在本次

交通事故所受伤害已被认定为工伤，并已领取工伤保险赔偿金。那么，在已取得工伤保险待遇的情况下，被侵权人能否主张误工费？《人身损害赔偿解释》（2020年修正）第3条第2款规定："因用人单位以外的第三人侵权造成劳动者人身损害，赔偿权利人请求第三人承担民事赔偿责任的，人民法院应予支持。"《工伤保险条例》第33条规定："职工因工作遭受事故伤害需要暂停工作接受医疗的，在停工留薪期内，原工资福利待遇不变，由所在单位按月付。"用人单位在B车驾驶人误工期间支付的工资属于B车驾驶人工伤保险待遇中的停工留薪收入。工伤保险待遇与民事侵权赔偿责任性质不同，前者基于社会保险法律关系发生，后者基于民事法律关系发生。民事侵权法律关系中侵权人的侵权责任不因被侵权人在社会保险法律关系中获得社会保险待遇而减轻或者免除。

因此，B车驾驶人在获得停工留薪期工伤待遇后仍可向侵权人主张误工费。

综上，B车驾驶人因本案事故造成的损失，应有A车和C车保险公司在交强险内赔偿，超出交强险限额部分损失，由A车和C车保险公司在商业险内按照7∶3的比例赔偿。

总　结

本案中，侵权人与受害人无劳动关系，受害人在获得工伤赔偿后，又主张交通事故侵权赔偿，法院对此予以支持。也就是说，工伤赔偿和交通事故侵权赔偿中有些损失是可以兼得的。

30 已获侵权赔偿的交通事故受害人仍可获人身保险赔偿

专业解答

人身意外伤害保险，是指被保险人在保险有效期内，因遭受非本意的、外来的、突然发生的意外事故，致使身体蒙受伤害而残疾或死亡时，保险公司按照保险合同的规定给付保险金的保险。人身意外伤害保险保障的是被保险人的身体和生命，被保险人只能是可能遭受意外伤害的自然人。人身意外伤害保险不论事故的起因，只要属于保险责任范围内的事故造成被保险人死亡、伤残等，人身意外伤害保险承保公司都要进行赔偿。

《保险法》第 46 条规定："被保险人因第三者的行为而发生死亡、伤残或者残疾等保险事故，保险人向被保险人或者受益人给付保险金后，不享有向第三者追偿的权利，但被保险人或者受益人仍有权向第三者请求赔偿。"此规定意味着，被保险人或者受益人同时又是交通事故受害人向保险公司主张保险金与向第三者即交通事故侵权人请求赔偿之间并不冲突，其有权在请求第三者赔偿的同时主张人身意外伤害保险金。尽管保险合同中确实存在一个"损失补偿原则"，但该原则仅适用于财产保险，并不适用于人身保险。

简单地说，因交通事故造成受害人伤亡的，交通事故赔偿义务人对受害人承担的事故赔偿，并不影响保险公司对受害人的人身保险赔偿。也就是说，只要受害人与保险公司签订了人身意外伤害保险合同，即使受害人已经获得了交通事故侵权赔偿，受害人仍有权要求人身保险赔偿。

案例链接 （2024）云 08 民终 924 号民事判决书

20×× 年 11 月 28 日，A 车驾驶人驾驶 A 车载乘客甲行驶至某路段时，与半挂牵引车 B 发生相撞，造成 A 车驾驶人、甲受伤及两车不同程度损坏的交通事故。事故责任和赔偿责任的关系见表 2-30。

表 2-30 事故责任和赔偿责任的关系

当事人	事故责任	赔偿权利	赔偿义务	人身保险赔偿
A 车驾驶人	主要		有	
B 车驾驶人	次要		有	
甲	无	有		
A 保险公司			有	有

另查明，A 车投保了交强险、车上人员责任保险、驾乘人员补充意外伤害保险，该意外保险合同包含《交通出行人身意外伤害保险条款（A 款）》《附加意外伤害医疗保险条款（B 款）》《附加意外伤害住院津贴保险条款（2009 年版）》，本案交通事故发生于保险期间。

再查明，对于甲因此次事故导致的损失，B 车保险公司已进行赔付。

在诉讼审理中，A 车保险公司辩称甲的医疗费已经获得 B 车保险公司的赔偿，不应再次向 A 车保险公司主张赔偿。

法院认为

首先，A 车驾驶人在 A 车保险公司投保补充意外伤害保险，系双方当事人的真实意思表示，内容不违反法律、行政法规强制性规定，系合法有效合同，A车保险公司应在保险单约定的保障项目及保险金额范围内承担保险责任。甲作为乘客系本案的被保险人，因案涉交通事故受伤，其请求A车保险公司赔付意外医疗费用补偿、意外伤害残疾赔偿金以及意外住院津贴，属于A车保险公司保险责任的赔付范围。

本案驾乘人员意外伤害保险属于人身保险，不适用填补原则，两者的保险标的不同，通过责任保险理赔获得赔偿后，不妨碍人身保险的被保险人请求赔偿，而且《保险法》对人身保险并无重复投保的限制，双方达成的保险条款中亦无此限制。因此，A车保险公司主张的理由于法无据，法院不予采纳。A车保险公司应在人身保险责任内赔偿甲意外医疗费、残疾赔偿金和意外住院津贴。

总　结

本案中，法院认为人身保险不适用填补原则，受害人获得事故保险理赔后，仍然可以再获得人身保险理赔。

31 分期付款购买的车辆肇事的赔偿责任

专业解答

分期付款车辆，是指在车辆买卖中，买卖双方通过协商约定，买车人支付一部分金额之后，先占有使用车辆，并按照约定在一定期限内分期支付车辆价款，在车辆价款还清之前，车辆的所有人仍然属于卖车人，买车人付清车辆价款后，卖车人才将车辆所有权转移给买车人。

如果在车辆分期付款期间发生交通事故造成损害，且属于该机动车一方责任的，卖车人虽然是车辆的所有人，但实际上已经不再拥有该车的占有权和支配权，也不能从车辆的运行中获得利益，且在事故中没有任何过错的，卖车人不承担事故损害造成的赔偿责任。赔偿责任由事故责任方承担。最高人民法院在《关于购买人使用分期付款购买的车辆从事运输因交通事故造成他人财产损失，保留车辆所有权的出卖方不应承担民事责任的批复》中明确答复：“采取分期付款方式购车，出卖方在购买方付清全部车款前保留车辆所有权的，购买方以自己名义与他人订立货物运输合同并使用该车运输时，因交通事故造成他人财产损失的，出卖方不承担民事责任。"

但是，如果分期付款车辆与卖车人存在利益关系，如分期付款车辆运营时卖车人同时又是被挂靠人，能够从中收取一定挂靠收益的，或卖车人在事故中存在过错，如车辆有质量问题，那么卖车人就需要承担相应的赔偿责任。

案例链接 （2019）赣民再117号民事判决书

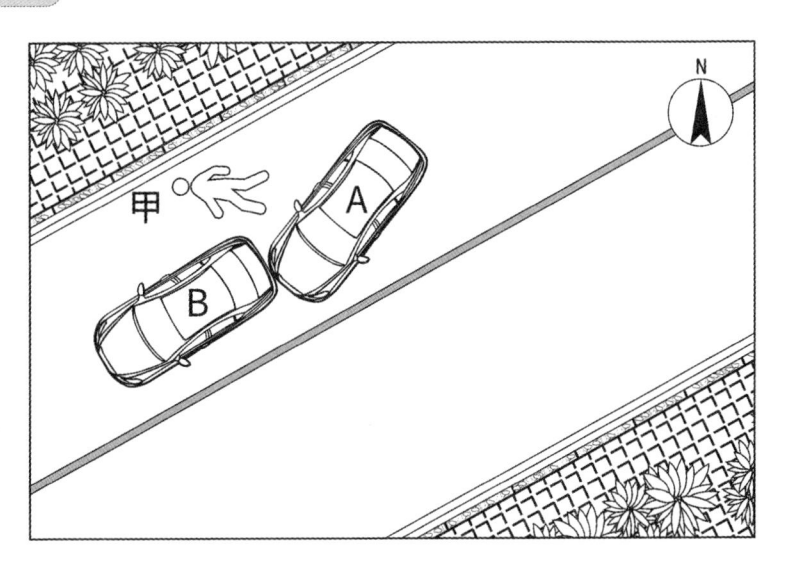

如图所示，20××年3月9日，A车驾驶人驾驶A车行驶时，为避开受伤躺在道路中间起不来的甲（此前，案外人C车驾驶人驾驶C车与B车驾驶人驾驶搭乘甲的B车相撞），与B车发生碰撞。碰撞之后，A车驾驶人驾车驶离现场，造成B车驾驶人和甲两人受伤、两车受损的交通事故逃逸案件。当事人过错行为、事故责任和赔偿比例的关系见表2-31。

表2-31　过错行为、事故责任和赔偿比例的关系

当事人	过错行为	事故责任	赔偿权利	赔偿责任 对B车驾驶人	赔偿责任 对B车乘车人甲	赔偿义务
C车驾驶人	未确保安全驾驶	全部		50%	100%	有
A车驾驶人	逃逸	全部		50%	0	有
B车驾驶人			有	无		
B车乘车人甲				无		
A车登记车主乙公司		无				

经查明，A车在保险公司购买了交强险和商业三者险，且不计免赔，事故发生在保险期间内。A车是A车驾驶人从乙公司购买，A车登记车主为乙公司，双方签订分期付款保留所有权购车合同，双方对价款、支付方式、保留所有权等权利义务进行了

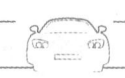

约定。

B车驾驶人、甲向法院起诉，请求判令A车驾驶人、乙公司、A车保险公司赔偿B车驾驶人、甲各项经济损失。

A车保险公司称，A车驾驶人存在肇事逃逸的事实。A车保险公司持有乙公司与A车保险公司签订的投保单原件。该证据可以证明，A车保险公司已对乙公司详细介绍并提供了投保险种所使用的条款，并对其中免除保险人责任的条款（包括肇事逃逸免赔等）作了明确说明。故A车保险公司已经对保险条款中的责任免除尽到提示告知义务，因此A车保险公司在商业三者险中不承担赔偿责任。

乙公司辩称，乙公司作为车辆的出让人不应承担赔偿责任。A车投保了交强险和不计免赔的商业第三者责任险，理应由A车保险公司承担赔偿。

A车驾驶人辩称，自己不存在逃逸的情况，不应承担赔偿责任。

法院认为

甲在前起事故中受伤后，躺在道路中间起不来，A车驾驶人为了避让甲而碰撞B车驾驶人的车辆，故A车驾驶人与甲受伤这一事件无因果关系，对甲的受伤不承担赔偿责任。

B车驾驶人在两次事故中受伤，因无法准确认定其受伤的原因是由哪次事故造成和加重程度，酌定按同等责任划分赔偿比例，同时B车亦受到两次碰撞，故C车驾驶人和A车驾驶人对B车驾驶人的损失承担同等赔偿责任。

《事故认定书》认定A车驾驶人属于事故逃逸，A车驾驶人没有提出异议，视为认可该事故认定书。但不能因为A车驾驶人主动承担医疗等费用的行为，否认其交通事故逃逸的事实，更不能抵消或免除其应承担的法律责任。而乙公司在投保单投保人签名处盖章足以证明保险公司对保险条款，特别是责任免除部分向乙公司履行了提示义务。据此，A车保险公司以A车驾驶人构成交通事故逃逸为由主张免赔商业三者险，理由成立，予以支持。

乙公司虽系登记车主，但在本案中已经通过分期付款的方式将车辆使用权、占有权交给A车驾驶人，乙公司在该事故中无过错责任，不承担赔偿责任。

综上所述，对于B车驾驶人的损失，超出交强险的赔偿部分，由A车驾驶人承担50%的赔偿责任。

总　结

本案中，分期付款的肇事车辆，其使用权、占有权已经交给实际车主，肇事车辆出售方在事故中无过错行为，无需承担赔偿责任。B车驾驶人的损失，按照事故责任和法院认定，由 A 车和 C 车驾驶人各承担相应的赔偿责任。

32 亲友聚会出游所乘车辆发生交通事故的赔偿

> **专业解答**

关于亲友聚会出游所乘的车辆，一般分两种情况：一种是自驾游，如甲、乙、丙三人相约一起外出游玩，车辆由甲、乙、丙三人轮流驾驶或某一人驾驶；另一种是车辆由非出游人驾驶，如甲、乙、丙三人相约一起外出游玩，并在途中搭乘他人车辆或雇他人驾车。

亲友自驾出游时发生交通事故，承担的责任分三个方面：

（1）驾驶人责任：若驾驶人的过错行为导致事故发生，造成乘车人受到损害，驾驶人要承担相应责任。若驾驶人属于"好意同乘"，且驾驶人没有故意或重大过失，应当减轻驾驶人的赔偿责任。

（2）同乘人责任：同乘人如果存在影响驾驶人驾驶、未系安全带等自身过错行为，导致自身受伤或加重损害后果，需要承担相应的责任。

（3）车辆所有人责任：如果车辆所有人对事故发生存在过错，如车辆存在故障未及时维修、明知驾驶人不具备驾驶资格仍让其驾车等，也要承担相应的责任。

亲朋相约自驾游玩，发生交通事故造成损害且属于机动车一方的责任，赔偿责任由驾驶人承担。但作为同车同行人，应当意识到需要共同承担自驾游中面临的各种风险（包括但不限于交通事故），所以同车同行人也需要根据责任大小、过错程度、受益情况等因素承担相应的赔偿责任，从而减轻驾驶人的赔偿责任。

亲朋聚会游玩所乘车辆是由非出游人驾驶，发生交通事故造成损害且属于机动车一方责任的，乘车人没有过错的，由事故责任方进行赔偿。如果乘车人存在过错，如车辆或司机选用不当、游客行为举止妨碍了司机驾驶等，乘车人需要承担相应的赔偿责任。

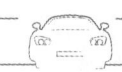

> **案例链接**　（2022）桂14民终1303号民事判决书

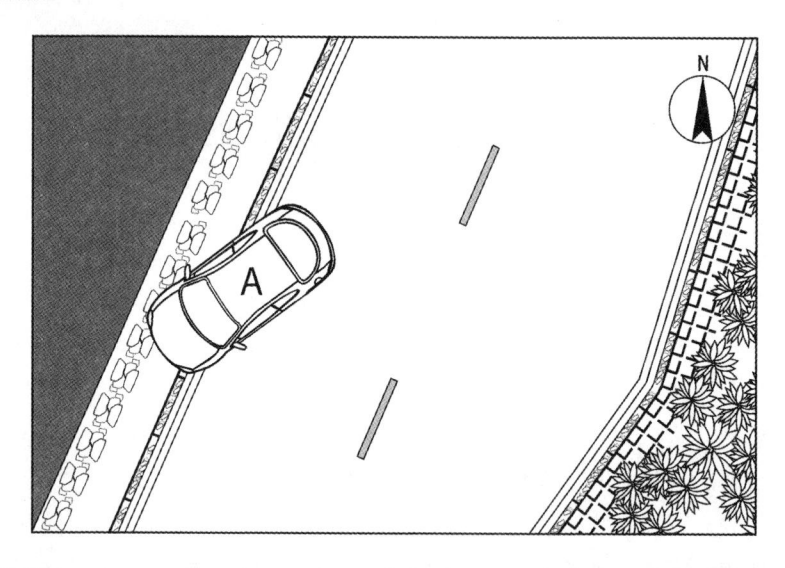

如图所示，20××年5月19日，A车驾驶人、甲与其他同学相约出游，A车驾驶人驾驶从乙公司借来的A车搭载甲等人。车辆行驶至某路段时，发生仰翻，并浸泡在路边浅水沟中，造成A车驾驶人等人受伤、甲抢救无效死亡及车辆损坏的道路交通事故。驾驶人过错行为、事故责任和赔偿比例的关系见表2-32。

表2-32　过错行为、事故责任和赔偿比例的关系

当事人	过错行为	事故责任	赔偿权利	赔偿义务	赔偿比例
A车驾驶人	操作不当	全部		有	80%
乘车人甲		无			20%
甲家属			有		
乙公司		无		无	

甲家属向法院起诉，请求判令A车驾驶人、乙公司赔偿甲家属各项经济损失。事实与理由：(1)事故发生的原因系A车驾驶人违法驾驶机动车，操作不当，属于重大过失。甲不存在任何过错。(2)A车驾驶人组织自驾游，根据《民法典》第1198条的规定，A车驾驶人未尽安全保障义务，令各同乘人员的生命安全陷入危险之中，还造成了甲因事故身亡的后果，应承担全部侵权责任。(3)事故发生时，A车驾驶人已经74岁，属于老年人，乙公司在明知A车驾驶人年事已高，可以明显预见A车驾驶人驾驶机动车会存在不当操作行为，并且可能会对同乘人员生命安全造成威胁的情况下，仍然出借机动车给A车驾驶人，未尽到合理注意义务，对事故发生存在过失，应当对损失后果承担侵权责任。

A车驾驶人辩称，A车驾驶人与甲等相约出游，其不是自驾游的组织方，不承担安全保障义务。

乙公司辩称，乙公司作为A车所有人对事故的发生不存在过错，不应承担民事赔偿责任。

法院认为

（1）乙公司作为肇事车辆的所有人，对事故的发生不存在过错，依法不应承担民事责任。（2）甲、A车驾驶人等四人组合相约自驾游，四人在出行前没有进行关于民事权利义务的约定，A车驾驶人驾驶借来的A车是自愿无偿为整个自驾游团体提供驾驶服务，未额外获得利益，属于好意搭乘。A车驾驶人在事故中并不存在无证驾驶、酒后驾驶等严重过错，应减轻A车驾驶人的民事赔偿责任。A车驾驶人作为车辆驾驶人虽对车上乘客安全出行负有提醒义务，但当事人进行结伴自驾游，甲作为具有完全民事行为能力人，对结伴自驾游具有一定风险应该是明知的。参与者之间基于对风险的认识而产生结伴互助的依赖和信赖，具有临时互助团体的共同利益。甲在共享出行利益时亦应共同承担相应的风险，如果发生交通事故而要求驾驶人全面赔偿，不符合我国社会伦理价值也不利于鼓励他人助人为乐，故在出行途中发生交通事故所产生的民事责任应根据责任大小和受益情况合理合法分担风险。所以，酌定由A车驾驶人承担80%的赔偿责任，甲家属承担20%的赔偿责任。

总　结

本案中，受害人作为成年人与他人一同外出游玩，应当明白并共同承担出游途中的各种风险。此外，侵权人属于好意搭乘，可以减轻一定的赔偿比例。因此，受害人一方需对其自身的损害承担相应的赔偿责任。

33 乘客上下车辆时发生交通事故受伤的赔偿责任

专业解答

乘客上下车时发生交通事故造成损害的情形有两种：一种是由受害人正在上车或下车的车辆造成的，如果因司机操作不当，如未等乘客站稳或完全下车就启动车辆、急刹车等导致乘客受伤，乘客上下车的过程中被车门夹伤或运营方未提供安全的上下车环境（如车辆设施故障）等。另一种是由其他车辆的过错造成的，如受害人下车

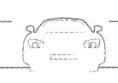

时，被后方驶来的车辆撞伤。

当交通事故造成的损害是由受害人正在上车或下车的车辆造成的，那么赔偿责任由车辆驾驶人承担。如果受害人存在故意或重大过失行为，如受害人不听驾驶人的劝阻，擅自上下车，不听从驾驶人或工作人员指挥、抢上抢下、在车辆未停稳时强行上下车等导致自己受伤，那么受害人可能需要根据自身的过错大小，承担相应的赔偿责任。

当交通事故造成的损害是由第三方的过错造成的，则根据事故责任划分，由第三方承担赔偿责任。如果受害人所乘车辆的驾驶人在事故中存在过错，那么驾驶人也需要根据过错大小来承担相应的赔偿责任。

若第三方无法找到或无力赔偿，在某些情形下，驾驶人或运营方可能需承担补充赔偿责任。

案例链接 （2024）苏07民终2490号民事判决书

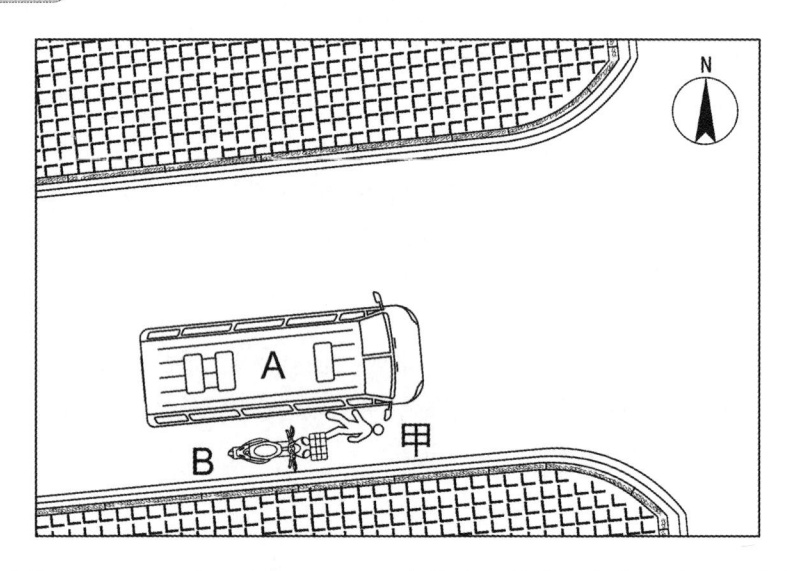

如图所示，20××年12月27日，A车驾驶人驾驶公交车A由西往东行驶至某路口西侧机动车道内等信号灯时，乘客甲要求下车，其步行了一段距离后被沿非机动车道由西向东正常行驶的电动车B撞倒，造成甲受伤。事故发生后，三方均离开现场。当日12时50分许，甲向交警部门报警。但因为此事故系事后报警、无现场，交警部门对此次事故责任未作认定。

经查明，A车驾驶人系A车所属单位乙公司的驾驶员。A车在保险公司投保了交强险和商业三者险以及客运承运人责任险。

甲向法院起诉，请求判令A车驾驶人、乙公司、A车保险公司赔偿其各项损失，甲在本次事故中自愿承担其损失的30%。

A车保险公司称，甲相对于A车辆而言不属于第三者，不应当适用交强险、商业三者险进行赔付。B车驾驶人肇事后逃逸应当承担全部责任，并承担事故的全部赔偿责任。

法院认为

根据《道路交通安全法实施条例》第63条的规定，城市公共汽车不得在站点以外的路段停车上下乘客。本次事故发生系A车司机在机动车道内等信号灯时，甲下车后，甲被非机动车道正常行驶的电动车撞倒导致受伤，A车驾驶人违法停车下客，是案涉事故发生的源头，A车驾驶人应对此次事故承担主要责任。A车驾驶人系在履行职务过程中发生交通事故致甲受伤，乙公司作为机动车所有人和用人单位，应当承担因此所引起的民事赔偿责任。因此，乙公司对本次事故承担70%的赔偿责任。

事故发生时，受伤人员作为乘客，已经离开车辆，符合交强险和商业三者险的理赔条件。故保险公司作为案涉车辆保险人，应当在交强险责任限额内先行赔偿甲的损失，超出部分保险公司应当在商业三者险限额内承担70%的赔偿责任。具体见表2-33。

表2-33 过错行为、事故责任和赔偿比例的关系

当事人	过错行为	事故责任	赔偿权利	赔偿义务	赔偿比例
A车驾驶人	违法停车下客	主要		有	
乘客甲	违法下车	次要	有		30%
B车驾驶人				有	
乙公司				有	70%

总　结

本案中，公交车驾驶人违法停车并让乘客下车，导致乘客下车后被撞。根据事故责任，公交车驾驶人承担事故主要责任，由于是在执行职务，其赔偿责任由所在单位承担。

34 乘车人擅自下车、跳车导致伤亡的赔偿

专业解答

乘车人未经车辆驾驶人同意，在车辆行驶过程中擅自跳车或下车，导致发生意外伤害，其赔偿责任划分依据分以下两种情形：

1.乘车人责任

如果乘车人没有合理理由，擅自下车、跳车导致自身受伤，乘车人要对自己的行为负责，承担主要以上责任。比如，乘车人因与车内人员发生口角等突发情绪问题，在车辆正常行驶过程中突然跳车，由此造成的伤害通常由乘车人自行承担。

2.驾驶人或车辆所有人责任

（1）如果机动车本身属于不准载人的类型，如一些载货车辆违规搭载乘客，此时即使乘车人擅自下车、跳车，车辆所有人或驾驶人可能也要承担一定责任。

（2）乘车人有合理的下车需求并已明确告知驾驶人，但驾驶人未停车，导致乘车人擅自下车、跳车受伤，驾驶人或车辆所有人可能需要承担相应责任。例如，在网约车或出租车行程中，乘客因紧急情况要求停车，驾驶人无正当理由拒绝，乘客无奈跳车受伤，驾驶人需要承担一定责任。

（3）车辆存在安全隐患或不当驾驶：若车辆存在影响安全的故障未及时维修，或驾驶人有超速、急刹车等不当驾驶行为，引发乘车人恐慌而擅自下车、跳车，驾驶人或车辆所有人也需要承担部分责任。

总之，在乘车人擅自下车、跳车导致伤亡的交通事故中，如果驾驶人不能证明自己尽到自身义务，如已极力劝阻乘客或已经向乘客提示不允许乘客擅自中途下车的注意事项等，那么驾驶人就需要承担相应的赔偿责任。而乘客擅自下车、跳车，存在过错的，也需要对自身的损害承担相应的赔偿责任。

案例链接 （2024）湘04民终2103号民事判决书

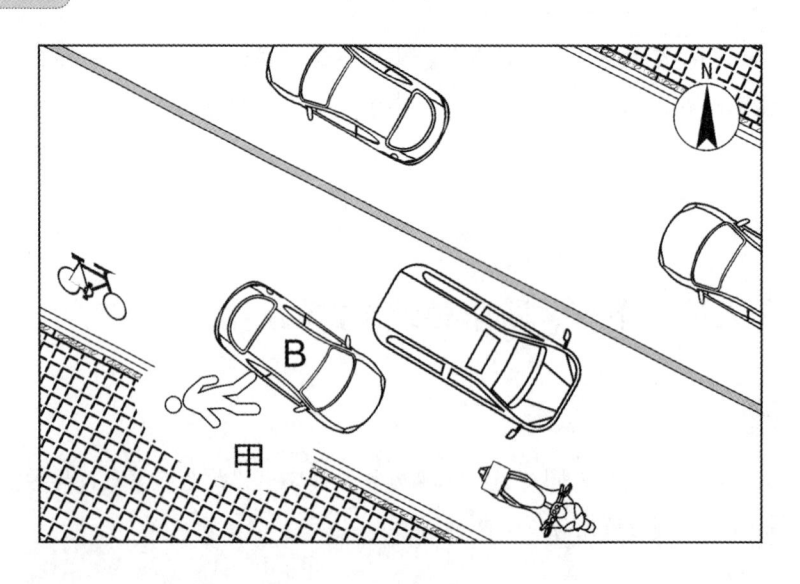

如图所示，20××年5月27日，甲因出行需要通过顺风车App下单预约了B车驾驶人注册的A车。当日早上，B车驾驶人驾驶B车到达预约地点，并告知甲，A车系B车驾驶人所有，但已转卖，现B车与在顺风车平台注册的车辆不一致，甲对此未提出异议或取消订单，继续选择乘坐B车前往目的地。行驶10分钟左右，因当时处于交通高峰期，道路较为拥堵，B车驾驶人自主选择另一条道路行驶。此时，该订单导航提示车辆偏离路线，甲对此质疑，B车驾驶人予以解释。B车继续行驶过程中甲提出下车，B车驾驶人回应路线未错，会将甲送到目的地，要甲冷静下来，也可以自己导航，但未及时靠边停车。沟通过程中，甲情绪激烈，多次喊叫要求下车，后摇下车窗大呼救命，并拍打车门，B车驾驶人后在某道路靠边减速停车过程中，甲从后排右侧车窗爬出，跳出车辆，导致摔伤。

经查明，顺风车App信息服务平台由乙公司运营，《××顺风车用户协议》中声明顺风车平台不提供出租、用车、网约车、驾驶或运输服务，仅提供平台注册用户之间的信息发布及交互服务，平台与车主间无任何雇佣、劳务或者合作关系。该协议中顺风车乘客的权利与义务项明确约定：乘客应在上车前核查驾驶人是否为顺风车订单所载明的平台注册顺风车车主以及合乘车辆是否为顺风车订单所载明的平台注册车辆……若存在注册车辆与实际车辆不一致，则双方系脱离平台达成新的合乘关系，新合乘关系中乘客和车主无法享受平台提供的任何服务和保障，应自行承担后果。

甲向法院起诉，请求判令B车驾驶人、乙公司赔偿其各项损失。

法院认为

甲上车前，B车驾驶人已告知甲其所驾驶车辆与顺风车平台登记不一致的情况，甲自愿选择乘坐，并在后排就座；车辆行驶过程中，虽偏离导航预定路线行驶，但其选择行驶的路线亦是车流量较大的主干道；甲要求B车驾驶人停车的沟通过程中，B车驾驶人并无辱骂、威胁言语，更不存在抢夺手机或其他肢体接触的非法行为。故按照常理思维，B车驾驶人偏离导航自主选择行车路线的行为，对甲并不构成现实危险性，更不存在导致甲跳车的紧迫危险性。甲作为具备完全民事行为能力的成年人，错误判断将要发生危险，反应过度，不顾自身安全爬出车窗跳车摔伤，应承担本案的主要责任；B车驾驶人在明知甲处于过于紧张而要求下车并呼救的情况下，对甲安抚解释无果后未及时选择合适地方靠边停车，一定程度上加剧了甲的过度反应而跳车摔伤，应承担本案的次要责任。（具体见表2-34）

表 2-34 过错行为、事故责任和赔偿比例的关系

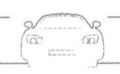

当事人	过错行为	事故责任	赔偿权利	赔偿义务	赔偿比例
乘客甲	跳车	主要	是		70%
B车驾驶人	未及时停车	次要		有	30%
乙公司				无	

B车非顺风车平台注册车辆，B车驾驶人对此已明确告知甲，甲已表示接受，双方系脱离顺风车平台达成新的合乘关系，故乙公司不应承担本案纠纷责任。

综合全案实际情况，法院酌定甲对本案损失承担70%的赔偿责任，B车驾驶人承担30%的赔偿责任。

总　结

本案中，乘客擅自跳车，司机未及时停车，双方都有过错，法院根据双方的过错大小划分各自事故责任，并根据事故责任认定双方应承担的赔偿比例。

35 试乘试驾过程中发生交通事故造成损害的赔偿责任

专业解答

试乘，是指消费者在卖车方指定的驾驶人员陪同下，乘坐指定的车辆在指定的道路上行驶，从而体验车辆性能的行为。

试驾，是指消费者为了体验车辆性能，由本人亲自驾驶指定的车辆，在卖车方指定的道路上行驶的一种行为。

试乘和试驾都是卖车方的一种卖车促销手段，卖车方可以通过试乘试驾来获得利益，如消费者在试乘试驾后买车。卖车方在试乘试驾过程中对车辆的运行仍然具有一定的支配力，如指定驾驶员、指定路线等。因此，如果在试乘试驾过程中发生事故造成损害，属于机动车一方责任的，赔偿方式有以下几种：

（1）在试乘中，如果驾驶人是卖车方的员工，驾驶人属于执行职务，所以事故造成的损失应由卖车方承担赔偿。若驾驶人存在故意或严重过错，则卖车方可以在赔偿后向驾驶人进行追偿。如果驾驶人不是卖车方的员工，卖车方也没有过错的，则驾驶人需要承担赔偿责任。

（2）在试驾中，卖车方存在过错，如车辆有缺陷、路线不合理，驾驶人没有过错的，由卖车方承担赔偿责任；驾驶人也有过错的，如操作不当，则驾驶人与卖车方需

要根据各自过错大小共同承担相应的赔偿责任。

案例链接 （2024）浙03民终1477号民事判决书

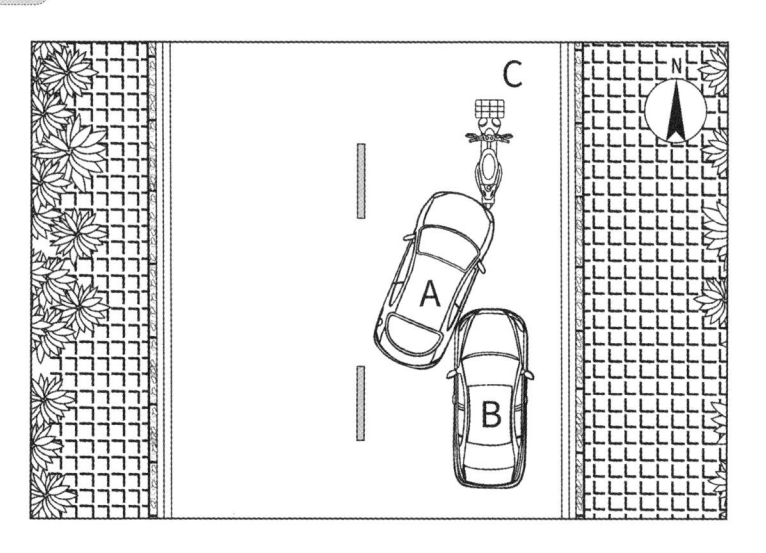

如图所示，20××年3月9日，A车驾驶人因购车试驾需要，由汽车经销商甲公司的员工陪同，驾驶甲公司所有的A车，从甲公司出发，因操作不当，碰撞到事发前停放的B车，后继续往前行驶碰撞到C车驾驶人驾驶的电动车C，造成车辆不同程度损坏及C车驾驶人受伤的道路交通事故。当事人过错行为、事故责任和赔偿比例的关系见表2-35。

表2-35 过错行为、事故责任和赔偿比例的关系

当事人	过错行为	事故责任	赔偿权利	赔偿义务	赔偿比例
A车驾驶人	操作不当	全部		有	80%
B车车主		无			
C车驾驶人		无	有		
甲公司				有	20%

C车驾驶人家属向法院起诉，请求判令A车驾驶人、甲公司赔偿各项经济损失。事实与理由：（1）试驾活动旨在达成汽车销售合同，甲公司将A车交与试驾人驾驶，并非基于汽车销售合同的交付行为，此时车辆所有权未转移。试驾人是车辆实际操控人，甲公司系A车所有权人。（2）试驾是甲公司为提高车辆销售额向潜在购买者推出的一种驾驶体验活动，虽一般不收取费用，但属于经营、销售活动的一部分，具有营利性质，属于商业行为，根据《安全生产法》相关规定，甲公司负有安全保障的义务和责任。（3）甲公司工作人员不仅未认真、详细告知A车驾驶人涉案车辆性能，也未对试驾路线进行充分介绍和说明，且选择的试驾场所、规划的试驾路线均存在安全隐患，甚

至在 A 车驾驶人驾驶案涉车辆碰撞到他人车辆之后，甲公司陪同工作人员未及时制止并停止试驾活动，而是任由 A 车驾驶人驾车继续往前行驶，甚至 A 车驾驶人称系甲公司工作人员让其继续启动，随后才发生涉案事故。可见，甲公司在预防和减少危险发生、保障安全方面存在明显过错。所以，A 车驾驶人与甲公司均应承担风险和责任。

甲公司辩称：（1）试驾车辆的驾驶人有驾驶资格，试驾是由 A 车驾驶人独自完成，试驾车并非教练车，该车并不具备辅助刹车功能，甲公司陪同人员发挥不了阻止作用。A 车驾驶人在试驾之前，签署了试驾承诺书，甲公司完成了提醒义务，其驾驶责任当然应当由 A 车驾驶人全部承担。（2）甲公司在本案事故中没有过错，除了前述的注意提醒义务，还告知了 A 车驾驶人试驾路线。A 车是新出厂的合规车辆，并非特殊用途车辆，A 车驾驶人驾驶的车辆就是普通车辆，甲公司常规告知车辆性能即可。该试驾路线亦经合理规划，没有安全隐患。

A 车驾驶人答辩称：甲公司提供的试驾环境、道路环境比较复杂，门口停满了车。在试驾过程中，自己驾驶 A 车已与电动车发生刮擦的情况下，甲公司工作人员仍让自己继续试驾，以致本案事发，甲公司应与自己共同承担责任。

✎ 法院认为

虽然甲公司提交了《试乘试驾承诺书》，但在造成本案事故损失之前，A 车驾驶人已驾车与他人停放的车辆发生碰撞，可见当时 A 车驾驶人对所试驾车辆缺乏足够的操控能力及对所试驾的道路环境缺乏足够的注意义务，甲公司有责任及时终止试驾。虽甲公司辩称曾阻止 A 车驾驶人继续试驾未果，但现甲公司未能举证证明曾指示 A 车驾驶人中止试驾，故甲公司对涉案事故造成的损失具有一定过错。法院酌定甲公司对超出保险理赔范围的损失承担 20% 赔偿责任，A 车驾驶人承担 80% 赔偿责任。

✎ 总　结

本案中，交通事故是在试驾过程中发生的，虽然事故全部责任由试驾人承担，但汽车售卖方也存在过错，需要对受害人承担相应的赔偿责任。

36 乘坐配偶车辆发生交通事故导致受伤的赔偿责任

专业解答

如果受害人乘坐其配偶的车辆发生交通事故造成伤害，由事故责任方进行赔偿。

如果事故责任方是受害人配偶，那么其配偶需要对受害人进行赔偿。《民法典》第1063条规定："夫妻一方因受到人身损害获得的赔偿或者补偿应属于一方的个人财产。"至于夫妻之间怎么赔偿这一问题，其解决办法可以是，从夫妻共同财产或肇事的配偶个人财产中单独划出来一部分作为受害人的赔偿，这一部分属于受害人的个人财产。

在划分配偶一方的赔偿责任时，需要考虑三种情形：

1. 一般过失

如果驾车配偶在驾驶过程中仅存在一般过失，例如轻微的疏忽导致交通事故，在保险赔偿后，剩余部分的赔偿责任通常由配偶承担。但在夫妻共同财产制下，这种赔偿实际上是夫妻共同财产的内部流转。例如，在一个夫妻共同财产制的家庭中，丈夫开车时因一般过失导致妻子受伤，保险赔偿后还有1万元的损失需要赔偿，这1万元的赔偿责任从夫妻共同财产中支出。

2. 重大过失或故意情况

如果驾车配偶存在重大过失，如严重超速、酒驾、毒驾或故意制造事故等行为导致乘车的配偶受伤，那么驾车配偶的赔偿责任与夫妻关系无关，驾车配偶需要以个人财产（在夫妻财产能够区分的情况下）进行赔偿。例如，妻子因丈夫酒驾发生事故受伤，丈夫除可能面临刑事处罚外，还需要用自己的个人财产赔偿妻子的全部损失。

3. 好意同乘因素

在夫妻之间也可能存在好意同乘的情况，即一方免费搭乘另一方的车辆。如果是这种情况，在确定赔偿责任时可以适当减轻驾车配偶的赔偿责任。例如，在一些司法实践中，对于好意同乘导致的损害，驾车配偶的赔偿责任会减轻10%~30%。但如果驾车配偶存在故意或重大过失，好意同乘因素一般不予考虑。

37 旅游过程中发生交通事故时旅行社的赔偿责任

专业解答

游客参加旅行社组织的旅游活动，在旅游过程中发生交通事故，旅行社是否需要承担赔偿的问题，具体可以分为以下几种情况：

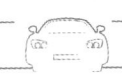

1.乘坐车辆属于旅行社的

游客乘坐旅行社提供的车辆发生交通事故的，一般按照旅行社车辆与第三方各自承担的事故责任来划分各自相应的赔偿责任。

如果旅游车驾驶人是旅行社员工，其赔偿责任由旅行社承担。游客在事故中存在过错的，如游客的某些行为阻碍了司机正常驾驶，可以降低旅行社的赔偿比例。

如果旅游车驾驶人不是旅行社员工且承担事故责任，如甲旅行社组织游客进行旅游，乙运输公司安排车辆负责接送游客，那么旅游车驾驶人承担的赔偿责任，由车辆所有人进行赔偿。但是，如果旅行社在事故中存在过错，那么旅行社需要根据过错大小承担相应的赔偿责任。如法院在审理一起旅游纠纷案件时，以旅行社没有严格落实《××市交通运输局、旅游局关于进一步加强旅游交通安全管理的通知》要求，未尽相应审查义务督促随车导游履行岗位监督制度，核对实际接团车辆营运资质为由，认定该旅行社在交通事故中存在过错，判旅行社承担20%的赔偿责任。

2.游客在道路上发生交通事故造成损害的

游客在道路上被其他车辆撞伤的，事故责任方需要对受害者进行赔偿。但是，游客在旅行社报名游玩，旅行社从中能够获得利益，且旅行社作为游客的组织者和管理者有义务保障和注意旅客的安全，如旅行社存在过错，就需要承担相应的赔偿责任。

案例链接 （2024）浙0624民初1083号民事判决书

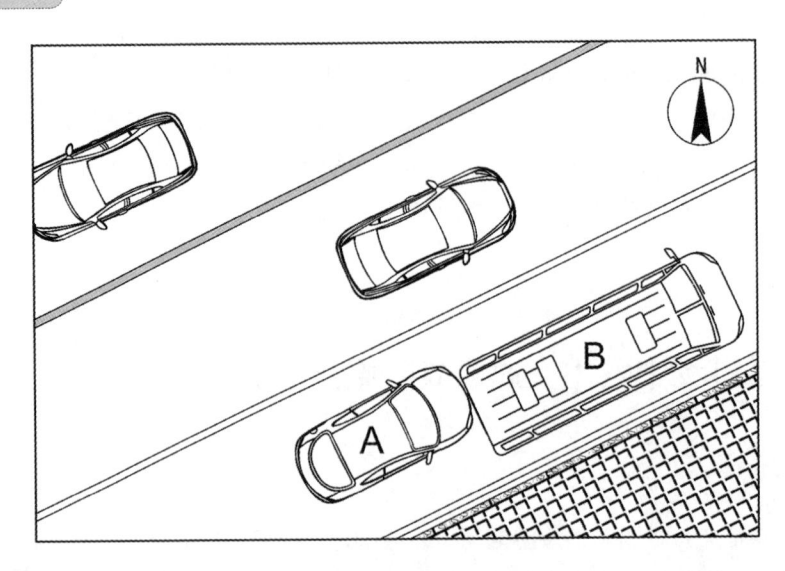

如图所示，20××年5月3日，A车驾驶人驾驶A车追尾碰撞前方因发生故障停在慢车道和硬肩路之间的大型旅游客车B，后两辆车又分别与道路护栏发生碰撞，

造成 B 车上的游客甲等 6 人受伤，两车及车载货物、路产损坏的交通事故。事故责任和赔偿比例的关系见表 2-37。

表 2-37　事故责任和赔偿比例的关系

当事人	事故责任	赔偿权利	赔偿义务	赔偿比例
A 车驾驶人	主要		有	70%
B 车驾驶人	次要		有	
游客甲	无	有		
乙旅行社			有	30%

经查明，B 车的所有人是乙旅行社，B 车驾驶人是乙旅行社的员工。

甲向法院起诉，请求判令 A 车驾驶人、B 车驾驶人、A 车保险公司、乙旅行社共同赔偿因交通事故造成的经济损失。

B 车驾驶人辩称其是帮乙旅行社开车的，双方是雇佣关系，应由乙旅行社承担赔偿。乙旅行社也向法院确认了这一事实。

法院认为

本起事故造成了 6 人受伤，审理过程中，事故伤者已有 2 人得到赔偿。法院按交强险赔付剩余金额的各四分之一来确定甲等 4 人的赔偿金额。法院认定，超出交强险部分，由 A 车驾驶人承担 70% 的赔偿责任，由 B 车驾驶人承担 30% 的赔偿责任，其中 A 车驾驶人的赔偿责任由 A 车保险公司在商业险中按照 70% 直接向甲赔付，B 车驾驶人的赔偿责任由雇主乙旅行社承担。

总　结

本案中，事故是在旅游过程中发生的，A 车和 B 车驾驶人均有过错，赔偿责任按照事故责任划分。由于 B 车驾驶人是受旅行社雇佣，事故发生时在执行工作任务，所以 B 车驾驶人的赔偿责任由旅行社承担。

38 医疗过失给交通事故伤者造成损害的赔偿

专业解答

医务人员在诊疗交通事故伤者过程中，在具体实施医疗行为时没有履行应尽的注意义务，导致伤者人身或财产利益受损，视为医疗过失。如果医疗过失导致交通事故

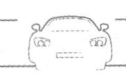

伤者的伤情加重、伤残程度加深或者出现新的损害后果，医疗机构应当对加重部分的损害承担赔偿责任。如甲在交通事故中手臂受伤骨折，到医院救治时，医院误诊把甲的手臂截肢了。在这种情况下，除交通事故责任方需要对受害者承担相应的赔偿责任外，医院也要对其造成的医疗事故承担相应的赔偿责任。

医院不能以受害人在交通事故中已获部分赔偿为由主张减免自身的赔偿。交通事故责任人也不能以受害人已经获得医院的医疗事故损害赔偿为由主张减少赔偿，但与医疗事故损害有关的赔偿项目除外。例如，受害人甲在交通事故中被撞受伤，去医院治疗时，因误诊加重了甲的残疾程度，医院向甲赔偿了10万元，那么交通事故责任人可以主张减少甲的残疾赔偿金，但不能主张减少医疗费、护理费、误工费等其他项目的赔偿数额。

案例链接 （2024）苏09民终3072号民事判决书

20××年8月30日，A车驾驶人驾驶A车行驶至案发地时撞上电动车B造成交通事故，致B车驾驶人受伤，两车损坏。事故责任和赔偿比例的关系见表2-38.1。

表2-38.1 事故责任和赔偿比例的关系

当事人	事故责任	医疗损害赔偿责任	赔偿权利	赔偿义务	赔偿比例
A车驾驶人	全部			有	100%
B车驾驶人	无		有		
甲医院		有			

事故发生后，B车驾驶人被送往甲医院治疗，但甲医院在对B车驾驶人的治疗过程中存在漏诊误治。经鉴定机构鉴定意见表明，医院的诊疗行为存在过错，与B车驾驶人的损害后果之间存在因果关系，原因力大小以次要因素为宜。因此，甲医院向B车驾驶人赔偿了残疾赔偿金38137.68元、交通费180元。

之后，B车驾驶人因交通事故赔偿事宜向法院提起诉讼，请求依法判令A车驾驶人、A车保险公司赔偿其全部损失。

A车保险公司辩称，因存在医院的侵权，A车保险公司对B车驾驶人所主张的合理的赔偿项目即医疗费、营养费、护理费、误工费、精神抚慰金、残疾赔偿金等应当按30%计算。

法院认为

法院对B车驾驶人因交通事故造成的各项损失认定合计为149589.69元。其中，残疾赔偿金部分因甲医院已支付B车驾驶人部分残疾赔偿金38137.68元，故残疾赔偿金应减除甲医院赔偿部分。关于其余各项损失的赔付：鉴定意见认为医方的过错没有延长 B 车驾驶人正常外伤需要的"三期"时间。另外，在 B 车驾驶人主张的医疗费中，未发现有因医方的过错导致延误治疗产生的医药费用，A 车保险公司也未提供相应证据。因此，A 车保险公司主张因甲医院的侵权，对 B 车驾驶人所有的赔偿项目均应当按 30% 计算，依据不足。所以，除了残疾赔偿金，其余赔偿项目由 A 车保险公司在保险责任限额范围内全额赔偿，见表 2-38.2。

表 2-38.2　赔偿项目及费用

赔偿项目	医院赔偿	交通事故赔偿
医疗费		28841.77 元
营养费		1350 元
护理费		6000 元
误工费		1800 元
住院伙食补助费		390 元
交通费	180 元	420 元
财物损失		600 元
精神抚慰金		5000 元
残疾赔偿金	38137.68 元	88987.92 元

总　结

本案中，交通事故伤者在医疗过程中发生医疗伤害，医院需要向受害人进行赔偿。而医疗赔偿并不影响交通事故侵权人的赔偿责任。侵权人和保险公司不能以医疗赔偿为由，拒绝或减轻对受害人的全部赔偿。

39 涉外交通事故的赔偿责任

专业解答

对于"涉外"的含义，我们可以根据《最高人民法院关于适用〈中华人民共和国民事诉讼法〉的解释》第 520 条来理解："有下列情形之一，人民法院可以认定为涉外民事案件：（一）当事人一方或者双方是外国人、无国籍人，外国企业或者组织的；（二）当事人一方或者双方的经常居所地在中华人民共和国领域外的；（三）标的物在中华人民共和国领域外的；（四）产生、变更或者消灭民事系的法律事实发生在中华

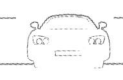

人民共和国领域外的；（五）可以认定为涉外民事案件的其他情形。"

此外，《涉外民事关系法律适用法》第 44 条规定："侵权责任，适用侵权行为地法律，但当事人有共同经常居所地的，适用共同经常居所地法律。侵权行为发生后，当事人协议选择适用法律的，按照其协议。"通常情况下在中国境内发生的涉外交通事故，当事人双方经协商确定，可以适用中国法律。

因此，涉外交通事故的赔偿，与其他交通事故一样，由事故责任方承担，具体赔偿比例根据双方当事人的过错程度来确定。在实际案件判决中，不同地区法院在计算各项赔偿金时采用的城镇居民年均收入等依据可能与非涉外交通事故有所不同。如外国人甲在中国旅游时被撞伤，诉讼法院在判定时可能会考虑到甲所在的国家行业年收入高于案发地区，在计算误工费、护理费等赔偿项目时，会参照国内较高工资地区行业年收入标准。

需要注意的是，如果事故责任方是外国人的，受害人可以向法院申请采取诉前保全措施，来保障自己能够实际得到合理赔偿。《交通事故处理程序规定》第 98 条规定："外国人发生道路交通事故并承担全部责任或者主要责任的，公安机关交通管理部门应当告知道路交通事故损害赔偿权利人可以向人民法院提出采取诉前保全措施的请求。"

案例链接　（2023）沪 0110 民初 2924 号之一民事裁定书

澳大利亚悉尼时间 20×× 年 10 月 21 日，乘客甲乘坐 A 车驾驶人驾驶的 A 车在澳大利亚悉尼瓦龙加地区发生交通事故，甲经抢救无效于同年 10 月 24 日死亡。经当地有关部门调查，该起交通事故系 A 车驾驶人以对他人构成危险的方式驾驶车辆导致。

因 A 车驾驶人的侵权行为给甲家属带来巨大伤害，故甲家属诉至中国境内某法院，要求 A 车驾驶人赔偿甲家属死亡赔偿金和精神损害抚慰金。

A 车驾驶人对管辖权提出异议，认为本案所涉事故发生在澳大利亚，事故发生时 A 车驾驶人已长期居住在澳大利亚，甲家属、A 车驾驶人对所涉纠纷亦未选择适用中国法律，故中国法院无权管辖。

法院认为

本案所涉机动车交通事故发生地在澳大利亚，故本案所涉民事关系为涉外民事关系。涉外民事诉讼程序对管辖没有特别规定的，适用民事诉讼法的一般规定。本案系侵权纠纷，根据规定，因侵权行为提起的诉讼，由侵权行为地或者被告住所地人民法院管辖，被告住所地与经常居住地不一致的，由经常居住地人民法院管辖。

本案中，A车驾驶人自20××年5月前往澳大利亚后长期居住在澳大利亚，故其经常居住地应为澳大利亚。本案事故发生在澳大利亚，事发后，甲家属、A车驾驶人亦未选择适用中国法律，故中国法院无权管辖。据此，依照《涉外民事关系法律适用法》第44条，《民事诉讼法》第22条、第29条、第122条、第157条以及《最高人民法院关于适用〈中华人民共和国民事诉讼法〉的解释》第208条之规定，裁定如下：驳回甲家属的起诉。

总　结

本案中，因事故发生在国外，侵权人长期居住地也在国外，且双方当事人处理纠纷时没有选择适用中国法律，所以中国法院无权管辖该案件。

40 交通意外事故的赔偿责任

专业解答

交通意外，是指在道路交通活动中，因不可预见或不可抗拒的原因（如自然灾害、设备故障等），导致人身伤亡或财产损失的事件。交通意外并非由于故意或过失的违法行为所引起，而是由于意外因素所致。

交通意外事故的赔偿责任划分按车辆属性可分为两种情形：

（1）如果是机动车之间发生交通意外事故，则适用无过错责任原则，即使双方都没有过错，法院一般会根据事故中双方当事人的行为对损害后果的发生所起作用大小，并结合实际情况，按照公平原则划分当事人的赔偿责任。例如，两辆正常行驶的汽车在十字路口因突然出现的强风导致车辆失控而相撞，双方车辆都有损坏。这种情况下，双方需要根据各自车辆损失的程度，按照一定的比例分担维修费用等损失。

如果一方有过错行为，且是导致事故发生的原因之一，有过错的一方应当承担较多的赔偿责任。

（2）如果是机动车与非机动车、行人之间发生交通意外事故，机动车一方通常要承担无过错责任。这就是说，即使机动车驾驶人没有过错，也要承担一定的赔偿责任。

如果有证据证明非机动车驾驶人、行人有过错，根据过错程度可以适当减轻机动车一方的赔偿责任。

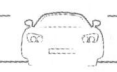

《民法典》第1166条"行为人造成他人民事权益损害，不论行为人有无过错，法律规定应当承担侵权责任的，依照其规定"的规定和《道路交通安全法》第76条为交通意外事故的处理提供了法律依据。

案例链接 （2024）苏02民终3201号民事判决书

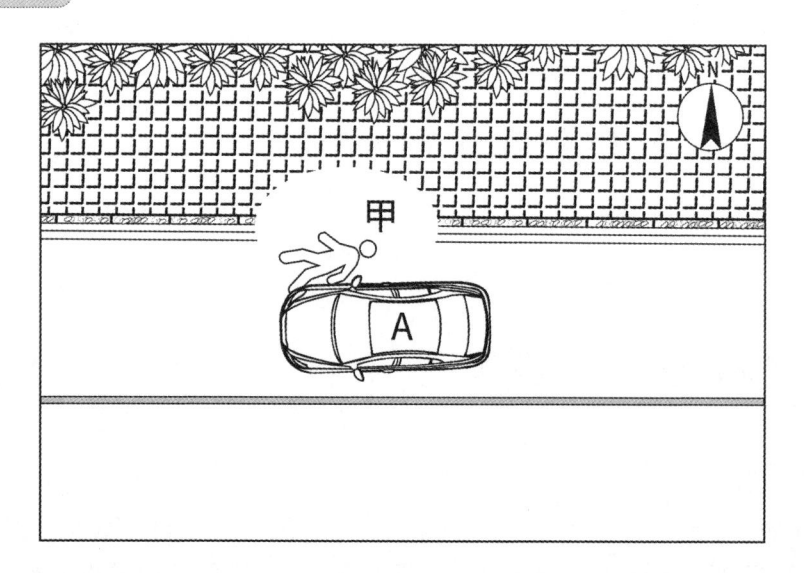

如图所示，20××年4月30日，A车驾驶人驾驶A车行驶时遇跌倒在地的行人甲，并不慎碾轧甲的右手，造成其受伤。经交警认定，该事故属于交通意外事故。A车驾驶人与甲均不承担事故责任。（见表2-40）

表2-40 过错行为、事故责任和赔偿比例的关系

当事人	过错行为	事故责任	赔偿权利	赔偿义务	赔偿比例
A车驾驶人	无	无		有	
行人甲	无	无	有		
乙运输公司				有	
A车保险公司				有	100%

经查，A车的所有人是乙运输公司，A车在保险公司投保了交强险和商业三者险，事故发生在保险期内。

甲向法院起诉，请求由A车保险公司先行赔付，超出部分的损失由A车驾驶人、乙运输公司承担全部赔偿责任。

A车保险公司辩称，本案属于交通意外事故，交警部门并未作出责任认定，因此A车保险公司仅需承担交强险无责赔付责任。

甲辩称，机动车与非机动车驾驶人、行人之间发生交通事故时，机动车一方应适用无过错责任原则。非机动车、行人一方没有过错的，由机动车一方承担赔偿责任。

法院认为

依据《民法典》第1166条和《道路交通安全法》第76条的规定，机动车与非机动车驾驶人、行人之间发生交通事故，非机动车驾驶人、行人没有过错的，由机动车一方承担赔偿责任；有证据证明非机动车驾驶人、行人有过错的，按规定减轻机动车一方的赔偿责任。本案系机动车与行人发生交通事故，甲对事故发生没有过错，故认定由机动车一方承担全部赔偿责任，保险公司在有责交强险和商业险范围内承担赔偿责任。

A车保险公司认为A车驾驶人在事故发生时无过错，主张应在交强险无责任赔偿限额内赔偿，是对民法上"过错"含义的片面理解。A车驾驶人对事故的发生无过错，不符合可以减轻机动车一方责任的情形，不能根据"机动车一方没有过错的，承担不超过百分之十的赔偿责任"确认本案的赔偿范围。

交强险的目的主要在于分散和转嫁被保险人对受害人应承担的赔偿责任，保障机动车道路交通事故受害人依法得到赔偿，在机动车一方须承担全部赔偿责任的前提下，保险公司主张按照无责赔偿限额进行赔付，不符合交强险分散被保险人赔偿风险的目的，缺乏法律依据，故法院不予支持。综上，甲的损失由A车保险公司在有责交强险和商业险内承担赔偿。

总　结

本案中，机动车和行人发生交通意外事故，虽然双方当事人都无事故责任，但鉴于行人无过错，因此视机动车一方承担全部赔偿责任。

41 交通事故的连带责任

专业解答

在了解连带责任之前，先说下连带事故。连带事故通常指在交通事故中，由多个因素或多个主体共同导致了事故的发生，并且它们之间存在相互关联和相互影响的关系，共同对事故的后果承担责任。

交通事故连带责任，是指多个当事人因为交通事故中的侵权行为，依法对受害人承担共同的赔偿责任。受害人有权向任何一个或多个连带责任人要求赔偿全部损失，而连带责任人在承担超出自己份额的赔偿责任后，可以向其他连带责任人进行追偿。《民法典》第178条规定："二人以上依法承担连带责任的，权利人有权请求部分或者全部连带责任人承担责任。连带责任人的责任份额根据各自责任大小确定；难以确定责任大小的，平均承担责任。实际承担责任超过自己责任份额的连带责任人，有权向其他连带责任人追偿。"

各个责任人不分份额、不分先后次序地根据权利人的请求承担赔偿责任。在权利人提出请求时，各个责任人不得以超过自己应承担的部分为由拒绝。

交通事故民事赔偿中产生连带责任的常见情形如下：

（1）雇主与雇员。当雇员在执行工作任务过程中发生交通事故造成他人损害时，雇主应当承担赔偿责任。

（2）车辆挂靠。挂靠车辆发生交通事故，被挂靠单位和挂靠人通常要承担连带责任。因为被挂靠单位从挂靠关系中获取了利益，并且对挂靠车辆的运营有一定的管理责任，所以要对交通事故的损害后果负责。

（3）共同侵权。两个及以上的驾驶人人基于共同的故意或过失，或者虽无共同故意、过失，但他们的侵权行为直接结合发生同一交通事故损害后果的情形，每个侵权人的行为都足以造成全部损害后果，受害人可以要求其中任何一人或者两人共同承担全部赔偿责任。

（4）转让拼装或者已达到报废标准的机动车，当事人将拼装的机动车或者已达到报废标准的机动车转让给他人，并且该机动车发生交通事故造成损害的，转让人和受让人要承担连带责任。

交通事故民事赔偿中连带责任的赔偿方式：

（1）受害人的索赔选择。受害人可以选择向所有连带责任人共同索赔，也可以选择向其中一个或部分连带责任人索赔全部损失。

（2）连带责任人之间的内部责任分担。在承担了超出自己份额的赔偿责任后，连带责任人有权向其他连带责任人进行追偿。一般来说，内部责任的分担可以根据各连带责任人的过错程度来确定。

案例链接 （2024）豫05民终2353号民事判决书

20××年3月23日，A车驾驶人驾驶A车与B车、C车相撞，造成三车受损、B车驾驶人受伤的交通事故。当事人过错行为、事故责任和赔偿比例的关系见表2-41。

表 2-41　过错行为、事故责任和赔偿比例的关系

当事人	过错行为	事故责任	赔偿责任	赔偿比例
A 车驾驶人	无证驾驶	全部	连带责任	80%
甲公司	未尽审核管理义务			20%
B 车驾驶人		无		
C 车驾驶人		无		

事故发生前，A 车驾驶人与甲公司签订《车辆挂靠合同》，约定 A 车驾驶人将 A 车挂靠在甲公司名下，A 车驾驶人每年向甲公司缴纳服务费 2400 元，A 车驾驶人承担与挂靠车辆有关的一切税费、违章罚款、雇佣工费用和挂靠车辆引起的事故赔偿责任、事故处理所需费用等。

B 车驾驶人向法院起诉，请求判令 A 车驾驶人、甲公司赔偿其各项损失。法院认定 A 车保险公司在交强险限额内赔偿 B 车驾驶人损失 12 万元，剩余损失 183202.27 元由 A 车驾驶人、与甲公司连带赔偿。

20×× 年 12 月 25 日甲公司已实际向 B 车驾驶人转账 10 万元，并支付执行费 2692 元。

随后，甲公司向法院起诉，请求判令 A 车驾驶人支付甲公司垫付给 B 车驾驶人的赔偿款 10 万元和执行费 2692 元及 2024 年 12 月 31 日前应再向 B 车驾驶人支付的 83202.27 元。依据是双方签订的《车辆挂靠合同》。

法院认为

挂靠运输经营属违法行为，甲公司和 A 车驾驶人均明知却依然实施挂靠经营行为。甲公司同意案涉车辆挂靠在其公司名下从事货运经营，其应当履行对案涉车辆及车辆从业人员的相应资质严格审查的义务，并对车辆的运输行为的安全保障承担管理义务。从查明的事实来看，A 车驾驶人员不具有相应驾驶资格，甲公司也未进行审核管理，对事故的发生具有疏于管理的过错，应承担一定责任。结合双方实际情况，在双方对外连带责任范围内酌定甲公司承担 20% 的赔偿责任，A 车驾驶人承担 80% 的赔偿责任。

根据《民法典》第 178 条的规定，连带责任人行使追偿权的前提是实际承担责任份额超过了自己应承担的责任份额，对超出自己应承担责任份额部分才有权追偿。本案中，甲公司主张应依照双方签订的《车辆挂靠合同》约定判决 A 车驾驶人承担全额返还责任的理由缺乏法律依据，法院不予支持。

综合全案情况，因后续案件款 83202.27 元甲公司尚未实际支出，甲公司可在实际支付后另行主张权利；对甲公司已支付的 102692 元，由 A 车驾驶人支付甲公司

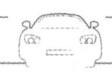

82153.6元。

✏️ **总　结**

本案中，侵权人和甲公司形成挂靠关系，发生事故，甲公司需要承担连带责任。而承担连带责任的某一方，只能对超出自己应承担责任份额部分行使追偿权。不能要求另一方连带责任人全部返还赔偿。

42. 外卖骑手送餐时发生交通事故受损，获得工伤赔偿的方式

专业解答

关于外卖骑手在送餐途中发生交通事故导致自身受到损害，能不能获得工伤赔偿的问题，可以从外卖骑手与用人单位是否存在劳动关系判断。外卖骑手按工作性质可以分为专送骑手和众包骑手。

专送骑手是指全职性质，一般和外卖平台或公司签订劳动合同，这时专送骑手就属于平台或分包公司员工，与用人单位存在劳动关系。专送骑手在送餐途中发生交通事故的，不仅可以要求侵权人承担赔偿责任，还可以在工伤认定后要求工伤保险基金、平台或分包公司对其承担工伤赔偿责任。

众包骑手是兼职骑手，骑手在平台注册时签订的是"配送员协议"，平台只负责发布配送信息。这时众包骑手不属于平台或公司员工，二者之间没有劳动关系，骑手不能进行工伤认定。但是根据人社部等十部门印发的《关于开展新就业形态就业人员职业伤害保障试点工作的通知》规定，自2022年7月起，在北京、上海、江苏、广东、海南、重庆、四川等7个省市，选择部分规模较大的出行、外卖、即时配送和同城货运平台企业，开展新就业形态就业人员职业伤害保障试点。职业伤害保障可以理解为是工伤保险的一个补充，众包骑手在送餐途中发生交通事故，并参保职业伤害保障的，可以在职业伤害保障信息系统或其平台App进行报案，申请职业伤害认定，来获得职业伤害赔偿。

案例链接 （2024）粤 0605 民初 5414 号民事判决书

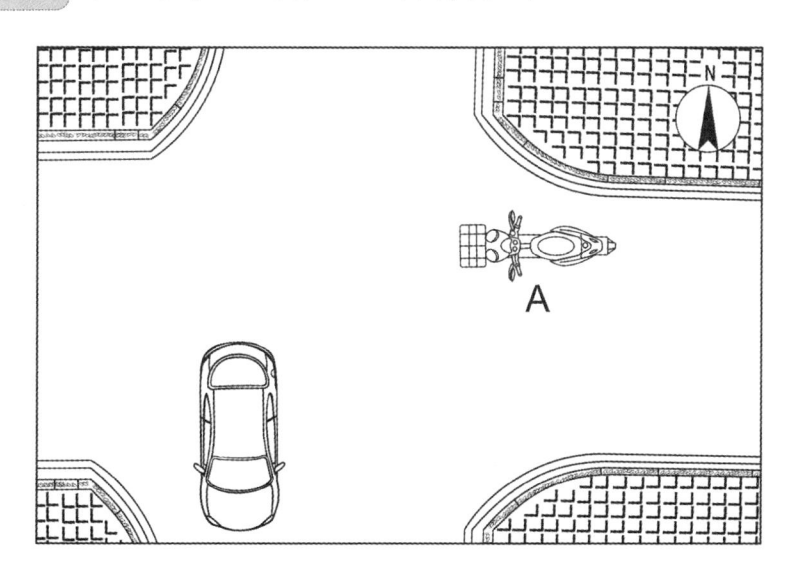

如图所示，20×× 年 2 月 13 日，A 车驾驶人驾驶 A 车在执行平台外卖订单经过某交会路口时发生单方面交通事故并受伤。经查明，A 车驾驶人在某团众包 App 平台接单担任兼职骑手，没有签订劳动合同，也没有参加社会保险。事故后，A 车驾驶人申请职业伤害认定。当地人社部门作出职业伤害确认结论书，认定 A 车驾驶人受到的事故伤害，符合《新就业形态就业人员职业伤害保障办法（试行）》的相关规定，属于职业伤害确认范围，现予以确认为职业伤害。（见表 2-42）

表 2-42 赔偿责任

当事人	职业	职业伤害保障	赔偿责任
A 车驾驶人	兼职外卖骑手	有	
甲公司			有

A 车驾驶人向法院提起诉讼，请求判令甲公司赔偿各项损失。

法院认为

可参照《新就业形态就业人员职业伤害保障办法（试行）》第 17 条规定，新就业形态就业人员在治疗职业伤害期内的生活保障费，参照《工伤保险条例》第 33 条停工留薪期的规定执行，由平台企业承担。《广东省新就业形态就业人员职业伤害保障办法（试行）》第 24 条规定，新就业形态就业人员在治疗职业伤害期内的生活保障费，参照《工伤保险条例》第 33 条停工留薪期的有关规定执行，由平台企业承担。生活保障费具体标准由平台企业与职业伤害人员协商确定，标准不应低于职业伤害确认所在地的月最低工资标准，因此现 A 车驾驶人所受伤害已被认定为职业伤害，在职业伤害期间内，甲公司应向 A 车驾驶人支付生活保障费，本院酌定按照该市最低工资标准 1900 元 / 月计算，A 车驾驶人的生活保障费为 7600 元（1900 元 / 月 × 4 个月）。

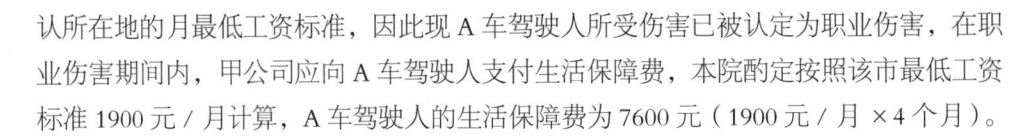

总 结

本案中，受害人是兼职外卖骑手，虽然没有签订劳动合同，也没有缴纳社保，但其参保了职业伤害保障，可以申请职业伤害认定，再根据认定结果让其所在平台或公司承担工伤赔偿责任。

43 交通事故导致被保护的古树名木受损害的赔偿

专业解答

被保护的古树名木受到交通事故损害的，属于国家财产损失。在这种情况下，基于"实体权利义务主体"范围，由国家或法律授权的单位、组织或个人有权向侵权人主张赔偿。除此之外，基于"非实体权利义务主体"范围，对受损树木依法享有管理、支配的民事权益一方也有权要求侵权人进行赔偿，如被保护树木的管理养护者、管理养护单位等。

案例链接 （2021）赣 1027 民初 2145 号民事判决书

如图所示，20××年8月2日，A车驾驶人驾驶A车在甲村路段发生交通事故，造成车辆及古樟树损坏。事故责任和赔偿比例的关系见表2-43。

表2-43 事故责任和赔偿比例的关系

涉案人	事故责任	赔偿权利	赔偿义务	赔偿比例
A车驾驶人	全部		有	
甲村委会第五小组		有		
A车保险公司			有	100%

经查明，A车为单位所有，已投保了交强险及商业三者险，事故发生在保险期间。受损古树编号为11080747，位于甲村委会第五小组，并由该小组负责管护。经评估，古樟树损失金额为230840元。

甲村委会第五小组向法院起诉，要求A车驾驶人、A车单位、A车保险公司赔偿包括古樟树损失、评估费、为该事故支出的各项误工费、交通费、精神损害抚慰金等各项损失。

受损古樟树为1800年古树，属于重点保护树木，该树的损坏对于村民精神上造成严重的损害，故甲村委会第五小组要求赔偿精神损害抚慰金。

A车保险公司辩称，首先，原告诉讼主体不适格，在查明涉案古树的所有人前提下，诉讼主体应为村委会。其次，原告主张的古樟树损失与本案没有关联性，不应当由A车保险公司承担。古樟树评估结论与本案没有直接关联，且树木腐烂、空心并自身有多处折断等本身具有的问题，并非交通事故所致。评估报告不能作为本案的依据，本案鉴定的是交通事故（也就是一根主枝折断）对古树造成的直接损失，但评估报告对此未作相应说明。最后，原告主张的精神损害抚慰金没有事实和法律依据。

法院认为

（1）关于原告主体不适的问题：根据当地林业部门出具的古树名木名录及事故发生的地点，可以确认原告是适格主体。（2）关于古樟树损失与事故的关联性和古樟树评估报告是否能作为本案依据的问题：评估公司向本院出具了书面说明进行解释，古樟树因为交通事故受伤后，需要救治、恢复其正常生长功能，使其正常生长，如果不救治，容易导致树木死亡，"复壮"里包含的所有费用均是古樟树受伤后"复壮"所需要的必需费用，本案中的"复壮"与交通事故有直接的关联。故根据评估结论及书面说明，及A车保险公司并未提供证据证实该评估报告存在违法性和不正当性，法院对评估结论的损失金额予以采纳。（3）关于评估费，甲村委会第五小组进行评估是为查明和确定损失程度所支付的必要的、合理的费用，依据《保险法》第64条的规定，评估费应由A车保险公司承担。

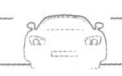

关于甲村委会第五小组主张的误工费、交通费，因其未提供相应的证据，法院不予支持。甲村委会第五小组主张精神损害抚慰金，没有事实和法律依据，法院不予支持。甲村委会第五小组的损失仅包括古樟树损失、鉴定费。因A车驾驶人承担事故全部责任，故该款应由A车保险公司在保险范围内赔偿给甲村委会第五小组。

总　结

本案中，因交通事故受损的古樟树属于被保护的古树名木。依据林业部门提供的证据，负责管护的村民小组有权要求赔偿。

44 寄宿学生在外出途中遇到交通事故时学校应承担的赔偿责任

专业解答

寄宿学校不仅应当组织寄宿生的校内学习、校外活动，还对学生的生活、住宿、出行、去向负有管理责任。学生在外出过程中，虽然脱离了寄宿学校的直接管理，但寄宿学校仍然对学生离校外出尤其是学生放学，存在间接的管理责任。如寄宿学校应当在学生出校时办理出校手续；学校老师需要及时通知监护人学生离校情况等。

《民法典》第1200条规定，限制民事行为能力人在学校或者其他教育机构学习、生活期间受到人身损害，学校或者其他教育机构未尽到教育、管理职责的，应当承担侵权责任。第1201条规定，无民事行为能力人或者限制民事行为能力人在幼儿园、学校或者其他教育机构学习、生活期间，受到幼儿园、学校或者其他教育机构以外的第三人人身损害的，由第三人承担侵权责任；幼儿园、学校或者其他教育机构未尽到管理职责的，承担相应的补充责任。幼儿园、学校或者其他教育机构承担补充责任后，可以向第三人追偿。以及《学生伤害事故处理办法》第9条中指明，对未成年学生擅自离校等与学生人身安全直接相关的信息，学校发现或者知道，但未及时告知未成年学生的监护人，导致未成年学生因脱离监护人的保护而发生伤害的，学校应当依法承担相应的责任。

总之，寄宿生在上下学等外出途中发生事故，如果寄宿学校存在管理不当等过错，那么寄宿学校就需要对此承担相应的赔偿责任。

案例链接 （2021）桂0803民初1482号民事判决书

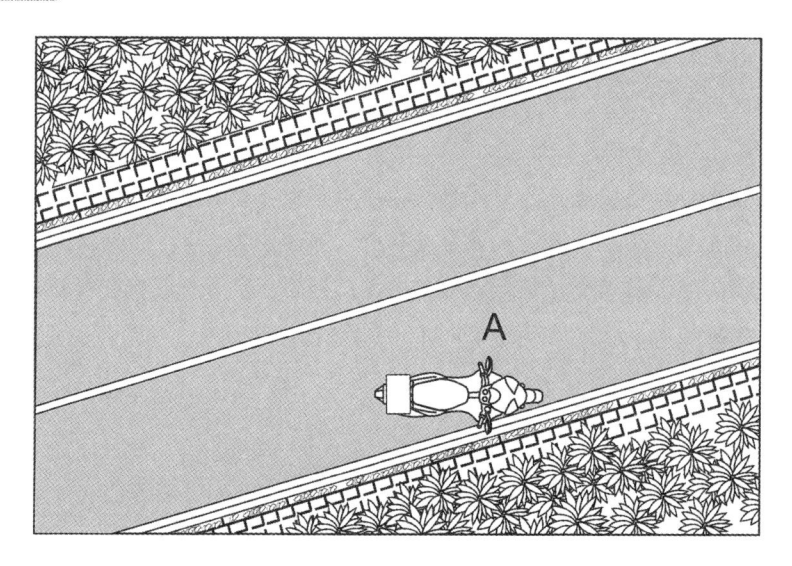

A车驾驶人、寄宿学生甲与其他3位同学均是乙中学的学生，20××年7月16日23时许，5人趁宿舍管理员在宿舍楼四楼维持学生就寝纪律时，用钥匙偷偷打开学校宿舍楼的铁门，擅自离校。

如图所示，次日凌晨2时42分许，A车驾驶人饮酒后驾驶无号牌二轮摩托车A搭载甲返校时，因A车驾驶人驾车未注意观察路面情况，操作不当，致使A车驶出向右侧路外，连人带车失控倒地，造成A车驾驶人受伤、甲抢救无效死亡的交通事故。当事人过错行为、事故责任和赔偿比例的关系见表2-44。

表2-44 过错行为、事故责任和赔偿比例的关系

当事人	过错行为	事故责任	赔偿权利	赔偿义务	赔偿比例
A车驾驶人	未注意观察、操作不当；酒驾	全部			
寄宿生甲	无	无			
甲监护人			有		
A车驾驶人监护人				有	90%
乙中学	监护、管理不当			有	10%

另查明，乙中学配备有3个保安、1个宿舍管理员，在主要的部位都安装有监控，并由门卫负责在监控室监控。但至7月17日凌晨4点，乙中学对甲等人爬墙外出行为仍不知情。

甲监护人认为，尽管A车驾驶人负事故全部责任，但乙中学作为一所全日制封闭管理的寄宿学校，管理不善，放任学生晚间骑车外出，校方应承担相应的赔偿责任。

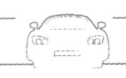

遂向法院起诉，要求乙中学赔偿其各项损失。

乙中学辩称，（1）甲作为15周岁的九年级学生，虽属限制民事行为能力人，但其有目的地避开宿舍管理员的监督，三更半夜偷偷摸摸爬墙擅自外出，其应知道此行为属故意违反学校纪律；（2）宿舍管理员当天正常履职，并无任何失职行为。根据《民法典》第180条的规定，学校不应承担责任；（3）关于学生宿舍楼铁门钥匙管理问题，学生宿舍楼铁门钥匙一共有4把，分别由负责宿舍卫生打扫的清洁员、宿舍水电维护师、学生宿舍管理员和学校政教处保管。事发当天，4把钥匙均正常使用，没有遗失或被盗。事后经调查，钥匙据称是同学捡到的，试着打开宿舍楼铁门居然能打开，便私下收藏起来，故学校不存在管理不善的问题。

法院认为

根据《民法典》第1200条、第1201条的规定，本案中，A车驾驶人属侵权人，且甲在本次事故中没有过错，A车驾驶人应承担赔偿责任。A车驾驶人为限制民事行为能力人，赔偿责任依法由其监护人承担。甲作为限制民事行为能力人，在学校学习期间，其监护人的监护职责已由其父母转为学校承担。而且乙中学是一所实行规范性管理的寄宿中学，按照《中小学幼儿园安全管理办法》的有关规定和自身制定的保安员管理制度，乙中学负有对寄宿学生宿舍实行夜间巡查的义务。但是，乙中学不仅保管钥匙不当，而且在甲等人离开宿舍至爬墙过程中未能被乙中学的值班宿舍管理员、保安、门卫及时发现，且管理员、保安、门卫未及时查看学校监控，多名学生爬围墙外出没有及时发现，乙中学在监护上、管理上明显有过失之处，应由乙中学承担10%的补充责任。

总　结

本案中，事故是在寄宿生夜晚违规外出返校途中发生的，学校管理不当是使学生能够违规外出的原因之一。学校管理不善与事故有因果关系，因此学校需要承担相应的赔偿责任。

45 交通事故发生时乘客未系安全带的赔偿

专业解答

尽管乘车人没有系安全带的行为属于过错行为，但是，这种行为一般与交通事故发生没有因果关系，无需因此承担交通事故的责任。但在交通事故赔偿阶段，如果乘车人因没有系安全带，扩大了损害后果，那么乘车人需要根据其过错行为与损害后果的关系，承担相应的赔偿责任。

实践中，法院会根据具体的、尤其是通过司法鉴定获得的证据得以证实的事实，来认定受害人未系安全带的行为是否对其损害结果的发生及扩大具有关联，如有关联，则会适当减轻侵权人的赔偿责任。如果受害人所乘车辆的驾驶人在事故中也有过错，如没有尽到提醒义务等，那么驾驶人可能也需要承担相应的赔偿责任。

案例链接 渝（2024）渝 05 民终 5869 号民事判决书

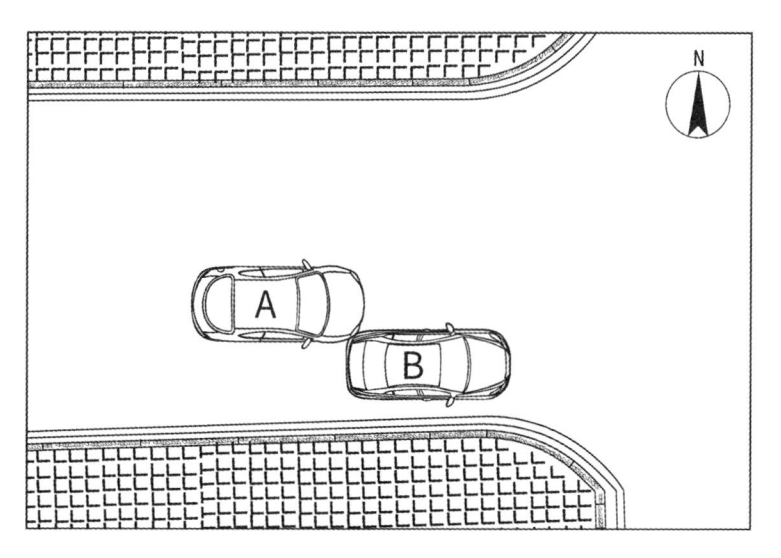

如图所示，20××年5月25日，A车驾驶人驾驶A车搭乘甲行驶至某路口时，与B车碰撞导致两车受损、甲受伤。交警查明，该路口红绿灯因故出现自动关闭或绿灯、黄灯交替闪烁的情况。事发时交通信号灯灯光信号为绿、黄灯交替闪烁，无法确定当事人双方的违法行为，造成事故基本事实无法查清、成因无法判定。

甲就赔偿事宜向法院起诉，要求A车驾驶人、B车驾驶人、A车保险公司、B车保险公司赔偿其各项损失。

法院认为

本次交通事故现有证据无法证明事故双方有违法行为，因此交警出具了《事故证明》，在庭审过程中A车驾驶人与B车驾驶人亦未提交证明对方应承担事故责任的证据，故依据公平原则，法院推定了当事人的事故责任，具体见表 2-45。

表 2-45　过错行为、事故责任和赔偿比例的关系

当事人	过错行为	事故责任	赔偿权利	赔偿义务	赔偿比例
A 车驾驶人	后座无安全带	同等		有	40%
B 车驾驶人		同等		有	
乘客甲	未系安全带	无	有		15%
A 车保险公司				无	
B 车保险公司				有	45%

经查明，事故发生时甲未系安全带，B 车驾驶人辩称甲对自身损害后果亦有过错，且 A 车驾驶人辩称甲免费搭乘车辆。故法院认为，事故发生时，甲应知 A 车驾驶人驾驶的车辆的第三排座位未设置安全带，应预见乘车期间可能发生的危险，但依然选择乘坐。虽然事故造成甲身体多处损伤，但结合其受伤部位，甲未系安全带的行为对其损害结果的发生及扩大具有一定的过错。甲系免费搭乘 A 车，构成好意同乘，应适当减轻 A 车驾驶人的责任。根据各方过错程度，酌定划分了当事人的赔偿比例。

由于 A 车未购买座位险，故 A 车保险公司不承担赔偿责任。B 车投保了交强险，甲的损失应先由 B 车保险公司在交强险赔偿限额内进行赔偿，不足部分由 A 车、B 车驾驶人按责任比例承担赔偿责任。

总　结

本案中，受害人没有系安全带，虽然不承担事故责任，但没系安全带的行为扩大了自身的损害后果，因此，受害人自身需要承担相应的赔偿责任。

CHAPTER 3

第三章

交通事故的保险理赔

01 交通事故保险理赔流程

> 专业解答

交通事故发生后，应当及时报警并通知保险公司，保险公司会对事故发生的原因、性质及事故损失等进行勘察，并告知被保险人理赔流程及准备材料，让被保险人申请理赔，申请通过后被保险人或被侵权人就可以领取保险公司支付的赔偿金了。具体流程如图 3-1 所示。

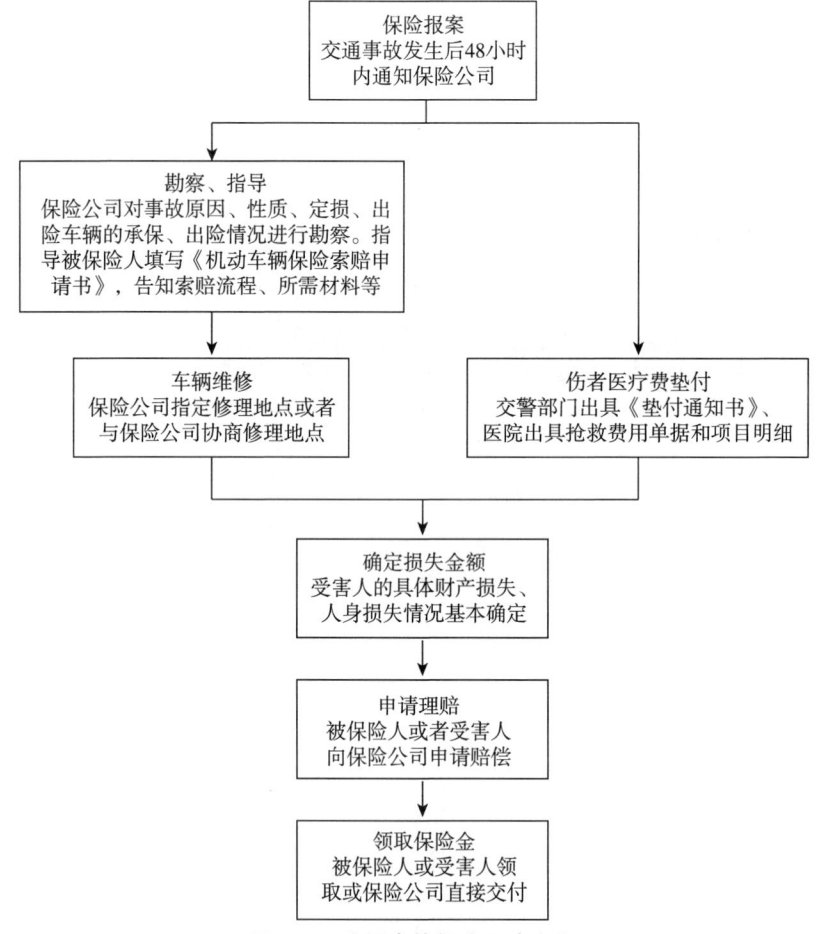

```
┌─────────────────────────┐
│        保险报案          │
│ 交通事故发生后48小时      │
│   内通知保险公司         │
└─────────────────────────┘
        │
   ┌────┴────────────────────────┐
   ▼                             │
┌─────────────────────────┐      │
│       勘察、指导          │      │
│ 保险公司对事故原因、性质、 │      │
│ 定损、出险车辆的承保、出   │      │
│ 险情况进行勘察。指导被保   │      │
│ 险人填写《机动车辆保险索   │      │
│ 赔申请书》，告知索赔流程、 │      │
│ 所需材料等                │      │
└─────────────────────────┘      │
   │                             ▼
┌─────────────────────────┐  ┌─────────────────────────┐
│       车辆维修           │  │      伤者医疗费垫付       │
│ 保险公司指定修理地点或者  │  │ 交警部门出具《垫付通知    │
│ 与保险公司协商修理地点    │  │ 书》、医院出具抢救费用    │
│                         │  │ 单据和项目明细           │
└─────────────────────────┘  └─────────────────────────┘
              │                    │
              └──────┬─────────────┘
                     ▼
         ┌─────────────────────────┐
         │       确定损失金额        │
         │ 受害人的具体财产损失、    │
         │ 人身损失情况基本确定      │
         └─────────────────────────┘
                     │
                     ▼
         ┌─────────────────────────┐
         │        申请理赔           │
         │ 被保险人或者受害人        │
         │ 向保险公司申请赔偿        │
         └─────────────────────────┘
                     │
                     ▼
         ┌─────────────────────────┐
         │       领取保险金          │
         │ 被保险人或受害人领        │
         │ 取或保险公司直接交付      │
         └─────────────────────────┘
```

图 3-1 交通事故保险理赔流程

02 交通事故的交强险与商业三者险的赔偿次序

> 专业解答

交强险全称为"机动车交通事故责任强制保险",被保险机动车发生交通事故造成本车人员、被保险人以外的受害人人身伤亡、财产损失的,由保险公司依法在机动车交通事故责任强制保险责任限额范围内予以赔偿。但如果交通事故的损失是由受害人故意造成的,保险公司不予赔偿。交强险是一种强制性责任保险,每个机动车的所有人或者管理人都需要对在我国道路上行驶的机动车投保交强险。《交强险条例》第2条规定:"在中华人民共和国境内道路上行驶的机动车的所有人或者管理人,应当依照《道路交通安全法》的规定投保机动车交通事故责任强制保险。"

机动车商业保险是由投保义务人自愿购买的保险,用于为机动车在使用过程中发生的意外事故或自然灾害等情况提供经济保障。其主要功能是:当被保险车辆发生保险合同约定的事故时,对车辆本身的损失、第三方的人身伤亡和财产损失等进行赔偿,从而减轻车主的经济负担。

交通事故发生后,属于机动车一方责任的,赔偿顺序为先由承保交强险的保险公司进行交强险责任限额内的赔偿,剩余的赔偿金额再由承保商业险的保险公司在责任内进行赔偿。《民法典》第1213条规定:"机动车发生交通事故造成损害,属于该机动车一方责任的,先由承保机动车强制保险的保险人在强制保险责任限额范围内予以赔偿;不足部分,由承保机动车商业保险的保险人按照保险合同的约定予以赔偿;仍然不足或者没有投保机动车商业保险的,由侵权人赔偿。"

如A车与B车发生交通事故,导致A车、B车财产各自损失20万元,双方车辆均已投保交强险和100万元商业三者险,各自事故责任、赔偿比例及赔偿金额见表3-2-1。具体赔偿方法、次序及金额为:A车自行承担(200000元-2000元)×30%=59400元。A车保险公司在交强险财产损失限额内赔偿B车2000元,在商业三者险范围内赔偿B车59400元〔(200000元-2000元)×30%〕;B车自行承担(200000元-2000元)×70%=138600元。B车保险公司在交强险财产损失限额内赔偿A车200元,在商业三者险范围内赔偿A车138600元〔(200000元-2000元)×70%〕。(具体见表3-2-1)

表3-2-1 事故责任和赔偿比例的关系

当事方	损失金额/元	事故责任	赔偿比例	获赔金额/元	自行承担金额/元
A车	200000元	次要	30%	140600元	59400元
B车	200000元	主要	70%	61400元	138600元

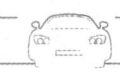

案例链接 （2024）浙07民终1837号民事判决书

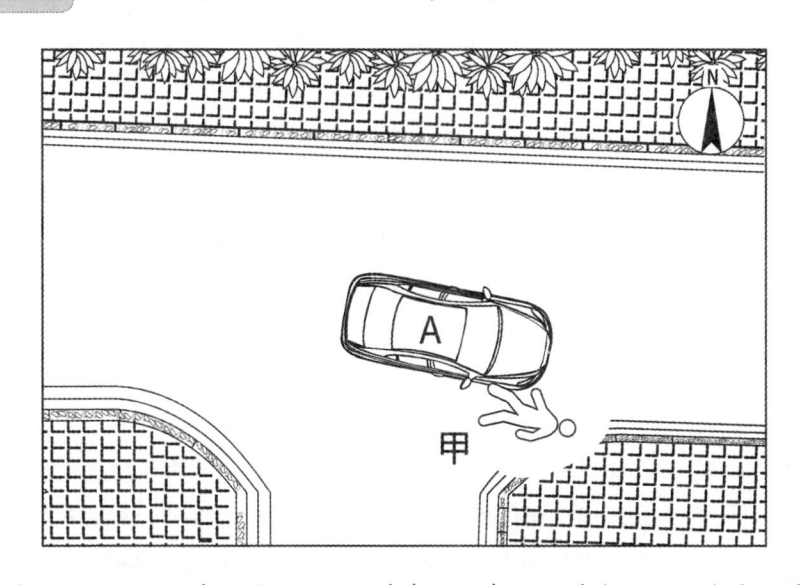

如图所示，20××年9月7日，A车驾驶人驾驶A车与行人甲发生碰撞，造成甲受伤的交通事故。当事人过错行为、事故责任和赔偿次序见表3-2-2。

表3-2-2　过错行为、事故责任和赔偿次序的关系

当事人	过错行为	事故责任	赔偿义务	赔偿次序
A车驾驶人	未注意观察路面情况	全部	有	
A车保险公司			有	1.交强险； 2.商业三者险； 3.A车驾驶人（超出保险限额部分）
行人甲		无		

甲向法院起诉，请求判令A车驾驶人支付甲因交通事故造成的各项损失；A车交强险保险公司、A商业险保险公司在保险责任范围内向甲直接承担保险赔偿责任，精神抚慰金在交强险范围内优先赔付。

法院认为

甲的各项损失由A车交强险保险公司在交强险范围内赔偿，剩余的由A车商业险保险公司在商业三者险范围内向甲赔偿，再不足部分，由A车驾驶人承担赔偿责任。

总　结

本案中，肇事车辆购买了交强险和商业险，对受害人单位赔偿顺序依次为交强险赔偿、商业险赔偿以及侵权人赔偿（超出保险限额部分）。

03 交强险第三人范围的界定

专业解答

《交强险条例》第 21 条规定，被保险机动车发生道路交通事故造成本车人员、被保险人以外的受害人人身伤亡、财产损失的，由保险公司依法在机动车交通事故责任强制保险责任限额范围内予以赔偿。也就是说，交强险保障的是交通事故中肇事车辆外的受害者，即第三人的利益。

对于交强险第三人的判断，主要从时间和空间两个方面考虑。在时间上，一般以发生交通事故的瞬间为准。在空间上，应当以车辆为考量对象，即发生交通事故的瞬间，受害者处于车辆外，或者说受害者不在车上的。

通常情况下，我们都能分辨出受害者是不是在车上。但也有特殊情况，如受害者是在上下车过程中发生交通事故遭到损害的。这种情景下，区分受害人是车上人员还是车外人员应当以受害人在事故发生的瞬间，一般以其身体是否完全脱离车体为准。如乘客甲在下车时左脚已经踏地，右脚还未离开车体时被车门夹了，由于甲下车的动作还未全部完成，身体并没有完全脱离车体，这时甲属于车上人员，不属于车外人员，也就不是交强险中的第三人。又如乘客乙在上车时，被车门夹伤腿，摔倒在地，由于乙受伤前还没有完成上车的动作，对于车辆而言是在车外，不属于车辆上的人员，所以乙就是车外人员，也就是交强险中的第三人。

总的来说，在司法实践中认定受害者属于车上人员还是属于第三人，采取的基本思路是，以受害人发生交通事故时是否完全身处车辆上为准，在车上就属于车上人员，不在就属于第三人。

案例链接 （2024）冀07民终1303号民事判决书

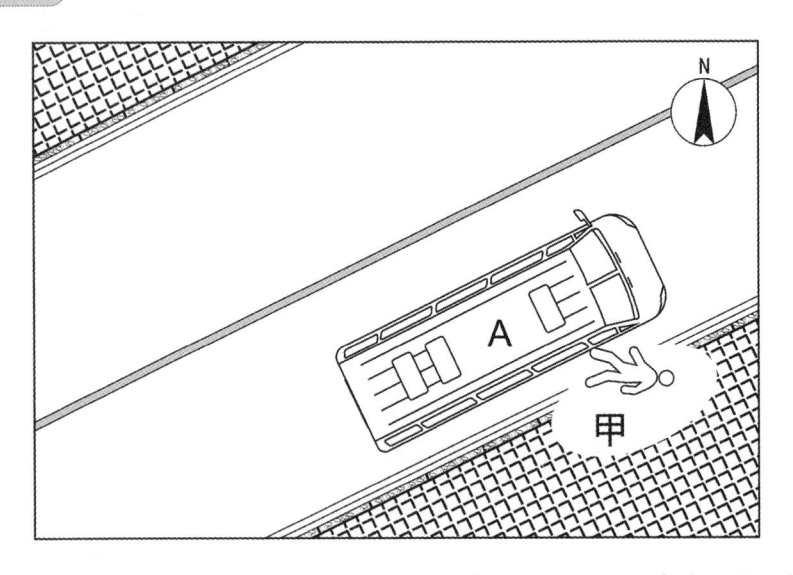

如图所示，20××年4月22日，A车驾驶人驾驶的公交车A在某路段停车后关车门时，与正在上公交车的甲发生碰撞，致甲受伤。事故责任和赔偿比例的关系见表3-3。

表3-3　事故责任和赔偿比例的关系

当事人	事故责任	赔偿比例	交强险赔偿责任	商业三者险赔偿责任
A车驾驶人	全部	100%		
行人甲	无			
A车保险公司			有	有
A车所属单位乙公司				

经查明，A车所属单位乙公司为A车投保了交强险和商业三者险，事故发生在保险期间内。

甲向法院起诉，请求判决乙公司赔偿甲各项损失费用；A车保险公司在各自保险责任限额内承担连带赔偿责任。

A车交强险保险公司称，甲属于车上人员身份，不应以"第三人"身份索赔。事故发生时车辆已经属于停车后，车辆此时属于停驶状态，且在关门时，根据常识，公交车关门状态属于由内向外关闭轨迹，如果甲此时处于车外，公交车门与甲不可能发生碰撞，除非此时甲已属于车上情况下才有可能与车门发生碰撞，所以对于致伤瞬间，此时甲身份应属于车上人员。

A车商业三者险保险公司称，在意外事故发生的瞬间，甲的身体部位全部或部分已经进入了车体内，而关门导致了事故的发生，如果甲身体没有进入车内，关门是不可能与甲发生碰撞的。根据商业三者险条款第4条，本保险合同中的车上人员是指发生意外事故的瞬间，在被保险机动车车体内或车体上的人员，包括正在上下车的人员。所以被上诉人甲应归属于车上人员，而A车商业三者险保险公司仅承保机动车第三者责任险，故其不应承担本次事故的赔偿责任。

甲辩称，其不属于事故车辆的车上人员，发生事故的时间节点是公交车关门时启动车辆和甲发生的交通事故，所以发生事故时甲不在A车上，不属于车上人员。

乙公司辩称，A车上下乘客完毕，A车已经关门准备启动，甲准备要上车时和A车发生碰撞，故甲不属于车上人员。

法院认为

关于A车保险公司提出的甲在本次事故中应属于"车上人员"的意见，经查，保险合同所涉"第三者"和"车上人员"均为特定时空条件下临时性身份，非永久性、固定不变的身份，判断受伤人员是属于"第三者"还是"车上人员"，必须以发生事故当时的特定时空条件下是否置身保险车辆之上为依据。根据本案交通事故认定书记载，发生事故的时间节点为A车停车后关车门时，由此可以看出A车驾驶人是在停靠车站、乘客上下车后，关门、启动车辆时，与甲发生碰撞，导致甲受伤。同时，甲及A车驾驶人的陈述可以证实甲被公交车碰撞后，摔倒于车外。故甲事发时并未处于车内空间，不应属于"车上人员"。

因A车投保了交强险和商业三者险，且甲的各项诉请未超过保险限额，故依据法律规定，甲的各项损失应由A车保险公司在交强险和商业三者险保险限额范围内进行赔偿。

总　结

本案中，法院认为"第三者"和"车上人员"均为特定时空条件下的临时性身份，非永久性、固定不变的身份，判断受伤人员是属于"第三者"还是"车上人员"，必须以发生事故当时的特定时空条件下是否置身保险车辆之上为依据。

04 交强险的赔偿范围

专业解答

根据《关于实施车险综合改革的指导意见》的规定，交强险总责任限额为20万

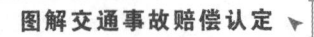

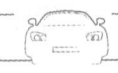

元，其各项赔偿限额及赔偿范围见表3-4.1。

表 3-4.1　交强险赔偿限额和赔偿范围

项目	有责限额/元	无责限额/元	赔偿范围
死亡伤残赔偿	180000	18000	精神损害抚慰金、住宿费、残疾辅助器具费、交通费、被抚养人生活费、丧葬费、死亡赔偿金、残疾赔偿金、护理费、误工费
医疗费	18000	1800	医药费、诊疗费、住院费、住院伙食补助费、后续治疗费、整容费、营养费
财产损失	2000	100	车辆损失、施救费、车辆重置费、车内物品损失费、车内宠物损失等

交强险的赔偿对象是除本车人员、被保险人以外的受害人的人身伤亡、财产损失。因此有如表3-4.2所示情形的，不在交强险的赔偿范围内。

表 3-4.2　不属于交强险赔偿范围的情形

人	被保险车辆上的乘客伤亡的
	被保险人本人伤亡的
物	被保险车辆受损的，如被保险车辆自燃、刮花、玻璃破损等
	被保险车辆上的财物或被保险人所有的财物受损的，如车辆上的挂件等物品、被保险人房屋、其他车辆等
其他损失	事故导致受害人产生的各种间接损失，如停业、停运、数据丢失、财产因非事故因素导致贬值等

案例链接　（2024）新01民终3447号民事判决书

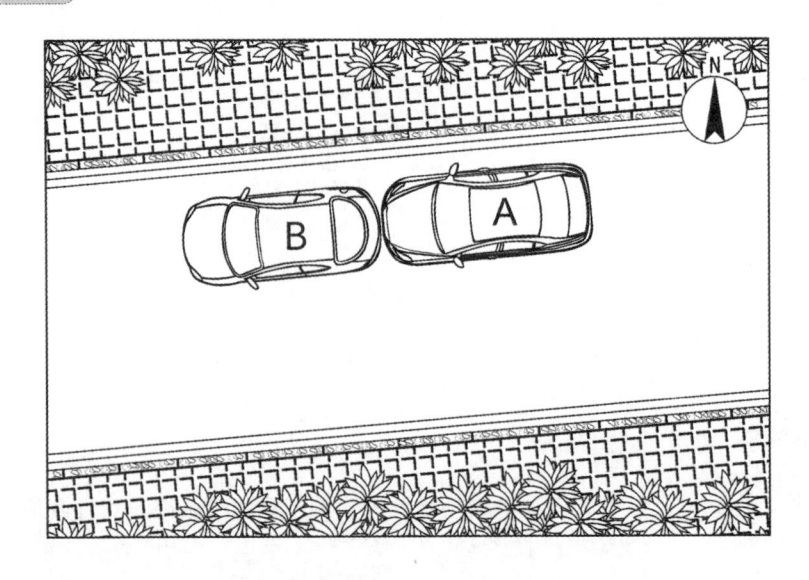

如图所示，20××年7月3日，A车驾驶人驾驶A车在路上行驶时，因未保持安全车距，与前方同车道内B车驾驶人驾驶的B车发生碰撞，致B车驾驶人受伤。事故责任和赔偿比例的关系见表3-4.3。

表3-4.3　事故责任和赔偿比例的关系

当事人	事故责任	赔偿比例	交强险	交强险死亡伤残赔偿
A车驾驶人	全部	100%		
B车驾驶人	无			
A车保险公司			医疗费	误工费、护理费、交通费

B车驾驶人向法院起诉，请求判令A车驾驶人支付各项损失，A车保险公司在保险责任范围内承担赔偿责任。

经法院计算，A车保险公司应在交强险医疗费用限额内赔偿B车驾驶人医疗费18000元；在交强险死亡伤残赔偿限额内赔偿B车驾驶人误工费5784.63元、护理费6604.53元、交通费600元。超过交强险医疗费用限额部分，由A车驾驶人赔偿B车驾驶人医疗费、伙食补助费、营养费；其余的交强险不赔部分如保全费、邮寄费等由A车驾驶人赔偿。

总　结

本案中，受害人的医疗费、死亡伤残赔偿、误工费、护理费、交通费、营养费、伙食补助费都属于交强险的赔付范围。

05　肇事车辆未投交强险，投保义务人和侵权人是同一人的赔偿

专业解答

机动车所有人或管理人没有购买交强险的，交警部门可以依据《交强险条例》第38条规定，扣留其机动车辆，通知投保义务人进行投保，并且按照投保的最低限额应缴纳的保险费用的2倍进行罚款。

没有依法投保交强险的车辆发生交通事故时，如果投保义务人和侵权人是同一个人，投保义务人需要在交强险赔偿限额范围内对受害者进行赔偿。也就是说，原本由交强险承担的赔偿部分，由投保义务人赔偿。《交通事故损害赔偿解释》（2020年修正）第16条第1项规定："未依法投保交强险的机动车发生交通事故造成损

害，当事人请求投保义务人在交强险责任限额范围内予以赔偿的，人民法院应予支持。"

例如，在一起交通事故案件中，受害者的误工费、护理费、医疗费、车辆维修等合计 100 万元，侵权人承担事故全责，由于肇事车辆没有投保交强险，则投保义务人需要自掏腰包赔偿交强险责任范围内的医疗费、财产损失和死亡伤残等项下的损失，超出部分才由商业三者险在责任范围内进行赔付，不足部分再由侵权人（也是投保义务人）承担赔偿责任。

案例链接　（2024）辽 07 民终 1653 号民事判决书

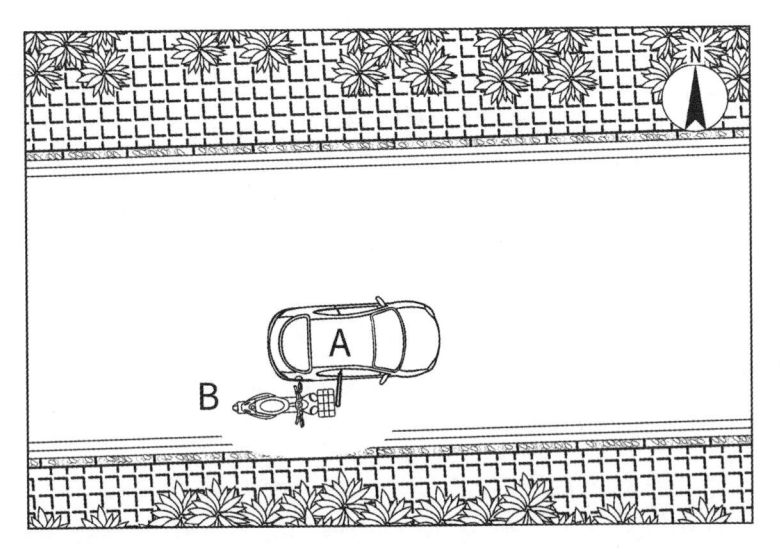

如图所示，20×× 年 7 月 17 日，A 车驾驶人驾驶 A 车停靠在路边开车门时，与直行的电动车 B 发生刮撞，造成两车受损、B 车驾驶人受伤的交通事故。事故责任和赔偿比例的关系见表 3-5。

表 3-5　事故责任和赔偿比例的关系

当事人	事故责任	赔偿比例	交强险赔偿责任
A 车驾驶人	全部	100%	有
B 车驾驶人	无		

经查明，A 车驾驶人是 A 车车主，A 车未投保交强险。

B 车驾驶人向法院起诉，要求 A 车驾驶人赔偿因此事故造成的各项损失。

📝 法院认为

根据《交通事故损害赔偿解释》（2020年修正）第16条的规定，A车未依法投保交强险，A车发生交通事故造成损害，B车驾驶人请求A车投保义务人即A车驾驶人在交强险责任限额范围内予以赔偿的，法院应予支持。由于A车未投保交强险，因此A车驾驶人应在交强险限额内赔偿B车驾驶人的损失。超出交强险赔付范围的损失由A车保险公司在商业三者险限额内予以赔偿，仍有不足部分由A车驾驶人在其侵权责任范围内予以赔偿。

📝 总　　结

本案中，肇事车辆没有投保交强险，且侵权人和投保义务人是同一个人，所以侵权人需要承担在交强险赔偿范围内的赔偿责任。

06 肇事车辆未投交强险，投保义务人和侵权人不是同一人的赔偿

专业解答

在交通事故赔偿案件中，交强险范围内的责任承担是不区分责任过错比例大小的，只要侵权人在事故中存在过错，在交强险范围内即应对被侵权人的直接损失承担全额赔偿责任。

未依法投保交强险的车辆发生交通事故，投保义务人和侵权人不是同一人的，投保义务人和侵权人需要在交强险责任范围内承担连带赔偿责任，不足部分在商业三者险限额内按侵权责任范围赔偿，不足部分再由侵权人在侵权责任范围内承担赔偿责任。《交通事故损害赔偿解释》（2020年修正）第16条第2项规定："投保义务人和侵权人不是同一人，当事人请求投保义务人和侵权人在交强险责任范围内承担连带责任的，人民法院应予支持。"

如某起交通事故给受害人造成了误工费、护理费、医疗费、车辆维修等损失，侵权人承担事故全部赔偿责任，由于车辆没有投保交强险，肇事车辆的交强险投保义务人和侵权人就需要在交强险责任范围内对受害人的各项损失承担连带赔偿责任，超出保险赔偿部分由侵权人赔偿。

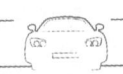

案例链接 （2024）鲁04民终1321号民事判决书

如图所示，20××年10月3日，A车驾驶人驾驶三轮摩托车A由南向北行驶至某路口处时，与由南向北右转弯的B车驾驶人驾驶的拖拉机B发生道路交通事故，致A车驾驶人受伤后经抢救无效死亡。双方过错行为、事故责任和赔偿比例的关系见表3-6。

表3-6 过错行为、事故责任和赔偿比例的关系

当事人	过错行为	事故责任	赔偿比例	交强险
A车驾驶人	1. 无证驾驶； 2. 机动车无车牌； 3. 为确保安全驾驶	主要	70%	
B车驾驶人	1. 驾驶与准驾车型不符的车辆； 2. 车辆未按规定检验； 3. 驾驶拼装车	次要	30%	
B车车主				连带责任

经查明，B车车主未给B车投保交强险和商业三者险。

A车驾驶人家属向法院起诉，请求判令B车驾驶人赔偿全部损失，A车车主在交强险内承担连带责任。

法院认为

本案中，B车驾驶人驾驶B车与A车驾驶人发生交通事故，应由B车驾驶人依法承担赔偿责任。B车未投保交强险及商业三者险，A车驾驶人家属请求B车车主在交

强险内承担连带责任符合法律规定，法院予以支持。

✎ 总　结

本案中，肇事车辆没有投保交强险，因此作为投保义务人的车主需要和侵权人一同在交强险赔偿范围内承担连带责任。

07 交通事故受害人直接向保险公司要求交强险赔偿

专业解答

《保险法》第 65 条第 2 项规定，责任保险的被保险人给第三者造成损害，被保险人对第三者应负的赔偿责任确定的，根据被保险人的请求，保险人应当直接向该第三者赔偿保险金。被保险人怠于请求的，第三者有权就其应获赔偿部分直接向保险人请求赔偿保险金。

也就是说，投保交强险的车辆发生事故后，只要发生事故的时间在涉案车辆的保险期内，且受害人是在交强险的赔偿对象范围内，那么受害人就可以根据相关证明材料，直接向承保交强险的保险公司提出赔偿要求。

受害人需要准备的索赔材料一般包括《事故认定书》原件、事故现场照片打印件（带有拍摄时间标记更好）、交警现场勘查记录（如果能获取）等。

受害人要求人身伤亡赔偿需要提供的个人身份及医疗相关材料一般包括：受害人身份证复印件、医院病历（包括住院病历和门诊病历）、诊断证明、检查报告、医疗费用发票（原件）、费用清单等。如果涉及误工费，还需要工作单位出具的误工证明（包含工作岗位、误工时间、工资收入等内容）、工资流水（近几个月的）；涉及护理费，提供护工合同和发票或者家属的误工证明等。

受害人要求财产损失赔偿需要提供的相关材料（针对财产损失赔偿）一般包括：车辆维修发票（原件）、维修清单、车辆受损照片（显示损坏细节）、货物损失清单（包括货物名称、数量、购买价格、受损情况等）、货物购买凭证（如发票）等。

受害人可以向交强险承保公司的客服中心咨询索赔流程。一般可以通过线下提交、线上提交这两种主要方式提交索赔申请：

（1）线下提交就是携带准备好的所有索赔材料前往保险公司的营业网点，在服务窗口向工作人员说明情况并提交材料。工作人员会对材料进行初步检查，如有遗漏或不符合要求的地方会告知受害人补充或更正。

（2）线上提交则是部分保险公司提供线上索赔服务。受害人可以通过保险公司官方网站或者手机App，按照系统提示步骤进行操作。通常需要先注册账号并绑定事故车辆相关信息（如车牌号码等），然后上传索赔材料的电子文档（如照片、扫描件等），填写索赔申请表格，包括事故经过简述、要求赔偿的项目和金额等内容。

保险公司收到索赔申请后，会对材料进行全面审核。审核内容包括事故真实性核实（通过与警方记录对比、现场照片分析等）、赔偿范围和金额是否符合交强险条款规定（对照交强险的赔偿标准检查各项索赔金额是否合理）、材料完整性和有效性检查（如发票是否真实、证明文件是否符合要求等）。这个过程一般需要 10~15 个工作日左右，复杂案件可能会延长审核时间。

如果审核通过，保险公司会按照规定的赔偿方式进行赔偿。对于医疗费用，可能会直接支付给医院（如果受害人尚未支付全部医疗费用）或者支付给受害人（如果受害人已经自行支付了医疗费用）；对于财产损失赔偿，支付给受损财产的所有人；对于误工费、护理费等赔偿，支付给受害人本人。如果审核不通过，保险公司会书面通知受害人，说明不通过的原因，受害人可以根据通知内容补充材料或者通过协商、法律途径解决赔偿问题。

案例链接 （2024）新 22 民终 447 号民事判决书

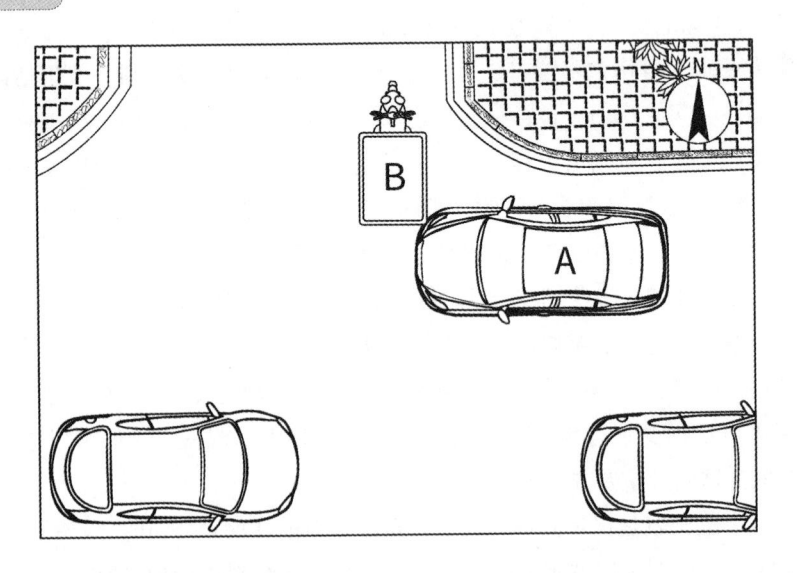

如图所示，20××年9月8日，A车驾驶人驾驶A车行驶至某路口处时，与B车驾驶人驾驶的三轮电动车B发生刮蹭，造成双方车辆受损、B车驾驶人受伤的交通事故。交警作出的《事故认定书》认定，A车驾驶人的行为超速且违反了"机动车驾驶人应当遵守道路交通安全法律法规的规定，按照操作规范安全驾驶、文明驾驶"之规定；B车驾驶人的行为违反"非机动车应当在规定地点停放，未设停放地点的，非机动车停放不得妨碍其他车辆和行人通行"之规定，并划分了过错行为、事故责任和赔偿比例的关系。（见表3-7）

表3-7　过错行为、事故责任和赔偿比例的关系

当事人	过错行为	事故责任	赔偿义务	赔偿比例	交强险责任
A车驾驶人	1. 超速； 2. 未确保安全驾驶	主要			
B车驾驶人	未按规定停放	次要		30%	
A车所属单位			有	70%	
A车保险公司			有		有

经查明，A车驾驶人是A车所属单位的雇员，A车购买了交强险和商业三者险，事故发生在保险期限内。

B车驾驶人向法院起诉，请求判令A车保险公司、A车驾驶人、A车所属单位向B车驾驶人赔偿各项损失。

法院认为

根据事故认定书的事故责任划分，判定A车驾驶人承担事故70%的赔偿责任，B车驾驶人自负30%的赔偿责任。A车保险公司应在交强险责任限额范围内赔偿B车驾驶人的损失，剩下的由A车保险公司在商业三者险的赔付范围内承担70%的赔偿责任，对于保险不赔部分，由A车所属单位承担。

总　结

本案中，肇事车辆投保了交强险和商业三者险，受害人通过诉讼途径直接向保险公司主张交强险赔偿，并得到了法院的支持。

08 多车之间发生交通事故的交强险赔偿

> **专业解答**

多车相撞造成损害的，如果损害超过了所有机动车交强险责任限额赔偿的总和，那么由各个车辆投保的保险公司在各自的交强险责任限额范围内进行赔偿。如一起在 A、B、C 三辆车之间发生的交通事故，事故造成受害人受伤，应赔偿其医疗费 50 万元、伤残补偿金 100 万元、财产损失 1 万元，三辆车的交强险责任限额各是 20 万元，三辆车投保的保险公司都要在 20 万元交强险责任限额范围内分别对受害人进行赔偿。

如果损害没有超过所有机动车交强险责任限额赔偿的总和，那么由所有保险公司按照其交强险责任限额与责任限额之和的比例承担赔偿责任，也就是在交强险内平摊。《交通事故损害赔偿解释》（2020 年修正）第 18 条第 1 项规定："多辆机动车发生交通事故造成第三人损害，损失超出各机动车交强险责任限额之和的，由各保险公司在各自责任限额范围内承担赔偿责任；损失未超出各机动车交强险责任限额之和，当事人请求由各保险公司按照其责任限额与责任限额之和的比例承担赔偿责任的，人民法院应予支持。"

例如，A、B、C 三车之间的交通事故造成受害人损失，应赔偿其医疗费 3.6 万元，财产损失 5100 元，三车辆投保的交强险责任限额是 20 万元，其中医疗费用限额 18000 元，财产损失限额 2000 元，则车辆 A、B、C 按同等比例即均摊方式赔偿受害人损失，即各自承担医疗费用 1.2 万元，财产损失 1700 元。

如果有的车辆没有投保交强险，受害人可以让有交强险一方的交强险保险公司先进行赔偿，之后该保险公司再向没有投保的投保义务人或侵权人进行追偿。《交通事故损害赔偿解释》（2020 年修正）第 18 条第 3 项规定："多辆机动车发生交通事故造成第三人损害，其中部分机动车未投保交强险，当事人请求先由已承保交强险的保险公司在责任限额范围内予以赔偿的，人民法院应予支持。保险公司就超出其应承担的部分向未投保交强险的投保义务人或者侵权人行使追偿权的，人民法院应予支持。"如一起三车相撞的事故，A 车和 B 车分别投保了交强险，C 车没有投保交强险，则先由 A 车保险公司和 B 车保险公司在交强险内进行赔偿，之后 A、B 车保险公司可以向 C 车的投保义务人或侵权人追偿超出保险公司应该赔偿的那一部分。

案例链接　（2024）津 02 民终 262 号民事判决书

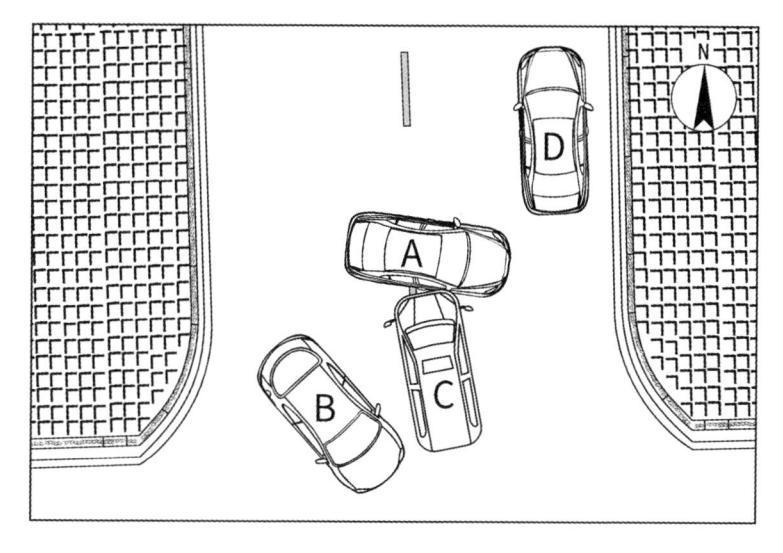

如图所示，20××年6月9日，A车驾驶人驾驶A车（载乘甲）沿快速路由北向南超速行驶时，遇B车驾驶人驾驶的B车沿快速路由北向南行驶至事故地点向北掉头，A车遇此情况驶入对向车道，其右侧中部与由南向北行驶的C车驾驶人驾驶的C车（载乘乙）前部相撞，后A车左侧后部又与由南向北行驶的D车驾驶人驾驶的D车前部右侧相撞，造成甲死亡，A车驾驶人、C车驾驶人、乙受伤及各方车辆不同程度损坏的交通事故。事故责任和赔偿责任的关系见表 3-8。

表 3-8　事故责任和赔偿责任的关系

当事人	事故责任	赔偿权利	赔偿义务	交强险赔偿责任
A车驾驶人	同等		有	
A车乘客甲	无			
B车驾驶人	同等		有	
C车驾驶人	次要	有		
C车乘客乙	无			
D车驾驶人	次要		有	
A车保险公司				有
B车保险公司				有
D车保险公司				有

经查明，A车投保了交强险及商业三者险，事故发生在保险期间内。B车投保了交强险及商业三者险，事故发生在保险期间内。D车投保了交强险及商业三者险，事故发生在保险期间内，C车未投保交强险和商业三者险。

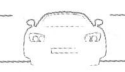

C车驾驶人向法院起诉，请求判令A车保险公司、B车保险公司、D车保险公司在保险责任限额内赔偿各项损失。

法院认为

考虑本案多车相撞等因素，同时结合各方投保以及保险的使用情况，酌定：（1）A车保险公司在交强险责任限额内赔偿C车驾驶人医疗费516元、营养费60元、误工费3299.56元、交通费200元、施救费500元，以上共计4575.56元；（2）D车保险公司在交强险责任限额内赔偿C车驾驶人施救费1000元；（3）B车保险公司在交强险责任限额内赔偿C车驾驶人施救费1000元。

总　结

本案中，属于多车造成的交通事故，C车驾驶人赔偿金没有超过多个车辆交强险总和，法院根据各方投保及保险使用情况，酌定各方交强险赔偿数额。

09 交强险垫付后可向侵权人追偿的情形

专业解答

肇事者存在违法驾车的情况，如酒驾、无证驾驶等，受害人可以要求保险公司在交强险责任限额范围内对其人身损害损失先行赔偿。《交通事故损害赔偿解释》（2020年修正）第15条规定："有下列情形之一导致第三人人身损害，当事人请求保险公司在交强险责任限额范围内予以赔偿，人民法院应予支持：（一）驾驶人未取得驾驶资格或者未取得相应驾驶资格的；（二）醉酒、服用国家管制的精神药品或者麻醉药品后驾驶机动车发生交通事故的；（三）驾驶人故意制造交通事故的。保险公司在赔偿范围内向侵权人主张追偿权的，人民法院应予支持。追偿权的诉讼时效期间自保险公司实际赔偿之日起计算。"

由于上述规定将交强险的赔偿范围限定为"人身损害"，因此保险公司只在交强险死亡伤残赔偿限额和医疗费用赔偿限额的范围内对受害人的人身损害进行赔偿，而受害人的财产损失则不在交强险垫付赔偿范围内。

《交强险条例》第22条规定："有下列情形之一的，保险公司在机动车交通事故责任强制保险责任限额范围内垫付抢救费用，并有权向致害人追偿：（一）驾驶人未取得驾驶资格或者醉酒的；（二）被保险机动车被盗抢期间肇事的；（三）被保险人故意制造道路交通事故的。有前款所列情形之一，发生道路交通事故的，造成受害人的财产损失，保险公司不承担赔偿责任。"

此外，存在肇事者逃逸、伪造或破坏现场等行为的，法院一般也会支持受害人请求保险公司在交强险内先行赔偿，保险公司可以在向受害人赔偿后，再向侵权人进行追偿。实际上，通过这种处理方式，受害人能够及时得到保险救助。而且，和受害人相比，保险公司的追偿能力更强，更有利于实现制裁违法行为的目的。

案例链接 （2024）内05民终2675号民事判决书

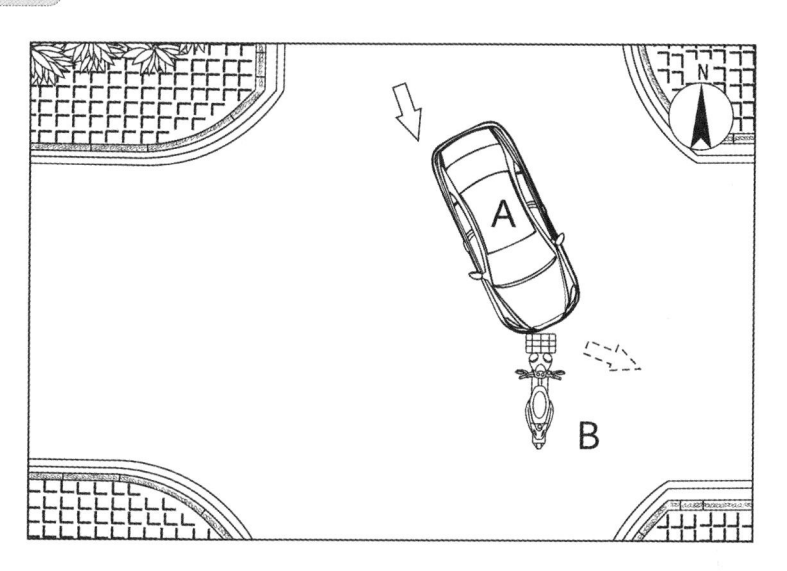

如图所示，20××年8月3日，A车驾驶人驾驶A车由北向南左转弯行驶至某路口时，与由南向北行驶的由B车驾驶人驾驶的电动车B相撞，致使B车驾驶人受伤、双方车辆受损。双方当事人的过错行为、事故责任和赔偿比例的关系见表3-9。

表3-9 过错行为、事故责任和赔偿比例的关系

当事人	过错行为	事故责任	赔偿义务	赔偿比例	追偿权
A车驾驶人	1. 无证驾驶机动车； 2. 转弯妨碍正常通行车辆	全部	有	100%	
B车驾驶人	无	无			
A车保险公司			有		有

事故后，B车驾驶人与A车保险公司签订《机动车辆财险人伤赔偿协议书》，约定A车保险公司一次性赔付B车驾驶人各项损失共计110000元。次年5月10日，A车保险公司向B车驾驶人支付了110000元。

A车保险公司对B车驾驶人实际赔偿后,向法院起诉,请求判令A车驾驶人返还垫付的保险赔偿款110000元。事实与理由:结合案件事实发展过程可知,A车驾驶人自始至终未认识到其违法行为的严重性,拒绝配合处理交通事故且消极赔偿案外人B车驾驶人损失,A车保险公司基于交强险作为法定强制责任保险的社会属性,对B车驾驶人的赔偿真实有效,根据《交通事故损害赔偿解释》(2020年修正)第15条的规定,赔偿后A车保险公司已依法取得对被保险人在赔偿范围内的追偿权。

法院认为

根据《交通事故损害赔偿解释》(2020年修正)第15条的规定,本案中,A车驾驶人未取得驾驶资格且驾驶A车发生交通事故,致使B车驾驶人受伤,其应承担事故全部责任。A车保险公司作为车辆的保险人,向B车驾驶人赔偿各项费用共计110000元。A车保险公司在赔偿范围内向侵权人A车驾驶人主张追偿权合理,故对其主张A车驾驶人返还垫付的保险赔偿款110000元的诉讼请求予以支持。A车驾驶人应当给付A车保险公司保险金110000元。

总 结

本案中,侵权人无证驾驶的行为属于保险公司能够获得追偿权的法定情形,保险公司在交强险范围内向受害人赔偿后,有权向侵权人追偿,法院对此予以支持。

10 违法拒保、拖延承保或违法解除交强险合同的交强险赔偿的承担对象

专业解答

违法拒保,是指保险公司违反法律规定,拒绝承保交强险的行为。《交强险条例》第10条规定:"投保人在投保时应当选择具备从事机动车交通事故责任强制保险业务资格的保险公司,被选择的保险公司不得拒绝或者拖延承保。"

20××年,辽宁某公司存在拒保出租车交强险的行为。当地银保监分局决定作出处罚:拒保出租车交强险行为,违反了《交强险条例》第10条的规定。根据《交强险条例》第37条的规定,当地银保监分局对某保险公司处罚款人民币20万元。

拖延承保,是指保险公司在接到投保人的投保申请后,未能在合理的时间内完成承保流程,导致承保时间超出正常的期限;或者是保险合同中的起保时间与实际投

保的时间存在一定的时间差。如实际投保时间是 2024 年 3 月 4 日 10 时 10 分，而保险合同显示"次日零时生效"，这样意味着免除了保险公司从 2024 年 3 月 4 日 10 时 10 分签发保单到 2024 年 3 月 5 日 0 时的保险责任。《关于加强机动车交强险承保工作管理的通知》中明确指出，因交强险保单中对保险期间有关投保后次日零时生效的规定，使部分投保人在投保后、保单未正式生效前的时段内得不到保障，为使机动车道路交通事故的受害人得到有效保障，要求各保险公司不得拒绝或者拖延承保，采取适当方式明确保险期间起止时点，以维护被保险人利益。

违法解除交强险指的是保险公司在不符合法律或合同约定的情况下，单方面解除交强险合同。《交强险条例》第 14 条规定："保险公司不得解除机动车交通事故责任强制保险合同；但是，投保人对重要事项未履行如实告知义务的除外。"

出现保险公司违法拒保、拖延承保、违法解除交强险的情况时，可以根据《交通事故损害赔偿解释》（2020 年修正）第 17 条的规定，投保义务人向受害人承担赔偿义务后，可以要求该保险公司在交强险责任限额范围内承担相应的赔偿责任；或直接起诉保险公司，要求其在交强险责任限额范围内承担相应的赔偿责任。

案例链接　（2024）新 40 民终 1732 号民事判决书

如图所示，20×× 年 6 月 20 日 21 时 28 分许，A 车驾驶人驾驶出租车 A 与横穿道路的行人甲发生碰撞，造成甲受伤、车辆受损的交通事故。事故责任和赔偿比例的关系见表 3-10.1。

表 3-10.1　事故责任和赔偿比例的关系

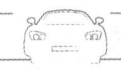

当事人	事故责任	赔偿义务	赔偿比例	拖延承保	交强险赔偿责任
A车驾驶人	主要	有			
行人甲	次要		30%		
A车保险公司		有	70%	是	有

经查明，A车车主于2022年5月投保商业险，并于当年为A车投保了交强险，交强险保险单上载明保单收费、确认、生成和生效时间见表3-10.2。

表 3-10.2　保单收费、确认、生成和生效时间

收费、确认、生成时间	保险生效期间	出险时间
6月20日12时43分	6月21日0时0分	6月20日21时28分

甲向法院起诉，请求判令A车车主、A车驾驶人、A车保险公司赔偿其各项损失。

A车保险公司辩称，保险公司不应在交强险范围内承担赔付责任，案涉事故发生的时间段不在保险合同约定的保险期间内，案涉机动车"脱保"造成的事故损失，应由A车车主、A车驾驶人共同在交强险责任范围内承担赔偿义务。

A车车主辩称，案涉的保险合同中的条款是格式条款，"脱保"的出租车辆，A车保险公司应当告知投保车辆保险到期，A车保险公司的行为系"脱保"行为，保险合同中的"次日凌晨生效"的条款属于拖延承保。

✎ **法院认为**

案涉交强险保险合同的生效时间应为即时生效，A车保险公司应当在交强险保险责任限额内承担赔偿责任。理由如下：（1）保险合同依法从投保人交纳保险费、保险公司出具保单时生效。《保险法》第13条第3款规定，依法成立的保险合同，自成立时生效，本案中，A车车主向保险公司投保交强险，交纳保险费，保险合同自保险公司出具保单时即生效，A车车主履行了给付保险费的义务，理应同时享有相应的保障权益。（2）保险人有提示投保人选择充分保障其自身权益义务。本案中，保险公司未采用《关于加强机动车交强险承保工作管理的通知》中的方式对保险期限进行提示，相反在明知被保险车辆处于脱保的情况下，却依据习惯打印保险期间。（3）"零点生效"不产生效力。"零点生效"属于保险人免责条款，依照《保险法》第17条规定，免除保险人责任的条款，保险人在订立合同时应当在投保单、保险单或者其他保险凭证上做出足以引起投保人注意的提示，并对该条款的内容以书面或者口头形式向投保人作出明确说明，未作提示或明确说明的，该条款不产生效力。本案中，保险公司提供的证据无法证实其就保险期间这一延迟承保的条款尽到了明确说明义务。故应当以保险合同投保确认时间为保险合同生效时间，2022年6月20日21时28分许发生的

案涉交通事故在交强险保险期间内。承保涉事故车辆交强险的 A 车保险公司应在交强险保险限额内予以赔偿。

总结

本案中，保险合同里的"零点生效"条款属于保险公司拖延承保的形式之一。保险公司没有对"零点生效"条款尽到说明义务，所以法院认定该条款无效，保险公司仍然需要承担保险义务。

11 未投保交强险，实际侵权人承担赔偿责任后不能向投保义务人追偿

专业解答

我国实行机动车第三者责任强制保险制度，机动车上路行驶必须购买交强险。未依法投保交强险的机动车发生交通事故造成损害，投保义务人和侵权人在交强险责任限额范围内承担连带赔偿责任。投保义务人，疏于对肇事车辆的管理，将未投保交强险的车辆交由他人使用，存在明显过错，其应在交强险责任限额内承担部分赔偿责任。实际侵权人应对事故发生承担赔偿责任，在其责任承担比例并未失当的情况下，主张投保义务人向其返还交强险责任限额内已向被侵权人支付的款项的请求，于法无据，一般难以获得法院支持。

《最高人民法院关于适用〈中华人民共和国民法典〉侵权责任编的解释（一）》第 21 条第 1 款规定，"未依法投保强制保险的机动车发生交通事故造成损害，投保义务人和交通事故责任人不是同一人，被侵权人合并请求投保义务人和交通事故责任人承担侵权责任的，交通事故责任人承担侵权人应承担的全部责任；投保义务人在机动车强制保险责任限额范围内与交通事故责任人共同承担责任，但责任主体实际支付的赔偿费用总和不应超出被侵权人应受偿的损失数额"。

现实中经常发生机动车所有人将车辆出借、出租给其他人的情况，如果在此期间机动车未投保交强险或者交强险中途到期，该车恰巧又发生了交通事故，因机动车上路行驶必须购买交强险，依据法律规定实际侵权人和投保义务人需在交强险责任限额内承担相应赔偿责任。对于已经发生的交通事故，因实际侵权人系事故发生的责任人，其应承担事故的全部责任，故实际侵权人要求投保义务人向其返还交强险限额内已向被侵权人赔偿的款项的请求，不能得到支持。

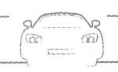

12 交通事故中存在多个受害人的交强险赔偿

专业解答

交通事故导致多人遭到损害，如果所有受害人的损失总和没有超过交强险责任限额范围的，那承保交强险的保险公司就根据每个受害人的具体损失数额对各个受害人进行赔偿。如受害人甲的医疗费是1000元，受害人乙的医疗费是1500元，受害人丙的医疗费是2000元，三位受害人的总医疗费4500元没有超过交强险医疗费用限额，则保险公司对上述三位受害人各自的损失应一一进行赔偿，即分别赔偿1000元、1500元和2000元。

如果所有受害人的损失总和超过了交强险责任限额范围，那么保险公司就按照每个受害人的损失在总损失中所占的比例进行赔偿。《交通事故损害赔偿解释》（2020年修正）第19条规定："同一交通事故的多个被侵权人同时起诉的，人民法院应当按照各被侵权人的损失比例确定交强险的赔偿数额。"如受害人甲的医疗费是20万元、受害人乙的医疗费是10万元，两位受害人的总损失30万元超过了交强险医疗费用限额范围，则保险公司按照受害人甲2/3、受害人乙1/3的比例在交强险医疗费用责任限额范围内进行赔偿。

案例链接 （2024）鄂10民终1180号民事判决书

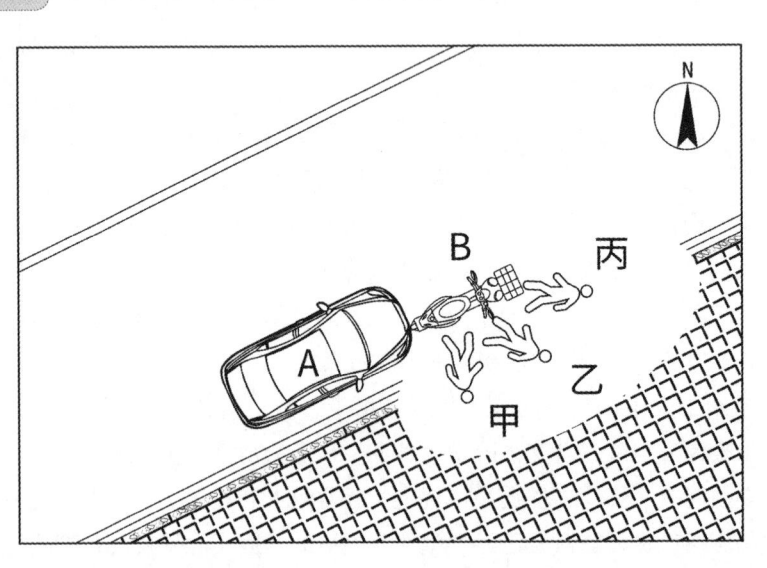

如图所示，20××年8月23日，A车驾驶人驾驶A车追尾前方同向行驶的电动车B（搭乘甲、乙、丙），造成B车驾驶人、甲、乙、丙受伤及两车受损的交通事

故。事故责任和赔偿责任的关系见表3-12。

甲向法院起诉，请求判决A车驾驶人、A车保险公司共同赔偿甲各项费用。

表3-12 事故责任和赔偿责任的关系

当事人	事故责任	赔偿权利	赔偿义务	医疗费	赔偿责任	交强险赔偿责任
A车驾驶人	全部		有		连带	
B车驾驶人	无	有				预留20%份额
B车乘车人甲	无	有		37810元		15647元（医疗费+死亡伤残赔偿）
B车乘车人乙	无	有		89551元		
B车乘车人丙	无	有		5343.50元		
A车保险公司			有		100%	

法院认为

A车驾驶人驾驶A车发生交通事故，造成甲受伤，根据事故责任认定，A车驾驶人应对甲的损失承担赔偿责任。A车投保了交强险和商业三者险，依法应先由A车保险公司承担保险赔偿责任，不足部分再由A车驾驶人承担赔偿责任。

根据《交通事故损害赔偿解释》（2020年修正）第19条的规定，本案中，因涉案交通事故存在另外3名伤者，需为其损失在交强险责任限额范围内预留份额，且其中1名伤者B车驾驶人未提起诉讼，其损失在交强险医疗赔偿费用限额范围内预留，案涉交通事故其余3名伤者按照各自的损失比例在医疗赔偿限额的80%份额内确定交强险医疗费用的赔偿数额。

经计算，需赔偿甲、乙、丙各自医疗费见表3-12。综上，A车保险公司在交强险范围内应共赔偿甲15647元｛其中医疗赔偿费用限额范围内4103元［37810元／（5343.5元＋89551元＋37810元）×18000元×80%］，死亡伤残赔偿限额范围内11544元｝，超出交强险责任限额范围的赔偿部分由A车保险公司在商业险内予以赔偿。

总 结

本案中，事故存在多名受害人，各个受害人的损失总额超出了交强险限额。关于交强险赔偿数额的划分，法院通过计算受害人的各自损失比例，确认受害人各自在交强险中应得的具体数额。

13 未向投保人履行免责条款告知义务，保险合同中免责条款的有效性

专业解答

不管投保人投保的是交强险还是商业三者险，保险公司作为专业保险机构有义务将保险合同中的条款一一告知投保人，尤其是保险合同中的免责条款以及其他不利于投保人的条款，更应该向投保人作出提示和说明。

如果保险公司未履行明确的免责条款的告知义务，则该项条款就不能产生效力，属于无效条款。交通事故发生时，保险公司就不能以该条款作为免责理由。《保险法》第17条第2项规定："订立保险合同，采用保险人提供的格式条款的，保险人向投保人提供的投保单应当附格式条款，保险人应当向投保人说明合同的内容。对保险合同中免除保险人责任的条款，保险人在订立合同时应当在投保单、保险单或者其他保险凭证上作出足以引起投保人注意的提示，并对该条款的内容以书面或者口头形式向投保人作出明确说明；未作提示或者明确说明的，该条款不产生效力。"

案例链接　（2018）黔民再19号民事判决书

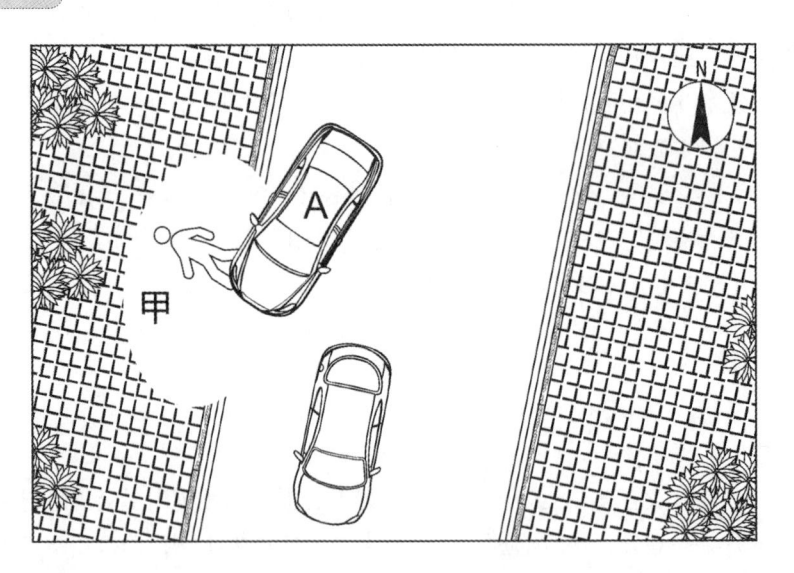

如图所示，20××年11月20日18时40分许，A车驾驶人驾驶A车因避让不当，与路边的行人甲发生碰撞，导致甲受伤，事故责任和赔偿比例的关系见表3-13。

表 3-13　事故责任和赔偿比例的关系

当事人	事故责任	赔偿权利	赔偿义务	赔偿比例	告知义务
A 车驾驶人	全部		有		
行人甲	无	有			
A 车保险公司			有	100%	未履行

另查明，A 车于事故当天 10 时 8 分投保了交强险。

甲向法院起诉，请求判令 A 车驾驶人、A 车保险公司向甲支付各项损失。

A 车保险公司称，事故发生在保险期外。A 车保险公司在收到保费后于事故当天 10 时 8 分办理完成并生成了保单，保单中注明的保险期限从次日零点生效。A 车驾驶人在投保底单上对车辆投保内容进行签字确认，A 车保险公司没有赔付义务。

A 车驾驶人称，（1）A 车驾驶人提供证据证明其购买保险时明确提出"即时生效"的投保要求，并与 A 车保险公司工作人员达成办理保险"即时生效"约定。（2）A 车保险公司擅自变更保险期间，导致 A 车驾驶人依法投保的保险得不到保障，并将保险延迟至次日零时生效，与保险设立的宗旨相悖。

法院认为

A 车保险公司未提供证据证明其在签订案涉保险合同时就保险期间与投保人协商一致。A 车保险公司自行将保险期间确定为投保人交付保险费次日零时生效，并非双方达成的附期限的条款，而是格式条款。该格式条款免除了 A 车保险公司自签订保险合同时间至次日零点的保险责任。根据《保险法》第 17 条的规定，保险公司有义务向投保人作出明确说明。

本案中，案涉保险单投保单上该条款显示并不突出，不足以引起投保人注意，且 A 车保险公司未举证证明对该条款的内容以书面或者口头形式向投保人作出了明确说明，故应认定该条款无效。因此，确认本案交通事故发生在保险期间内，A 车保险公司应当在保险范围内对本次事故造成的损失先行进行赔付，不足部分由 A 车驾驶人进行赔付。

总　结

本案中，保险公司无法提供充足证据证明其已向投保人针对"将保险延迟至次日零时生效"（零时前免责）条款履行了告知义务，法院由此认定该条款无效。

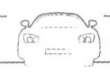

14. 交强险人身伤亡保险金请求权不可转让

专业解答

交强险人身伤亡保险金请求权，是指在交通事故中，受到人身伤害的受害人或其近亲属依法享有的、能够向交强险承保公司请求支付保险赔偿金的权利。这种请求权的目的是保障受害人能够及时获得一定的经济补偿。

人身伤亡保险金属于人身损害赔偿范畴，具有人身属性，所以交强险人身伤亡保险金请求权是禁止转让的，意思就是法律不允许交强险人身伤亡保险金请求权转让给与受害人非近亲属的其他人。反之，如果保险金请求权允许转让，可能会出现受害人无法得到合理的赔偿等情况。如有些保险理赔人员为了获得不正当利益，利用受害人不了解保险理赔知识，采用欺骗手段低价向受害人收购保险金请求权，然后再向保险公司索要更高的赔偿，以赚取差价。这种行为不仅会让受害人无法得到应有的赔偿，还会损害保险市场的正常秩序。因此，交强险人身伤亡保险金请求权是不可以转让的。《交通事故损害赔偿解释》（2020年修正）第21条规定："当事人主张交强险人身伤亡保险金请求权转让或者设定担保的行为无效的，人民法院应予支持。"

案例链接 （2024）湘0723民初390号民事判决书

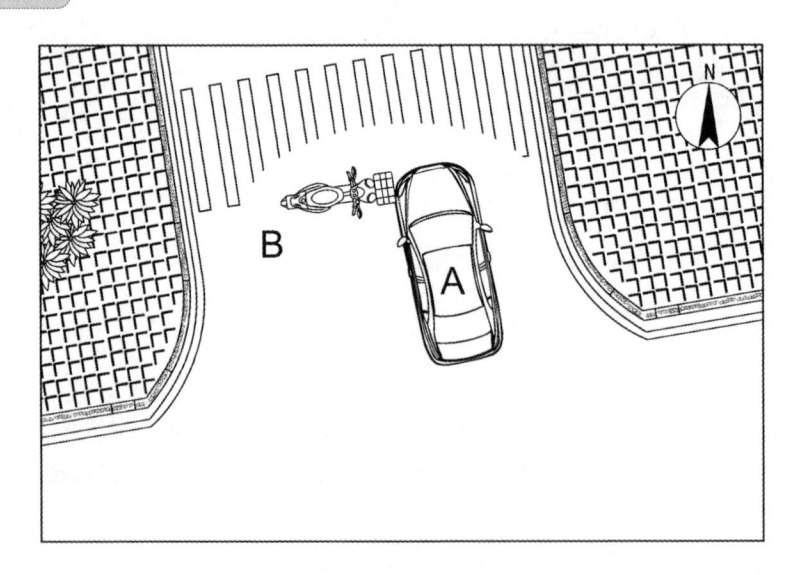

如图所示，20××年6月6日，A车驾驶人驾驶A车由南往北行驶至某交叉路口与由西往东横过马路B车驾驶人驾驶的电动车B发生碰撞，造成两车受损、B车

驾驶人受伤的交通事故。双方当事人的过错行为、事故责任和赔偿比例的关系见表3-14。

表 3-14 过错行为、事故责任和赔偿比例的关系

当事人	过错行为	事故责任	赔偿义务	赔偿比例	交强险人身伤亡保险金
A 车驾驶人	1. 未按规范操作安全驾驶； 2. 通过交叉路口时未让右先行	同等	有		
B 车驾驶人	未确保安全	同等		40%	禁止转让
A 车保险公司			有	60%	

另查明，同年 7 月 24 日，B 车驾驶人与案外人甲签订了协议，协议载明，B 车驾驶人自愿委托甲全权处理 B 车驾驶人交通事故相关事宜，处理事宜所需费用由甲方预付，B 车驾驶人无条件配合。甲付给 B 车驾驶人交通事故所有赔偿款项总计 126000 元。协议签订后，甲代理 B 车驾驶人索赔的交通事故赔偿所有款项无论亏赚与 B 车驾驶人无关。B 车驾驶人不得找甲索要任何费用。甲不得找 B 车驾驶人索要协议以外的赔偿项目。甲向 B 车驾驶人支付了 126000 元，B 车驾驶人向其出具了收条。

甲向法院起诉，请求判令 A 车驾驶人与 A 车保险公司赔偿各项损失。

法院认为

交强险人身伤亡保险金请求权具有人身专属性，赔偿权利人不得将该请求权对外进行转让，B 车驾驶人与甲的买断行为违反了相关法律规定。为了维护当事人的合法权利、减少当事人的诉累、践行公正司法的理念，法院积极通知 B 车驾驶人到庭接受询问、参与诉讼。

经计算，B 车驾驶人因本案交通事故造成的损失共 174995.12 元。根据《事故认定书》认定，B 车驾驶人、A 车驾驶人应承担此事故的同等责任，依据机动车交通事故责任强制保险合同及机动车商业保险合同的约定，A 车驾驶人承担 60% 的赔偿责任。由 A 车保险公司在交强险和商业三者险限额范围内赔偿 168660.02 元，由 A 车驾驶人赔偿 1380 元。精神损害抚慰金 5000 元由 A 车保险公司在交强险限额范围内优先予以赔偿。

总　结

本案中，受害人与案外人签订的人身伤亡保险金请求权转让协议违反了法律规定，且该协议内容无法完全弥补受害人的损失，只会使受害人侵害合法权益。在法院的积极努力下，受害人最终参与诉讼，其合法权益得到了保障。

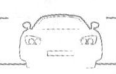

15 保险公司在交通事故赔偿诉讼中诉讼地位的认定

专业解答

交通事故侵权赔偿案件中保险公司的诉讼地位有三种形式，一是作为共同被告，二是作为无独立请求权的第三人，三是作为原告。在机动车交通事故责任纠纷中，如果肇事车辆投保了交强险和商业三者险，根据相关法律规定，受害人通常会将肇事司机、车主以及保险公司一并作为被告起诉。保险公司在这类案件中的诉讼地位是基于其与肇事方之间的保险合同关系以及法律规定的赔偿责任。首先由交强险保险公司在交强险责任限额范围内承担赔偿责任，不足部分由商业三者险保险公司根据保险合同约定和事故责任比例承担赔偿责任。这就是作为共同被告的情形。

在一些交通事故案件中，如果案件的处理结果可能与保险公司存在法律上的利害关系，但保险公司又不是直接的侵权人或被侵权人，此时保险公司可能会以无独立请求权的第三人身份参与诉讼。例如，在涉及交通事故责任划分存在争议、可能影响保险公司最终赔偿责任的案件中，保险公司虽然没有独立的请求权，但为了维护自身利益，可能会申请以无独立请求权的第三人身份参与诉讼，以便在案件审理过程中发表意见，提供证据，影响案件的判决结果。

保险公司作为原告一般会出现在追讨保费和保险代位求偿等纠纷中。

从受害人请求赔偿的角度来看，保险公司在交通事故责任纠纷案件中的诉讼地位应当列为被告，这也是最常见的情形。《道路交通安全法》第76条规定："机动车发生交通事故造成人身伤亡、财产损失的，由保险公司在机动车第三者责任强制保险责任限额范围内予以赔偿。"《保险法》第49条第1项规定："保险人对责任保险的被保险人给第三者造成的损害，可以依照法律的规定或者合同的约定，直接向该第三者赔偿保险金。"《交通事故损害赔偿解释》（2020年修正）第22条规定："人民法院审理道路交通事故损害赔偿案件，应当将承保交强险的保险公司列为共同被告。但该保险公司已经在交强险责任限额范围内予以赔偿且当事人无异议的除外。人民法院审理道路交通事故损害赔偿案件，当事人请求将承保商业三者险的保险公司列为共同被告的，人民法院应予准许。"从上述条文可以看出，保险公司有在保险责任范围内向受害人进行赔偿的义务，所以原告方可以直接将肇事车辆的保险公司列为被告，来保障受害人的权益能够依法实现。

第三章　交通事故的保险理赔

案例链接　（2024）云 01 民终 8222 号民事判决书

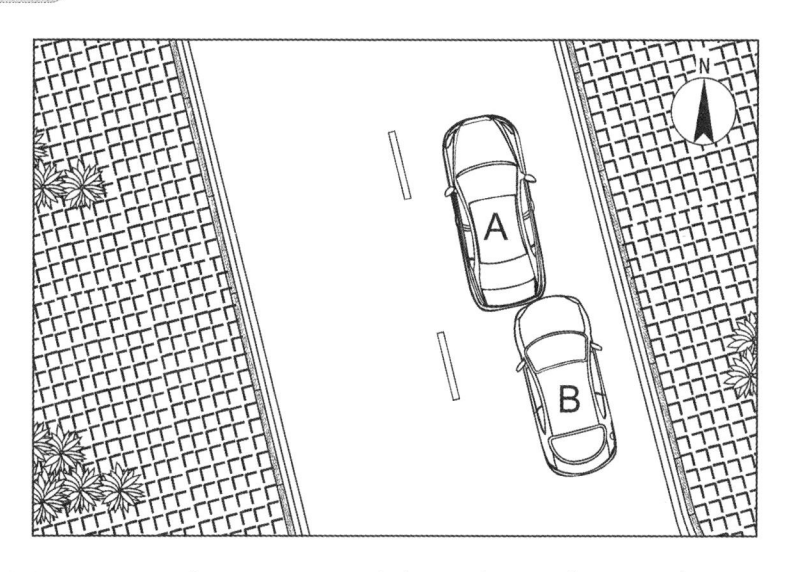

如图所示，20××年4月4日，A 车驾驶人驾驶 A 车行驶至某路段时，与违反交通行为的 B 车驾驶人驾驶的 B 车发生交通事故。事故责任和赔偿比例的关系见表 3-15。

表 3-15　事故责任和赔偿比例的关系

当事人	事故责任	赔偿权利	赔偿义务	赔偿比例	诉讼地位
A 车驾驶人	无	有			原告
B 车驾驶人	全部			100%	被告
B 车保险公司			有		被告
B 车车主					被告
甲公司			有		被告

B 车车主为 B 车投保了交强险，没有投保商业三者险，事故发生在保险期内。事故发生时，B 车驾驶人驾驶 B 车为甲公司送货。

A 车驾驶人向法院起诉，请求判令甲公司、B 车驾驶人、B 车车主连带赔偿车辆修理费、在车辆维修期间租赁替代性交通工具产生的租赁费；B 车保险公司在交强险责任限额内对 A 车驾驶人产生的维修费承担赔偿责任。

📝 法院认为

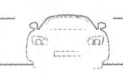

事故发生于 B 车驾驶人为甲公司送货过程中，B 车驾驶人属于执行职务，甲公司应作为本案赔偿责任主体承担赔偿责任，B 车驾驶人不承担本案中的赔偿责任。本案并无证据证实存在 B 车车主应承担赔偿责任的情形，故 B 车车主不应在本案中承担赔偿责任。因 B 车投保了交强险，故应由 B 车保险公司在交强险财产损失限额内赔偿 A 车驾驶人家属，不足部分由甲公司承担。

📝 总　　结

本案中，受害人向法院起诉，要求承保肇事车辆交强险的保险公司在交强险限额内赔偿其损失。B 车保险公司的诉讼地位即为被告。

16 交强险过期未续保的保险赔偿

专业解答

如果交强险脱保，车辆上路被交警查处，会面临罚款。一般情况下，交警会扣留机动车，责令车主依照规定投保，并处依照规定投保最低责任限额应缴纳保险费的 2 倍罚款。

发生交通事故时，肇事车辆的交强险过期并且没有续保的，就等于交通事故时肇事车辆没有投保交强险。在这种情况下，属于交强险责任限额范围内的部分，肇事车辆交强险保险公司并不赔偿。受害人的这部分损失由车辆投保义务人和侵权人承担连带赔偿责任。《交通事故损害赔偿解释》（2020 年修正）第 16 条规定："未依法投保交强险的机动车发生交通事故造成损害，当事人请求投保义务人在交强险责任限额范围内予以赔偿的，人民法院应予支持。投保义务人和侵权人不是同一人，当事人请求投保义务人和侵权人在交强险责任限额范围内承担相应责任的，人民法院应予支持。"

案例链接　（2023）鄂 10 民终 3456 号民事判决书

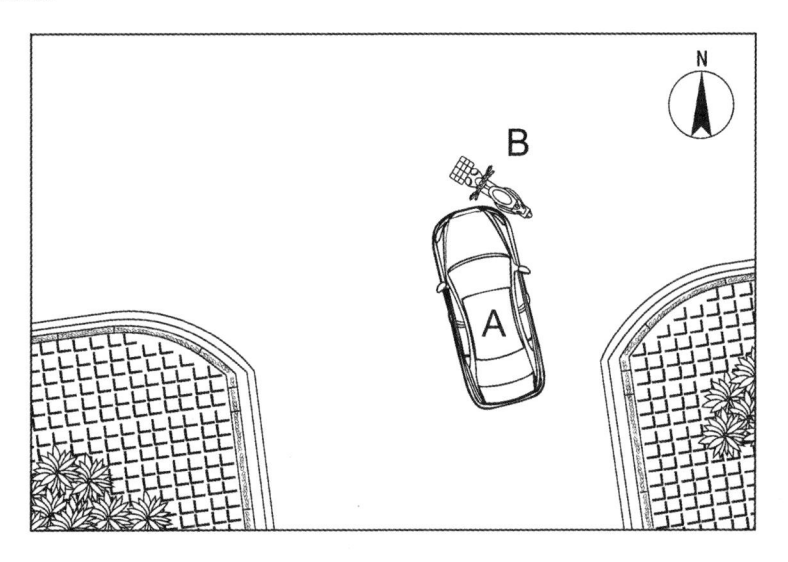

如图所示，20×× 年 5 月 8 日，A 车驾驶人驾驶 A 车行驶至事发路口时，遇右前方同向由 B 车驾驶人驾驶的电动车 B 左转弯，致 A 车车头碰撞 B 车左侧，造成 B 车驾驶人受伤、两车受损的交通事故。事故责任和赔偿比例的关系见表 3-16。

表 3-16　事故责任和赔偿比例的关系

当事人	事故责任	赔偿权利	赔偿义务	赔偿比例	交强险责任
A 车驾驶人	主要			70%	
B 车驾驶人	次要	有		30%	
A 车保险公司			有		无
甲公司			有		70%
乙租赁公司			有		30%

经查明，A 车驾驶人系甲公司员工，事发时为履行职务行为。A 车登记在乙租赁公司名下，由其出租给甲公司使用，事故发生在租赁期外，租金已正常支付。在事故发生时，A 车投保的交强险已过期，且没有续保。

B 车驾驶人向法院起诉，请求判令 A 车驾驶人、甲公司、乙租赁公司、A 车保险公司赔偿各项损失。

乙租赁公司辩称，乙租赁公司于 2022 年 4 月 25 日为 A 车购买了交强险。2023 年 4 月 12 日租赁到期，甲公司继续使用，又没有购买交强险，致使 A 车脱保。甲公司未按合同交还 A 车、购买保险，相应的责任应由甲公司负担。

甲公司答辩称，A 车的交强险由乙租赁公司购买，没有告知甲公司交强险何时到期，到期后也没有提醒甲公司买保险，乙租赁公司对于 A 车脱保负有责任。

法院认为

乙租赁公司出租 A 车给甲公司并收取租金进行一定的盈利，在 A 车租期届满之后并未及时收回 A 车，交强险到期后也未对承租人即 A 车的实际使用人甲公司发出投保提醒和告知义务，使 A 车的交强险过期后未能及时续保。因乙租赁公司对 A 车没有投保交强险，也未尽到提醒和告知义务，使 B 车驾驶人不能获取交强险的权益，其主观上有过错，应当承担一定的责任，酌定其在交强险范围内承担 30% 的赔偿责任。

A 车驾驶人作为本案的直接侵权人，在事故发生时系履行职务行为，因此其造成的相关损失后果应由甲公司承担。甲公司作为肇事车辆的实际使用人，一直使用 A 车获取了一定的收益，且 A 车作为经营车辆尤其是在租期结束后，继续使用 A 车更应该关注车辆的保险情况。因此，甲公司作为 A 车的使用人和侵权人，酌定其在交强险范围内承担 70% 的赔偿责任，剩余赔偿由 A 车保险公司在商业险责任限额内按照 70% 进行赔付。

总　结

本案中，肇事车辆交强险过期未续保，投保义务人和实际使用人在交强险过期未续保事件中均存在过错的，法院按照双方责任大小，判令双方按相应比例承担交强险赔偿责任。

17 保险人履行免责条款说明义务的判断

专业解答

免责条款说明义务，是指保险人在保险合同订立阶段，依法应当履行的，将保险合同条款，特别是一些限制或免除保险责任的条款内容，一一向投保人陈述、解释清楚，以便让投保人能够更加准确地明白自己的合法权利与义务的法定义务。

保险人免责条款一般是在保险合同中规定，发生交通事故时，驾驶人有以下情形之一的，保险人不承担赔偿责任：（1）事故发生后，被保险人或驾驶人故意破坏、伪造现场，毁灭证据。（2）驾驶人有下列情形之一者：交通肇事逃逸；饮酒、吸食或注射毒品、服用国家管制的精神药品或者麻醉药品；无驾驶证，驾驶证被依法扣留、暂扣、吊销、注销期间；驾驶与驾驶证载明的准驾车型不相符合的机动车。

（3）被保险机动车有下列情形之一者：发生保险事故时被保险机动车行驶证、号牌被注销；被扣留、收缴、没收期间；竞赛、测试期间，在营业性场所维修、保养、改装期间；被保险人或驾驶人故意或重大过失，导致被保险机动车被利用从事犯罪行为。除上述情形外，保险人与被保险人约定的其他交通事故免赔情形的，也属于免赔条款。

履行免责条款说明义务的方式：首先，保险人应在保险合同中作出足以引起投保人注意的提示，如字体加粗、特殊文字、符号等。其次，保险人对投保人提出的问题应进行客观、真实地细致说明，以帮助投保人消除疑问。最后，保险人应对格式条款进行提示，并进行口头或者书面的说明。具体表现为保险人应当以书面的形式向投保人提供格式条款，采用口头或者书面的形式向投保人提示该条款的存在，并向投保人作出说明。

值得注意的是，保险人对于"约定免责条款"，应以书面形式向投保人进行说明。《保险法》第17条第2款规定："对保险合同中免除保险人责任的条款，保险人在订立合同时应当在投保单、保险单或者其他保险凭证上作出足以引起投保人注意的提示，并对该条款的内容以书面或者口头形式向投保人作出明确说明；未作提示或者明确说明的，该条款不产生效力。"

那么，如何判断保险人是否明确履行了免责条款说明的义务呢？其判断方式主要是根据承保人的行为是否完全符合法律规定的提示义务和明确说明义务来认定。如为了让投保人能够更加清楚地明白保险合同的起止时间，《关于加强机动车交强险承保工作管理的通知》中规定，各公司可在交强险承保工作中采取以下适当方式，以维护被保险人利益：一是在保单中"特别约定"栏中，就保险期间作特别说明，写明或加印"即时生效"等字样，使保单自出单时立即生效。二是公司系统能够支持打印体覆盖印刷体的，出单时在保单中打印"保险期间自×年×月×日×时……"覆盖原"保险期间自×年×月×日零时起……"字样，明确写明保险期间起止的具体时点。《最高人民法院关于适用〈中华人民共和国保险法〉若干问题的解释（二）》第11条第1款规定："保险合同订立时，保险人在投保单或者保险单等其他保险凭证上，对保险合同中免除保险人责任的条款，以足以引起投保人注意的文字、字体、符号或者其他明显标志作出提示的，人民法院应当认定其履行了保险法第17条第2款规定的提示义务。"

在法院审理中，法院一般会要求保险公司对其已履行了免责条款的说明义务承担举证证明责任。换句话说，就是保险公司需要提供相关证明，如提供符合规定的投保人已签字的免责条款书面说明、向投保人进行口头或书面说明的音频、视频等来说明其已经履行了免责条款的说明义务。如果保险公司不能提交已向被保险人履行免责条款说明义务的相关证据，那么该免责条款对被保险人不发生法律效力。

此外，有一些投保人会签订电子保险合同，如通过网络链接、微信小程序、保险公司微信公众号等渠道签订合同，在这种情况下，《最高人民法院关于适用〈中华人民共和国保险法〉若干问题的解释（二）》第12条规定："通过网络、电话等方式订立的保险合同，保险人以网页、音频、视频等形式对免除保险人责任条款予以提示和明确说明的，人民法院可以认定其履行了提示和明确说明义务。"

案例链接 （2024）粤08民终14号民事判决书

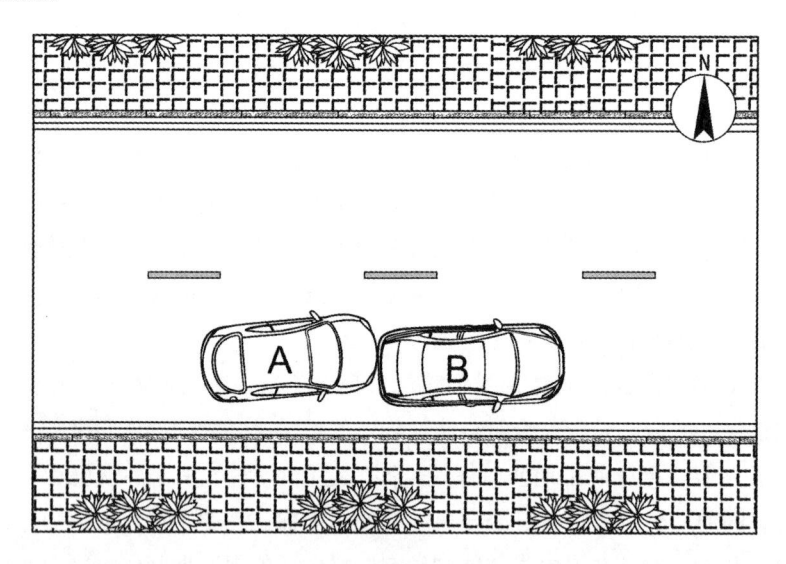

如图所示，20××年4月5日，A车驾驶人驾驶A车碰撞到停着的B车后离开现场，其后行驶时碰到路中栏杆，栏杆又碰到对向的C车。事故发生后，A车驾驶人驾驶A车离开现场，造成2车损坏的交通事故。当事人过错行为、事故责任和赔偿比例的关系见表3-17。

表3-17　过错行为、事故责任和赔偿比例的关系

当事人	过错行为	事故责任	赔偿比例	交强险责任	商业险责任
A车驾驶人	1. 无证驾驶；2. 逃逸	全部	100%	70%	
A车车主	车辆保管不当	无		30%	
A车保险公司				无	有

经查明，A车车主为A车投保商业险的《免责事项说明书》约定，驾驶人交通肇事逃逸的，保险人不负责赔偿。投保人A车车主分别在《车险"投保人缴费实名认

证"客户授权声明书》《免责事项说明书》上进行了电子签名。

B车车主向法院起诉,请求判令A车驾驶人、A车车主、A车保险公司赔偿其因交通事故导致B车损坏的各项修复费用。

A车保险公司辩称,保险公司提交了涉案车辆的被保险人签字的《投保单》、《投保提示书》及《免责事项说明书》,A车车主当庭承认系其本人签字。在上述《投保单》中,提到"保险人已将保险条款内容,尤其是免除保险人责任……的内容和法律后果,已向本人进行了明确的说明。本人对保险条款已认真阅读并充分理解";在上述《投保提示书》中提到"请您认真阅读交强险条款特别是有关保险责任、免除保险人责任的条款、投保人的义务、赔偿处理及保险单中的特别约定等内容",提示书中"驾驶人未取得驾驶资格的"加粗字体进行说明,保险人不负责赔偿,无歧义,常人能理解;在上述《免责事项说明书》中提到"在填写投保单前,我公司就保险合同中的免除保险人责任条款做出如下书面说明,请您注意阅读……尊敬的客户,当您已全面了解本免责事项说明书及机动车商业保险条款内容后,请在本免责事项说明书的投保人签章处签字";《免责事项说明书》中"投保人声明"一栏采用加粗加黑字样,载明:"保险人已经通过上述书面形式向本人详细介绍并提供了投保险种所适用的条款,并对其中免除保险人责任的条款……向本人作了书面明确说明,本人已充分理解并接受上述内容,同意以此作为订立保险合同的依据。本人自愿投保上述险种。"A车车主在签名栏签名确认上述内容,其身为完全民事行为能力人,应能清晰理解投保过程、了解条款内容并清楚认知签名的法律后果,不应再加重保险人的解释说明义务,应认定保险公司电子投保流程已履行了免责条款说明义务。A车驾驶人无证驾驶并逃逸违反法律的禁止性规定,免责条款已经加黑加粗,A车车主也承认签名,综上,充分说明保险公司已经尽到提示义务。因此,保险公司在交强险和商业险中不承担任何赔偿责任。

法院认为

(1)依照《交强险条例》第22条的规定,案涉事故发生时A车驾驶人未取得有效机动车驾驶证,本次事故造成B车车主的财产损失,保险公司在交强险责任限额范围内不予赔偿,侵权人应当在交强险财产损失限额内承担赔偿责任。虽然A车驾驶人使用A车时未经A车车主同意,但是A车车主未能妥善管理A车,对事故的发生也存在一定过错。因此,A车车主在交强险责任限额范围内承担30%的赔偿责任,A车驾驶人在交强险责任限额范围内承担70%的赔偿责任。

(2)至于商业三者险赔偿部分,根据《最高人民法院关于适用〈中华人民共和国保险法〉若干问题的解释(二)》第10条、第12条的规定,虽然A车商业险保险公

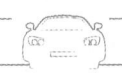

司提交的投保提示书、免责事项说明书等载有投保人 A 车车主的签名。但是该签名系电子签名，并非传统纸质投保单的签名，在 A 车商业险保险公司未能证明 A 车登记车主签名时页面展示内容，也未能证明其已向 A 车车主主动出示了保险条款、免责条款的情况下，A 车车主按照流程直接电子签名的行为尚不足以证明 A 车商业险保险公司已经依法履行提示告知义务。因此，A 车商业险保险公司未能举证证明其就免责条款已向投保人 A 车车主履行提示义务，依照"谁主张，谁举证"的原则，A 车商业险保险公司应承担举证不能的不利后果。因此，涉案 A 车商业险保险合同免责条款依法不产生效力，A 车商业险保险公司需要在商业三者险范围内承担赔偿责任。

总　结

本案中，根据条例规定，保险公司可不承担交强险赔偿责任，但保险公司没有充分证据证明其已针对商业三者险中的免责条款履行了说明义务，法院由此认定该免责条款无效，保险公司应当承担商业三者险保险义务。

18 投保人允许他人驾驶车辆造成投保人损害时，商业三者险的免赔认定

专业解答

投保人允许的驾驶人驾驶机动车致投保人遭到损害的，如果发生交通事故时投保人不在该机动车上，那么投保人的身份就是第三人，在交强险和商业三者险的保障范围内。所以，承保交强险和商业三者险的保险公司需要在保险责任限额范围内对投保人进行赔偿。

如果发生交通事故时，投保人在该机动车上，则投保人属于车上人员，不在交强险和商业三者险的保障范围内。所以，承保交强险和商业三者险的保险公司无需对投保人赔偿。《交通事故损害赔偿解释》（2020 年修正）第 14 条规定："投保人允许的驾驶人驾驶机动车致使投保人遭受损害，当事人请求承保交强险的保险公司在责任限额范围内予以赔偿的，人民法院应予支持，但投保人为本车上人员的除外。"

案例链接 （2020）苏05民终10368号民事判决书

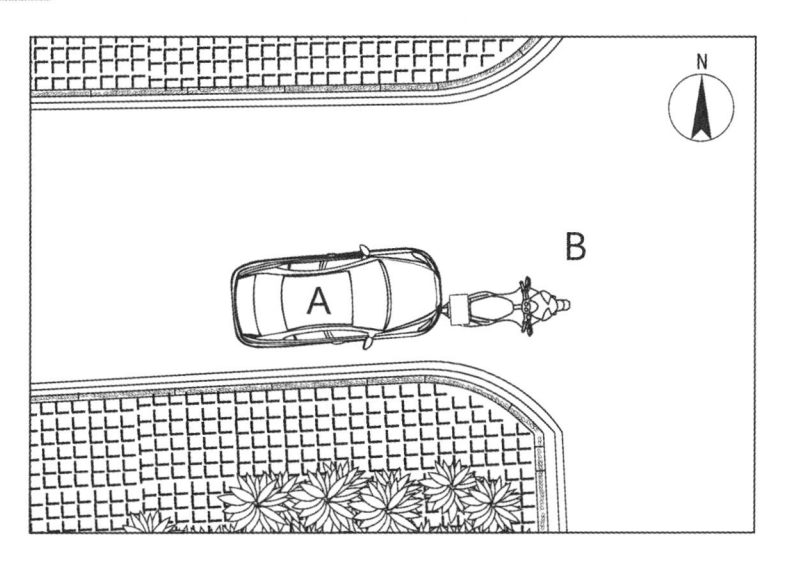

如图所示，20××年10月4日，A车驾驶人经A车车主允许，驾驶A车时不慎追尾等候交通信号灯的A车车主驾驶的摩托车B，致使两车不同程度损坏、A车车主倒地受伤。事故责任和赔偿比例的关系见表3-18。

表3-18　事故责任及赔偿比例的关系

当事人	事故责任	赔偿权利	赔偿义务	赔偿比例	保险赔偿责任
A车驾驶人	全部		有	100%	
A车车主	无	有			
A车保险公司			有		有

另查明，A车车主为A车在A车保险公司投保了交强险和商业三者险，这起事故发生在保险期内。

A车车主向法院起诉，请求判令A车驾驶人、A车保险公司支付其各项损失。

A车保险公司称，A车车主系被保险人，并非交强险及商业三者险理赔范围中的"第三人"，故其无须承担赔偿责任。保险公司向法院提交了以下证据：1.机动车综合商业保险条款，总则第三条载明"本保险合同中的第三者是指因被保险机动车发生意外事故遭受人身伤亡或者财产损失的人，但不包括被保险机动车本车车上人员、被保险人"，责任免除第26条第1款第4项加粗加黑载明"被保险人、被保险人允许的驾驶人、本车车上人员的人身伤亡"保险人不负责赔偿。根据保险条款约定，A车车主系被保险人，故其无须承担赔偿责任。

A车车主称，投保人允许的合法驾驶人驾驶机动车造成投保人损伤的，投保人要求保险公司在交强险范围内予以赔付的，法院应该予以支持。此外，商业三者险设立的初衷和宗旨是保护不特定第三者的利益，A车车主属于商业三者险中的第三者，且保险公司据以免赔的条款属于免责条款，对投保人不具有法律效力。

法院认为

首先，根据《交通事故损害赔偿解释》（2020年修正）第14条的规定，应主要解决投保人能否成为第三人从而获得交强险赔偿的问题。根据该条规定，在投保人与实际驾驶人分离的情况下，此时的投保人与其他普通第三人一样，对机动车失去控制力，当然可以成为交强险赔偿的受害人。本条规定虽仅针对交强险是否赔偿的问题，但商业三者险与交强险同属责任保险，基本原理相通，对于第三人的定义亦应一致。

其次，关于A车保险公司主张的本案事故存在商业三者险保险合同约定的免赔情形。本案事故中，A车车主为A车所有人和A车所投保交强险和商业三者险之投保人，事故发生时A车车主对涉案车辆脱离控制，其与普通第三人无异，而车辆实际驾驶人为A车车主所允许的A车驾驶人，则本案保险事故的被保险人为实际A车驾驶人而非A车车主，故不适用涉案商业三者险保险合同约定的免责事由。所以A车保险公司应当在其承保的交强险和商业三者险范围内向A车车主承担赔偿责任。

总　结

本案中，属于投保人允许他人驾驶车辆造成投保人损害的情形，事故时投保人不在肇事车上，属于普通"第三人"，因此保险公司需要在交强险和商业三者险范围内承担赔偿责任。

19 牵引车和挂车连接使用时发生交通事故的保险赔偿

专业解答

牵引车和挂车的连接使用是一种特定的车辆装置，用于运输货物或人员。它指的是牵引车作为具有驱动能力的车头，而挂车是没有驱动能力的车辆，其被牵引车拖着行走的组合方式。

牵引车和挂车的连接使用方式有两种，一种是半挂，另一种是全挂。半挂，是指挂车的前面一半搭在牵引车后段上面的牵引鞍座上，牵引车后面的桥承受挂车的一部分重量。全挂，是指挂车的前端连在牵引车的后端，但牵引车不承受挂车的重量，牵引车只提供向前的拉力，拖着挂车走。

《交通事故损害赔偿解释》（2020年修正）第18条第2项规定："依法分别投保交强险的牵引车和挂车连接使用时发生交通事故造成第三人损害，当事人请求由各保险公司在各自的责任限额范围内平均赔偿的，人民法院应予支持。"但同时，《交强险条例》第43条规定："挂车不投保机动车交通事故责任强制保险。发生道路交通事故造成人身伤亡、财产损失的，由牵引车投保的保险公司在机动车交通事故责任强制保险责任限额范围内予以赔偿；不足的部分，由牵引车方和挂车方依照法律规定承担赔偿责任。"

牵引车与挂车在道路上行驶时，应视为一个整体。法院在审理有关牵引车和挂车连接使用的交通事故案件中，一般认可保险公司的赔偿方式为：由承保牵引车交强险的保险公司在交强险责任范围内进行赔偿，然后由承保牵引车商业三者险的保险公司和承保挂车商业险的保险公司在责任范围内按保险额比例分摊赔偿。

实践中，有的牵引车保险公司会以挂车未投保为由，主张扣除相应比例，该主张并无法律依据，法院一般不予支持。

案例链接　（2024）新01民终1149号民事判决书

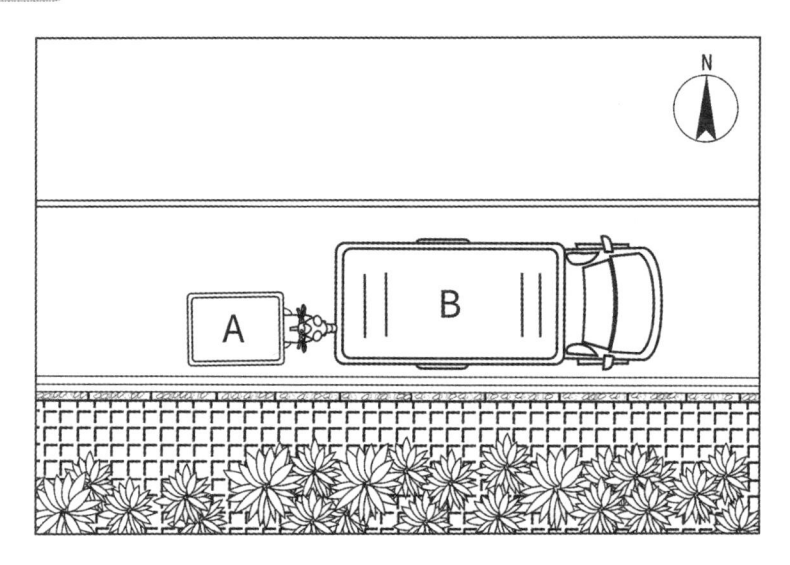

如图所示，20××年4月26日，A车驾驶人无证驾驶无号牌三轮电动车A，因

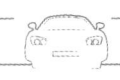

疏于观察，追尾碰撞停在路边的后反光标识和后防护装置不符合要求的半挂牵引车B，造成A车驾驶人当场死亡。事故责任和赔偿比例的关系见表3-19。

表3-19　事故责任和赔偿比例的关系

当事人	事故责任	赔偿义务	赔偿比例	交强险赔偿	商业三者险赔偿
A车驾驶人	主要		70%		
B车驾驶人	次要	有			
B牵引车保险公司		有	30%	100%	30%×50%
B挂车保险公司		有			30%×50%

经查明，B牵引车登记所有人为甲公司，B牵引车在保险公司投保了交强险和保额100万元的商业三者险。B挂车登记所有人为乙公司，B挂车在保险公司投保了保额100万元的商业三者险。

A车驾驶人家属向法院起诉，请求判令B牵引车保险公司、B挂车保险公司、B车驾驶人赔偿各项损失。

B牵引车保险公司与B挂车保险公司称，保险公司已经对免责条款履行了明确说明义务，B车驾驶人实习期内驾驶牵引挂车，根据保险条款的约定，保险公司在商业险内不承担赔偿责任。

B车驾驶人答辩称，当时发生交通事故的时候，B车是静止状态的，与个人驾驶技术无关。投保时保险公司也没有说明过实习期出了事故不给理赔。

法院认为

B车发生事故时处于停止状态，不属于车辆在道路上行驶状态。B牵引车保险公司、B车挂车保险公司出示的机动车商业保险条款第24条规定为格式条款，免除了案涉车辆在此情形下的保险人的责任，直接排除对方的主要权利，应做特别提示和说明，否则不对投保人发生效力。本案现有证据不足以证明保险人做了相应的特别提示及说明，不能证明保险人尽到了注意提示义务。所以B牵引车保险公司和B挂车保险公司需要根据保险合约承担赔偿责任。

依法分别投保交强险的牵引车和挂车连接使用时发生交通事故造成第三人损害，当事人请求各保险公司在各自的责任限额范围内平均赔偿的，法院应予支持。结合单独的挂车并非法律意义上的机动车，挂车只有在与牵引车连接使用时才能构成机动车的一部分，挂车自身并无动力，其离开牵引车无法运行，且B车驾驶人是基于对该半挂牵引车和半挂车的整体驾驶。本案中，根据交警的责任认定，法院确定了双方驾驶人各自承担赔偿责任比例（见表3-19）。B牵引车保险公司已将11万元交强险理赔金支付给了 A 车驾驶人家属，故剩余部分由 B 牵引车保险公司、B 车挂车保险公司在商业保险限额内按 30% 比例平均承担责任（二者商业三者险保额比例为 1∶1）。

总　结

本案中，牵引车与挂车连接使用发生事故，其赔偿责任，由承保牵引车交强险的保险公司在交强险责任范围内承担，然后由承保牵引车商业险的保险公司和承保挂车商业险的保险公司在责任范围内按商业三者险保额比例分摊赔付。

20 交通事故肇事车辆已转让但未办理保险合同变更手续的保险赔偿

专业解答

车辆转让导致实际所有人发生改变，但由于种种原因，双方当事人没有及时办理交强险与商业三者险保险合同变更手续。在这种情况下发生交通事故的，会减免保险公司的赔偿吗？答案是否定的。

只要是在保险有效期内发生的交通事故，实际车主有权向已经承保交强险与商业三者险的保险公司要求赔偿，保险公司应当按照保险合同的约定承担保险责任。《交通事故损害赔偿解释》（2020 年修正）第 20 条第 1 项规定："机动车所有权在交强险合同有效期内发生变动，保险公司在交通事故发生后，以该机动车未办理交强险合同变更手续为由主张免除赔偿责任的，人民法院不予支持。"《保险法》第 49 条第 1 项规定："保险标的转让的，保险标的的受让人承继被保险人的权利和义务。"

因为我国车辆保险以"保车"为基本原则，所以即便车主没有办理交强险、商业三者险保险合同变更手续，只要车辆受让人没有违反保险合同条款，保险公司就需要在保险责任范围内履行赔偿责任。但如果侵权人违反了合同条款，如无证驾驶、酒驾等，那么承保商业三者险的保险公司可以根据免责条款，主张不承担赔偿责任。

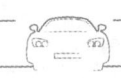

案例链接 （2024）冀0502民初89号民事判决书

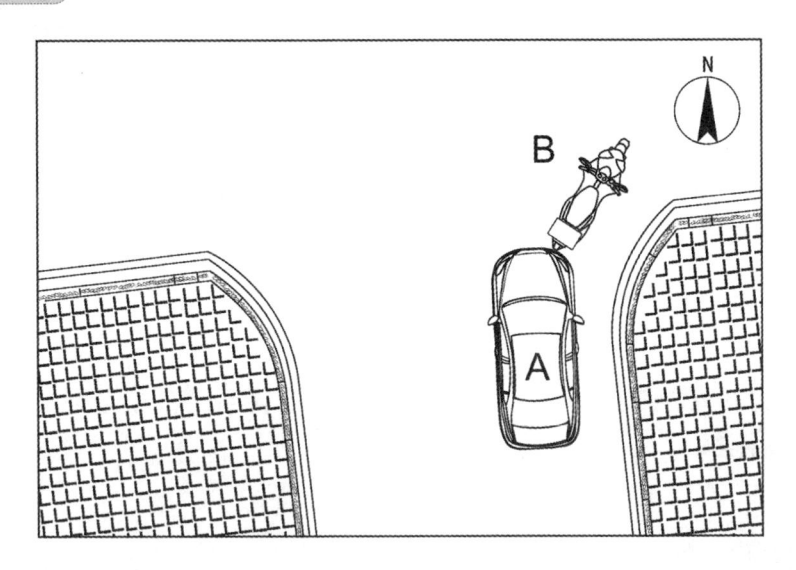

如图所示，20××年6月11日，A车驾驶人驾驶A车在某交叉路口处与摩托车B发生交通事故，造成B车驾驶人受伤、两车不同程度损坏。事故责任和赔偿比例的关系见表3-20。

表3-20 事故责任和赔偿比例的关系

当事人	事故责任	赔偿权利	赔偿义务	赔偿比例	交强险责任
A车驾驶人	全部		有	100%	
B车驾驶人	无	有			
A车保险公司			有		有

B车驾驶人向法院起诉，请求判令A车驾驶人和A车保险公司赔偿其各项损失。

A车保险公司辩称，A车在该公司投保交强险，事故发生在保险期限内；但A车与该公司保单登记的车牌号、车主、被保险人信息均不一致，应由A车驾驶人与现登记车主甲提供完整过户手续后该公司予以赔付。

法院认为

根据《交通事故损害赔偿解释》（2020年修正）第20条第1款规定，B车驾驶人因此次交通事故造成的损失，A车保险公司应当在交强险责任限额范围内承担赔偿责任，不足部分由A车驾驶人承担。

总　　结

本案中，肇事车辆交易过户但未办理交强险保险合同过户手续，这不是保险公司获得免赔或延迟赔偿的理由，保险公司需在交强险内承担赔偿责任。

21 交通事故肇事车辆在交强险有效期内改装的保险赔偿

专业解答

如果在交强险保险期内机动车发生改装，如在货车尾部加装钢管、车身加装超宽水管等行为，发生交通事故时，不管机动车改装部分是否是造成事故的原因，承保交强险的保险公司仍然需要在责任限额范围内进行赔偿。《交通事故损害赔偿解释》（2020年修正）第20条第2项规定："机动车在交强险合同有效期内发生改装、使用性质改变等导致危险程度增加的情形，发生交通事故后，当事人请求保险公司在责任限额范围内予以赔偿的，人民法院应予支持。"

但是，如果保险人在保险条款中标明违法改装是交强险免赔条件，且尽到提示说明义务，投保人改装车辆，且改装部分导致车辆危险程度明显增加，投保人未按照合同约定及时通知保险人，且改装部分是造成交通事故的主要原因的，那么保险公司在交强险赔偿后，有权向投保人或被保险人追偿。

案例链接 （2024）川13民终1791号民事判决书

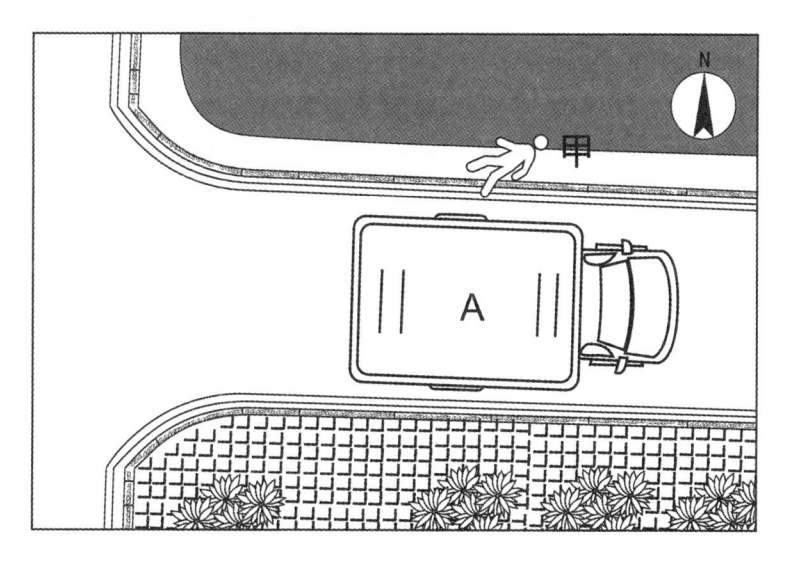

如图所示，20××年10月20日，A车驾驶人驾驶货车A行驶时，其左侧路边

行人甲因避让 A 车掉落至旁边沟中，甲经抢救无效死亡。事故责任和赔偿比例的关系见表 3-21。

表 3-21 事故责任和赔偿比例的关系

当事人	事故责任	赔偿权利	赔偿义务	赔偿比例	交强险责任	商业三者险责任
A 车驾驶人	主要		有	70%		
行人甲	次要			30%		
甲家属		有				
A 车保险公司			有		有	无

经查明，A 车已投保交强险、商业三者险，事故发生在保险期内。同年 10 月 31 日，经司法鉴定，甲的死亡原因为剧烈的钝性机械性暴力作用致重型颅脑损伤死亡。另查明，A 车原车宽为 1.7 米，被擅自加装了超宽水管架后，车宽变成了 2.3 米。

甲家属向法院起诉，请求判令 A 车驾驶人、A 车车主、A 车保险公司赔偿甲家属各项损失。

A 车保险公司称，(1)《机动车登记规定》（2021 年修订）第 22 条规定："有下列情形之一，在不影响安全和识别号牌的情况下，机动车所有人不需要办理变更登记：（一）增加机动车车内装饰；（二）小型、微型载客汽车加装出入口踏步件；（三）货运机动车加装防风罩、水箱、工具箱、备胎架等。属于第 1 款第 2 项、第 3 项规定变更事项的，加装的部件不得超出车辆宽度。"A 车驾驶人自认其悬挂的水管架已超过车身宽度，其应向相应的登记机关登记但未登记，其加宽行为增加了使用风险。(2) A 车保险公司提交了相应证据证明，在 A 车车主投保时，对包括但不限于免除保险人责任的条款进行了说明，A 车车主在投保人处进行了签字确认。此外，在保险条款第 23 条第 3 款中，也对改装导致机动车危险程度显著增加且未及时通知保险人的免赔条款进行了加粗加黑，保险公司尽到了提示和明确说明义务，故保险公司在商业险范围内不承担赔偿责任。

法院认为

车辆不得擅自进行加装、改装和改变使用用途。本案中，A 车车主擅自加装了超宽水管架，在本就狭窄的乡道驾驶，致使甲为避让 A 车掉至沟中死亡，是导致本案事故发生的主要原因。另外，A 车保险公司提供的证据（影像资料）证明了在 A 车车主投保的时候进行了说明义务，根据合同的约定，A 车车主擅自加装超宽水管架的行为属于商业三者险免赔范围，故对于保险公司的商业免赔意见予以支持，但 A 车保险公司在交强险范围内应当予以赔偿。综上，由 A 车保险公司在交强险范围内向甲家属进行赔偿、其余部分由 A 车驾驶人进行赔付。

📝 总　结

本案中，肇事车辆擅自加装改装，且该行为是发生交通事故的主要原因，保险公司在尽到了告知义务后，在商业三者险范围内免赔，但需要承担在交强险限额内的赔偿责任。

22 交通事故肇事者逃逸的保险赔偿

专业解答

交通肇事逃逸是指行为人在发生交通事故后，为逃避法律追究责任而逃跑的行为。

交通事故发生后，肇事者逃逸的，其逃逸行为在商业三者险免责范围内。承保商业险的保险公司无需在商业三者险内承担赔偿义务，但承保交强险的保险公司需要在交强险人身损害责任限额范围内承担赔偿责任。《民法典》第1216条规定："机动车驾驶人发生交通事故后逃逸，该机动车参加强制保险的，由保险人在机动车强制保险责任限额范围内予以赔偿。"

但是，如果保险公司无法提供充足证据证明其已尽到免责条款说明义务的，那么该免责条款就没有效力，保险公司仍需要在商业三者险内对受害人进行赔偿。

案例链接　（2024）湘10民终732号民事判决书

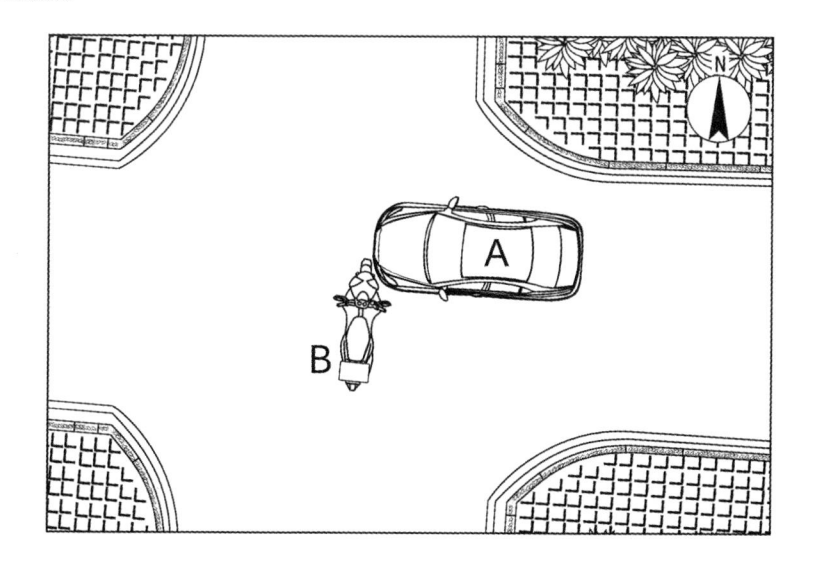

187

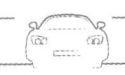

如图所示，20××年9月27日，A车驾驶人驾驶A车至某十字路口时与摩托车B相撞，造成B车驾驶人死亡、两车受损的道路交通事故。事故发生后，A车驾驶人打电话给其朋友甲，要甲顶替她作为驾驶人。双方的过错行为、事故责任和赔偿比例的关系见表3-22。

表3-22 过错行为、事故责任和赔偿比例的关系

当事人	过错行为	事故责任	赔偿比例	交强险责任	商业三者险责任
A车驾驶人	1. 酒驾； 2. 超速； 3. 逃逸	主要	70%		
B车驾驶人	1. 超速； 2. 未让右方来车先行	次要	30%		
A车保险公司				有	无

B车驾驶人家属向法院起诉，请求判令A车驾驶人、A车保险公司赔偿其各项损失。

A车保险公司称，A车驾驶人找人"顶包"的行为属于肇事逃逸。根据涉案免责条款的约定，保险公司无需在商业三者险内承担赔偿义务。保险公司提交的电子投保操作流程视频显示，其对电子保险条款中的免责条款进行了加粗加黑，且单独将免责条款单列出来给投保人观看，页面阅读设置了最低阅读时间，在阅读勾选同意后才可进行下一步操作。A车驾驶人在电子保单中针对"本人确认收到条款及《免责事项说明书》。保险人已明确说明免除保险人责任条款的内容及法律后果"的投保人签章处签名。

A车驾驶人辩称，A车驾驶人在事发后并未离开事故现场，而是积极配合调查，也没有逃离现场，A车驾驶人通知甲到事故现场不是为了"顶包"，而是害怕被受害者家属殴打，不能认定A车驾驶人逃逸。投保时保险公司的业务员并未向A车驾驶人告知免责条款事项内容，免责条款内容不对A车驾驶人产生效力，因此A车保险公司应在商业三者险范围内承担本案的赔偿责任。

法院认为

A车驾驶人在发生事故后不是及时报警或抢救伤员，而是拨打案外人甲的电话，要甲顶替，甲到现场后，以驾驶人身份与交警沟通，A车驾驶人在现场未表示反对，直至"顶包"案发才承认其交通肇事的事实。在实践中，交通肇事逃逸具有复杂化和多样性的特点，不能机械地认为"逃跑"必须是在交通肇事后离开事故现场。"逃跑"并没有时间和场所限定，应当包含积极或消极的逃跑行为。A车驾驶人虽未离开事故

现场，但其故意隐瞒自己系肇事驾驶员的事实，叫人顶替，干扰正常执法，该行为系"消极逃跑"，其客观行为有逃避法律追究的主观故意，其行为应被认定为交通肇事逃逸。

A车保险公司提交的证据证明，保险公司对第三者责任险的免责条款尽到了出示、提示、说明义务。同时，如果在A车驾驶人交通肇事后不报警、不抢救受害人，而是让他人顶包的情形下，仍然判令保险公司承担本案商业三者险的赔偿责任，则有违诚实信用原则、公平原则。因此，A车保险公司在商业三者险范围内免责。综上，A车保险公司需要在交强险责任限额内赔偿，剩余部分由A车驾驶人按照70%的比例承担赔偿责任。

总　结

本案中，A车驾驶人"消极逃跑"，属于逃逸的一种形式，A车保险公司已尽到免责说明义务，所以商业三者险免赔，但需要在交强险责任限额范围内进行赔偿。

23 交通事故发生后当事人未通知保险公司的保险赔偿

专业解答

《保险法》第21条规定："投保人、被保险人或者受益人知道保险事故发生后，应当及时通知保险人。故意或者因重大过失未及时通知，致使保险事故的性质、原因、损失程度等难以确定的，保险人对无法确定的部分，不承担赔偿或者给付保险金的责任，但保险人通过其他途径已经及时知道或者应当及时知道保险事故发生的除外。"

这就是说，交通事故发生后，侵权人、投保人等相关人员应当及时通知保险人交通事故发生情况，通知的时间一般认为应当在48小时内，如果因故意或过失未及时通知保险公司，导致事故的性质、原因、损失程度等难以确定，保险公司有权对无法确定的损失部分拒绝赔偿。这意味着，如果事故损失无法准确评估，投保人可能会面临无法得到全额赔偿的风险。除非保险人通过其他途径已经及时知道或者应当及时知道保险事故发生。

如果发生交通事故后未及时通知保险公司，应尽快补报。在补报时，应提供尽可能详细的事故信息和相关证据，以便保险公司进行事故调查和定损。同时，应积极配合保险公司的调查工作，确保理赔流程顺利进行。

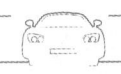

保险人接到出险通知后，会向被保险人发送一份通知书，告诉被保险人进行理赔的一些相关事项。

案例链接 （2023）浙01民终11984号民事判决书

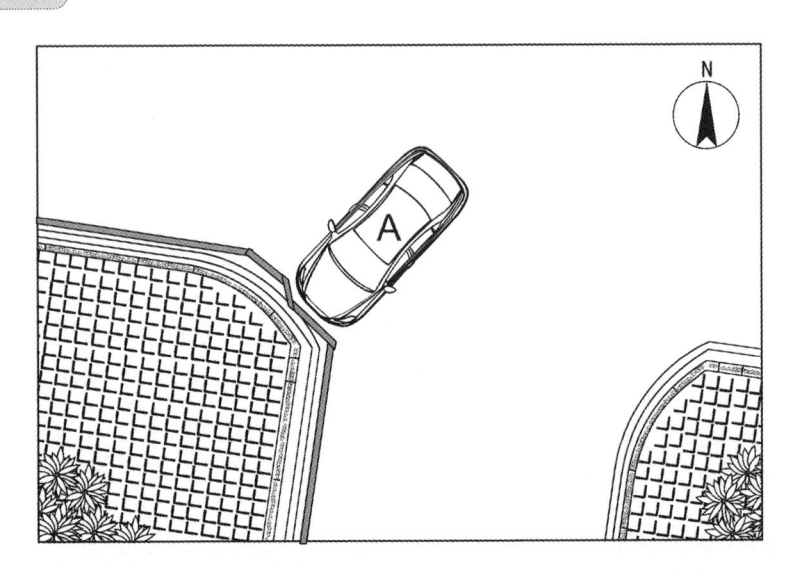

如图所示，20××年12月29日，A车驾驶人驾驶A车与道路护栏发生碰撞，造成车辆损坏、护栏损坏的交通事故。事故发生后A车驾驶人自行搭乘出租车离开现场。事发次日，A车驾驶人向交警部门报案。当事人过错行为、事故责任和赔偿比例的关系见表3-23。

表3-23　过错行为、事故责任和赔偿比例的关系

当事人	过错行为	事故责任	赔偿比例	及时通知保险人	保险赔偿责任
A车驾驶人	逃逸	全部	100%	否	
A车保险公司					无

直到事故发生近3个月后，A车驾驶人才向A车保险公司进行报案，告知出险事宜。

A车所属单位向法院起诉，请求判令A车保险公司在商业三者险内赔付车辆损失。

A车保险公司称，保险合同中已明确写明被保险人应当在保险事故发生后及时通知保险人；投保人只有在详细阅读完条款之后点击"已阅读"，才能跳到投保环节的下一步。保险公司已经尽到提示和免责说明义务。

交警部门在《事故认定书》中将案涉事故发生时间及报案时间均予以详细记载，证明了A车驾驶人系延迟报案，而且是故意报案。一般人都知道，在保险事故发生后

应当在第一时间通知保险人及交警部门，这是常识，而案涉 A 车驾驶人在事故发生时不仅不通知交警，连保险人都不通知。根据《保险法》第 21 条以及保险条款的规定，由于 A 车所属单位迟延报案，使 A 车驾驶人是否存在酒驾等违法行为无法查明。而迟延报案的行为导致事故的性质原因不能确定，故事故性质原因是影响保险责任能否成立的重要事项。综上，A 车所属单位的请求不属于保险责任赔偿范围。

法院认为

根据《中国保险行业协会机动车商业保险示范条款》中的相关条款和《保险法》第 21 条的规定，履行通知义务属于被保险人的法定义务，亦是诚实信用原则的体现。A 车驾驶人在近 3 个月后才向保险公司进行报案，提起理赔主张，显然已经超过合理期限，应认定其未及时履行出险通知义务，存在故意或重大过失。

因 A 车驾驶人未及时履行通知义务的过失行为及于次日才向交警部门进行报案的行为，导致认定 A 车驾驶人是否存在酒驾等保险理赔免责情形无法查清，而是否存在免责事由将影响保险责任能否成立，这属于影响保险事故性质的重要事项。因此，本案符合《保险法》第 21 条规定的保险公司"不承担赔偿或者给付保险金的责任"的情形，A 车保险公司予以拒赔有相应法律依据，法院予以采纳，故 A 车保险公司无需向 A 车所属单位赔付车辆损失。

总　结

本案中，肇事车辆所有人在事故发生近 3 个月后才告知保险公司，属于延迟报案，明显存在故意或重大过失，影响了保险公司判断事故性质，根据相关规定，保险公司不需要承担事故赔偿责任。

24 交通事故受损车辆的维修费高于其实际价值的保险赔偿

专业解答

交通事故导致车辆损失，如果车辆实际损失没有超过车辆在事故前的价值，则保险人按照车辆实际损失进行赔偿。这点不会有争议。那如果实际损失超过车辆在事故前的实际价值，比如说有辆车事故前实际价值为 10 万元，修车费用需要 12 万元，那么保险公司是按照 10 万元还是 12 万元赔偿呢？

《民法典》第1184条规定："侵害他人财产的，财产损失按照损失发生时的市场价格或者其他合理方式计算。"根据规定，车辆损失的赔偿，应以赔偿权利人所失利益为限。实质是通过赔偿的形式使车辆恢复到事故发生时的价值和状态。若车辆的维修费已超过了车损值，再继续维修就是扩大损失，由此产生的损失应当由车主自行承担。

因此，如果实际损失超过车辆在事故前的价值，如车辆维修费比事故前车辆的价值还高，则保险人可以按照事故前车辆的实际价值进行赔付。

保险公司基于对被保险人因事故责任而承担的赔偿责任，对于车辆等财产损失自然遵循上述办法承担赔付责任。

案例链接 （2024）内03民终736号民事判决书

20××年11月8日，A车驾驶人是A车所属单位的员工，A车驾驶人驾驶A车与B车发生碰撞，造成两车不同程度受损的交通事故，事故责任和赔偿比例的关系见表3-24。

表3-24 事故责任和赔偿比例的关系

当事人	事故责任	赔偿义务	赔偿比例	市场评估价	维修费评估价	保险赔偿
A车驾驶人	全部	有	100%			
B车驾驶人	无					
B车损失				46700元	95678元	
A车保险公司		有				46700元

事故发生后，B车驾驶人通过某价格鉴定机构对B车进行鉴定，某价格鉴定机构出具《机动车鉴定评估报告书》载明：B车在鉴定评估基准日因交通事故造成的损失为95678元（此金额已核减残值），该车辆更换配件残值金额为1300元。因A车保险公司对该鉴定报告提出异议，某价格鉴定机构又出具《评估补充报告书》，载明：B车在鉴定评估基准日为46700元，该车辆发生事故后残值金额为23000元。

B车驾驶人向法院起诉，请求判令A车所属单位、A车保险公司赔偿其车辆维修费95678元及更换配件残值费1300元，合计96978元。

法院认为

A车所属单位的员工驾驶A车造成B车受损，A车驾驶人承担事故全部责任，其单位应承担赔偿责任。根据《交通事故损害赔偿解释》（2020年修正）第12条的规定，因道路交通事故造成财产损害的赔偿范围，包括：（1）车辆维修费或重置费；（2）维修期间的停运损失。经鉴定，B车在事故发生时价值46700元，而修理该车辆的维修费为95678元，B车驾驶人提起本次诉讼主张维修费，但该维修费应在合理范围内，该车辆现维修费已远高于其实际价值，应视为B车不具备维修价值，且案涉车辆发生事故后一直未进行修理，故B车驾驶人主张A车所属单位、A车保险公司承担大于实际损失的赔偿责任，于法无据，不予支持。A车保险公司应按照B车驾驶人车辆事故前实际价值进行赔偿，车辆残值归A车保险公司所有。

总　结

本案中，受损车辆维修费用明显高于事故前该车的市场价值。此时，法院认定受损车辆已无维修的必要，保险公司只需按受损车辆事故前的市场价值进行赔偿。

25 保险公司的追偿权

专业解答

保险公司的追偿权，指在特定情形下，保险公司向被保险人或受害人支付保险赔偿金后，依法取得向造成保险事故的第三方责任人或侵权人要求返还赔偿的权利。在有关交通事故赔偿纠纷案件中，保险公司行使追偿权有2种情形：

1. 向有侵权责任的机动车一方追偿

根据《交强险条例》第22条的规定，交强险保险公司需要向受害人垫付除财产损失外的人身损害赔偿，交强险保险公司在赔偿后可以向侵权人进行追偿。但是，保险公司的追偿权不是任何时候都能使用的，首先，需要满足《交强险条例》第22条规定的三种情形之一：（1）驾驶人未取得驾驶资格或者醉酒的；（2）被保险机动车被盗抢期间肇事的；（3）被保险人故意制造道路交通事故的。其次，追偿的范围是侵权人按照赔偿比例需要承担的受害人人身损害赔偿部分。

此外，《交通事故损害赔偿解释》（2020年修正）第15条规定，有下列情形之一导致第三人人身损害，当事人请求保险公司在交强险责任限额范围内予以赔偿的，人民法院应予支持：（1）驾驶人未取得驾驶资格或者未取得相应驾驶资格的；（2）醉酒、服用国家管制的精神药品或者麻醉药品后驾驶机动车发生交通事故的；（3）驾驶人故意制造交通事故的。保险公司在赔偿范围内向侵权人主张追偿权的，人民法院应

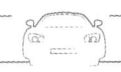

予支持。追偿权的诉讼时效期间自保险公司实际赔偿之日起计算。

如果甲饮酒驾驶投保交强险的机动车发生交通事故将乙撞伤送医治疗，支付医疗费用10000元，那么保险公司在向乙履行赔付责任后，可以向甲追偿上述10000元。

2. 向给非机动车一方追偿

机动车与非机动车发生事故导致机动车受损，非机动车有事故责任，且受损机动车的车损险由保险公司向机动车车主赔偿之后，该保险公司是否能向非机动车一方行使追偿权，去要求非机动车一方赔付保险公司向机动车一方赔偿的钱？答案是不能。从法律层面上来说，并没有相关法律明确规定非机动车一方需对机动车一方的损失承担赔偿责任，因此保险公司缺乏法定的追偿依据。从保险合同层面上来说，保险公司是根据与投保人签订的保险合同来履行赔偿义务，其赔偿的依据是保险合同的约定以及相关保险法规。而保险合同具有相对性，仅约束合同双方当事人，即保险公司和被保险人。在合同中未明确约定保险公司有权向非机动车方追偿的情况下，保险公司不能突破合同相对性向非机动车方主张权利。

案例链接 （2024）新31民终2221号民事判决书

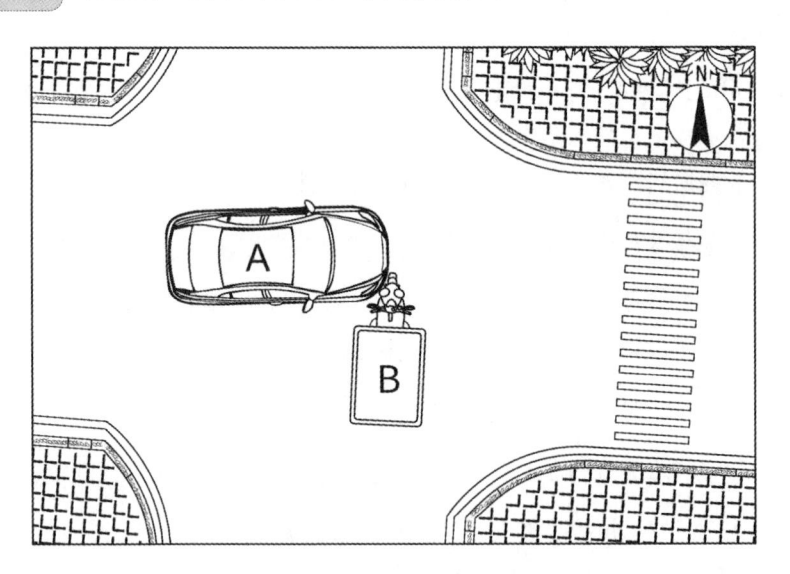

如图所示，20××年10月1日，A车驾驶人驾驶A车行驶至某十字路口时，与B车驾驶人驾驶的三轮电动车B发生碰撞，事故造成B车驾驶人受伤。当事人过错行为、事故责任和赔偿责任的关系见表3-25。

表 3-25　过错行为、事故责任和赔偿责任的关系

当事人	过错行为	事故责任	交强险赔偿责任	追偿权
A 车驾驶人	无证驾驶	主要		
A 车车主	保管车辆不当			
B 车驾驶人		次要		
A 车保险公司			有	有

事故发生后，法院判令 A 车保险公司在交强险范围内向 B 车驾驶人赔偿 112200.78 元。之后 A 车保险公司向 B 车驾驶人如数支付了赔偿款。

现 A 车保险公司以其对 A 车驾驶人、A 车车主享有追偿权为由，提起诉讼。诉请 A 车驾驶人、A 车车主承担赔偿款 112200.78 元。

法院认为

追偿权是基于一定的基础法律关系而产生的权利，权利人通过履行法定义务而取得追偿权。根据《交强险条例》第 22 条的规定，保险公司在赔偿范围内向侵权人主张追偿权的，人民法院应予支持。根据庭审查明，A 车驾驶人系无证驾驶，符合"驾驶人未取得驾驶资格或者未取得相应驾驶资格"的情形，A 车驾驶人作为交通事故的侵权人，对于交强险已经垫付的保险赔偿款，A 车保险公司依法取得追偿权。

A 车驾驶人作为完全行为能力人，明知自己未取得驾驶资格，仍借用 A 车，A 车驾驶人存在重大过错，本院酌定 A 车驾驶人在本案中承担 80% 的赔偿责任。根据《民法典》第 1212 条之规定，未经允许驾驶他人机动车，发生交通事故造成损害，属于该机动车一方责任的，由机动车使用人承担赔偿责任；机动车所有人、管理人对损害的发生有过错的，承担相应的赔偿责任，A 车车主作为 A 车所有权人，负有妥善保管 A 车的义务，A 车车主明知 A 车驾驶人未取得驾驶资格，仍未尽到妥善保管车辆、车钥匙的审慎义务，致使 A 车驾驶人擅自将车开出，对事故损害存在一定的过错，应当承担与其过错相应的责任，法院酌定 A 车车主在本案中承担 20% 的责任。

综上，A 车保险公司在交强险范围内垫付的赔偿金，由 A 车驾驶人、A 车车主按照比例承担相应的赔偿责任。

总　结

本案中，侵权人无证驾驶的行为，符合保险公司行使追偿权的情形，保险公司在向受害人赔付后，取得追偿权，并可通过诉讼行使追偿权。

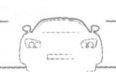

26 肇事车辆拥有多份交强险的保险赔偿办法

> **专业解答**

投保人购买了多份交强险的，在保险理赔阶段，通常由保险起期在前的保险公司承担赔偿责任。但是，在法院审理阶段，有的法院会认定各保险公司都需要履行保险义务，多个保险公司在交强险责任限额内均摊赔偿责任。

总而言之，多个交强险保险公司只能按照一份交强险的责任限额来进行赔偿，不能以多份交强险责任限额总值来赔付。《交强险条例》第23条规定，交强险在全国范围内实行统一的责任限额。受害人在因同一事故已经获得一份交强险赔偿限额的情形下，主张其他保险公司在交强险限额内赔偿，属于重复主张，不应支持。《保险法》第56条规定，重复保险的各保险人赔偿保险金的总和不得超过保险价值。除合同另有约定外，各保险人按照其保险金额与保险金额总和的比例承担赔偿保险金的责任。

例如，如果交强险的死亡伤残赔偿限额是18万元，投保人购买了两份交强险，在发生事故需要赔偿时，两份交强险都需要赔偿，但不会按照两份交强险各赔18万元来赔偿，而仍然是在18万元的限额内进行赔偿，赔偿金额由承保交强险的保险公司平摊。

保险公司作为专业机构，有对其投保的交强险进行审查的义务。对于多收取的保费，保险公司应当按照相关规定退还给投保人。比如如果投保人重复投保，多交了一份保费，保险公司在核实后应该将多收的保费退还给投保人。

在交强险的理赔过程中，如果涉及多份交强险是由于车辆转让等特殊情况导致的，例如，车辆在保险期间内转让，原车主和新车主都购买了交强险，这种情况下，一般以保险期间的连续性和事故发生时车辆的实际所有人来确定交强险的责任承担主体，最终也不会按照多份交强险的总额进行赔偿。

案例链接 （2021）甘12民终1294号民事判决书

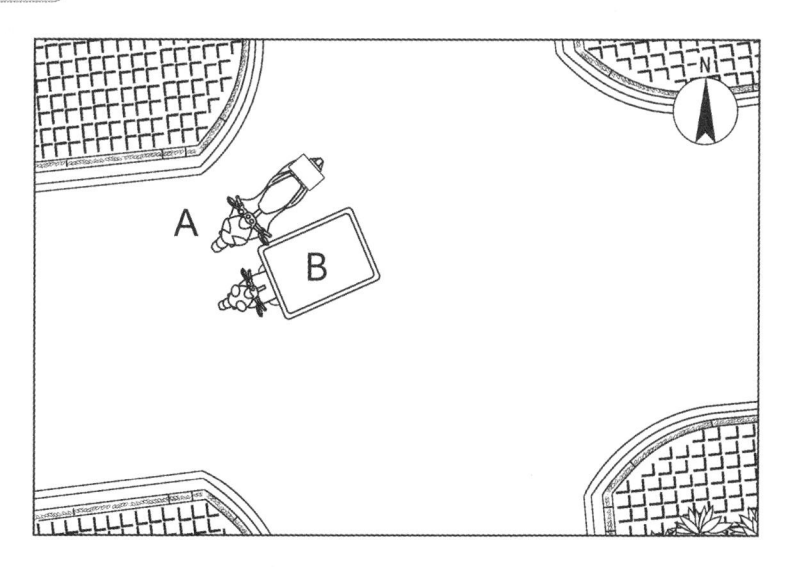

如图所示，20××年2月5日18时02分，A车驾驶人驾驶二轮摩托车A由北向南驶入某路口时，与向左转弯的三轮汽车B发生碰撞，造成A车驾驶人受伤、两车受损的道路交通事故。事故责任和赔偿比例的关系见表3-26。

表3-26 事故责任和赔偿比例的关系

当事人	事故责任	赔偿权利	赔偿义务	赔偿比例	交强险赔偿责任
A车驾驶人	主要	有		70%	
B车驾驶人	次要		有	30%	
甲保险公司					50%
乙保险公司					50%

经查明，B车车主先在甲保险公司投保了交强险（保险期间：自2020年3月11日0时起至2021年3月10日24时止）。2021年2月5日，B车车主在审验B车时，因未携带之前的交强险保单，审车时被告知材料不全，遂向乙保险公司又投保了交强险（保险期间：自2021年2月5日13时0分起至2022年2月5日13时0分止）。

A车驾驶人向法院起诉，请求依法判令B车驾驶人、B车车主、甲保险公司、乙保险公司赔偿各项损失。

乙保险公司辩称，交强险重复投保时应当由起期在先的保险人承担责任。保监会发布的《机动车交通事故责任强制保险承保、理赔实务规程要点》规定："被保险机动车投保一份以上交强险的，保险期间起期在前的保险合同承担赔偿责任，起期在后

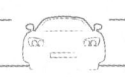

的不承担赔偿责任。"依据《保险法》第56条规定，重复保险是指投保人对同一保险标的、同一保险利益、同一保险事故分别与两个以上的保险人订立保险合同，且保险金额总和超过保险价值的保险。该条款同时规定，重复保险的各保险人赔偿金额总和不得超过保险价值，除合同另有约定外，各保险人按照其保险金额与保险金额总和的比例承担赔偿责任。本案中B车车主向两保险公司重复投保两份交强险。因此，B车重复投保导致两份交强险的保险金额明显超过法定的"一起事故一方机动车交强险赔偿限额不超过20万元"的规定。

B车车主辩称，事故中三轮汽车投保的两份交强险都在有效范围期限内，发生交通事故应由两家保险公司承担赔偿责任。

法院认为

交强险的目的在于保障机动车道路交通事故的受害人依法得到赔偿。保险合同属射幸合同，投保人按保险合同要求交纳了保费，保险事故发生后，保险人有责任按保险合同约定进行赔付。投保人就同一车辆分别在两个保险公司投保交强险，车辆在保险期限内发生交通事故，因现行法律对同时购买两份交强险并予以受偿没有禁止性规定，保险公司也没有尽到应有的告知、审查义务，而投保人购买两份交强险这一行为不存在恶意。故《保险法》第56条规定不适用于本案，鉴于保险合同不同于一般合同的特殊性质，故涉案两合同并不存在法律规定的无效情形。《机动车交通事故责任强制保险承保、理赔事务规程要点》中关于"被保险机动车投保一份以上交强险的，保险期间起期在前的保险合同承担赔偿责任，起期在后的不承担赔偿责任"的规定只是保险行业内部规定，并非法律的强制性规定，约束的只能是保险行业内部，结合本案特殊情形，法院对乙保险公司意见不予支持。

根据事故责任认定划分的赔偿责任，甲、乙两个保险公司应各自按照保险合同的约定，在交强险的赔偿限额内平均承担赔偿责任。不足部分，由B车驾驶人承担。

总 结

本案中，肇事车辆分别在两家保险公司购买了交强险，存在多份交强险的情况，法院认定，两家保险公司都要履行保险赔偿义务，具体赔付由各保险公司在交强险范围内平均承担赔偿责任。

27 机动车商业险赔偿范围和理赔条件

> 专业解答

常见的机动车商业险主险有车辆损失险、车上人员责任险、商业第三者责任险。此外，还有一些附加险，见表3-27.1。

表3-27.1 机动车商业保险险种分类

险种		
商业险	主险	车辆损失险
		商业第三者责任险
		车上人员责任险
	附加险	附加车轮单独损失险
		附加新增设备损失险
		附加绝对免赔率特约条款
		附加车身划痕损失险
		附加修理期间费用补偿险
		附加车上货物责任险
		附加发动机进水损坏除外特约条款附加
		附加机动车增值服务特约条款
		附加精神损害抚慰金责任险
		附加法定节假日限额翻倍险
		附加医保外用药医疗费用责任险
		……

一、机动车商业保险赔偿范围

（一）主险

主险中的赔偿范围如下：

1. 车辆损失险

车辆损失险负责赔偿由自然灾害和意外事故造成的车辆自身损失，以及与车辆相关的施救费用。自然灾害主要包括，雷击、暴风、雨、洪水、龙卷风、冰雹、台风、地陷、滑坡、泥石流、雪崩、暴雪、沙尘暴、地震及其次生灾害等。车辆损失险条款并不是完全固定的，会随着政策等因素进行改进，如《关于实施车险综合改革的指导意见》（2020年）中指出，引导行业将机动车示范产品的车损险主险条款在现有保险

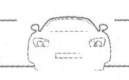

责任基础上，增加机动车全车盗抢、玻璃单独破碎、自燃、发动机涉水、不计免赔率、无法找到第三方特约等保险责任。

被保险车辆发生损失时，承保车损险的保险公司需要赔偿被保险人车辆维修等费用。但是，车辆损失险并不是对所有的车辆损失都进行赔付。如果被保险车辆存在如驾驶人有酒驾、无证驾驶等违法行为，利用车辆进行犯罪的，以及保险合同中明确说明的其他情况时，车辆损失险可以免赔。

2. 商业第三者责任险

商业第三者责任险，一般又称商业三者险，其赔偿的对象是交通事故中的第三人，商业三者险中的第三人范围与交强险中的第三人范围相同，都是指事故发生时的车外受害者。商业三者险是交强险的有效补充，其赔付范围是超过交强险的部分按照侵权人应承担的赔偿比例为准，在责任限额内予以赔偿。

3. 车上人员责任险

车上人员责任险是针对车内人员的保险。在发生交通事故导致车内人员伤亡时，承保该险的保险公司需要按照保险合同的约定承担赔偿责任。

（二）附加险

附加险是对车辆损失险、商业三者险和车上人员责任险这三种基本保险外的其他情况的补充。根据保险对象的不同，附加险也有很多种。《关于实施车险综合改革的指导意见》（2020）中指出，支持行业开发车轮单独损失险、医保外用药责任险等附加险产品。

二、机动车商业保险理赔条件

就机动车商业保险的理赔条件而言，主要需要满足保险合同有效、事故赔偿属于保险责任范围、不存在免责情形以及及时报案并配合调查这四个条件。

1. 保险合同有效

一方面，保险合同必须是在双方自愿、平等、合法的基础上签订的。签订过程中，双方应遵循诚实信用原则，如实告知相关信息，例如投保人在填写投保单时，应准确提供车辆的基本信息、使用性质、驾驶员情况等，不得隐瞒或虚报。另一方面，事故发生时间必须在保险合同规定的有效期限内。如果事故发生时保险合同已过期，保险公司将不予理赔。

2. 事故赔偿属于保险责任范围

事故赔偿原因和事故赔偿类型都要在机动车商业保险责任范围内。

3. 不存在免责情形

商业险免责既有法定的免责情形，如酒驾等，又有约定的免责情形，如超载等。

4. 及时报案并配合调查

一般来说，侵权人或被保险人应当在事故发生时及时报案，并通知保险公司，积极配合保险公司进行调查工作，提供真实、准确的事故情况和相关证据，确保保险公司能够及时进行现场勘查、定损等，让理赔工作顺利进行。如果被保险人故意隐瞒或提供虚假信息，保险公司有权拒绝理赔。

案例链接 （2024）新23民终1834号民事判决书

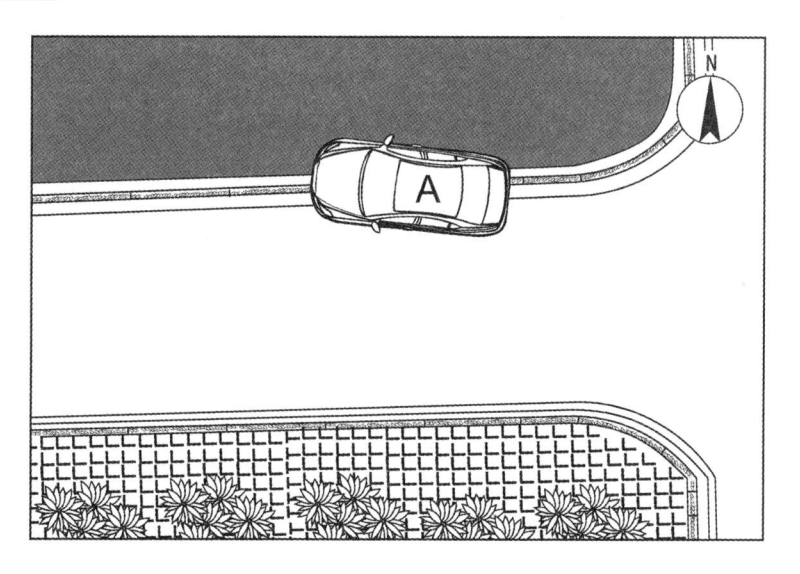

如图所示，20××年7月23日，乘车人甲因工作缘故乘坐A车驾驶人驾驶的A车，在返回途中因A车驾驶人过度疲劳驾车发生A车侧翻事故，造成甲多处肋骨骨折、腰椎骨折等损害后果。当事人过错行为、事故责任和赔偿比例的关系见表3-27.2。

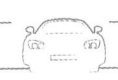

表 3-27.2 过错行为、事故责任和赔偿比例的关系

当事人	过错行为	事故责任	赔偿义务	赔偿比例	交强险赔偿责任	车上人员责任险赔偿责任
A 车驾驶人	疲劳驾车	全部	有	100%		
乘车人甲		无				
A 车保险公司			有		无	有

经查明，A 车投保有交强险、车上人员责任险（乘客每人每座 1 万元），事故发生在保险责任期间。

甲向法院起诉，请求判令 A 车驾驶人、A 车保险公司赔偿其全部损失。

法院认为

A 车驾驶人是实际侵权责任人，A 车驾驶人应对侵权导致的后果承担全部赔偿责任。交强险赔偿对象为本车之外第三人，而甲为本车内乘坐人员，不属于交强险赔偿对象，故 A 车保险公司在交强险内不需要赔偿。但因 A 车已投保车上人员责任险，故由 A 车保险公司在车上人员责任险 1 万元责任限额内向甲赔偿，剩余部分由 A 车驾驶人承担。

总 结

本案中，因肇事车辆购买了车上人员责任险，事故在保险期内，对受害人的赔偿也在保险责任范围内，所以承保该险的保险公司应当在保险范围内对肇事车辆内的受害人进行赔偿。

28 交通事故肇事车辆的投保人不是车主的保险赔偿

专业解答

当投保人给他人所有的车辆进行投保时，只要投保人与该车辆有利益关系，那么其对投保的车辆就有保险利益，保险合同就有效。发生交通事故时，承保的保险公司就需要根据保险合同的约定进行相关赔偿。《保险法》第 12 条中规定："财产保险的被保险人在保险事故发生时，对保险标的应当具有保险利益。"《保险法》第 48 条规定："保险事故发生时，被保险人对保险标的不具有保险利益的，不得向保险人请求赔偿保险金。"如车主甲将车辆放到乙公司处进行租赁，乙公司固定收取费用。在租赁期间，乙给该车投保了车辆损失险。发生事故导致该车辆受损时，乙公司有权向保险公司要求赔偿其损失，保险公司不能以投保人不是车主为理由拒绝赔偿。

对于车主来说，虽然车主不是投保人，但车主是车辆的所有人，同样符合《保险法》第 12 条规定，实际享有保险利益，所以车主也有权要求保险公司进行赔偿。

案例链接 （2024）新 71 民终 121 号民事判决书

20×× 年 10 月 28 日，A 车驾驶人驾驶 A 车沿某路行驶时，发生致 1 人受伤、并产生直接财产损失的交通事故。事故责任和赔偿比例的关系见表 3-28。

表 3-28 事故责任和赔偿比例的关系

当事人	事故责任	赔偿权利	赔偿义务	赔偿比例	保险赔偿责任
A 车驾驶人	全部				
A 车所有人（非投保人）		有			
A 车保险公司			有	100%	有

经查明，A 车驾驶人系 A 车所有人雇佣的驾驶人。A 车所有人将 A 车挂靠在甲公司，甲公司为 A 车投保了商业保险，险种包括车损险、商业三者险，事故发生在保险期内。

事故发生后，甲公司向 A 车保险公司报案，但 A 车保险公司既未出险亦未对车辆定损。A 车所有人遂将 A 车从事故发生地点拖至某维修公司，并支付施救费。同年 11 月 10 日，A 车所有人支付评估费，对 A 车的维修费用进行评估，《价格评估报告》显示 A 车的维修费用 79,380.32 元。某维修公司出具修理费电子发票及修理清单。

A 车所有人向法院起诉，请求判决 A 车保险公司赔偿其车辆修理费、施救费、评估费等损失。

A 车保险公司称，A 车所有人既不是涉案车辆的投保人，也不是被保险人，不具备原审原告主体资格。

A 车所有人辩称，其是 A 车实际所有人，车辆只是挂靠在甲公司名下，故甲公司只是案涉保单中名义上的被保险人，A 车所有人是案涉被保险车辆的所有人，享有案涉保单的保险利益。

法院认为

《保险法》第 12 条第 2 款规定："财产保险的被保险人在保险事故发生时，对保险标的的应当具有保险利益。"第 4 款规定："财产保险是以财产及其有关利益为保险标的的保险。"第 6 款规定："保险利益是指投保人或者被保险人对保险标的具有的法律上承认的利益。"虽案涉保单中载明的被保险人系甲公司，但根据 A 车所有人提交的

《挂靠协议》、经营管理费《收据》可以证实 A 车的实际车主为 A 车所有人，甲公司仅为案涉保单中名义上的被保险人，A 车所有人因系案涉车辆的所有人而实际享有案涉保单的保险利益。所以，A 车所有人作为本案原告主体适格。

A 车在 A 车保险公司投保了车辆损失险等商业保险，双方形成保险合同关系，该份保险合同是双方的真实意思表示，且不违反法律法规的强制性规定，应属合法有效的合同，双方均应当遵照执行。A 车在保险期间内发生保险事故，A 车保险公司应当按照合同约定向 A 车所有人赔偿损失。

总　结

本案中，肇事车辆所有人虽然不是投保人，但是实际车主，享有保险利益。当发生事故时，车主有权向保险公司要求赔偿，保险公司不能以车主不是投保人为由拒绝承担赔偿责任。

29 机动车保险免责条款的生效条件

专业解答

关于保险免责条款的含义，《最高人民法院关于适用〈中华人民共和国保险法〉若干问题的解释（二）》第 9 条第 1 款规定，保险人提供的格式合同文本中的责任免除条款、免赔额、免赔率、比例赔付或者给付等免除或者减轻保险人责任的条款，可以认定为保险法规定的"免除保险人责任的条款"。

免责条款的生效有"明确说明义务"和"投保人确认"两个条件，"明确说明义务"即保险人必须向投保人明确说明免责条款。《保险法》第 17 条第 2 款规定，对保险合同中免除保险人责任的条款，保险人在订立合同时应当在投保单、保险单或者其他保险凭证上作出足以引起投保人注意的提示，并对该条款的内容以书面或者口头形式向投保人作出明确说明；未作提示或者明确说明的，该条款不产生效力。《最高人民法院关于适用〈中华人民共和国保险法〉若干问题的解释（二）》第 11 条规定，保险合同订立时，保险人在投保单或者保险单等其他保险凭证上，对保险合同中免除保险人责任的条款，以足以引起投保人注意的文字、字体、符号或者其他明显标志作出提示的，人民法院应当认定其履行了《保险法》第 17 条第 2 款规定的提示义务。保险人对保险合同中有关免除保险人责任条款的概念、内容及其法律后果以书面或者口头形式向投保人作出常人能够理解的解释说明的，人民法院应当认定保险人履行了《保险法》第 17 条第 2 款规定的"明确说明义务"。例如，保险人可以通过加粗、加黑字体，或者用专门的章节来提示投保人注意免责条款，并且在销售过程中，保险销售人员需要对这些条款进行详细的解释。

有的投保人是通过网络购买机动车保险，针对这种情况，《最高人民法院关于适用〈中华人民共和国保险法〉若干问题的解释（二）》第12条规定，"通过网络、电话等方式订立的保险合同，保险人以网页、音频、视频等形式对免除保险人责任条款予以提示和明确说明的，人民法院可以认定其履行了提示和明确说明义务"。

"投保人确认"，是指投保人需要对免责条款进行确认。在实际操作中，投保人通常会在投保单上签字确认，表明已经了解保险合同中的免责条款内容。《最高人民法院关于适用〈中华人民共和国保险法〉若干问题的解释（二）》第13条规定，保险人对其履行了明确说明义务负举证责任。投保人对保险人履行了符合该解释第11条第2款要求的明确说明义务在相关文书上签字、盖章或者以其他形式予以确认的，应当认定保险人履行了该项义务，但另有证据证明保险人未履行明确说明义务的除外。

如果保险人没有履行明确说明义务，或者投保人没有确认，那么免责条款可能不产生效力。但需要注意的是，《最高人民法院关于适用〈中华人民共和国保险法〉若干问题的解释（二）》第10条规定，"保险人将法律、行政法规中的禁止性规定情形作为保险合同免责条款的免责事由，保险人对该条款作出提示后，投保人、被保险人或者受益人以保险人未履行明确说明义务为由主张该条款不成为合同内容的，人民法院不予支持"。例如，酒驾、逃逸是法律规定的禁止行为，保险人对这类条款作出提示后，如果事故中驾驶人仍然有酒驾或逃逸行为，那么该车辆驾驶人或投保人不能以保险人未履行明确说明义务为由，要求保险公司赔偿。

案例链接 （2023）京民再122号民事判决书

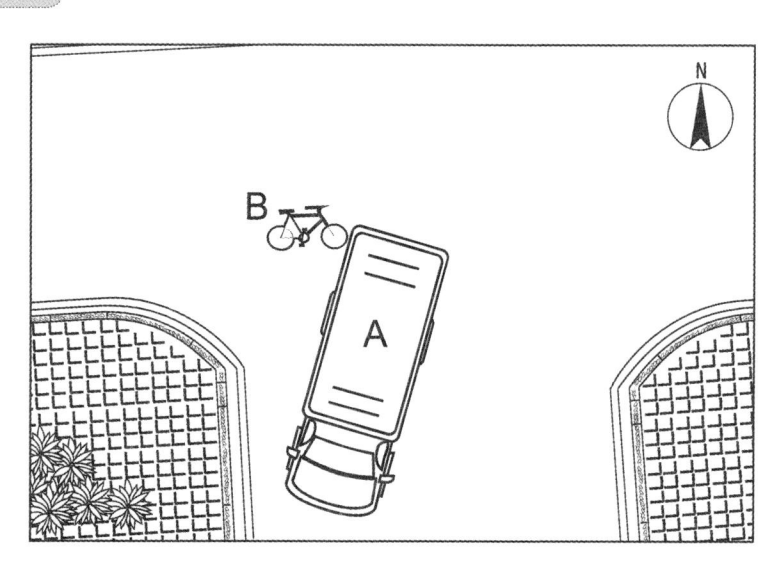

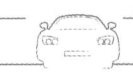

如图所示，20××年1月12日，在某路段，A车驾驶人驾驶A车由东向南左转弯过程中，B车驾驶人驾驶的自行车B由西向东行驶，A车右后部与B车前部相刮，造成B车驾驶人受伤、车辆接触部位损坏。事故责任和赔偿比例的关系见表3-29。

表3-29 事故责任和赔偿比例的关系

当事人	事故责任	赔偿义务	赔偿比例	交强险赔偿责任	商业三者险赔偿责任
A车驾驶人	全部	有	100%		
B车驾驶人	无				
A车保险公司		有		有	无

另查明，投交保险时A车显示为非营运车辆，此次事故发生在保险期限内。B车驾驶人在投保之前申请注册了货拉拉账户，后将A车用于货拉拉营运，其向A车保险公司隐瞒了车辆用途的事实。

B车驾驶人向法院起诉，请求判令A车驾驶人、A车保险公司赔偿其各项损失。

A车保险公司辩称，A车保险公司对于免责条款已经尽到提示说明义务，可以A车保险公司提交的投保单、视频、音频等材料来证明。A车保险公司对免责条款包括"改变使用性质免责"采取了加黑加粗的方式进行提示，且在多个地方多次提到"改变使用性质不赔偿"并以重复出现的方式提示，还在签约的伊始页面中多次警示投保人要"仔细阅读免责条款"，应当认定A车保险公司已经就"改变使用性质免除责任"尽到合理、充分的提示义务。A车保险公司提交的投保单后面附了一份免责事项说明书，该说明书第25条第3款规定改变使用性质属于免责事项，故A车保险公司不承担商业三者保险赔偿。

📝 法院认为

本案中，根据A车保险公司提交的投保回访录音，足以证明A车保险公司已经将改变营运性质为免责事项告知A车驾驶人，A车驾驶人亦明确理解改变车辆使用性质等保险责任免除条款内容，即A车保险公司尽到了提示义务及明确的说明义务。综上，A车保险公司不应承担商业险赔偿。对于B车驾驶人超出交强险承保范围的损失，应由A车驾驶人予以赔偿。

📝 总　结

本案中，保险公司提供的证据能证明其已向投保人尽到告知义务，且投保人也签字确认。因此，保险合同中约定的免责条款生效，保险公司在商业险内不承担赔偿责任。

30 车辆自燃的保险赔偿

> 专业解答

车辆发生自燃，保险公司应当在交强险责任范围内赔偿车辆损失。如果车辆投保了车损险，那么投保人还可以向承保车损险的保险公司请求赔偿车辆因自燃造成的各项损失，如车辆修理费、施救费等。而保险公司则需要在车损险责任限额范围内对这些损失进行赔偿。《保险法》第57条第2项规定："保险事故发生后，被保险人为防止或者减少保险标的的损失所支付的必要的、合理的费用，由保险人承担；保险人所承担的费用数额在保险标的损失赔偿金额以外另行计算，最高不超过保险金额的数额。"（见表3-30.1）

表 3-30.1　车损险主险中自燃保险责任

责任范围	专门针对车辆在没有外界火源的情况下，因本车电器、线路、供油系统、供气系统等发生故障或所载货物自身原因起火燃烧造成的车辆损失。例如，车辆在正常行驶过程中，由于发动机线路老化短路引发自燃，或者车内的一些易燃物品在高温环境下自燃并导致车辆受损，这些情况属于自燃保险责任的保障范围。
赔付条件	赔付时，首先要确定车辆自燃是由于车辆自身的内部原因，而非外部火源引起的。保险公司通常会对车辆进行勘查，判断自燃的原因。例如，需要排除车辆是因为被外界火源（如被其他车辆起火蔓延）而燃烧的情况。如果确定是车辆自身原因自燃，保险公司会赔偿。

> 案例链接　（2024）辽03民终1024号民事判决书

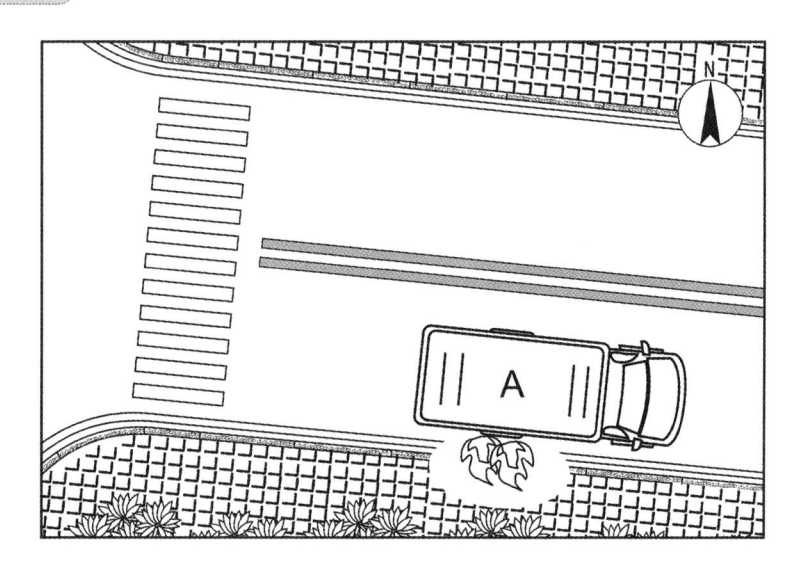

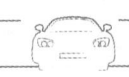

如图所示，20××年9月1日，主挂车A在道路行驶中，右面驱动轮轮胎发生自燃起火，并造成路面损失。经查明，A车车主分别在甲保险公司、乙保险公司对该主挂车投保了交强险、商业第三者责任险和车损险，事故发生在保险期间内。

经法院委托鉴定，鉴定单位出具的公估鉴定意见书载明了本起事故造成损失的项目及金额。

A车车主向法院起诉，请求依法判令甲保险公司：乙保险公司赔偿其各项经济损失。

甲保险公司辩称，车损险只赔偿车辆损失，施救费、路产损失均不在车损险赔偿范围内。

乙保险公司辩称，路产损失不是车损险赔偿范围。而且，即使赔偿路产损失，也应该按照主挂车保险金额比例分担。施救费应该按照主挂车保险金额比例分担。

法院认为

根据《保险法》第57条第2项"保险事故发生后，被保险人为防止或者减少保险标的的损失所支付的必要的、合理的费用，由保险人承担；保险人所承担的费用数额在保险标的损失赔偿金额以外另行计算，最高不超过保险金额的数额"的规定，A车车主就其车辆肇事后的车辆损失、施救费、路产损失，由甲保险公司和乙保险公司在责任范围内承担的请求，法院予以支持。

关于施救费问题。本案涉及主、挂车辆同时发生事故，主车、挂车均有不同程度受损，在发生事故后对主、挂车共同进行施救，施救费系共同产生，无法区分主、挂车施救的难易程度，而施救费属A车车主为防止或者减少保险标的的损失所支付的必要的、合理的费用，故酌定甲保险公司和乙保险公司平均分摊施救费。

关于路产损失问题。路产损失系第三方的财产损失，应属于商业第三者责任保险的范畴，应当由交强险和商业第三者责任保险进行赔偿，该主车、挂车除车损险外，交强险和商业第三者责任险也均是在甲保险公司和乙保险公司处进行承保的，因双方并未在保险合同中约定路产损失的承担方式，故判决甲保险公司和乙保险公司平均分摊路产损失。

关于车辆损失费和鉴定费由甲保险公司按照车损险限额比例向A车车主赔付，详情见表3-30.2。

表3-30.2　费用赔付划分

保险	车辆损失（维修费）	鉴定费	路产损失	施救费	车损险限额
甲保险公司（主车）	100%	100%	50%	50%	294550元
乙保险公司（挂车）			50%	50%	46265元

总 结

本案中，事故是由车辆轮胎自燃造成的，因车辆自燃造成的车辆损失与施救费等均在车损险赔偿范围内，故承保车损险的保险公司需要在车损险责任限额内进行赔偿。

31 车辆被盗抢损毁的盗抢险赔偿

专业解答

被保险车辆全车被盗抢意味着车辆整体被盗，而不是部分零部件丢失。例如，如果只是车辆的轮胎、后视镜等零部件被盗，盗抢险一般是不赔偿的。只有整个车辆失踪，才符合赔偿的基本条件。

车主在发现车辆被盗后，需要及时向当地公安报案。公安部门会对案件进行立案侦查，并且出具相关的立案证明。只有有了这个证明，保险公司才会启动赔偿程序。一般来说，在报案后满 60 天（不同保险公司规定可能略有差异），如果车辆仍然没有被找回，这种情况下，被保险人可以向保险公司提出赔偿请求。

盗抢险赔偿是按照车辆出险时的实际价值赔偿的，车辆实际价值的计算方法通常是新车购置价减去折旧金额。折旧金额是根据车辆已使用年限、使用情况等因素来确定的。例如，一辆新车购置价为 10 万元的汽车，使用了 2 年，按照保险公司规定的折旧率计算，折旧金额可能是 2 万元，那么出险时该车的实际价值就是 8 万元。如果车辆被盗抢符合赔偿条件，保险公司一般会按照 8 万元进行赔偿。

有些保险公司可能会在保险合同中约定赔偿比例，比如按照车辆实际价值的 80% 或 90% 进行赔偿。这主要是考虑到车辆被盗抢后可能存在的残值等因素。

盗抢险赔偿后，如果车辆被追回，车主需要将已领取的赔款退还给保险公司。同时，车辆的所有权仍归车主。不过，车辆被盗抢期间可能遭受损坏，对于这些损坏部分，保险公司应根据车辆损失险的条款进行赔偿。

案例链接　（2024）皖 18 民终 1146 号民事判决书

20××年 5 月 4 日，A 车停放在某小区内并于次日被偷，A 车所有人到派出所报案。同日 A 车被他人偷开、行驶至某交叉路口时，碰撞到前方同车道等信号灯的 B 车（被他人偷开），造成 A 车、B 车受损。因双方事故车辆被他人偷开，双方车辆驾驶人均未到案，无法及时取证，现有证据不足以认定该起交通事故案件的主要事实，见表 3-31。交警部门出具《事故认定中止告知书》。

表 3-31　案件情况、事故责任和赔偿责任的关系

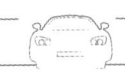

当事人	车辆情况	事故责任	保险赔偿责任
A车所有人	被盗	无法认定	
A车保险公司			有

经查明，A车在保险公司投保了新能源车损失险。保险合同第7条约定："保险期间内，被保险新能源汽车被盗窃、抢劫、抢夺，经出险地县级以上公安刑侦部门立案证明，满60天未查明下落的全车损失，以及因被盗窃、抢劫、抢夺受到损坏造成的直接损失，且不属于免除保险人责任的范围，保险人依照本保险合同的约定负责赔偿。"

事故后，A车所有人支付鉴定费5000元，对发生交通事故造成的车辆损失进行鉴定，评估结论为涉案车辆损失41681元。

A车所有人向法院起诉，请求判令A车保险公司在保险责任范围内赔付其车辆损失、评估费、租车费。

A车保险公司称，根据案涉保险合同第7条、第9条逃逸免责的约定，本案中，受损车辆不满足全车损失且60天未查明下落的条件，车辆的损失也并非因盗窃行为受到损坏而是盗窃后发生交通事故所致，本身不属于保险责任。且本案的驾驶人在盗窃车辆发生交通事故后逃逸，无论任何原因造成被保险车辆的损失和费用，保险人也不负责赔偿。

A车所有人辩称，其购买的车辆损失保险包含盗抢险，公安机关也已经出具车辆被他人偷开的相关立案证明，保险公司应当按保险合同对车辆损失进行赔偿。本案车辆损失最直接的原因是车辆被盗开，至于偷开人是否有驾驶资格、是否存在逃逸，并不受A车所有人控制。

法院认为

（1）关于车辆损失。根据涉案保险条款规定，现车损险责任包含盗抢险，被盗抢的车辆在60天内找回，但在此期间车辆损坏，保险公司负责赔偿修复费用。被保险人理赔时提供相应保单等材料及公安刑侦部门出具的盗抢立案证明。对A车保险公司辩称盗窃车辆的人应按驾驶人责任免除情形规定处理，其在驾驶被盗车辆时发生交通事故逃逸，属于保险公司不负赔偿责任的辩解，不予采纳。本案中，涉案的车辆系盗抢期间发生交通事故造成车辆损失，根据保险条款的规定，A车保险公司应在车损险限额内对涉案车辆的直接损失进行理赔。

（2）关于鉴定费。根据《保险法》第64条的规定："保险人、被保险人为查明和确定保险事故的性质、原因和保险标的的损失程度所支付的必要的、合理的费用，由

保险人承担。"A车车主支付的鉴定费用属于为确定保险标的损失所支付的必要费用，对该项诉请予以支持。

A车驾驶人诉请的租车费，不在保险赔偿范围内，法院不予支持。

总　结

本案中，交通事故是在盗抢期间发生的，受损车辆车损险包含盗抢险，保险公司应当履行赔偿责任，不能以驾驶人的逃逸行为作为理由拒绝赔偿被保险人的损失。

32 改变使用性质的车辆发生交通事故的保险免赔认定

专业解答

车辆改变用途，是指车辆原本用于某一特定的功能或场景，而后被用于其他不同的功能或场景。例如，私家车原本用于日常上下班，后来用于网约车运营；或者企业的非营运货车用于对外出租运输货物等情况。车辆用途发生改变的，属于保险标的的状况发生了改变，投保人需要及时通知保险人。《保险法》第20条规定："投保人和保险人可以协商变更合同内容。变更保险合同的，应当由保险人在保险单或者其他保险凭证上批注或者附贴批单，或者由投保人和保险人订立变更的书面协议。"

因用途改变可能导致车辆危险程度增加，如投保人及时告知保险人并增加了保险费，这种情况下，发生交通事故造成损害的，保险公司需要按照保险合同约定，承担相应的赔偿责任。《保险法》第52条第1项规定："在合同有效期内，保险标的的危险程度显著增加的，被保险人应当按照合同约定及时通知保险人，保险人可以按照合同约定增加保险费或者解除合同。保险人解除合同的，应当将已收取的保险费，按照合同约定扣除自保险责任开始之日起至合同解除之日止应收的部分后，退还投保人。"

如果因用途改变导致车辆危险程度增加，且投保人没有通知保险人，那因此造成的交通事故，承保商业险的保险公司不承担保险责任，不对此进行赔偿。《保险法》第52条第2项规定："被保险人未履行前款规定的通知义务的，因保险标的的危险程度显著增加而发生的保险事故，保险人不承担赔偿保险金的责任。"

但是，车辆用途改变导致事故发生的，保险公司仍然需要在交强险内承担赔偿责任。

案例链接　（2024）吉 0291 民初 177 号民事判决书

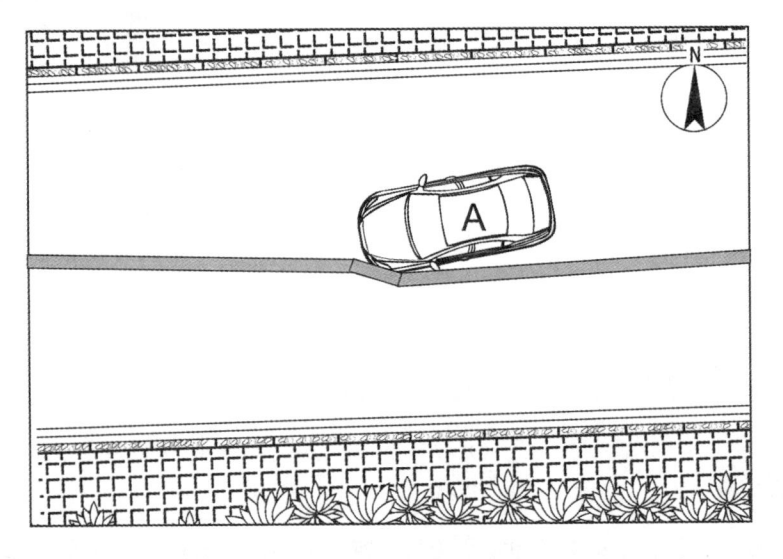

如图所示，20××年3月10日，A 车驾驶人驾驶 A 车行驶至某路段时因前部左侧与道路中间隔离栏相撞，致车辆及隔离栏损坏，乘车人甲、乙受伤，A 车驾驶人抢救无效死亡。交警出具《事故认定书》认定，该起事故的发生是由 A 车驾驶人的违法行为所致，A 车驾驶人承担全部责任，甲、乙无责任。（见表 3-32）

表 3-32　过错行为、事故责任和赔偿责任的关系

当事人	过错行为	事故责任	交强险赔偿责任	商业三者险赔偿责任
A 车驾驶人		全部		
A 车车主	擅自改变车辆使用性质			
A 车保险公司			有	无

另查明，A 车车主将 A 车通过"今日待租车辆"平台出租给 A 车驾驶人。A 车车主作为投保人和被保险人，为 A 车在保险公司投保了商业三者险，保险投保单中，车辆用途记载为"家庭自用"，使用性质处载明"非营运"，事故发生在保险期内。

A 车车主向法院起诉，请求判令 A 保险公司赔偿其损失。

A 车保险公司辩称，本次事故发生时，案涉车辆使用性质为非营运，并且在保险单和投保单的特别约定中明确约定：本保单承保非营业车辆，如用于营业运输或出租并在此期间发生事故，保险人对事故损失不负赔偿责任。因 A 车车主方单方违反保险合同约定，将车对外出租给第三人，且改变了车辆的使用性质，违反了保险合同的特别约定和《免责事项说明书》中的责任免除条款第10条规定："下列原因导致的被保险机动车的损失和费用，保险人不负责赔偿……（三）被保险机动车被转让、改装、

加装或改变使用性质等,导致被保险机动车危险程度显著增加。且未及时通知保险人,因危险程度显著增加而发生保险事故的。"因此,A车车主应当承担违约责任,A车保险公司不应当承担任何保险理赔责任。

法院认为

从实质要件上看,A车信息已经出现在"待租车辆"的广告中且对外发布,使更多不特定用户知晓该信息,客观上提高了车辆的出行频率、出行范围,出险概率也大幅度提高,A车使用性质实际已经由"非营运"转变为"以获取租金收益为目的的商业性使用";从使用过程上看,A车被发布出租广告、被出租运营并且有第三人从中获取利益,改变了保险合同签订之初约定的车辆使用性质。车辆用途改变使车辆驾驶人的范围从家庭成员扩大到更为广泛的不特定人员,使车辆危险程度显著提高。本案中,根据A车保险公司提供的材料证明,保险公司对相关免责条款已尽到合理的提示说明义务。A车车主作为被保险人及车辆管理人,未及时将A车使用性质的转变情形通知A车保险公司,故车辆被出租期间发生事故造成车损的风险应由其自行承担。A车保险公司不承担商业三者险赔偿责任。

总　结

本案中,被保险人擅自改变车辆性质,将非营运车辆变成营运车,并且未尽到告知义务使车辆危险程度明显提高。这属于商业保险合同中的免责条款规定的情形,已有的证据表明保险公司已尽到提示说明义务,所以保险公司不用承担商业险赔偿责任。

33 超载车辆发生交通事故的保险赔偿认定

专业解答

如果交通事故是由肇事车辆超载造成的,一般情况下,交强险在责任限额内会赔偿。商业险赔偿通常视保险合同约定而定,若合同明确约定超载为免责情形,并且保险人已经尽到免责说明义务的,则保险公司可据此拒赔;若未明确约定,保险公司应在扣除超载部分的损失后进行赔偿。

如果肇事车辆超载只是造成事故的一个因素或肇事车辆超载不是造成事故的直接因素,或者保险公司没有对此条款尽到说明义务,那么保险公司就需要按照保险合同

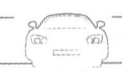

的约定，在商业保险责任内进行赔偿。

案例链接 （2024）鄂 01 民终 15471 号民事判决书

20××年8月23日，A车驾驶人驾驶货车A搭载约8吨的货物，行驶至某路段时，由于A车失控碰撞山体后侧翻，造成A车驾驶人受伤及A车、货物损坏的交通事故。过错行为、事故责任和赔偿责任的关系见表3-33。

表 3-33　过错行为、事故责任和赔偿责任的关系

当事人	过错行为	事故责任	商业险赔偿责任
A车驾驶人	1. 严重超载； 2. 驾驶车辆存在安全隐患	全部	
A车保险公司			免赔

事故发生后，A车保险公司出具《拒赔案件通知书》，载明：A车在发生事故时承载的质量为10吨，车辆的核载质量是1.495吨，超载率达568.89%，本次事故标的车严重超载，根据保险法和保险合同条款约定，本案A车损失属于保险赔付除外责任，A车保险公司在商业险内不承担赔偿责任。

A车驾驶人就保险拒赔事宜提起诉讼。

法院认为

《道路交通安全法》第48条规定"机动车载物应当符合核定的载质量，严禁超载"。本案中，A车额定载质量为1495千克，涉案交通事故发生时涉案车辆实际承载的质量约8吨，违反了上述关于安全装载的规定，明显加大了A车保险公司的风险。A车保险公司依据《中国某某行业协会机动车商业保险示范条款（2020版）》第10条"下列原因导致的被保险机动车的损失和费用，保险人不负责赔偿：……（二）违反安全装载规定……"的约定，主张拒赔，有事实和法律依据。同时，A车保险公司提交的投保流程示范视频、保险单等证据证明A车保险公司已对A车驾驶人尽提示义务。因此，法院对A车保险公司拒赔的主张予以支持。

总　结

本案中，A车严重超载的行为属于保险免赔情形之一，且保险公司有证据证明其已尽到说明义务。所以，保险公司在商业三者险内不需承担赔偿责任。

34 交通事故肇事者准驾车型不符的保险赔偿认定

专业解答

大多数机动车商业保险条款中明确规定，驾驶人准驾车型不符属于保险免赔范围。这是因为准驾车型不符本质上是一种违法行为，驾驶人没有获得合法的资质来驾驶相应类型的车辆。

至于交强险部分赔偿，在一些地区的司法实践中，对于准驾车型不符的情况，交强险会在责任限额范围内对受害人的人身损害和财产损失进行赔偿。例如，在交通事故中造成第三者受伤，交强险会对受害人的医疗费用、伤残赔偿金等进行赔偿，但赔偿后保险公司有权向侵权人（如准驾车型不符的驾驶人）进行追偿。

如果保险合同中有特殊条款约定，或者在法院审理案件过程中，根据具体情况判定保险公司应当承担赔偿责任，那么保险公司可能需要进行赔偿。不过这种情况相对较少，通常需要有特殊的理由，如保险公司在订立保险合同时没有尽到明确告知投保人免责条款的义务等情况。在司法实践中，法院会综合考虑保险合同的订立过程、免责条款的告知程序、事故的具体情况等因素来判定保险公司是否承担赔偿责任。

违法驾驶与准驾车型不符的机动车属于商业保险合同中的免责条款的，保险人需要对此条款尽到明确提醒及说明义务，并提供相关证据证明其已履行此项义务。如果保险人能证明已尽到说明义务，那么保险公司不需要承担赔偿责任。如果保险人无法证明，那么承保商业险的保险公司就不能以该免责条款为理由拒绝赔偿。而承保交强险的保险公司需要在交强险责任限额内进行赔偿。

案例链接 （2024）冀02民终4021号民事判决书

20××年4月10日，A车驾驶人驾驶A车行驶至某路段，与二轮摩托车B发生交通事故，造成车辆损坏、B车驾驶人经抢救无效死亡。当事人过错行为、事故责任和赔偿责任的关系见表3-34。

表3-34 过错行为、事故责任和赔偿责任的关系

当事人	过错行为	事故责任	赔偿权利	赔偿义务
A车驾驶人	未让右	同等		有
B车驾驶人	1. 车辆没登记； 2. 驾驶与准驾车型不符的车辆	同等		
B车驾驶人家属			有	
乙保险公司				无
甲公司				有

B车驾驶人是甲公司职工，甲公司为其在乙保险公司购买了雇主责任保险。甲公司与B车驾驶人签订协议。协议规定，甲公司在签订协议之日后10日内给付一次性B车驾驶人家属80万元，其余赔偿自愿放弃。

乙保险公司以此次事故中B车驾驶人驾驶与准驾车型不相符合的车辆上路行驶，属于无有效驾驶证驾驶，属于保险免赔范围，向B车驾驶人家属出具拒赔通知书。B车驾驶人家属向法院起诉，请求判令乙保险公司在保险限额内赔偿其经济损失

法院认为

《道路交通安全法》第19条第4款规定："驾驶人应当按照驾驶证载明的准驾车型驾驶机动车；驾驶机动车时，应当随身携带机动车驾驶证。"本案案涉的《雇主责任险保险条款（2015版）》"责任免除"第5条约定："下列原因造成的损失、费用和责任，保险人不负责赔偿：……（八）雇员无有效驾驶证驾驶机动车辆或无有效资格证书而合用各种专用机械、特种设备、特种车辆或类似设备装置，造成自身伤亡的。"第34条约定，"本保险合同涉及到下列术语时，适用下列释义：无有效驾驶证驾驶指下列情形之一：……（二）驾驶与驾驶证载明的准驾车型不相符合的车辆……"。上述条款均以加黑、加粗的方式予以提示。《最高人民法院关于适用〈中华人民共和国保险法〉若干问题的解释（二）》第10条规定："保险人将法律、行政法规中的禁止性规定情形作为保险合同免责条款的免责事由，保险人对该条款作出提示后，投保人、被保险人或者受益人以保险人未履行明确说明义务为由主张该条款不成立的，人民法院不予支持。"

本案中，B车驾驶人生前没有摩托车驾驶证，其持有的驾驶证载明的准驾车型与其所驾驶的摩托车不符，属于行政法上的禁止性行为。依照保险条款的约定，乙保险公司不承担赔偿责任。

总 结

本案中，侵权人驾驶与准驾车型不符的车辆发生事故，属于无证驾驶。其行为在保险免赔范围中，保险公司已尽到免责告知义务，所以保险公司不承担赔偿责任。

35 机动车商业险理赔的前置条件

专业解答

机动车商业险理赔前置条件有以下几个方面：

（1）投保人必须与保险公司签订有效的机动车商业险合同。在签订时，投保人需要如实填写投保单，包括车辆的基本信息（如车辆品牌、型号、车架号、发动机号、使用性质等）、投保人及被保险人的信息。例如，投保人不得故意隐瞒车辆是二手车且有过重大事故修复历史等信息。

（2）保险事故必须发生在保险的有效期间内。

（3）投保车辆必须是合法登记的车辆，车辆应按时进行年检。

（4）车辆的实际使用方式要与保险合同中约定的用途一致。例如，车辆投保时注明是家庭自用汽车，如果用于营运（如从事网约车业务），在发生事故时，保险公司会根据具体情况部分拒赔或者全部拒赔。

（5）事故发生时，驾驶人必须持有合法有效的驾驶证，并且驾驶证的准驾车型要与所驾驶的机动车类型相符。驾驶人的驾驶证状态应为正常，没有被吊销、暂扣或者过期等情况。

（6）驾驶人在驾驶过程中的行为必须符合交通法规等相关规定，如驾驶人不得酒驾、毒驾、无证驾驶等。

（7）事故原因必须属于机动车商业险合同中规定的保险责任范围。例如，车损险一般会对车辆因碰撞、倾覆、火灾、爆炸、外界物体坠落等原因造成的损失进行赔偿；第三者责任险主要对被保险人或其允许的驾驶人在使用被保险车辆过程中致使第三者人身伤亡或财产直接损毁承担赔偿责任。

（8）事故应当是意外发生的，不是被保险人故意制造的。

（9）保险合同中有明确的免责条款，这些条款规定了保险公司不承担赔偿责任的各种情况。

（10）被保险人在知道保险事故发生后，一般应当在事故发生后的48小时内向保险公司报案，不过不同保险公司可能会有不同的保险时限规定。

（11）被保险人需要按照保险公司的要求提供各种理赔材料。对于车损险理赔，通常需要提供事故责任认定书、车辆维修发票、维修清单、行驶证、驾驶证等；对于第三者责任险理赔，还需要提供第三者的医疗费用票据（如有人员伤亡）、鉴定报告、财产损失评估报告、事故双方的身份证明等。如果理赔材料不完整、不准确或者存在虚假内容，保险公司可能会拒绝理赔或者要求补充材料后再进行理赔。

交通事故发生后，保险公司就应当依法履行保险责任，在保险合同责任限额范围内承担相应的赔偿。合理合法的商业险理赔条件，被保险人和保险公司都需要遵守。

但也有少数保险公司会设置一些既不合理，又不合法的理赔前提，如保险公司要

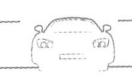

求先由对方车辆保险赔付后再进行理赔、要求被保险人必须提供一些难以提供的材料后再理赔等不利于被保险人或受害人实现自身权利、维护自己利益的条件，这些理赔前提条件是否合理，是否属无效条款，可依据《保险法》第 19 条的规定判断。该条规定："采用保险人提供的格式条款订立的保险合同中的下列条款无效：（一）免除保险人依法应承担的义务或者加重投保人、被保险人责任的；（二）排除投保人、被保险人或者受益人依法享有的权利的。"

案例链接 （2020）鲁 08 民终 5567 号民事判决书

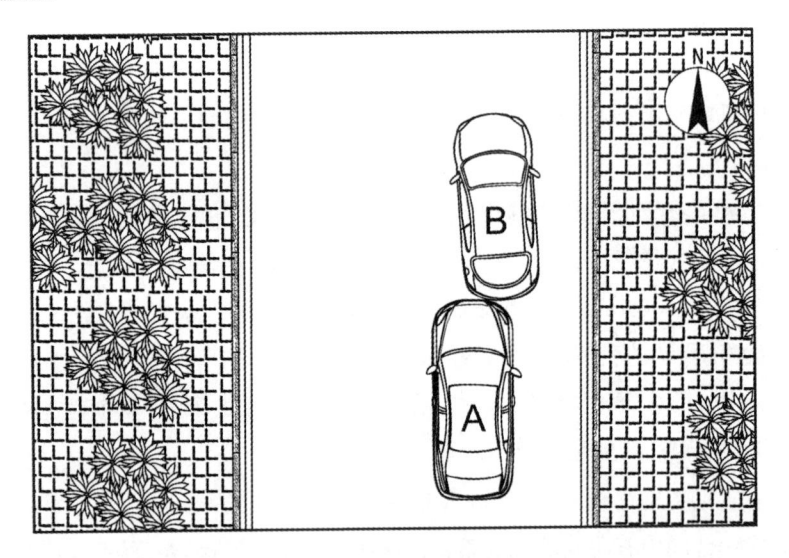

如图所示，20×× 年 12 月 6 日，A 车驾驶人驾驶 A 车，自厂区道路由南向北行驶与 B 车发生碰撞，造成两车不同程度受损、B 车上人员受伤。交警对事故现场进行了调查，出具接处警登记表，载明"现场告知当事双方，未开放以及厂区道路发生事故，事故大队不予处理，双方保险公司均在现场表示同意协商解决"。

经查明，B 车投保了商业险，承保险种有车损险、车上人员责任险。（见表 3-35）

表 3-35 事故责任和赔偿比例的关系

当事人	事故责任	赔偿义务	赔偿比例	不合理保险理赔前置条件
A 车驾驶人	未认定	有		
B 车驾驶人	未认定			
A 车保险公司		有	50%	
B 车保险公司		有	50%	有

B 车所有人向法院起诉，请求依法判令 B 车保险公司赔偿其事故损失。

B 车保险公司称，因本起事故无法认定事故责任，应按同等责任处理。B 车乘员受伤损失应先由 A 车交强险赔付，不足部分再由双方车辆商业险各承担 50%。

法院认为

对于 B 车保险公司的主张，法院认为，由对方交强险赔偿己方机动车损失，只是事故发生后对受害人的最低保障，并不是受害人请求己方保险公司赔偿的前置程序，保险公司先行赔付受害人后，可以通过受让的赔偿请求权要求侵权方赔偿，因此，B 车保险公司的该项主张无法律依据，法院不予确认。

总　结

本案中，对于一方车辆的保险公司提出的另一方车辆的交强险先赔付后其再承担商业险赔偿的要求，并不是理赔的合理前置程序，无法律依据，法院不予认可。

36 交通事故肇事车辆未注册或没年检，商业保险免赔的情形

专业解答

未依法注册登记或年检的车辆发生交通事故时保险是否赔偿、如何赔偿？要看商业险保险合同是否有明确规定。一般来说，商业险保险合同中会明确规定车辆必须合法注册登记等条件。如果承保商业险的保险公司已履行了告知义务，那么其可不承担商业险赔偿责任。

根据《道路交通安全法实施条例》第 16 条的规定，机动车从注册登记时起就需要在规定时间内进行车辆安全技术检验。但在保险合同中，车辆检验并不是被保险人的主要义务，有时候车辆没有进行检验属于被保险人的疏忽行为。因此，保险公司不能以车辆没有检验为理由拒绝履行商业险赔偿责任。如果商业险保险合同上明确规定了"未年检、未注册的车辆发生交通事故，保险不赔"的约定，那么在承保商业险的保险公司在已履行了告知义务时，可不承担赔偿责任。

车辆没有注册或没有年检，不在保险免责范围内。发生交通事故后，保险公司不能以此为由拒绝承担交强险赔偿责任。

案例链接 （2020）湘01民终6962号民事判决书

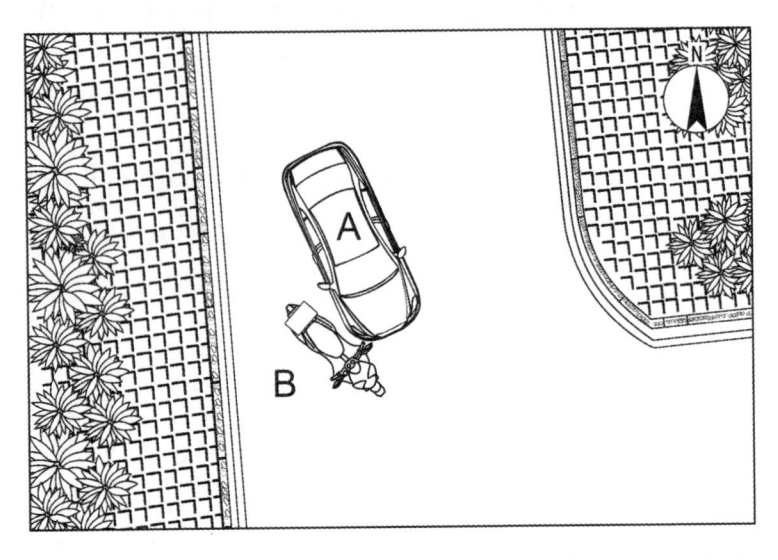

如图所示，20××年9月20日，A车与同向行驶且在前方左转弯的二轮摩托车B相撞，造成B车驾驶人受伤、两车受损的交通事故。当事人过错行为、事故责任和赔偿比例的关系见表3-36。

表3-36 过错行为、事故责任和赔偿比例的关系

当事人	过错行为	事故责任	赔偿义务	赔偿比例
A车驾驶人	1. 持逾期未审验的驾驶证驾驶机动车； 2. 车辆未定期进行安全技术检验； 3. 超车时未确保安全	主要	有	60%
A车保险公司			有	
B车驾驶人	1. 无证驾驶； 2. 未按规定佩戴安全头盔； 3. 摩托车未注册登记； 4. 忽视安全	次要		40%

B车驾驶人向法院起诉，请求判令A车驾驶人赔偿其全部损失，A车保险公司在保险责任范围内承担赔偿责任。

A车保险公司称，保险公司仅在交强险限额内承担赔偿责任，商业三者险范围内不承担赔偿责任。事实与理由：（1）A车保险公司与A车驾驶人的保险合同明确约定，发生保险事故时被保险机动车未按规定年检的情形属于责任免除，保险公司对该项责任免除条款已尽到明确说明义务，该责任免除条款为有效条款，因此保险公司商业三者险可依此条款进行拒赔。（2）A车在事故发生时未按规定检验违反了《道路交

通安全法实施条例》第 16 条要求机动车按期进行安全技术检验的明确规定。因此，A 车驾驶人在事故发生时的行为应定性为违法行为。

法院认为

关于 A 车保险公司在商业险范围内是否可以拒赔的问题。法院认为，(1) 机动车的年检、驾驶证的审验属于交通管理部门进行管理的范围，如有违反可由交通管理部门予以处罚。本案交通事故发生的原因为 A 车驾驶人超车时未确保安全，B 车驾驶人驾驶时忽视安全。因此，事故的发生与 A 车驾驶人持逾期未审验的驾驶证、驾驶未定期进行安全技术检验的 A 车并没有必然联系。(2) A 车在交通事故发生后已年检合格，A 车驾驶人驾驶证也审验合格，应视为交通管理部门对 A 车驾驶人未审验期间的驾驶证效力的追认，事故发生时其驾驶证仍在有效期内，不属于无驾驶资格驾驶车辆的情况。(3) 本案交通事故发生前，A 车检验有效期止于 2018 年 8 月 31 日，其购买保险的日期为 2019 年 8 月 10 日，保险公司在承保前即已知晓 A 车逾期未检验，应依据"禁止反言"原则，在交通事故发生后不得以 A 车逾期未年检为由拒绝理赔。(4) 保险合同系格式条款，且车辆未年检保险公司不理赔属于免责条款，保险公司没有证据证明在 A 车驾驶人投保时，就免责条款进行了明确告知，因此该条款不产生效力。综上，A 车保险公司不能免除保险责任，应在交强险和商业三者险范围内承担赔偿责任。

结合 A 车驾驶人、B 车驾驶人对交通事故发生的原因力、过错程度，法院划分了双方驾驶人的赔偿责任比例。因此，B 车驾驶人的损失由 A 车保险公司在交强险限额内赔偿，在商业三者险限额内按照 60% 的比例赔偿。

总　　结

本案中，未年检与交通事故的发生不存在必然联系，且没有证据证明保险公司向投保人进行明确告知义务的，保险公司仍然需要在商业险范围内承担赔偿责任。

37 交通事故的被保险人未通知投保车辆危险程度增加，商业保险可免赔

专业解答

一般自用车辆只能登记为非营运车辆，在购买车险时也是根据车辆行驶证记载

在保险合同中登记为非营运，如果出现被保险人使用车辆进行营运，保险公司则会以车辆改变使用性质（以非营运车辆进行营运），危险程度显著增加为由拒赔。这类拒赔或少赔情形常见于车损险、第三者责任险中，具体情形为驾驶员使用车辆接单顺风车，注册"货拉拉"拉货，或者使用车辆自行给他人运输货物谋利，如果发生交通事故，保险公司一般会主张拒赔。

交通事故中，如果被保险人没有通知保险人投保车辆危险程度增加，同时保险公司能够提供证据证明保险人已经对免责条款"被保险机动车危险程度显著增加，且未及时通知保险人，因危险程度显著增加而发生保险事故的，保险人不负责赔偿"进行了明确提示和说明，保险公司在商业险责任范围内不承担赔偿责任。《保险法》第52条第2项规定："被保险人未履行前款规定的通知义务的，因保险标的的危险程度显著增加而发生的保险事故，保险人不承担赔偿保险金的责任。"

但是，如果保险公司无法提供充足的证据证明已尽到免责说明义务或者是不能证明投保车辆系保险标的的危险程度显著增加或明知投保车辆危险程度显著增加依然愿意承保的，那么保险公司就需要根据商业险保险合同的约定履行赔偿义务。

案例链接　（2024）皖0881民初2824号民事判决书

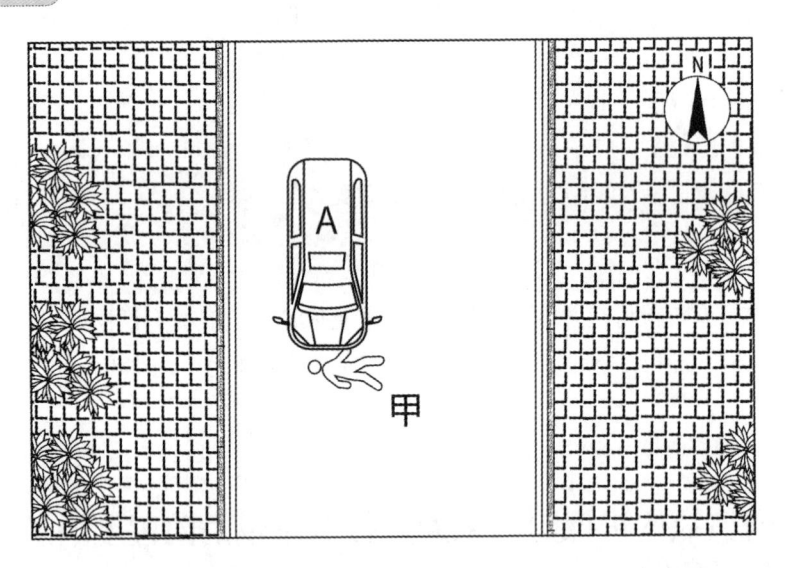

如图所示，20××年11月20日，A车驾驶人驾驶A车行驶至某路段时，与步行横穿公路的行人甲发生碰撞，造成甲抢救无效死亡、车辆受损的交通事故。事故责任和赔偿比例的关系见表3-37。

表 3-37　事故责任和赔偿比例的关系

当事人	事故责任	赔偿比例	交强险赔偿责任	商业三者险赔偿责任
A车驾驶人	全部	100%		
行人甲	无			
A车保险公司			有	无

经查明，A车投保了交强险和商业三者险，在投保时的使用性质及车辆种类为家庭自用车，事故发生在保险期内。事故发生时，A车车身贴有"货拉拉"字样，且系A车驾驶人在"货拉拉"平台接单后运送货物途中发生事故，在此运输中A车驾驶人获利579.60元。

甲家属向法院起诉，请求判令A车驾驶人、A车保险公司赔偿因交通事故造成的各项损失。

A车驾驶人辩称，A车在保险公司处投保了交强险和商业三者险，事故发生在保险期间内，甲家属的损失应当由A车保险公司在保险限额内承担赔偿责任。

A车保险公司辩称，A车登记使用性质为非营运，A车保险公司在为其投保时对其使用性质为家庭自用车登记投保，本案中，该车辆在出险时被该保险公司通过A车外观贴有"货拉拉"的标识，并通过当事人手机"货拉拉"App锁定其在出险时系在平台接单营运，及车内载有大量货物的事实。故A车保险公司认为，根据《保险法》第52条及商业险免责条款"改变使用性质导致危险程度显著增加且被保险人在投保时未及时通知保险人"，应当确认A车保险公司在商业险责任范围内拒赔。

法院认为

A车投保了交强险和商业三者险，故对于甲家属合理经济损失，由A车保险公司在交强险责任限额范围内赔付。

关于本案A车保险公司是否应当在商业三者险责任范围内承担赔偿责任。依据《保险法》第52条的规定，"在合同有效期内，保险标的的危险程度显著增加的，被保险人应当按照合同约定及时通知保险人，保险人可以按照合同约定增加保险费或者解除合同。保险人解除合同的，应当将已收取的保险费，按照合同约定扣除自保险责任开始之日起至合同解除之日应收的部分后，退还保险人。被保险人未履行前款规定的通知义务的，因保险标的的危险程度显著增加而发生的保险事故，保险人不承担赔偿保险金的责任"。本案中，A车在保险公司投保了商业三者险，保险单载明的该车使用性质为家庭自用车，且保险公司提交的证据表明其已尽到说明义务，另在庭审中，A车驾驶人陈述A车购买后两天就拉货了，自己没有工作，平时跑点业务补贴家

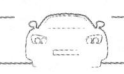

用。且在事故发生时，系在"货拉拉"平台接单运输货物并有获利，可知 A 车驾驶人平时使用该车辆从事货物运输业务，改变该车辆的使用性质，增加车辆的使用频率和行驶范围，显著增加了车辆的使用危险程度，且未告知保险公司，保险公司也不能在订立合同时预见该种危险程度的增加，故依据上述法律规定和合同约定，免除 A 车保险公司商业三者险赔偿责任。甲家属损失超出交强险赔偿限额的部分由侵权人 A 车驾驶人赔偿。

总 结

本案中，保险公司能够证明投保车辆事实上改变使用性质，而其已对相应免责条款履行了告知义务时，保险公司不用承担商业三者险赔偿责任。

38 解除机动车保险合同与撤销机动车保险合同的区别

专业解答

一、解除保险合同

1. 解除保险合同的定义与规定

解除保险合同，是指在保险合同生效后、保险公司履行保险义务前，投保人、被保险人、保险公司根据法律规定或保险合同约定的内容，使保险合同的效力提前终止的一种法律行为。简单来说，就是让原本正在生效且应该持续一段时间的保险合同提前结束。《保险法》第 16 条第 1 款、第 2 款、第 3 款规定："订立保险合同，保险人就保险标的或者被保险人的有关情况提出询问的，投保人应当如实告知。投保人故意或者因重大过失未履行前款规定的如实告知义务，足以影响保险人决定是否同意承保或者提高保险费率的，保险人有权解除合同。前款规定的合同解除权，自保险人知道有解除事由之日起，超过三十日不行使而消灭。自合同成立之日起超过二年的，保险人不得解除合同；发生保险事故的，保险人应当承担赔偿或者给付保险金的责任。"如投保人购买了一份为期 3 年的商业保险，在第二年时，投保人考虑到自身意愿、经济情况等原因，根据保险内容行使了解除权，让商业保险合同提前终止，之后保险公司不再履行这份保险合同的保险责任。

2. 解除保险合同的方式

如果是投保人解除合同，通常要向保险公司提出书面申请，有的保险可以通过线上指定渠道提交解除申请。保险公司收到申请后，会依照合同约定进行相应处理，如退还保险单现金或者剩余保险费。

如果是保险公司解除合同的，需按照法定或约定程序进行，如及时通知投保人并说明解除理由等。

二、撤销保险合同

1. 撤销保险合同的定义与规定

撤销保险合同，是指保险合同在订立时存在法定的可撤销事由，如签订保险合同时存在欺诈、胁迫、重大误解、不公平等现象，一方当事人通过向法院或仲裁机构申请，使已经成立的保险合同自始无效的一种法律行为。也就是说，这份保险合同就好像从来没有生效过一样，双方要恢复到合同订立前的状态。《民法典》第148条规定："一方以欺诈手段，使对方在违背真实意思的情况下实施的民事法律行为，受欺诈方有权请求人民法院或者仲裁机构予以撤销。"如投保人在购买车损险时，保险公司通过欺诈手段夸大车损险的保险范围、隐瞒重要条款，投保人发现后向法院申请撤销该合同，如果法院认定符合撤销条件，合同就被撤销，双方回到未签合同之时的状态，保险公司退还投保人已缴纳的保费。

2. 撤销保险合同的方式

当事人撤销保险合同必须通过向法院或者仲裁机构提出请求来实现，当事人不能自行随意撤销保险合同。

总的来说，解除保险合同更多是基于合同履行过程中的一些法定或约定情况让合同效力提前终止；而撤销保险合同侧重于保险合同签订时存在问题，通过法定程序使其自始无效。

案例链接 （2023）新40民终352号民事判决书

20××年9月26日，A车驾驶人驾驶A车行至某路段与行驶的无号牌两轮摩托车B会车时相撞，造成B车驾驶人抢救无效死亡、车辆受损的交通事故。事故责任和赔偿比例的关系见表3-38。

表 3-38　事故责任和赔偿比例的关系

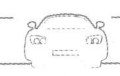

当事人	事故责任	赔偿比例	撤销保险合同主张	解除保险合同主张
A车驾驶人	同等	50%		
B车驾驶人	同等	50%		
法院			不支持	

经查明，甲服务部作为被保险人为尚未挂车牌的 A 车买了交强险和商业三者险。《投保单》载明：投保人为甲服务部，经办人为甲，行驶证车主为甲服务部。事故发生在保险期内。目前，A 车登记在乙公司名下，实际车主为 A 车驾驶人。

由于 A 车的实际车主与保险单上登记的车主不是同一人，A 车保险公司认为甲服务部在签订两份保险合同过程中存在欺诈行为，于是向法院起诉，请求撤销与 A 车的交强险保险合同及商业险保险合同，并向甲服务部退还保险费。

法院认为

关于 A 车保险公司主张撤销案涉交强险、商业险两份保险合同的理由能否成立，法院认定如下：（1）关于 A 车保险公司适用《民法典》主张撤销合同的问题。根据《民法典》第 148 条的规定，《保险法》第 16 条第 1 款、第 2 款、第 3 款的法律规定，对投保人订立合同时不如实告知保险标的重要事项，构成欺诈，《民法典》赋予受欺诈合同当事人撤销权，而《保险法》赋予保险人合同解除权，但没有明确保险人可以行使合同的撤销权。《民法典》与《保险法》属于相同位阶的法律，但相对于《保险法》属于特别法，根据特别法优于一般法的原则，应当优先适用《保险法》规定以维护其合法权益。

（2）关于 A 车保险公司认为甲服务部与其公司订立保险合同时没有履行如实告知义务，存在欺诈行为的理由。首先，投保人负有如实告知义务，并且投保人告知义务的范围应以保险人询问的事项为限，保险人没询问的，应推定为非重要事项，投保人或被保险人无需告知。其次，保险人是否主动询问应由保险人负举证责任。本案中，A 车保险公司作为保险人，具有专业的优势和较强的经济地位，在订立保险合同过程中享有查验审核保险标的权利，可以在核保过程中进行风险评估，确定是否承保或者提高保险费率。但 A 车保险公司在明知 A 车为货车且尚未挂牌可能会出现不可控因素的情况下依旧向甲服务部出具了保险单，且并未对其已询问甲服务部 A 车的车辆落户地、营运地等事项进行举证。综观双方签订的机动车交强险、商业险两份保险单，均未看到投保人需告知保险人车辆落户地、营运地或者不准许车辆异地投保等相关条款。A 车保险公司作为专业的保险机构，在核保过程中，未尽到合理审查义务，应自行承担不利后果。故中 A 车保险公司以甲服务部未如实履行告知义务作为撤销合同的理由是不能成立的。

综上，甲服务部为尚未挂牌的 A 车向保险公司提出投保交强险、商业险申请，A 车保险公司同意承保并签发了保险单，双方之间的保险合同已经成立并生效。无论 A 车保险公司适用何种法律主张甲服务部欺诈、未如实履行告知义务，理由均不成立。故对 A 车保险公司撤销案涉保险合同、退还保费的诉讼请求，法院不予支持。

总　结

本案中，保险公司主张撤销案涉交强险、商业险两份保险合同，法院认为保险人未尽到合理审查义务，应自行承担不利后果，对于保险公司的主张，法院不予支持。

39 交通事故当事人骗保的后果

专业解答

骗保，是指保险金诈骗，是一种保险欺诈行为。在交通事故中，投保人、被保险人或受益人以非法获取保险金为目的，通过欺诈、伪造证明材料等手段，故意虚构保险标的、编造未曾发生的交通事故、编造虚假的事故原因或者夸大车辆、受害人的损失程度等，来骗取保险金的行为就属于骗保。

《刑法》第 198 条规定："有下列情形之一，进行保险诈骗活动，数额较大的，处五年以下有期徒刑或者拘役，并处一万元以上十万元以下罚金；数额巨大或者有其他严重情节的，处五年以上十年以下有期徒刑，并处二万元以上二十万元以下罚金；数额特别巨大或者有其他特别严重情节的，处十年以上有期徒刑，并处二万元以上二十万元以下罚金或者没收财产：（一）投保人故意虚构保险标的，骗取保险金的；（二）投保人、被保险人或者受益人对发生的保险事故编造虚假的原因或者夸大损失的程度，骗取保险金的；（三）投保人、被保险人或者受益人编造未曾发生的保险事故，骗取保险金的；（四）投保人、被保险人故意造成财产损失的保险事故，骗取保险金的；（五）投保人、受益人故意造成被保险人死亡、伤残或者疾病，骗取保险金的。有前款第四项、第五项所列行为，同时构成其他犯罪的，依照数罪并罚的规定处罚。单位犯第一款罪的，对单位判处罚金，并对其直接负责的主管人员和其他直接责任人员，处五年以下有期徒刑或者拘役；数额巨大或者有其他严重情节的，处五年以上十年以下有期徒刑；数额特别巨大或者有其他特别严重情节的，处十年以上有期徒刑。保险事故的鉴定人、证明人、财产评估人故意提供虚假的证明文件，为他人诈骗

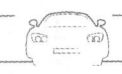

提供条件的，以保险诈骗的共犯论处。"

交通事故中，存在当事人骗保的，保险公司可以不承担保险责任，当事人将无法获得保险金赔付，已取得的保险金也需返还给保险公司。如果当事人的骗保行为给保险公司造成了经济损失，如保险公司因调查骗保事件而产生的费用，以及因错误赔付而遭受的损失等，骗保人需要承担相应的赔偿责任。

案例链接 （2021）渝 0101 刑初 80 号刑事判决书

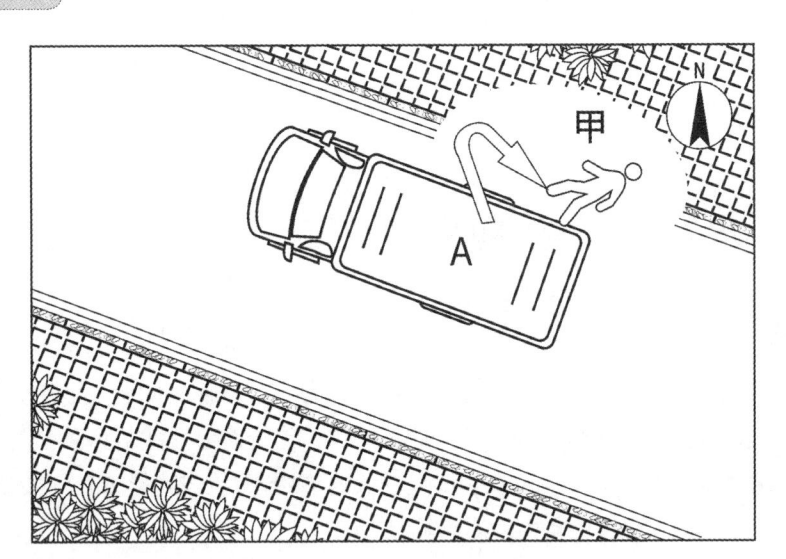

如图所示，20××年 8 月 14 日，A 车驾驶人驾驶 A 车倒车时，因未关好货箱车门，导致车上人员甲从车上跌落到地上并受伤。事故发生后，A 车驾驶人电话向 A 车保险公司和交警报案时均称系其倒车时将行人撞伤。交警出具《事故认定书》认定，A 车驾驶人在倒车时剐撞行人甲，应承担事故全部责任。事后，A 车驾驶人向 A 车保险公司申请理赔获得交强险赔偿款 10000 元、商业三者险理赔款 66202 元，见表3-39。

表 3-39　过错行为及赔偿责任金额划分

涉案人	过错行为	事故责任	赔偿责任	骗保金额	罚金	刑事责任
A 车驾驶人	骗保	全部	有	76202 元	20000 元	有
A 车保险公司			无			

两年后，事故真相被发现，当地检察院向法院提起公诉，认为 A 车驾驶人的行为构成保险诈骗罪，数额巨大，建议追究刑事责任，并处罚金。

A 车驾驶人当庭表示对公诉机关的指控无异议，辩称自己是一时糊涂才骗取保险理赔款，其在公安机关传唤之前曾主动到派出所投案，因当时未能找到办案警官，才打算去保险公司退还保险理赔款后再去公安部门投案，到案以后又如实交代犯罪事实，应当认定为自首，可以从轻或减轻处罚；主动退还保险理赔款76202元，系主动退赃，在量刑时应予从轻考虑；其是初犯，且家庭负担重，全靠A车驾驶人开车养家，希望法院从宽处理，并适用缓刑。

法院认为

A车驾驶人以非法占有为目的，对发生的交通事故以编造虚假理由的方式，骗取保险公司保险理赔款，数额巨大，侵犯了国家的保险制度和保险公司的财产所有权，其行为已构成保险诈骗罪。公诉机关指控的罪名成立，法院予以支持。经查实，A车驾驶人确系正在投案途中被公安机关捕获，应当视为主动投案，到案以后又如实交代自己的罪行，构成自首，可从轻或减轻处罚；主动退出违法所得，可以酌情从轻处罚；当庭表示自愿认罪认罚，可依法从宽处理。

最终，A车驾驶人犯保险诈骗罪，判处有期徒刑3年，缓刑3年，并处罚金人民币20000元。

总　结

本案中，交通事故驾驶人编造虚假交通事故发生的原因，骗取保险公司赔偿金，且数额较大，因此不但要退回获赔的保险金，还要未其行为承担刑事责任。

40 交通事故受害人死亡时，过继的晚辈要求保险公司赔偿的认定

专业解答

过继的晚辈，是指受害人按照当地传统习俗将本家晚辈过继为自己的儿女或孙子、孙女。有的时候这种过继行为没有依法进行登记或是成年后过继的，这些过继行为不构成法律上的收养关系。在这种情况下，受害人因交通事故死亡时，他过继的晚辈能不能成为赔偿权利人要求保险公司进行赔偿呢？在回答问题之前，先看下《民法典》的相关规定。

《民法典》第1128条规定："被继承人的子女先于被继承人死亡的，由被继承人的子女的直系晚辈血亲代位继承。被继承人的兄弟姐妹先于被继承人死亡的，由被继

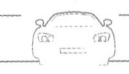

承人的兄弟姐妹的子女代位继承。代位继承人一般只能继承被代位继承人有权继承的遗产份额。"

过继的晚辈是否有权要求保险公司赔偿这一问题，需要结合该晚辈是否对受害人尽到相应的责任和义务来判断。如果过继的晚辈对受害人生活提供了经济保障和精神慰藉，如为受害人提供生活费、经常看望照顾受害人等，事故发生后，该晚辈积极处理交通事故，尽心操持受害人的丧葬事宜，对受害人尽到了责任和义务，那么该过继的晚辈就有权要求保险公司进行相关赔偿，而保险公司需要履行其保险责任。

案例链接 （2024）湘06民终515号民事判决书

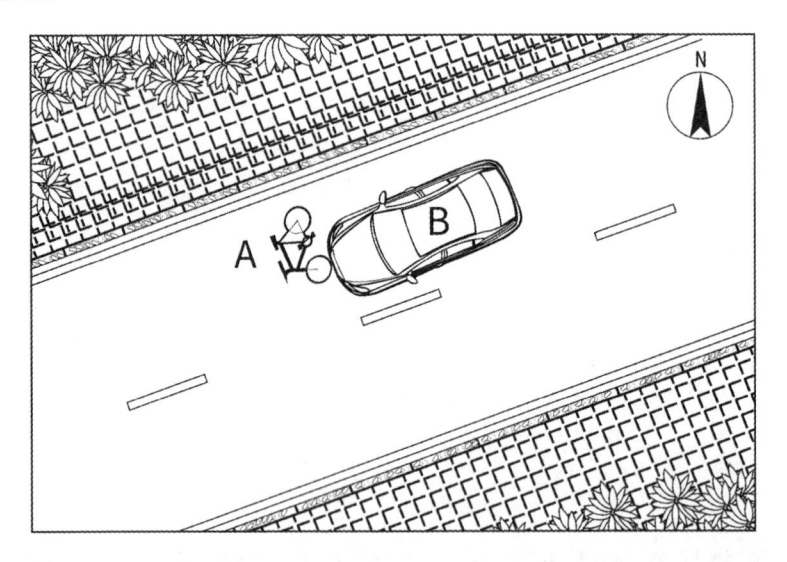

如图所示，20××年9月16日，A车驾驶人骑行自行车A横过道路时，与行驶的B车相撞，事故造成A车驾驶人经抢救无效死亡的后果。事故责任和赔偿比例的关系见表3-40。

表3-40 事故责任和赔偿比例的关系

当事人	事故责任	与A车驾驶人关系	赔偿权利	赔偿义务	赔偿比例	获赔比例
A车驾驶人	同等				40%	
B车驾驶人	同等			有	60%	
B车保险公司				有		
甲		过继嗣孙	有			45%赔偿数
乙、丙、丁、戊		侄子侄女	有			各13.75%赔偿数

经查明，A车驾驶人本人终生未婚未育，甲与A车驾驶人系本家亲属，甲的爷爷与A车驾驶人系堂兄弟。2010年A车驾驶人按农村风俗，邀集本姓族人到场，承继侄孙甲为其嗣孙，并将双方之间的收养事实记入家族族谱。2018年，A车驾驶人立下遗嘱，指定其死后遗产由甲继承。在按农村风俗形成收养关系后，甲以孙子的名义对A车驾驶人进行照顾，并于2018年以A车驾驶人之孙的名义，将A车驾驶人名下旧房拆除，在原址新建房屋一栋用于双方居住。在A车驾驶人生前，A车驾驶人大哥的孩子乙、丙、丁、戊4人通过微信发红包、回乡看望等方式对其进行了照料。

甲、乙、丙、丁、戊等5人因B车保险公司拒绝向其赔付A车驾驶人交通事故死亡损失，向法院提起诉讼，要求B车保险公司依照保险合同约定替代B车驾驶人向其赔偿因A车驾驶人死亡所造成的损失。

B车保险公司称，甲、乙、丙、丁、戊等5人并非A车驾驶人法律意义上的"近亲属"，均不是本案的适格主体，原告5人实际上也未垫付A车驾驶人的医疗费、丧葬费等合理费用，依法对A车驾驶人的其他损失不具有诉权，原告5人均无权向B车保险公司主张赔偿。另外，甲虽然与A车驾驶人按农村习俗举办了收养仪式，但二人之间的收养关系不符合法律规定，故自始无效。

甲辩称，自从甲过继给A车驾驶人为孙后十多年期间，甲为A车驾驶人新建了住宅楼房，平时为A车驾驶人的生活包括生病等困难给予了照顾。A车驾驶人去世后，甲为其操持了后事。甲对A车驾驶人已尽到了为人子孙的养老送终义务。甲与A车驾驶人之间的行为本身就不是收养关系，而是过继行为。甲与A车驾驶人之间的过继行为并不是与收养法相关规定不符，而是现行法律未规定过继行为。我国社会上对过继的社会现象已经形成了普遍予以认可的习惯，A车驾驶人与甲之间的过继行为，符合我们敬老爱老、老吾老及人之老的公序良俗。

乙、丙、丁、戊辩称，A车驾驶人与其4人系叔侄关系，A车驾驶人未婚，无其他继承人，根据《民法典》第1128条的规定，4人系A车驾驶人的代位继承人，乙等4人在A车驾驶人生前亦承担了扶养、照料责任。作为对A车驾驶人履行了主要扶养义务的实际扶养人，获得物质的补偿和抚慰符合民法典侵权责任的立法本意，亦遵从了公序良俗和敬老扶弱的社会传统道德，法院应当予以支持。

✎ 法院认为

本案中，虽然甲与A车驾驶人并不符合收养条件且未登记形成收养关系，但是：（1）A车驾驶人书写的《遗嘱》系其真实意思表示，不违反法律、行政法规的效力性强制性规定，应认定合法有效，《遗嘱》主要内容具备遗赠扶养协议的构成要件，甲可按约定履行扶养义务并享有受遗赠权利。（2）承嗣主要是家族内部为解决无子女的成员生养死葬和财产继承问题而存于民间的地方风俗，能够使鳏寡孤独、残疾人员在家族宗亲内部得到帮助、照顾。该习俗不违反法律、行政法规的禁止性规定，亦不违背公序良俗。故司法对家族宗亲间孝老爱亲、互帮互助的善良风俗应予维护和尊重。A车驾驶人与甲确认过继关系后，甲照料其生活、生产作业，死后安葬及祭拜、参与交通事故处理，并对外以爷孙名义称呼，A车驾驶人从精神或物质上均享受了"爷爷"的权益，故甲也应享有受遗赠的权利。虽死亡赔偿金、精神损害抚慰金等赔偿款通常是应支付给死者的近亲属，但结合A车驾驶人"遗嘱"的本意及其所体现家族宗亲间孝老敬爱的善良风俗，衡量A车驾驶人与甲的关系及生活紧密程度，从尊重社会公序良俗角度出发，甲可以近亲属的身份参与案涉赔偿款的分配。（3）乙、丙、丁、戊系死者A车驾驶人的侄子侄女，根据《民法典》第1128条的规定，属于法定的代位继承人，有权主张遗产分配。案涉赔偿款虽不属于遗产，但乙、丙、丁、戊在A车驾驶人生前尽到了一定的扶养、照料义务，死后也参与了丧事的办理，可以参照遗产分配处理。

综上所述，从对承嗣人孝老爱亲行为的有力褒奖，维护家族宗亲成员间孝老爱亲、互帮互助的善良风俗角度出发，甲、乙、丙、丁、戊均有权参与案涉赔偿款的分配。

案涉赔偿款分配比例的确定应根据当事人与甲、乙、丙、丁、戊生活关系的紧密程度综合认定。甲在A车驾驶人生前与其共同生活时间较长，尽到了比第三人更多的扶养、照顾义务，加之A车驾驶人在遗嘱中明确表示，希望自己死后甲能以孙子身份祭拜悼念自己，从尊重A车驾驶人本人的意愿，维护社会公序良俗，维护家族宗亲间孝老敬爱的善良风俗出发，法院酌定划分了甲、乙、丙、丁、戊获赔案涉事故赔偿款的比例。

综上，B车保险公司需要在保险责任范围内向甲、乙、丙、丁、戊赔付其应享有的赔偿金额。

总　结

本案中，受害人死亡，其过继的嗣孙主张侵权人赔偿。基于客观存在的过继关系，法院认定嗣孙有权要求赔偿，并根据当事人与受害人的紧密程度综合认定具体赔偿比例。

CHAPTER
4

第四章
交通事故的财产损失赔偿

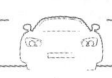

01 交通事故财产损失赔偿范围

> 专业解答

机动车交通事故责任纠纷中的财产损失赔偿范围，包括维修支出费用、物品损失、施救费用、无法修复的重置费用、经营车辆的停运损失、非经营车辆替代性交通工具合理费用等，其详情见表4-1。

表4-1 财产损失费用及范围

序号	费用名称	范围
1	车辆维修费	车辆因损坏产生的维修费用，包括更换零件、车身修复等
2	车辆重置费用	车辆无法维修或已经没有维修的必要时，需要赔偿当事人为购买交通事故发生时与被损坏车辆价值相当的车辆的费用
3	物品损失	事故中车辆上的电脑、手机、摆件等物品的损坏；以及当事人身上衣服、首饰、手机等物品损坏产生的损失
4	车辆货物损失	对于运输车辆来说，事故造成运输货物损坏、丢失造成的损失
5	施救费	事故造成车辆无法正常行驶的，需要联系专车将该车辆拖到维修地或指定地所产生的费用
6	道路损失	事故造成道路损坏的、道路现场需要清理产生的费用。如运输车事故导致化学物质腐蚀道路的；洒落地面的货物、液体污染道路的等
7	停运损失	营运的车辆停运，在停运期间产生的损失
8	鉴定费用	事故处理中，对车辆损失、物品价值等进行鉴定所产生的费用

02 交通事故财产损失的分类

> 专业解答

交通事故所造成的财产损失类型可以分为直接损失、间接损失和扩大损失三种。

1. 直接损失

直接损失，是指在交通事故中直接造成的财产损失，如当事人物品、车辆损失、施救费、货物、道路等损失。针对直接损失的赔偿，通常按照财产损失的实际价值维修费用计算。如车辆维修费用，以维修厂出具的正规维修清单和发票为准；车上物品损坏的，按照物品的市场价格、购买凭证等来确定损失金额。

2. 间接损失

除了直接损失外，交通事故还可能导致一些间接的财产损失。如因车辆维修导致受害人在车辆维修期间无法正常使用车辆而额外支出的交通费用，如当事人在汽车维修期间乘坐出租车、公共交通或租车产生的费用等。这种间接损失按照受害人提交的费用凭证来进行计算，如果受害人无法提供具体凭证，或主张的费用不合理，法院会酌定具体费用。

如果事故车辆是营运车辆，在维修期间因无法营运而造成的停运损失，通常按照该车辆平时的营运收入减去合理成本来计算。

3. 扩大损失

在交通事故中，财产扩大损失是指因当事人一方或双方的不当行为，导致原本可以避免或减少的财产损失进一步增加的情况。

具体表现形式有：（1）未及时采取合理措施，如在发生交通事故后，车辆可以移动却未及时移至安全地带，导致后续车辆再次碰撞，从而造成更严重的车辆损坏。（2）对于货物运输车辆，发生事故后如果不及时对货物进行妥善处理，如未采取遮盖、转移等措施，可能会因天气、环境等因素使货物遭受更大的损失。（3）不合理的维修方式，当事人选择不正规的维修机构或采用质量不达标的配件进行维修，可能导致维修后车辆仍存在问题，需要进行二次维修，从而增加了维修费用和财产损失；或是在维修过程中，未经保险公司或相关方同意，擅自进行不必要的维修项目，也会被认定为造成财产扩大损失。（4）故意拖延处理时间，一方当事人故意拖延事故处理进度，不配合定损、理赔等工作，可能导致损失持续扩大。如车辆在事故后长时间停放未进行维修，可能会因锈蚀、老化等原因使车辆的损坏程度加重。

对于财产扩大损失的赔偿责任，法院通常需要考虑当事人的过错程度与过错大小来确定各自应承担的赔偿比例。

在保险理赔中，保险公司通常只对交通事故，直接造成的损失进行赔偿，对于间接损失以及扩大损失，保险公司不承担赔偿责任（保险合同中有特别约定的除外），这部分损失由侵权人赔偿。但是，如果间接损失或扩大损失是保险公司造成的，那么保险公司就需要对这部分损失进行赔付。

案例链接 （2024）新22民终788号民事判决书

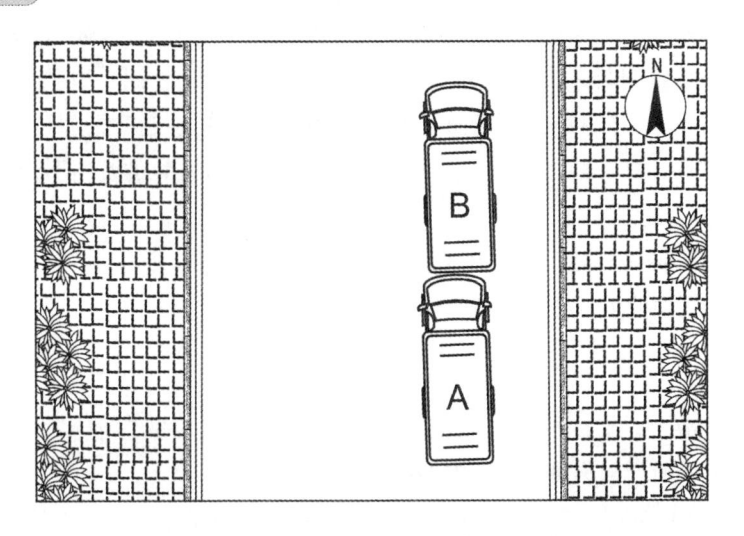

如图所示，20××年8月22日，A车驾驶人驾驶A车，由南向北行驶至事发地时，与前方同向行驶的B车发生碰撞，造成A车驾驶人受伤、两车损坏的道路交通事故。事故责任和赔偿责任的关系见表4-2。

表4-2　事故责任和赔偿责任的关系

涉案人	事故责任	停运损失赔偿权利	停运损失赔偿义务
A车驾驶人	全部		
B车驾驶人	无		
A车实际车主		有	
A车保险公司			有（因A车保险公司原因产生的停运损失）

经查明，A车挂靠并登记在甲公司名下，其经营范围为普通货运，A车驾驶人系A车实际车主雇佣的驾驶人。

事故发生后，A车驾驶人向A车保险公司报案，A车保险公司出险，A车被拖至某修理店。因A车保险公司与修理店对接的工作人员多次更换，A车保险公司未与修理店确定维修方案，亦未提供配件，且A车实际车主未向修理店提交甲公司修车的授权委托书，故修理店仅对A车进行了拆解未修理。因车辆未维修并产生停运损失，A车实际车主向法院起诉，请求判令A车保险公司赔偿其维修费和停运损失等费用。

A车保险公司辩称，保险合同对赔偿停运损失没有约定，A车实际车主主张的停运损失属于间接损失，不属于机动车本身的直接损失，不应纳入车辆损失险的范围。案涉保险合同条款商业三者险第5条约定，保险人不赔偿间接损失，其对免责条款亦尽到了说明义务，故停运损失不属于A车保险公司的赔偿范围。A车保险公司亦不承担鉴定费。

A车实际车主辩称，因交通事故合理维修造成的停运损失应由侵权人承担，但本案因A车保险公司未按照《保险法》及保险合同约定积极履行定损义务，导致车辆两年未修理，造成损失扩大，A车保险公司应当承担相应的赔偿责任。因A车保险公司未对车辆定损，A车实际车主无奈诉至法院请求法院委托鉴定，鉴定旨在确定维修费用数额，鉴定费用应当由A车保险公司承担。

✎ 法院认为

本案中，A车实际车主主张修理费94317元，A车保险公司辩称车辆维修费虽经鉴定，但不合理，明显偏高。对此，法院认为，修理店提交的清单及A车实际车主提交的相关证据材料委托鉴定不违反法律规定。鉴定公司在法院委托范围内鉴定，鉴定人员和公司具有相关资质、鉴定程序合法，故对鉴定公司作出的评估结论法院予以采纳。车辆虽未维修，但维修必然会产生工时费。故A车保险公司应在机动车损失保险范围内支付A车实际车主修理费94317元。

关于A车实际车主主张赔偿停运损失。法院认为，根据《保险法》第23条第1款、第2款"保险人收到被保险人或者受益人的赔偿或者给付保险金的请求后，应当及时作出核定；情形复杂的，应当在三十日内作出核定，但合同另有约定的除外。保险人应当将核定结果通知被保险人或者受益人；对属于保险责任的，在与被保险人或者受益人达成赔偿或者给付保险金的协议后十日内，履行赔偿或者给付保险金义务。保险合同对赔偿或者给付保险金的期限有约定的，保险人应当按照约定履行赔偿或者给付保险金义务。保险人未及时履行前款规定义务的，除支付保险金外，应当赔偿被保险人或者受益人因此受到的损失"及《最高人民法院关于适用〈中华人民共和国保险法〉若干问题的解释（二）》第15条第1款"保险法第二十三条规定的三十日核定期间，应自保险人初次收到索赔请求及投保人、被保险人或者受益人提供的有关证明和资料之日起算。保险人主张扣除投保人、被保险人或者受益人补充提供有关证明和资料期间的，人民法院应予支持。扣除期间自保险人根据保险法第二十二规定作出的通知到达投保人、被保险人或者受益人之日起，至投保人、被保险人或者受益人按照通知要求补充提供的有关证明和资料到达保险人之日止"之规定，核定程序的起算点在时间上应当是被保险人一方履行了提交相应理赔材料义务之后。本案中，现有证据显示，A车实际车主在2023年4月、7月联系过A车保险公司催促其处理车辆维修事宜后，A车保险公司于7月27日答复"2023年6月才开始定损。修理厂不认可定损金额，达不到更换标准，要修复，要与修理厂当面谈一谈"，对此A车实际车主未提

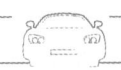

出反对并继续等待，故 A 车保险公司应在 2023 年 8 月 27 日前履行完毕核定义务并将核定结果通知 A 车实际车主。A 车保险公司无正当理由未在 2023 年 8 月 27 日前履行上述义务，造成被保险车辆无法及时修复，导致车辆停运时间延长并扩大损失。虽然根据保险行业惯例，财产损失险的承保范围不包括保险标的因保险事故引发的间接损失。但本案中，因 A 车保险公司不履行定损义务等违约行为，导致被保险车辆至今未维修，明显超过合理的定损和维修期限，致使案涉车辆因此产生停运损失，故 A 车保险公司应当承担相应的赔偿责任。根据《民法典》第 591 条的规定，A 车实际车主作为被保险车辆的实际所有人，针对 A 车保险公司明显超过合理期限未对事故车辆定损的违约行为，有督促 A 车保险公司及时核损理赔及采取有效措施避免损失扩大的义务，但其并未采取适当措施防止损失的扩大，故 A 车实际车主对扩大的停运损失应自行承担。

综上，在法律明确规定的先予支付保险金的 60 日期限基础上，法院酌定 A 车公司承担案涉事故车辆停运损失时间为 120 日。因 A 车保险公司对 A 车实际车主主张的每日停运损失 700 元无意见，故停运损失为 84000 元（700 元 × 120 日）。

关于 A 车实际车主主张的鉴定费 10000 元。根据《保险法》第 64 条"保险人、被保险人为查明和确定保险事故的性质、原因和保险标的的损失程度所支付的必要的、合理的费用，由保险人承担"之规定，本案中在 A 车保险公司未定损的情况下，A 车实际车主为确定车辆维修费依法申请法院委托进行鉴定，由 A 车实际车主支付的鉴定费属于保险人、被保险人为查明保险标的损失程度所支付的必要的、合理的费用，故鉴定费 10000 元应由 A 车保险公司承担。

总结

事故造成营运车产生停运损失，停运损失属于财产间接损失，在大部分交通事故案件中，保险公司不赔付停运损失。但是本案中，由于保险公司不及时履行定损等义务使停运损失扩大，保险公司亦存在过错，因此法院认定保险公司需要对扩大的停运损失承担赔偿责任。

03 车辆价值的鉴定

专业解答

车辆价值鉴定通常由具有专业资质的第三方鉴定机构进行。具体鉴定方法有以下几种：

（1）市场比较法。选取与被鉴定车辆品牌、型号、使用年限、行驶里程等相近的车辆作为参照物，通过比较它们在市场上的成交价格来确定被鉴定车辆的价值。

（2）成本法。根据车辆的购置成本，减去车辆的累计折旧和损耗来确定车辆价值。购置成本包括车辆原价、购置税、上牌费等。折旧和损耗可以根据车辆使用年限、行驶里程、车况等因素进行计算。

（3）收益现值法。主要适用于对营运车辆的价值鉴定。通过预测车辆未来的收益能力，将未来收益折现到当前来确定车辆价值。

案例链接 （2024）辽0281民初388号民事判决书

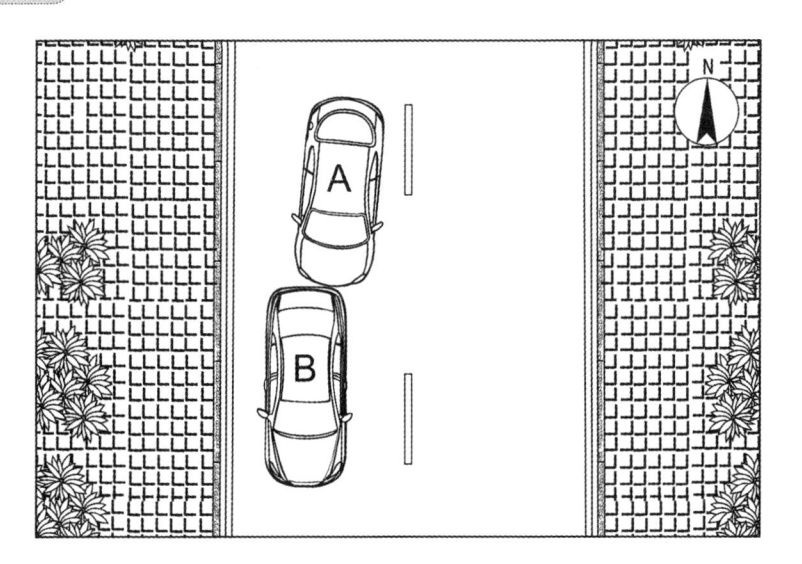

如图所示，20××年12月18日，A车驾驶人驾驶A车行驶至某路段发生侧滑与同向行驶的B车发生交通事故，造成车辆损坏。由交警出具的《事故认定书》认定，A车驾驶人承担事故全部责任，B车驾驶人无责任。

经法院委托，某价格鉴定机构出具《关于B车价格评估意见书》，价格鉴定意见见表4-3。

表4-3　B车价格评估对比

鉴定基准日时的合理修复费用	鉴定基准日时的事故前价值	鉴定基准日时的车辆残值	法院认定赔偿金额
28363元	17000元	2000元	17000元

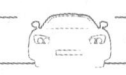

经查明，A车驾驶人与A车车主系雇佣关系。事故发生后，A车保险公司在交强险财产限额内向B车车主赔付了2000元。

B车车主向法院起诉，请求判令A车驾驶人、A车车主赔偿车损15000元。

法院认为

鉴定意见表明，鉴证标的车辆事故前实际价值为17000元，远低于其事故发生后所需要的维修费用28363元。根据法律规定，被侵权人虽然有权主张侵权人赔偿维修被损坏车辆所支付的费用，但该维修费用应限制在合理范围内，如果维修费用远高于标的物的实际价值，将给侵权人造成不合理的负担。依据损失填补原则，在机动车交通事故中，机动车发生损失时，应当按照实际损失进行赔偿，修理成本高于出险时事故车辆的实际价值的，应认定无修理必要，推定全损，按事故发生时车辆的实际价值计算赔偿金。

因此B车车主请求赔偿车辆损失为实际价值17000元－残值2000元=15000元，法院予以支持。B车车主已获得交强险赔偿的2000元，扣减后车辆损失为13000元。因A车驾驶人与A车车主系雇佣关系，该车辆损失应由A车车主赔偿。

总 结

本案中，当事人双方对车辆损失数额有异议，最终通过鉴定，确定车辆损失数额，法院亦认可其鉴定结果。

04 交通事故中车辆损坏程度与赔偿数额的关系

专业解答

车辆损坏程度是一个相对的概念，它可以从多个方面来评估。车辆损坏程度如何体现到赔偿数额上，实践中难以具体量化，且容易引起当事人的争执，需要综合各方面来考虑。如车辆车门刮伤、掉漆、变形甚至车窗玻璃破碎等，由于维修方式不同，具体赔偿数额也会不同。

为了减少歧义，当事人可以采取拍照取证、委托专业机构和第三方见证等方式来确定车辆损坏的具体程度。

拍照取证，是指当事人在现场拍摄车辆各部位的照片，特别是受损部位，以便后续评估。

委托专业机构，是指当事人选择具有资质的专业车辆检测鉴定机构对受损车辆进行全面检查，出具评估报告，显示车辆具体损坏项目、维修建议及预计维修费用。

第三方见证，是指当事人在进行车辆损失评估时，让保险公司、律师、公证人员等参与整个评估过程，确保评估结果客观公正。

案例链接 （2024）冀10民终6386号民事判决书

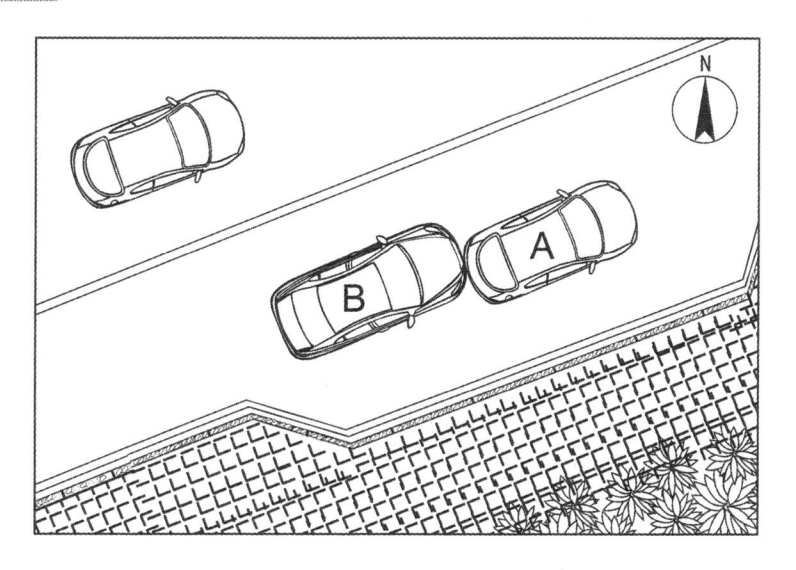

如图所示，20××年9月4日，停放在某路段的A车被B车驾驶人驾驶的B车碰撞，造成车辆损坏，事故责任和赔偿比例的关系详见表4-4。

表4-4 事故责任和赔偿比例的关系

涉案人	事故责任	赔偿权利	赔偿义务	赔偿比例	A车损失金额
A车车主	无	有			
B车驾驶人	全部		有	100%	
甲车辆评估公司					51800元

在诉讼阶段，双方当事人对A车损坏程度存在争议，受法院委托，次年3月25日，甲车辆评估公司对A车损坏程度进行了评估，确定损失金额为51800元。A车车主支出评估费3000元、拆解费2000元、施救费1000元。A车车主称，因车辆在事故中受损，其于当年9月7日租用一辆汽车用于上下班使用，租期9个月，每月2800元，合计25200元。综上，A车车主要求B车驾驶人赔偿各项损失合计83000元。

B车驾驶人对车辆损失报告确认的损失金额持有异议，提出重新鉴定申请；对

241

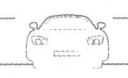

拆解费支出的合理性不予认可，认为评估过程中的拆解费用已包括在评估费中，不应重复支出；对施救费用不予认可，认为事故发生时间在20××年9月4日，开票日期却为次年4月16日，缺乏关联性；对租车费用不予认可，认为缺乏必要性及合理性。

A车车主认为，本次车辆损失鉴定系法院委托，程序合法，B车驾驶人申请重新鉴定不应得到支持；事故发生后，车辆因等待评估定损而未送修理厂维修，评估定损后，B车驾驶人将车辆送修，故施救行为发生于次年4月。

上述事实有事故责任认定书、保险单、车辆行驶证、A车车主驾驶证、评估报告、评估费票据、拆解费票据、施救费票据及原、被告陈述等作为证据。

法院认为

A车损失金额已经法院委托评估机构进行了评估，程序合法，且不存在需重新鉴定的其他法定情形，故B车驾驶人要求重新鉴定的请求，法院不予准许；关于车辆施救费用，在交通事故中，保险车辆出险后失去正常的行驶能力，故被保险人雇佣吊车及其他车辆进行抢救的费用，以及将出险车辆拖运到修理厂的运输费用属于施救费。本案中，A车在外地发生事故，评估后再送修理厂维修，产生施救费1000元系必然且合理，对该项费用的真实性，法院予以认定；关于拆解费，评估机构在评估车辆损失过程中拆解受损部位系必经程序，而拆解作业系第三方实施，而非评估机构完成，本院对该项费用的真实性、关联性予以认定；关于租用车辆的费用，A车车主主张租车时间9个月超出了必要且合理范围，本院酌情认定1个月租车费用为2800元。综上，B车驾驶人应赔付A车车主各项损失60600元。

总 结

本案中，车辆损坏程度及车辆损失金额是通过法院委托第三方价格评估机构来确定的。这是解决赔偿争议的有效办法。

05 车辆贬值损失应当赔偿的情形

专业解答

车辆贬值损失，是指车辆发生事故后，经维修后恢复外观和使用性能并可继续使用，但其安全性、舒适性、操控性等性能无法恢复到事故前的状态，而使车辆价值有所降低，导致事故后车辆与正常使用情况下无事故车辆的市场价值产生差异。

目前我国法律对于车辆贬值损失的赔偿并没有明确的规定，对于交通事故中车辆贬值的损失该不该赔偿的问题，并没有统一的答案，需要针对具体事件具体分析。

《最高人民法院关于'关于交通事故车辆贬值损失赔偿问题的建议'的答复》中指出"考虑到社会经济发展情况，目前尚不具备完全支持贬值损失的客观条件。我们对该项损失的赔偿持谨慎态度，倾向于原则上不予支持。当然，在少数特殊、极端情形下，也可以考虑予以适当赔偿，但必须慎重考量，严格把握"。通过最高人民法院的答复可以看出，司法实践中对于交通事故车辆贬值损失赔偿问题，原则上不予支持，例外情形可以支持。实践中，对于待售中或运输中新车的贬值损失，可以考虑予以适当赔偿，体现公平原则。

比如，一辆新车在发生重大碰撞事故后，虽然经过维修可以正常行驶，但在二手车市场上的价格会大幅下降，此时法院一般会考虑支持车主对车辆贬值损失的赔偿请求。

在法院审理中，如果车主主张车辆贬值损失赔偿，但没有提供充分的证据，法院可能不予支持。如2020年江西省宜春市中级人民法院《关于印发〈审理机动车交通事故责任纠纷案件的指导意见〉的通知》第40条中规定，赔偿请求人要求赔偿车辆贬值损失的，人民法院不予支持。山东省日照市中级人民法院和北京第三中级人民法院也曾规定车辆贬值损失原则上不予支持。

案例链接 （2024）兵01民终237号民事判决书

20××年10月23日，A车驾驶人驾驶A车行驶至某路口时与行驶的B车发生碰撞，造成两车损坏的交通事故。双方当事人事故责任和赔偿比例的关系见表4-5.1。

表4-5.1 事故责任和赔偿比例的关系

当事人	事故责任	赔偿权利	赔偿义务	赔偿比例
A车驾驶人	全部		有	100%
B车驾驶人	无	有		

经查明，同年8月23日，B车驾驶人支付405000元购买了B车。事故发生后，B车驾驶人委托某鉴定机构以事故发生日为基准日对B车交通事故后的贬值损失进行价格评估，该机构作出《价格评估报告》，综合评定B车驾驶人受损车辆折旧费为120704元，详情见表4-5.2。

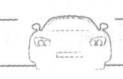

表 4-5.2　B 车贬值损失对照

B 车购买价	B 车折旧费	法院认定 B 车贬值损失赔偿
405000 元	120704 元	30000 元

B 车驾驶人向法院起诉，请求判令 A 车驾驶人、A 车保险公司赔偿其包括车辆贬值损失在内的各项损失。

A 车驾驶人辩称，赔偿 B 车驾驶人车辆贬值损失无事实及法律依据。《交通事故损害赔偿解释》第 12 条之规定以及《最高人民法院关于"关于交通事故车辆贬值损失赔偿问题的建议"的答复》均表明车辆贬值损失不应当支持。

法院认为

关于 B 车驾驶人主张的车辆贬值损失的问题，即事故后车辆与正常使用情况下无事故车辆的市场价值产生的差异。虽然《交通事故损害赔偿解释》第 12 条未将车辆贬值损失纳入道路交通事故应赔偿的财产损失范围，但《最高人民法院在关于"关于交通事故车辆贬值损失赔偿问题的建议"的答复》中明确，对车辆贬值损失持谨慎态度，原则上不予支持，在少数特殊、极端情形下也可以考虑予以适当赔偿。

本案中，B 车从购置到发生事故仅间隔 2 个月，使用时间较短、价值较高，基本属于新车范畴。事故造成 B 车多部位损害，虽未对核心机配件进行大修，但势必无法完全恢复至事故发生前的状态，车辆虽未实际进行二次交易，即交易价值贬损未立即产生，但仍属于可预期的合理损失，故应予以适当支持。B 车驾驶人对事故的发生不存在过错，A 车驾驶人对事故承担全责，根据以上事实，应当认定 B 车驾驶人车辆的受损属于可以考虑适当赔偿车辆贬值损失的特殊情形。

由于本案机动车受损系基于交通事故导致，并非 A 车驾驶人故意所为，A 车驾驶人对 B 车驾驶人车辆产生的贬值损失亦缺乏控制性和可预见性，故综合以上因素，参照《价格评估报告》，依法酌情认定 A 车驾驶人应赔偿 B 车驾驶人车辆贬值损失 30000 元。此外，车辆贬值损失系 A 车驾驶人与 A 车保险公司三者险约定的免赔范围，故 A 车保险公司不承担该部分的赔偿责任。综上，A 车驾驶人应赔偿 B 车驾驶人车辆贬值损失 30000 元。

总　结

本案中，法院认定侵权人应当赔偿车辆贬值损失是因为受损车辆属于新车，价值较高，其贬值损失属于合理损失。这是贬值损失中的一种特殊情形。

06 交通事故导致车内设施损坏的赔偿认定

专业解答

交通事故中造成的车辆内部设施（如座椅、音响、空调等）的损坏，都属于财产损失的一种，侵权人以及其他赔偿义务人需要对此损失进行赔偿。

具体赔偿数额一般根据设施的损坏程度、市场价值或维修费用来进行确定。如果该设施无法修复或修复成本过高，那么就按照更换新设施的费用来赔偿。如车辆的座椅在事故中被划破，若可以通过修复恢复原状，按照维修座椅的费用赔偿；若座椅损坏严重无法修复，按照更换新座椅的价值赔偿。

07 车辆爆胎损失的赔偿认定

专业解答

如果车辆购买了相应的保险，如车损险、车轮单独损失险等，在符合保险条款的情况下，当事人可以向保险公司申请赔偿。保险公司会根据损失情况进行定损，并按照保险合同约定的赔偿比例进行赔付。但需要注意的是，并非所有的爆胎情况都在保险赔偿范围内，例如因轮胎自然磨损导致的爆胎可能不在赔偿之列。

如果车辆爆胎是由于第三方的过错造成的，如道路上的障碍物导致爆胎，可以向事故责任方索赔。这种情况下，需要确定责任方的过错程度，并提供相关证据，如事故现场照片、证人证言等。

案例链接 （2021）晋06民终1111号民事判决书

20××年4月25日，A车驾驶人行驶至某路段时，因驾驶不慎发生A车爆胎，造成路面及A车损坏的交通事故。交警依法作出《公路赔偿通知书》。

A车在保险公司投有交强险、商业三者险和车辆损失险，事故发生在保险期内。A车保险公司以交警未出具《事故认定书》，且A车驾驶人有驾车逃逸情形为由，不予理赔。A车驾驶人就路产损失和A车维修费赔偿事宜提起诉讼。

法院认为

本案的争议焦点为A车保险公司是否需要赔偿。依法成立的合同，对当事人具

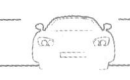

有法律约束力。当事人应当按照约定全面履行自己的义务。本案中，A 车投保了交强险、商业三者险和车辆损失险，A 保险公司为其出具了保险单，双方形成保险合同关系，该合同系双方真实意思表示，合法有效。A 车保险公司认为事故中 A 车驾驶人在事故发生后驾车逃逸，故意未及时通知保险人，导致保险责任的性质、原因、损失程度等难以确定，而且 A 车驾驶人自愿放弃让交警出具《事故认定书》。对此，A 车保险公司未提供相应证据予以证明，故法院对该项理由不予支持。

A 车保险公司依法应在交强险责任限额范围内赔偿路产损失 2000 元，在商业三者险责任限额范围内赔偿路产损失 9600 元，在车辆损失险责任限额范围内赔偿车辆维修费 5520 元。（见表 4-7）

表 4-7　赔偿责任划分

当事人	赔偿权利人	赔偿义务人	赔偿比例
A 车驾驶人	是		
A 车保险公司		是	100%

总　结

本案中，发生爆胎的车辆投保了交强险、商业三者险和车损险，双方形成保险合同关系。所以，保险公司应对本次意外造成的损失承担赔偿责任。

08 交通事故导致车内动物伤亡损失的赔偿

专业解答

交通事故导致车辆内动物，如宠物猫、宠物狗以及其他家禽家畜等伤亡的，侵权人或其他赔偿义务人应当承担赔偿责任。具体赔偿数额需要根据动物的价值、医疗费、运输费等来确定。

动物的价值认定主要依据购买凭证、当下同类动物的市场价格以及专业机构评估鉴定。具体如下：

1. 购买凭证

如果动物主人能够提供购买动物的发票、合同等凭证，这是最直接的确定价值的依据。例如，购买一只宠物狗花费了 5000 元，在事故发生后可以以此为基础进行价值评估，但可能会根据动物的年龄、健康状况等因素进行一定的调整。

2. 市场价格

如果没有购买凭证，可以参考市场上同类动物的普遍价格。比如普通的宠物猫，市场上的平均售价是一定的范围，可根据该动物的品种、年龄、体型等特征在这个范围内确定其价值。

3. 专业机构评估

对于较为名贵或特殊的动物，可能需要专业的宠物评估机构或兽医进行评估鉴定，确定其价值。如一些具有特定血统、参加过比赛并获奖的宠物，其价值的认定需要专业人士根据其血统证书、比赛成绩等因素综合评估。

如果动物在事故中受伤，治疗过程中产生医疗费用，可以凭借动物的病历、诊断证明、治疗费用发票等相关证据来主张赔偿数额。例如，宠物狗在事故中受伤，经过兽医的诊断和治疗，花费的1000元医疗费、诊断费等，这些费用都可以作为损失向责任方索赔。

如果事故发生后，动物需要运输到其他地方进行治疗或寄养，由此产生的运输费用、寄养费用等额外支出，也可以计算在损失范围内，但同样需要有相关的费用凭证作为依据。

除上述赔偿外，在某些情况下，宠物伤亡的主人可能获得精神损害赔偿。人们在宠物饲养过程中投入了大量的时间与精力，客观上对宠物产生了一定的情感和精神寄托，宠物主人和宠物之间存在特定的情感联系，可以认定为其是具有一定人身意义的特定物，宠物的伤亡可能会给主人带来精神上的痛苦。因此，有的法院会酌情确认精神损害抚慰金。

案例链接 （2024）鲁1323民初125号民事判决书

20××年8月3日，A车驾驶人驾驶无号牌电动三轮车A（载泰迪狗）行驶至某路口左转弯过程中，与行驶的B车相撞，造成A车驾驶人受伤、泰迪狗死亡及两车不同程度受损的交通事故。双方事故责任与赔偿比例的关系见表4-8。

表4-8 事故责任与赔偿比例的关系

当事人	事故责任	赔偿义务	宠物狗评估价	法院认定宠物狗损失	赔偿比例
A车驾驶人	同等		2200元	2000元	50%
B车驾驶人	同等	有			
B车保险公司		有			50%

事故发生后，A车驾驶人在某价格鉴定机构对死亡的泰迪狗价值进行评估，结论为损失2200元。

A车驾驶人向法院起诉，请求判令B车驾驶人、B车保险公司赔偿各项损失，其中包括泰迪狗损失。

法院对A车驾驶人的泰迪狗的损失认定为2000元。

📝 总　　结

本案中，交通事故导致车内动物死亡，法院如支持当事人有关动物死亡的赔偿要求，一般根据价格鉴定机构的评估结果酌情认定具体数额。

09 未按规定牵引的宠物被车辆碰撞伤亡的赔偿

专业解答

《民法典》第1245条规定："饲养的动物造成他人损害的，动物饲养人或者管理人应当承担侵权责任；但是，能够证明损害是因被侵权人故意或者重大过失造成的，可以不承担或者减轻责任。"依据这条规定，遛狗不牵绳属于狗主人未尽到管理义务，是重大过失行为，若侵权人正常行驶无过错，狗主人需自行承担小狗伤亡的损失，侵权人不需要承担赔偿责任。如果侵权人在事故中有过错，如未遵守交通安全规定、超速等，那么侵权人就需要根据过错程度承担相应的赔偿责任。

案例链接　（2024）湘04民终2363号民事判决书

20××年4月27日，行人甲未牵犬绳遛犬闯红灯横过斑马线时遇行驶的A车沿交叉路口绿灯起步直行通过该路口，A车左前轮碾压犬只，造成犬只抢救无效死亡的交通事故。事故发生后，A车驾驶人未停车处置驶离了现场。甲在抱犬过程中被犬只抓伤，注射狂犬疫苗、破伤风疫苗等。

甲向法院起诉，请求判令A车驾驶人、A车保险公司赔偿其治疗宠物狗医疗费、接种疫苗费、精神损害抚慰金及财产损失。

法院认为

本案为机动车交通事故责任纠纷。甲闯红灯遛犬横过斑马线且未采取牵犬绳等约束措施控制犬只，违反《道路交通安全法》第62条、《动物防疫法》第30条第2款、《衡阳市城市养犬管理办法》第20条第3项、第27条等多部法律、法规，致使该犬只遭A车驾驶人驾驶机动车碾轧，A车驾驶人驾驶机动车虽绿灯起步直行，但在起步时未注意左侧盲区安全便加速通过且在发生碾轧事故后未停车处置，存在一定过错，据此，法院划分了双方当事人的过错行为、事故责任和赔偿比例的关系，详情见表4-9。

表4-9 过错行为、事故责任和赔偿比例的关系

当事人	过错行为	事故责任	赔偿权利	赔偿义务	赔偿比例
行人甲	1. 闯红灯； 2. 未牵犬绳遛犬	主要	是		60%
A车驾驶人	未确保安全驾驶	次要		有	
A车保险公司				有	40%

甲的损失为：（1）财产损失，即治疗犬只及注射疫苗产生费用；（2）精神损害抚慰金，甲作为犬只主人失去爱犬，精神遭受打击，酌情确认精神损害抚慰金3000元。上述二项共计18131元。因甲未举证证明该犬只本身价值多少，故这部分损失，法院不予支持。

综上，甲的损失由A车保险公司在交强险内赔偿，不足的由A车保险公司在商业险内按照40%赔偿，剩余的60%由甲自行承担。

总 结

本案中，事故发生时，宠物狗主人未牵犬绳，有明显管理不当的过错，需要承担相应的赔偿责任。同时，宠物主人主张宠物狗死亡的损失因无法提供有效证据证明宠物犬本身价值，所以这部分损失难以获得法院支持。

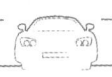

10. 物流公司擅自转包的货物因交通事故受损的赔偿

专业解答

如果托运人与物流公司签订的运输合同中，对转包及相应责任承担有明确约定的，物流公司应按照合同约定进行赔偿。

根据《民法典》第 506 条的规定，因故意或者重大过失造成对方财产损失的，合同中的免责条款无效。物流公司未经托运人同意，擅自将其承运的货物转包，交由他人运输，本身属于重大过失，需要承担货物损失赔偿责任，不能以运输合同中的免责条款作为理由拒绝赔付。

如果托运人在事故中也存在过错，如未如实申报货物价值，那么托运人也需要根据过错程度承担相应赔偿责任。

案例链接 （2024）粤 07 民终 3979 号民事判决书

20×× 年 1 月 10 日，甲公司委托乙公司将一批货物运往乌鲁木齐，乙公司出具货物托运单，收取货物保险费 50 元、送货费 150 元、运费 1800 元。乙公司收到货物后未与甲公司沟通，擅自将其货物转包委托给丙公司进行实际运输。该货物运输行至某省时发生交通事故，导致货物灭失，当事人过错行为和赔偿比例的关系见表 4-10。

表 4-10 过错行为和赔偿比例的关系

当事人	过错行为	赔偿权利	赔偿义务	赔偿比例
甲公司	未如实申报货物价值，虚报保价	有		30%
乙公司	擅自转包货物		有	70%

经查明，灭失的货物价值 103000 元。

甲公司向法院起诉，请求判令乙公司赔偿其货款损失、运费损失及资金占用利息。

乙公司辩称，（1）关于货物价值。本案应以保价条款的计算方式作为认定涉案灭失货物价值的依据。经乙公司一方计算，涉案灭失货物的价值应为 16700 元。首先，甲公司作为商业主体，在经营中应当对合同内容审慎审查。《托运须知》内容未超出甲公司的注意义务范围。其次，双方并非首次进行托运合作，根据现有证据显示，双方已合作多次，乙公司亦向甲公司出具过相应的托运单，且每次的保价保险费均不一致，因此，甲公司对双方托运合同的内容和方式应当具有清醒的认知。综上，本案中基于保价条款的内容及保费 50 元是经过双方确认的，因此，应当以保价条款中的计算方式计算涉案灭失货物的价值。(2)关于资金占用利息。甲公司所主张的资金占用利息不应由乙公司承担。根据相关证据显示，事故发生后，乙公司一直与甲公司一方沟通，要求办理保险赔偿，但甲公司一直没有按照要求提供相应的材料，导致赔偿迟迟不能到位。因此，甲公司所主张的利息损失不应由乙公司承担。

甲公司辩称，乙公司没有将甲公司的货物安全、完整地送达目的地且导致货物灭失，乙公司应全额进行赔偿。这与甲公司是否有未如实申报货物价值或虚报保价的行为没有任何关联性。

法院认为

本案的争议焦点为：(1)乙公司的保价条款是否应当适用；(2)甲公司是否存在过错。

关于乙公司的保价条款是否应当适用问题。根据《民法典》第506条"合同中的下列免责条款无效：(一)造成对方人身损害的；(二)因故意或者重大过失造成对方财产损失的"的规定，本案中乙公司的托运单设置保价条款属于限制赔偿条款，一定程度上可免除其赔偿责任，属免责条款。而乙公司擅自转包扩大了货物受损的风险，造成承运货物灭失，构成重大过失，因此乙公司设置的保价条款不适用于本案，乙公司应当按照涉案货物的实际价值进行赔偿。

关于甲公司是否存在过错问题。根据在案证据显示，乙公司询问保险费多少，甲公司先提出涉案货物保险费50元，而后乙公司再根据甲公司的要求赠送该50元保险费，涉案运费单显示了保险费具体数额。故此，首先报价50元保险费的是甲公司，乙公司对该50元保险费予以减免优惠。甲公司在明知其货物实际价值的情况下，仍报价50元保险费，也未向乙公司声明涉案货物的实际价值，在托运单中的声明价值中也未进行申报，存在明显过错。对不同价值的货物，乙公司的收费必然不同，所采取的承运方式以及需要尽到的注意义务也不同，甲公司未如实申报货物价值可能会误导乙公司的判断，进而造成实际承运中货物受损，故甲公司理应承担未如实申报的法律后果。

因此，双方对损害结果的发生都存在过错。法院酌定了甲、乙公司各自承担的责任比例(见表4-10)，确定涉案灭失的货物价值103000元，判令乙公司向甲公司赔偿72100元。对于甲公司已实际支付的1950元运费，因乙公司未能依约将涉案货物运送至指定地点，已经构成违约，应当予以返还。

至于资金占用利息问题，乙公司收取运费后造成承运货物灭失，应向甲公司赔偿损失，乙公司没有赔偿损失确实会造成乙公司资金占用损失。甲公司主张按全国银行间同业拆借中心公布的一年期贷款市场报价利率从2024年1月23日开始计算资金占用利息，法院予以支持，但计算基数应为 74050 元（72100 元＋1950 元），对于甲公司主张超出的部分，法院不予支持。

✎ 总　结

　　本案中，承运人即乙公司擅自转包货物的行为增加了货物运输风险，属于承运人的过错，其应当承担相应的赔偿责任。而甲公司未如实告知货物价值，也是事故发生的原因之一，其行为亦存在过错，也应当承担一定的赔偿责任。

CHAPTER 5

第五章

交通事故的人身损害赔偿

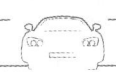

01 交通事故受害人医疗费的认定与计算

> **专业解答**

医疗费，是指为了使直接遭受人身伤害的自然人恢复健康、进行医疗诊治的过程中所花费的必要费用。医疗费是交通事故案件中发生人身损害的主张赔偿的主要部分，这笔费用是按照事故责任比例由当事人进行赔偿的。医疗费具体包括但不限于以下几种：

（1）挂号费：挂号费是患者就医时为了获取医疗服务而支付的费用，根据医院的级别和挂号类型，如普通号、专家号等而有所不同。

（2）诊疗费：医生为患者提供诊断、咨询、检查、治疗服务所收取的费用。

（3）检查费：进行各种医学检查，如血液检查、X光、CT、MRI、超声波检查等的费用。

（4）药品费：根据医生处方购买的药品费用。

（5）手术费：进行手术所需的费用，包括手术室使用费、麻醉费、手术材料费等。整容手术、保健类项目通常不在该手术费范围内，除非因交通事故导致毁容等情况的功能修复。

（6）住院费：患者住院期间产生的费用，包括床位费、护理费、住院伙食费等。

（7）康复费：康复治疗或物理治疗等康复服务的费用。

（8）医疗器械费：使用或购买医疗器械，如轮椅、拐杖、矫形器等的费用。

（9）急救费：急救服务产生的费用，包括救护车费、急救药品费等。

（10）特殊治疗费：如化疗、放疗、透析等特殊治疗的费用。

（11）材料费：手术或治疗中使用的一次性材料，如纱布、注射器等的费用。

医疗费认定应符合以下要求：

（1）治疗必要：只有与交通事故造成的伤害直接相关的治疗费用才应被认定，与交通事故无关的治疗不能算在交通事故医疗费中。如伤者本身有高血压病史，但交通事故并未导致其高血压病情加重，那么治疗高血压的费用不应纳入交通事故医疗费。

（2）费用合理：各项医疗费用应符合当地医疗行业的收费标准和常规治疗规范。例如，对于某种疾病的治疗，通常使用一种常规的药品，但医院却使用了价格昂贵的进口药品且没有作出合理的解释，那么超出常规药品价格的部分可能不会被赔偿义务人或法官认可。

（3）因果关系：医疗费用必须与交通事故所导致的损伤存在因果关系。如伤者在交通事故中头部受伤，后续出现的头痛、头晕等症状的治疗费用与事故相关；但如果伤者在住院期间又患上了感冒，治疗感冒的费用就与交通事故无关。

（4）时间关联：治疗费用应在交通事故发生后的合理时间范围内产生。一般来说，事故后的紧急救治、后续康复治疗等费用是合理的；但如果伤者在事故发生后很长一段时间，如几年后，才进行治疗，且没有合理解释的，那么这些费用一般难以得到赔偿义务人或法官的认可。

《人身损害赔偿解释》（2022年修正）第6条第1项规定："医疗费根据医疗机构出具的医药费、住院费等收款凭证，结合病历和诊断证明等相关证据确定。赔偿义务人对治疗的必要性和合理性有异议的，应当承担相应的举证责任。"因此，医疗费主要依靠伤者持有的各种医疗发票、清单等证据来计算。

医疗费用证据非常重要，受害人需要将医疗费用的有关凭证保留好。其中，最重要的有两种凭证，分别是发票和医嘱。

发票要有国家税务标志，这里要和小票区分开。医院在诊疗过程中会给很多小票，如去药房拿药时给的记录有药品种类、数量、价格的取药单，它和药品发票就很像，都有药品种类、数量、价格等信息，但是这个是不具有法律效力的。而区分发票和小票的主要方式是看票据上有没有明确写明"发票"字样，如"增值税普通发票"或"增值税专用发票"。

医嘱的作用是证明这项支出是医生建议的，是必要的、与交通事故有关的，而不是当事人自己想顺便检查一下身体、治疗一些其他疾病。与治疗相关的医嘱会出现在很多医院开具的纸质文件上，如病历、诊断报告、检查报告、住院病案等，这些我们也需要保存好，作为之后主张医疗费的证据。

具体医疗费用按照调解前或一审法庭辩论终结前实际发生的数额来确定，其计算方式为：各项医疗费用相加。

案例链接 （2024）新民再252号民事判决书

20××年12月13日，A车驾驶人驾驶A车由南向北超速行驶至某路口时，违反交通标线与由北向南行驶的B车相撞，造成B车驾驶人受伤及财产损失的交通事故。交警认定A车驾驶人承担事故全部责任，B车驾驶人无责任。

事故发生后，B车驾驶人在甲医院救治，支出医疗费等，几个月后，B车驾驶人在乙医院复查治疗，支出医疗费，具体数额见表5-1。

表 5-1　医疗费具体数额

甲医院		乙医院				
医疗费	救护费	医疗费	门诊费	救护费	复查治疗	诊查费等
3046.35元	143.50元	113097.99元	81.85元	158.50元	21453.66元	2064.08元

B车驾驶人向法院起诉，请求判令A车驾驶人、A车保险公司赔偿全部损失。

法院认为

法院根据B车驾驶人的病情以及其举证的相关医疗费用发票，认定B车驾驶人三次住院、门诊医疗费、救护费及诊查费等医疗费共计140045.93元。对于B车驾驶人购买的利伐沙班片及维生素C，其对伤口具有愈合作用，符合医嘱及治疗方案，由A车驾驶人赔偿。

总　结

本案中，法院在计算受害人的医疗费时，依据的是受害人的病情和其举证的有关医疗支出费用证据，将各项费用相加得出最终医疗费总额。

02　交通事故受害人医疗费的支付方式

专业解答

交通事故中受害人的医疗费支付方式主要有以下几种：

1. 事故责任方垫付

在交通事故发生原因和事故责任比较明确的情况下，事故责任方应主动垫付受害人的医疗费用。这样能够及时解决受害人的资金问题，让受害人能够得到及时治疗。事故承担全责或者主要责任的侵权人，更应该在事故发生后主动前往医院为受害人缴纳部分或全部医疗费用。

有时当事人双方对事故责任划分存在争议，但事故责任方也可以出于人道主义，先垫付一部分医疗费用，之后再根据垫付费用的凭证向保险公司或受害人主张偿还。

2. 伤者自行垫付

如果事故责任方不愿意或没钱垫付医疗费用，那么伤者及其家属就需要先自行支付医疗费用。治疗结束或病情稳定后，伤者可以再根据事故责任认定向事故责任方及其保险公司进行索赔。

伤者自行垫付方式的好处是伤者能够自主选择治疗的医院和治疗方案，不受其他因素的干扰。但对于一些经济困难的家庭来说，自行垫付可能会带来一定的经济压力。

3. 交强险责任范围内垫付

依据《交强险条例》第 75 条的规定："肇事车辆参加机动车第三者责任强制保险的，由保险公司在责任限额范围内支付抢救费用。"事故发生后，保险公司可以在交强险责任范围内先支付伤者的抢救费用，但值得注意的是，保险公司在这里支付的是抢救费，而不是其他的治疗费、用药费等。

伤者需要保险公司支付抢救费用的，应当通过交警部门书面通知该保险公司。《交通事故处理程序规定》第 42 条第 1 项规定："投保机动车交通事故责任强制保险的车辆发生道路交通事故，因抢救受伤人员需要保险公司支付抢救费用的，公安机关交通管理部门应当书面通知保险公司。"具体流程有：①家属向交警提交垫付申请（附伤者身份证、入院记录、抢救费用证明等）；②交警核实后出具《垫付通知书》；③将通知书提交给保险公司；④资金直接划至医院账户。

保险公司在交强险范围内垫付抢救费的（有责 1.8 万元，无责 1800 元），通常需当事人承担一定事故责任。（若当事人无责任的，大多数情况下，伤者并不需要进行抢救。伤者需抢救的，说明事故后果严重，当事人通常负有事故责任）。

4. 商业险责任范围内垫付

如果事故责任方购买了商业保险，在重大紧急情况下，如伤者伤情严重需要紧急抢救、抢救费用高昂、责任方没钱支付等，承保商业险的保险公司也可能会根据保险合同的约定和具体情况，对伤者的抢救费、医疗费用进行垫付或预支。

但需注意，保险公司在商业险范围的垫付前提是当事人承担一定的事故责任。若当事人无责任，那么保险公司在商业险范围内不进行垫付。

5. 道路交通事故社会救助基金垫付

当存在抢救费用超过交强险责任限额、肇事机动车未参加机动车交通事故责任强制保险、机动车肇事后逃逸等情形时，道路交通事故社会救助基金可以先行垫付部分或者全部抢救费用。《交通事故处理程序规定》第 42 条第 2 项规定："抢救受伤人员需要道路交通事故社会救助基金垫付费用的，公安机关交通管理部门应当书面通知道路交通事故社会救助基金管理机构。"救助基金管理机构在垫付后，有权向交通事故责任人追偿。

如果出现受害人死亡，《交通事故处理程序规定》第 42 条第 3 项规定："道路交通事故造成人员死亡需要救助基金垫付丧葬费用的，公安机关交通管理部门应当在送达尸体处理通知书的同时，告知受害人亲属向道路交通事故社会救助基金管理机构提出书面垫付申请。"

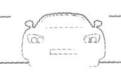

6. 基本医疗保险基金先行支付

根据《社会保险法》第 30 条第 2 项规定："医疗费用依法应当由第三人负担，第三人不支付或者无法确定第三人的，由基本医疗保险基金先行支付。基本医疗保险基金先行支付后，有权向第三人追偿。"

7. 法院裁定先予执行

如果伤者一方确实经济困难，无法支付医疗费用，且案件的基本事实与事故责任比较清楚，事故责任方也有能力支付费用的，伤者可以向法院申请先予执行，要求事故责任方先行支付部分医疗费用。法院会根据具体情况进行审查，如果符合条件，会裁定事故责任方先行支付一定的医疗费用，以保障伤者顺利治疗。

若伤者及其家属不清楚能否垫付，可以先提交垫付申请，能垫付的，交警会出具《垫付通知书》，不能垫付的，则不会出具。

案例链接　（2024）陕 04 民终 2763 号民事判决书

20××年3月12日，A 车驾驶人驾驶 A 车行驶至某路段时，与行驶的二轮电动车 B 发生碰撞，致 B 车驾驶人受伤、两车受损。交警认定，B 车驾驶人承担事故的主要责任，A 车驾驶人承担事故的次要责任。

事故后 B 车驾驶人被送往医院住院治疗，医疗费花了 2437.94 元，其中 A 车驾驶人先行支付 2280.70 元。

总　结

本案中，受害人的大部分医疗费是 A 车驾驶人支付的。A 车驾驶人先行支付的费用，就属于事故责任方垫付的情形。

03 交通事故肇事者逃逸，医疗费的支付办法

专业解答

交通事故中肇事者逃逸的，受害人可以通过自行垫付、保险公司支付、道路交通事故社会救助基金垫付和基本医疗保险基金先行支付等方式先行支付抢救费或医疗费。

保险公司、道路交通事故社会救助基金和基本医疗保险基金先行支付、垫付的，需要由交通管理部门书面通知垫付机构。

受害人、基本医疗保险基金和道路交通事故社会救助基金垫付的抢救费、医疗费，其在支付后可以向肇事逃逸者进行追偿。

案例链接　（2024）苏09民终2131号民事判决书

20××年1月17日，A车驾驶人驾驶A车在某路段与行人甲发生碰撞，A车驾驶人在交通事故发生后弃车逃逸，交警认定A车驾驶人承担事故全部责任，甲无责任。

事故发生后，甲在医院治疗的医药费垫付情况详见表5-3。事故发生当晚，A车驾驶人没有为甲垫付医疗费用，该费用是之后支付的；甲的委托代理人出具收条，载明收到A车驾驶人垫付款。甲的委托代理人于同年2月3日出具垫付承诺书，载明："本人及本人亲属将及时偿还救助基金已垫付费用，如通过任何其他途径获得赔偿或补偿，所获得的赔偿或补偿款将优先用于偿还救助基金已垫付的上述费用；对于保险理赔款，同意保险公司直接偿还基金管理人已垫付的上述费用。"

表5-3　医药费垫付情况

A车驾驶人垫付	A车交强险保险公司	救助基金
10000元	18000元	86620.13元

总　结

本案中，侵权人发生事故后逃逸。受害人的医疗费由保险公司、救助基金、侵权人三方支付。在理赔阶段，保险赔偿可以直接向其他支付医疗费者偿还垫付的抢救费等费用。

04 交通事故伤者的非医保用药费用的承担主体

专业解答

医保用药，是指纳入国家医疗保险报销范围的药物。我国有关职能部门为建立和完善社会保险制度，将医保用药编入医保药品目录，其适用范围为基本医疗保险和工伤保险，适用人群为已参加社会保险统筹的民众，制定宗旨为保障参保人员的基本用药需求。

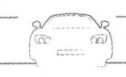

在医治伤者时，医院有权采取合理的、必要的治疗方案和药物来抢救伤者的生命和恢复伤者的健康。如果在治疗过程中医生使用了非医保范围内的药物，也是旨在及时有效地救治伤者。同时，医院采用何种治疗方案及使用何种药物对伤者进行治疗，这是伤者及其亲属、投保人都无法控制的。客观上来说，他人也无法要求医院必须使用非医保用药对伤者进行治疗。

因此，交通事故中的非医保用药费用的支付方式有以下几种：

1. 由保险公司承担

交通事故医疗救助中，大部分由医生来断定具体治疗方法与用药范围，受害人以及投保人均无用药选择权，投保交强险是为事故受害人提供基本保障设立，在适用交强险对受害人的医疗费予以赔偿时不区分是否属于医保范围，否则将背离交强险的设立初衷。因此，如果保险公司不能证明受害人的非医保用药费用属于不合理、不必要的治疗开支，那么承保交强险的保险公司大概率需要在责任范围内承担受害人的非医保用药费用。

在承保商业险的保险公司中，如果保险公司没有证据证明已经向投保人履行了保险合同中约定的"非医保用药不承担赔偿责任"说明义务，则该免责条款不生效，该保险公司就需要对超出交强险限额部分的非医保用药费用承担赔偿责任。

2. 由肇事者与受害人承担

如果保险合同中明确约定了"保险公司对非医保用药部分不承担赔偿责任"，并且保险公司有证据证明其已经履行了说明义务，那么超出交强险限额部分的非医保用药费用会按照具体赔偿责任划分，由当事人按各自责任比例承担相应的赔偿责任。

3. 双方协商分担

在协商调解阶段，受害人、肇事人和保险公司可以通过协商的方式，来商量非医保用药费用的支付方式。

案例链接 （2024）湘11民终49号民事判决书

20××年6月19日，A车驾驶人驾驶A车搭乘甲等5人由南往北行驶至某路段，与由北往南行驶的B车会车时相撞，导致A车驾驶人、甲等5人受伤，两车受损。当事人过错行为、事故责任和赔偿比例的关系见表5-4。

表 5-4　过错行为、事故责任和赔偿比例的关系

当事人	过错行为	事故责任	赔偿比例	非医保用药赔偿责任
A 车驾驶人	1. 违法载人； 2. 违反交通标线、占道行驶	同等	50%	
B 车驾驶人	1. 车辆检测不合格； 2. 为确保安全驾驶	同等		
乘车人甲等 5 人		无		
B 车保险公司			50%	有

事故发生后，受伤的 6 人均前往医院进行了治疗。

法院审理对甲理赔事宜时，B 车保险公司主张伤者的治疗费用中应当扣除非医保用药的部分。

法院认为

甲受伤入院后，对医生如何用药以及治疗标准均无法预见和控制，甲对是否存在非医保用药也无法知晓，故 B 车保险公司在商业险保险合同中约定就非医保用药予以免赔的条款，实际上是减轻了 B 车保险公司的责任，加重了投保义务人的责任，故该合同条款属于免责的格式条款，B 车保险公司应就该免责条款对投保人履行明确的提示和说明义务，根据本案现有证据不能证实 B 车保险公司已就该条款向投保人进行了明确的提示和说明，且 B 车保险公司未提交证据证明哪些药品超过医保同类医药费的标准，该辩论意见无事实和法律依据，不予支持。对于伤者医疗费损失的认定，应当按照医疗费发票的实际金额予以认定。

总　结

本案中，保险公司主张的非医保用药费用不赔，属于免责条款，但该保险公司无证据证明其履行了告知义务，所以保险公司需要赔偿非医保用药费用。

05 交通事故伤者后续治疗费的认定与计算

专业解答

后续治疗费，是指在交通事故造成的伤害经初步治疗后，因伤势尚未完全康复或者出现并发症等原因，需要在后续进行的进一步治疗所产生的费用。

有时交通事故产生的损伤比较严重，治疗周期很长，伤者在一审辩论之前无法完成全部治疗，此时就需要进行后续治疗。从而产生的后续治疗费的范围如下：

1. 康复治疗费用

包括物理治疗、作业治疗、言语治疗等。如因交通事故导致骨折的伤者在骨折愈合后可能需要进行康复训练，以恢复肢体的功能，这期间的康复治疗费用就属于后续治疗费，这包括热疗、电疗等物理治疗及帮助伤者恢复日常生活活动能力，如穿衣、吃饭等的作业治疗。

2. 二次手术费用

二次手术是指患者在经历了一次手术后，由于各种原因需要再次进行手术治疗的情况，如交通事故中的伤者接受了内固定手术，像骨折后植入钢板或钢钉，其在一定时间后需要进行二次手术取出内固定物，那么这二次手术的费用以及相关的检查、住院等费用都属于后续治疗费。

3. 并发症治疗费用

"并发症"是一个医学术语，指的是一种疾病在发展过程中引起另一种疾病或症状的发生。交通事故可能引发一些并发症，如创伤后感染、长期卧床导致的压疮等。治疗这些并发症所产生的费用也是后续治疗费的一部分。如治疗创伤后感染可能需要使用抗生素等药物，费用根据病情严重程度和药物种类而有所不同；治疗压疮可能需要进行伤口换药、使用特殊的床垫等。

4. 合理的整容费

整容是一种通过外科手术或其他医疗技术来改变人的外貌的行为。交通事故引发伤者毁容的，伤者可能需要在身体恢复后进行一次或多次整容、修复等治疗。需要注意的是，这里指的整容必须是因交通事故导致外貌损毁，而进行必要的整容修复。因交通事故，借机整容变美产生的整容费，保险公司、法院一般不予认可。

后续治疗费的认定依据如下：

1. 医疗机构的诊断证明和建议

医生根据伤者的病情和恢复情况，出具的诊断证明中通常会明确是否需要后续治疗以及大概的治疗费用范围。如医生在诊断证明中写明"患者骨折愈合后需进行二次手术取出内固定物，预计费用为×××元"。这种诊断证明是认定后续治疗费的重要依据之一。

2. 专业鉴定机构的评估报告

后续治疗费，可以由专业的司法鉴定评估。司法鉴定机构会根据伤者的伤势、治疗情况、恢复趋势等因素，综合评估后续治疗费的金额。如司法鉴定机构通过对伤者的伤残程度、治疗方案的分析，得出后续治疗费为××××元的评估结论。这份评估报告在法律诉讼中具有较高的可信度。

3. 后续治疗实际费用证明

有的伤者会选择在后续治疗结束后再向赔偿义务人主张后续治疗费用。这时，伤者可以提供后续治疗过程中的各种发票、医嘱、医疗清单等证据，来证明后续治疗花费。

后续治疗费用的计算方式一般是将伤者实际后续治疗项目中各项费用相加，或依据医院诊断证明、鉴定报告中的具体所需费用来计算。

后续治疗费用的支付方式可以是在受害人治疗彻底结束后再向赔偿义务人主张后续治疗实际产生费用，也可以根据医疗证明或鉴定报告中确定的费用在计算已产生的医疗费时一并计算和支付。根据《人身损害赔偿解释》（2022年修正）第6条第2项规定："器官功能恢复训练所必要的康复费、适当的整容费以及其他后续治疗费，赔偿权利人可以待实际发生后另行起诉。但根据医疗证明或者鉴定结论确定必然发生的费用，可以与已经发生的医疗费一并予以赔偿。"

案例链接 （2024）皖04民终1447号民事判决书

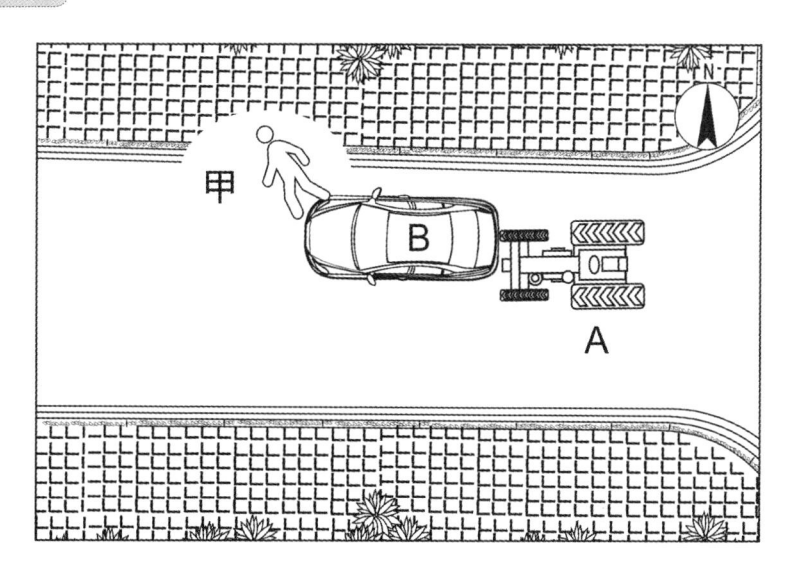

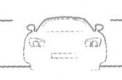

如图所示，20××年10月4日，A车驾驶人驾驶拖拉机A行驶至某交叉路口时，与停在路边的B车发生碰撞，致使位于B车前方的B车车主受伤、两车不同程度受损。事故责任和赔偿比例的关系见表5-5。

表5-5 事故责任和赔偿比例的关系

当事人	事故责任	赔偿权利	赔偿义务	赔偿比例	后续治疗项目	后续治疗费
A车驾驶人	主要		有	70%		
B车车主	次要	有		30%	行内固定物取出	21663.95元

事故发生后，B车车主在医院住院治疗，由于B车车主骨折，安装了骨折内固定装置。第一轮治疗结束后，B车车主于次年11月6日至21日再次住院取除骨折内固定装置，产生医疗费21663.95元。

经司法鉴定机构鉴定，B车车主第一轮诊疗项目为双侧肋骨骨折及左髋臼、左肩胛骨骨折行切开复位内固定治疗，后续诊疗项目为行内固定物取出。

B车车主向法院起诉，请求判令A车驾驶人赔偿各项损失，其中包括实际发生的后续治疗费。

法院根据B车车主提供的住院病历、费用清单、鉴定报告，认可其后续治疗费用，并将后续治疗费用归到已发生的医疗费中一起计算。

总　结

本案中，受害人的后续治疗费是其后续实际治疗产生的费用。法院在计算受害人各项损失时，应将实际产生的后续治疗费合并到已经发生的医疗费中一起计算。

06 交通事故伤者护理期的确定

专业解答

护理期是指人体损伤后，在医疗或者功能康复期间生活自理困难，全部或部分需要他人帮助的时间期限。这个期限主要是用于衡量伤者从受伤或患病到能够恢复基本生活自理能力所需要的时间。护理期限应计算至受害人恢复生活自理能力时止。如果受害人经过治疗后身体逐渐恢复，能够自行完成日常生活中的基本活动，如穿衣、洗漱、进食等，那么护理期限就到此结束。其具体期限的确定方法如下：

1. 出院后仍需护理

当事人出院后生活不能完全自理仍需继续护理的，必须由该医疗机构出具医嘱证明或诊断书来确定护理时间。医疗机构会根据受害人的具体病情和恢复情况，在医嘱或诊断书中明确建议后续需要护理的时间。如果时间超过 3 个月仍需护理依赖的，应申请鉴定机构对当事人是否需要护理进行确定。

2. 构成伤残的情况

构成伤残的护理期即在伤残鉴定中确定的需要他人护理的时间期限，该期限从受伤开始计算一直持续到进行伤残评定的前一天。如甲在某年 3 月 1 日发生交通事故，导致伤残，并在同年 8 月 3 日进行伤残鉴定，那么护理期就是指从 3 月 1 日到 8 月 2 日这段时间的总天数。定残后仍需要护理的，应参考其伤残程度并结合配制残疾辅助器具的情况确定护理级别。

3. 最长护理期限

受害人因残疾不能恢复生活自理能力的，可根据其年龄、健康状况等因素确定合理的护理期限，但最长不超过 20 年。但是，如果受害人护理期限超过 20 年，超过年限仍可以另诉。

07 交通事故伤者护理依赖程度的确定

专业解答

护理依赖程度是用于评估个体在生活自理方面对他人帮助依赖状况的指标，主要指因伤致残者生活不能自理，需要依赖他人护理的程度。它对于确定护理级别、赔偿费用等有着重要的意义。护理依赖程度是交通事故人身损害赔偿案件中确定护理费数额的重要依据之一，根据不同的护理依赖程度，赔偿义务人应承担不同的护理费赔偿责任。护理依赖程度分为完全护理依赖、大部分护理依赖和部分护理依赖三个等级。

完全护理依赖，是指生活完全不能自理，进食、翻身、大小便、穿衣洗漱、自我移动等五项均需依赖他人护理。大部分护理依赖，是指生活大部分不能自理，进食、翻身、大小便、穿衣洗漱、自我移动五项中有三项需要依赖他人护理。部分护理依赖，是指部分生活不能自理，进食、翻身、大小便、穿衣洗漱、自我移动五项中有一

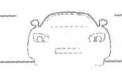

项需要依赖他人护理。

护理依赖程度的确定，通常由专业的司法鉴定机构进行评估，依据伤者的伤残情况、身体功能障碍程度、日常生活自理能力等多方面因素综合判断。如严重的颅脑损伤、高位截瘫等重伤致残的情况；伤者肢体完全瘫痪，无法进行任何自主运动，同时伴有感觉丧失和认知障碍的情况；伤者无法自行进食、穿衣、洗漱，需要他人完全协助等情况，都可能被评定为完全护理依赖。部分活动能够自行完成，但仍需他人一定程度的帮助，可能被评定为大部分护理依赖或部分护理依赖，如一些中度伤残，像肢体部分瘫痪等。（见表5-7）

表5-7　护理依赖程度与护理费比例关系

护理依赖程度	完全护理依赖	大部分护理依赖	部分护理依赖
护理费	100%	80%左右	50%左右

08 交通事故伤者的护理级别

专业解答

受害人定残后的护理，应当根据其护理依赖程度并结合配制残疾辅助器具的情况确定护理级别。

护理级别是根据患者的病情严重程度和自理能力来确定的，用以指导医护人员提供相应级别的护理服务。通常护理级别划分如下：

（1）特级护理：适用于病情危重、需要密切监护和可能随时需要抢救的患者，如重症监护患者、大手术后或严重创伤患者。

（2）一级护理：针对病情不稳定或可能随时发生变化的患者，以及手术后需要严格卧床和自理能力重度依赖的患者。

（3）二级护理：适用于病情稳定但仍需观察、轻度依赖他人照顾的患者，或处于康复期但中度依赖他人照顾的患者。

（4）三级护理：针对病情稳定或处于康复期、轻度依赖或无需依赖他人照顾的患者。

护理的级别由专业的司法鉴定机构根据伤情确定，每一级相应地产生不同的费用。在交通事故案件中需要特级、一级护理的伤者一般都在医院住院治疗，其护理费用通常算在住院费、手术费等医疗费范围内。

护理级别的确定，一般由具有资质的司法鉴定机构等专业机构进行评估鉴定。这些机构会根据相关标准和规范，对受害人的身体状况、自理能力、残疾程度以及残疾辅助器具的使用效果等进行全面、客观地评估，并出具权威的鉴定意见，作为确定护理级别的重要依据。《人身损害赔偿解释》（2022 年修正）第 21 条规定，护理费根据护理人员的收入状况和护理人数、护理期限确定。

护理人员有收入的，参照误工费的规定计算；护理人员没有收入或者雇用护工的，参照当地护工从事同等级别护理的劳务报酬标准计算。护理人员原则上为 1 人，但医疗机构或者鉴定机构有明确意见的，可以参照确定护理人员人数。

护理期限应计算至受害人恢复生活自理能力时止。受害人因残疾不能恢复生活自理能力的，可以根据其年龄、健康状况等因素确定合理的护理期限，但最长不超过 20 年。

受害人定残后的护理，应当根据其护理依赖程度并结合配制残疾辅助器具的情况来确定护理级别。

09 交通事故伤者的护理费的认定与计算

专业解答

护理费是指伤者在医院住院治疗或者居家养病期间因需要护理而产生的费用。根据《人身损害赔偿解释》（2022 年修正）第 8 条规定："护理费根据护理人员的收入状况、护理人数、护理期限确定。护理人员有收入的，参照误工费的规定计算；护理人员没有收入或者雇佣护工的，参照当地护工从事同等级别护理的劳务报酬标准计算。护理人员原则上为一人，但医疗机构或者鉴定机构有明确意见的，可以参照确定护理人员人数。护理期限应计算至受害人恢复生活自理能力时止。受害人因残疾不能恢复生活自理能力的，可以根据其年龄、健康状况等因素确定合理的护理期限，但最长不超过二十年。受害人定残后的护理，应当根据其护理依赖程度并结合配制残疾辅助器具的情况确定护理级别。"

护理人员工资的行业标准很少有官方的统计局去统计，所以将其归为其他服务业，并按其他服务业标准计算，即当地上一年度居民服务、修理和其他服务业就业人员平均工资。具体数额可以在当地的统计局或者国家统计局网站上查询，也可以在中国裁判文书网上直接查找到对应法院审理的交通事故案例，按照已经结案的标准计算。

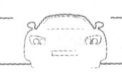

护理费具体计算公式为：

某地上一年度居民服务、修理和其他服务业就业人员年平均工资 ÷365 天 × 护理人员数量 × 护理期 × 护理依赖程度

如安徽省内的受害人甲在 2024 年 2 月发生交通事故，经司法鉴定，护理期为 60 天，需要 1 人护理，护理依赖程度为部分依赖。安徽省 2023 年居民服务、修理和其他服务业就业人员年平均工资为 65079 元，则其可主张的护理费计算方式为：

65079 ÷ 365 天 ×1 人 ×60 天 ×50%=5348.96 元。

如果是自家人请假照顾伤者，则护理费用具体计算方式按照该护理人员的误工费计算。护理人员是家属请假照顾的，且工资收入发生变化的需要分时间段计算。

有时会出现这种情况，就是受害人受伤期间是由一位家人请假在照看护理，但这名家人的工资非常高，其产生的误工费也非常高。这时受害人在向对方当事人主张赔偿时，对方当事人通常都不会认可过分高昂的护理费。法院在审理计算护理费时，其认定的护理人员工资收入通常是不得超过当地上一年度职工社会平均工资的。

如果护理时间跨年度，护理费以事故处理当年或一审法庭辩论终结前为节点进行计算。如事故发生在安徽省，护理时间为 2022 年 6 月 1 日到 2023 年 5 月 31 日，共 365 天，护理人员是 1 人，护理依赖程度是部分依赖，2024 年 5 月保险公司或法院处理该案件，则护理费计算方式为：2023 年安徽省居民服务、修理和其他服务业就业人员年平均工资 ÷365 天 ×1×365 天 ×50%。

案例链接 （2024）豫 16 民终 5580 号民事判决书

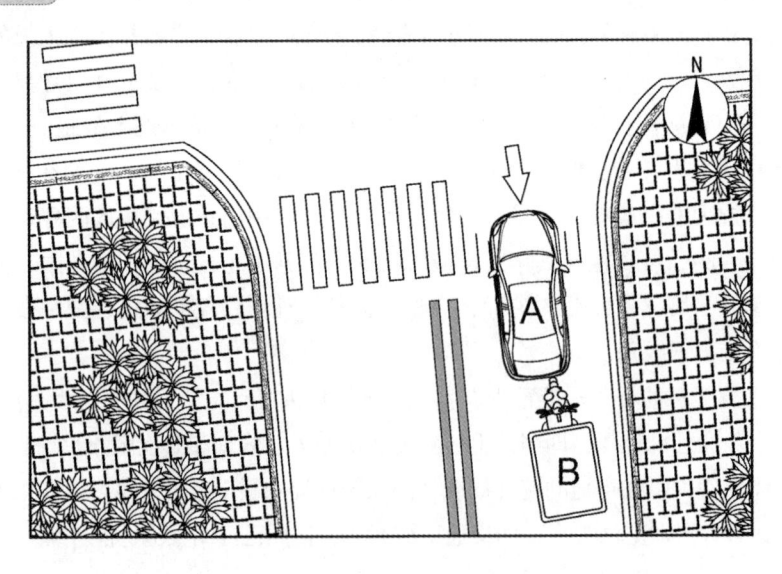

如图所示，20××年7月8日，A车驾驶人驾驶A车在某路口向后倒车时，与后方同向行驶的电动三轮车B发生碰撞，造成两车损坏、B车驾驶人受伤的交通事故。交警认定A车驾驶人承担事故的全部责任，B车驾驶人无责任。

事故后，B车驾驶人在甲医院、乙医院、丙医院等多家医院住院治疗。其中，在甲医院住院治疗10天（20××年7月8日至17日），在乙医院住院治疗10天（20××年7月17日至27日），在丙医院住院治疗24天（20××年7月29日至8月21日），在丁医院住院治疗63天（20××年8月24日至10月26日），后又在丁医院继续住院治疗96天（20××年10月30日至次年2月3日）。

B车驾驶人向法院起诉，请求判令A车驾驶人、A车保险公司赔偿其医疗费、误工费、护理费住院伙食补助费、交通费、营养费及财产损失。

法院认为

关于B车驾驶人主张护理费问题，依照《人身损害赔偿解释》（2022年修正）第8条规定，B车驾驶人自20××年7月29日起在丙院治疗，该院长期医嘱单于20××年7月29日作出陪护2人的医嘱，该医嘱系医疗机构的明确意见，法院予以认可。B车驾驶人的护理费见表5-9。

表5-9 护理费计算方式

护理人员收入标准		20××年度河南省居民服务、修理和其他服务业年平均工资40068元/年
护理时间		住院时间204天，其中24天医院作出陪护两人的医嘱
护理人数	陪护1人	（40068元/年÷365天×180日×1人）
	陪护2人	（40068元/年÷365天×24日×2人）
总计		25028元

总　结

本案中，受害人在住院的不同时期护理人数不同。针对这种情况，法院采用分段计算的方法来统计受害人护理总费用。

10 交通事故伤者住院伙食补助费的认定与计算

专业解答

住院伙食补助费，是指患者在住院期间，因不能在家正常就餐而需要在医院内或

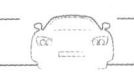

附近餐饮场所解决饮食而产生的额外费用。根据《人身损害赔偿解释》（2022年修正）第 10 条的规定，住院伙食补助费可以参照当地国家机关一般工作人员的出差伙食补助标准予以确定。

这个标准不是固定的，因地区和时间的变化会有调整，对此当事人可以自己查询，比如在"中国裁判文书网"输入关键词"国家机关一般工作人员的出差伙食补助标准"就会在当地案例中看到出差伙食补助标准具体数据。此外，很多地区法院在裁判时有自己的标准，并不一定按照当地国家机关一般工作人员的出差伙食补助标准计算，如合肥地区是 50 元/天，安庆、芜湖地区是 40 元/天，亳州地区 100 元/天，阜阳地区 30 元/天。住院伙食补助费期限就是住院时间的长短，其由住院病案上登记的时间确定。

住院伙食补助费计算方式为：住院天数 × 住院伙食补助标准。

案例链接　（2024）兵 03 民终 167 号民事判决书

20×× 年 9 月 18 日，A 车驾驶人驾驶 A 车由西向东行驶至路口右转弯时，与行驶的电动车 B 发生碰撞，造成两车受损、B 车驾驶人受伤的交通事故。事故责任和赔偿比例的关系见表 5-10。

表 5-10　事故责任和赔偿比例的关系

当事人	事故责任	赔偿权利	赔偿义务	赔偿比例	住院伙食补助费
A 车驾驶人	全部		有	100%	
B 车驾驶人	无	有			120 元/天

事故发生后，B 车驾驶人在医院治疗，共住院 21 日。后 B 车驾驶人向法院起诉，请求判令 A 车驾驶人赔偿其包括住院伙食补助费在内的各项损失。

法院对 B 车驾驶人主张的住院伙食补助费认定为：本地国家机关一般工作人员的出差伙食补助标准为每日 120 元，结合 B 车驾驶人交通事故发生后的实际住院天数，对 B 车驾驶人主张的住院伙食补助费 2520 元（120 元 ×21 天），依法予以支持。

11 交通事故伤者的营养费的认定与计算

专业解答

营养费是指因交通事故导致受害者身体受伤，需要额外的营养补给来加速康复而产生的费用。这些费用的目的是确保受害者能够获得充足的营养，以促进身体的康复。根据《人身损害赔偿解释》（2022年修正）第11条的规定：营养费根据受害人伤残情况参照医疗机构的意见确定。营养费支付的期间一般根据鉴定机构的鉴定结果决定，称之为营养期，时间长短根据伤情各不相同。

营养费计算通常没有统一的固定标准，数额理论上应当根据受害人伤残情况参照医疗机构的意见确定。但在司法实践中，一般由法院根据具体情况进行裁量。法院可能会综合考虑当地的经济水平、物价指数、伤者的实际营养需求等因素来确定一天的营养费金额。如在一些大城市，营养费可能每天在50~200元；而在一些中小城市或农村地区，营养费可能每天在20~100元。具体的数额受害人可以在法院官网、裁判文书网等网站查看当地当年交通事故案件审理中营养费的标准。

营养费总额计算公式为：营养期 × 一天的营养费。

如江苏省内的某个受害人经鉴定机构鉴定营养期为60日，按该地区法院普遍认同营养费为一天50元的标准计算，则营养费为60天 ×50元 =3000元。

值得注意的是，如果对方当事人已经支付了营养费，那么受害人就不可以再将自己购买的营养品费用让对方承担。

案例链接 （2024）陕10民终437号民事判决书

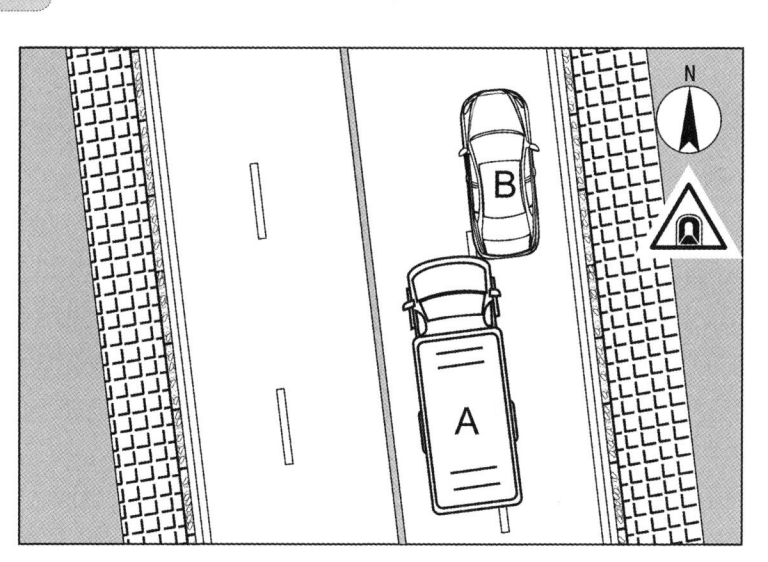

如图所示，20××年8月31日，A车驾驶人驾驶A车行驶至某隧道内，因观察不周，未确保安全驾驶，导致车辆撞上前方因故障停在道路上的B车左后尾部，造成B车乘车人甲受伤、双方车辆及货物受损。事故责任和赔偿比例的关系见表5-11。

表 5-11　事故责任和赔偿比例的关系

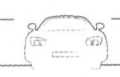

当事人	事故责任	赔偿权利	赔偿义务	赔偿比例	营养期	营养费标准
A 车驾驶人	主要	有		70%		
B 车驾驶人	次要			30%		
B 车乘车人甲		有			75 天	30 元 / 天

事故发生后甲被送往医院治疗，出院医嘱显示"出院后继续门诊治疗、注意休息，加强营养，每隔 2 周门诊复查"。司法鉴定机构对甲营养期作出司法鉴定意见载明"营养期限为 75 天"。

甲向法院起诉，请求判令 A 车驾驶人赔偿其包含营养费在内的全部损失。

法院对甲主张的营养费认定：参照司法鉴定的营养期，按每天 30 元计算，共 2250 元（30 元 ×75 天）。

12 交通事故伤者误工费的认定与计算

专业解答

误工费，是指因交通事故减少的工作收入。根据《人身损害赔偿解释》（2022 年修正）第 7 条的规定：误工费根据受害人的误工时间和收入状况确定。

误工期的认定。实践中，医院一般不会开具误工期证明，其提供的住院病历及医嘱会记录患者的病情、治疗过程以及医生对患者休息时间的建议。

医生开具的诊断证明会明确患者的伤病情况以及预计的恢复时间，这也是确定误工期的关键证据之一。

对方当事人可能会质疑医院方面有关误工期的证据，因此，更稳妥的办法是到有资质的司法鉴定机构开具误工期证明，对方当事人及法院一般会认可其鉴定结果。如果对方当事人仍然不认可，可以由对方当事人向法院申请委托其他鉴定机构鉴定。

受害人因伤致残导致持续误工的，其误工时间可以计算至定残日前一天，这有助于确保受害者在经济上得到合理的补偿，因为他们在残疾评定过程中仍然无法工作，这段时间内的损失同样需要得到赔偿。

误工期的工资收入的具体数额由受害者自行举证，证明事故前后自己的实际收入及损失。受害人有固定收入的，误工费按照实际减少的收入计算。这里是指当事人是拿月薪的，如公务员、国企职员、医生等，每个月都由固定的对公账户打一笔相对固定的数额给当事人，并有完善的纳税证明、社保证明、工资证明等。

受害人无固定收入的，按照其最近3年的平均月收入计算。这里是指一些自由职业者、个体工商户等，需要当事人提供银行流水、纳税证明或者其他能够证明其收入的证据。如健身教练，有健身房给他的完整的收入记录。3年前他没什么学员一年赚1万元，但是去年开始小有名气，今年已经能赚很多了。过去3年分别收入1万元、5万元、20万元，每一笔收入都有转账记录，有纳税证明，那么他的误工期收入情况就是3年平均月收入。

在实践中，也有部分受害人既没有固定收入也并不能举证证明其最近3年的平均收入情况，如受害人是自营种植水果的果农，收入就是将成熟的水果拿去贩卖，买家有时给现金，有时微信或支付宝转账，没有工资流水，也没有纳税证明等其他能够证明自己近3年收入的证据。这时可以参照受诉法院所在地相同或者相近行业上一年度职工的年平均工资计算。受害人只需要证明自己确实从事某一行业，如提供工作内容证明、村委会证明、工作照片等证明，然后诉请法院按照该地区同期行业平均水平判给误工费。上述提到的受害人甲自营种植水果，就属于"农、林、牧、渔业"，那么收入状况应按照上一年度农、林、牧、渔业职工年平均工资计算。

误工费计算方式是：误工期 × 工资收入

如湖南的张某在工地轧钢筋，一个月9000元，张某每个月都要支取一些工资来家用。张某的包工头李某也只是个小老板，没有很大的现金流，每次都是张某要钱了，就微信转给他或者给他一些现金，剩下的工资等工程款到账了再一次性通过银行转账给他。2024年张某发生交通事故后无法工作，想要主张误工费，但是发现根本拿不出有效的工资流水。如果没有证据证明其收入，则法院会按照当地人均可支配收入判定，那将远少于张某的收入。这时张某就可以证明自己确实从事建筑行业，诉请法官按照行业平均标准来裁判。证据有张某天天在工地签字打卡的记录，项目部的工作证、工作服，工地项目上提到张某姓名的文件等，这些都可以证明其从事建筑行业。法院认可这些证据，认为张某在发生交通事故前确实从事建筑行业，就会按照建筑行业平均工资认定误工费。20××年湖南省城镇居民人均可支配收入为49243元/年，而建筑业为85804元/年。假设张某的误工期是90天，那么误工费的计算就是：85804元/年÷365天×90天。

| 案例链接 | （2024）黑01民终5382号民事判决书 |

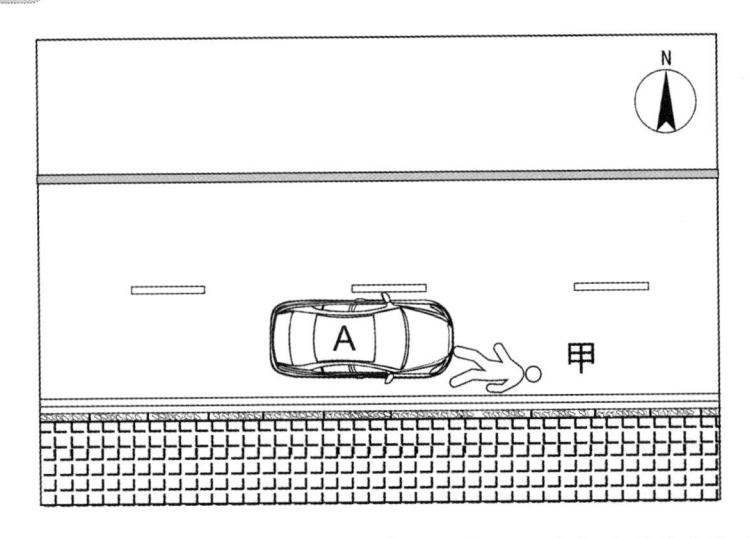

如图所示，20××年8月9日，A车驾驶人驾驶A车行驶至某路段时，与行人甲相撞，造成甲受伤、A车损坏的交通事故。事故责任和赔偿比例的关系见表5-12。

表5-12 事故责任和赔偿比例的关系

当事人	事故责任	赔偿权利	赔偿义务	赔偿比例	误工期	误工费标准	误工费
A车驾驶人	全部		有	100%			
行人甲	无	有			180天	130元/天	23400元

事故发生后，甲在医院治疗。后在诉讼过程中，经甲申请，法院委托某司法鉴定机构对甲误工期给予鉴定，鉴定的误工期限意见为180日。

法院对甲的误工费认定为：甲的误工费应根据受害人的误工时间和收入状况确定，甲为农村居民，无固定收入且未提供三年内的收入状况证明，故应根据2022年度××省农、林、牧、渔业职工的年平均工资49226元计算，考虑到事故发生时甲已67周岁，劳动能力略显不足，酌定误工费为每天130元，误工费期间180天，误工费共计23400元（180天×130元）。

13 交通事故伤者的残疾辅助器具费的认定与计算

| 专业解答 |

残疾辅助器具费，是指残疾者为恢复肢体功能或弥补伤害所造成的身体缺陷而

配置功能性或装饰性残疾用具所支出的费用。这里的残疾辅助器具是广义上的辅助器具，并不一定是当事人构成残疾才可以购买。如受害人腿骨折，暂时需要拄拐杖，这个拐杖就可以归类为残疾辅助器具。

残疾辅助器具类型包括残肢者用的支辅器、假肢及其零部件，假眼、假鼻、内脏拖带、矫形器、矫形鞋、非机动助行器、代步工具（不包括汽车、摩托车）、生活自助具、特殊卫生用品；视力残疾者使用的盲杖、导盲镜、助视器、盲人阅读器；语言、听力残疾者使用的语言训练器、助听器；智力残疾者使用的行为训练器、生活能力训练用品等。

受害人在主张残疾辅助器具费时应当提供明确的医嘱或者鉴定机构的鉴定意见以及发票，并按照有效发票上的数额主张。如医生在诊断证明中写明"患者因交通事故导致左下肢截肢，建议配置假肢，假肢使用期限约为若干年"。司法鉴定机构通过对受害人的身体检查和功能评估，得出"受害人需要配置高档假肢，价格约为××万元，每若干年需要更换一次"的评估结论。

根据《人身损害赔偿解释》（2022年修正）第13条的规定，残疾辅助器具费按照普通适用器具的合理费用标准计算。伤情有特殊需要的，可以参照辅助器具配制机构的意见确定相应的合理费用标准。辅助器具的更换周期和赔偿期限参照配制机构的意见确定。

在司法实践中，初次购买残疾辅助器具的费用数额、更换费用以及残疾辅助器具的更换周期问题一般可以通过司法鉴定来确定。残疾辅助器具费的赔偿期限涉及受害人的寿命，配制机构通常不作出明确意见。在实务中，可以参照国家统计机关公布的国人平均寿命，结合残疾辅助器具的更换周期来确定残疾辅助器具费的赔偿期限。

残疾辅助器具费计算公式为：器具价格 ×（赔偿年限 ÷ 使用年限）

或者是：器具价格（器具一天/月花费单价）× 赔偿期限（每天/月）

其中，赔偿年限根据受害人的年龄、残疾程度和器具的预期使用期限等因素确定；使用年限则由器具的质量、性能和生产厂家的建议等因素决定。

受害人进行司法鉴定的，鉴定机构会对残疾辅助器具费给出明确意见，按照鉴定机构的意见主张即可。

案例链接　（2024）黑01民终3149号民事判决书

20××年1月15日，A车驾驶人驾驶A车行驶至某路段时，与前方同方向由北向南在道路西侧行走的行人甲相撞。相撞后A车侧翻到道路西侧路口沟内，造成甲受

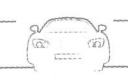

伤及车辆、道路栏杆、树木毁坏的交通事故。事故责任和赔偿比例的关系见表5-13。

表5-13 事故责任和赔偿比例的关系

当事人	事故责任	赔偿权利	赔偿义务	赔偿比例	残疾辅助器具确认方式
A车驾驶人	全部		有	100%	
行人甲	无	有			司法鉴定

甲家属向法院起诉，请求判令A车驾驶人赔偿各项损失。

经甲家属申请以及法院委托，某司法鉴定机构作出鉴定意见载明：支持防褥疮床垫1个，人民币1500元/个，最低使用期限5年；支持一次性储尿袋10袋/包，20元/包，1包/月，支持集尿器1个，300元/个，1个/月；支持尿套10个/包，300元/包，1包/月；支持纸尿垫1箱，300元/箱，1箱/月；支持普通型轮椅壹辆，800元/辆，最低使用年限3年。

📝 法院认为

法院对甲家属主张的残疾辅助器具费认定为：《人身损害赔偿解释》第13条规定："残疾辅助器具费按照普通适用器具的合理费用标准计算。伤情有特殊需要的，可以参照辅助器具配制机构的意见确定相应的合理费用标准。辅助器具的更换周期和赔偿期限参照配制机构的意见确定。"甲从受伤到去世，共计23个月。法院参考鉴定意见第5条内容，甲家属主张残疾辅助器具费用，符合法律规定，法院予以支持。

📝 总 结

本案中，受害人残疾辅助器具费用经司法鉴定，得到法院认可。也就是说，残疾辅助器具费符合法律规定的，应当获得赔偿。

14 交通事故中交通住宿费的认定与计算

专业解答

交通住宿费，通常指受害人去医院就医、转院治疗、前往鉴定机构等必要场所产生的交通费用和住宿费用。该部分费用是根据受害人及其必要的陪护人员实际发生的具体费用计算，需要以正式票据为凭证，并且票据所载事项应与受害人前往的地点、时间、人数、次数相吻合。

为防止当事人随意甚至恶意花销，给对方当事人造成不合理的费用，法院在审理交通住宿费诉求时，一般以不超过当地国家机关一般工作人员出差标准来计算。不同地区有具体的计算标准，如湖南省规定市内交通费为 20 元／天。这些标准有的会在法院的官网上公开，有的不公开，由法官根据案情的实际情况结合经验酌情裁判。

故当事人在主张这部分费用时只要按照自己实际产生的费用去计算即可，其计算方式为各项费用相加。

案例链接　（2024）新 02 民终 325 号民事判决书

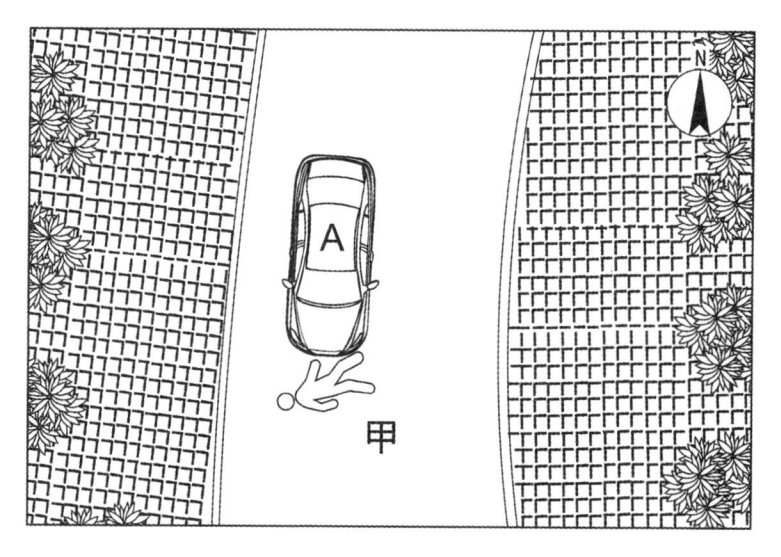

如图所示，20×× 年 8 月 4 日，A 车驾驶人驾驶 A 车由北向南行驶，与由西向东步行通过西侧道路的行人甲相撞，造成甲受伤及车辆受损的交通事故。事故责任和赔偿比例的关系见表 5-14。

表 5-14　事故责任和赔偿比例的关系

当事人	事故责任	赔偿权利	赔偿义务	赔偿比例	甲交通住宿费主张
A 车驾驶人某	全部		有	100%	
法院					支持

甲受伤当晚被送往甲医院治疗。之后，甲于同年 8 月 21 日、31 日、次年 1 月 18 日在乙医院复诊。诉讼期间，经甲申请，法院委托双方共同选定的某司法鉴定所对甲进行伤情鉴定。甲父亲陪同甲于 2 月 22 日按照某鉴定机构要求前往某司法鉴定所接受伤情检查，支出交通费 300 元、住宿费 171 元、伙食费 200 元、鉴定费 1830 元。

📝 法院认为

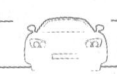

对于甲的交通费、住宿费，法院认为，根据甲伤情及就诊情况，酌定交通费 240 元。关于甲和其父亲前往鉴定机构鉴定所产生的交通费 300 元、住宿费 170 元、伙食费 200 元、鉴定费 1800 元的问题。法院依据《保险法》第 64 条"保险人、被保险人为查明和确定保险事故的性质、原因和保险标的的损失程度所支付的必要的、合理的费用，由保险人承担"的规定，予以认可。

📝 总　　结

本案中，受害人在有关人身损伤的医治、鉴定过程中，因出行必须支出交通、住宿等费用，未超出合理范围的，法院认定保险公司应当赔偿这部分费用。

15 交通事故伤者的鉴定费的认定与计算

专业解答

鉴定费，是指在诉讼活动中，司法鉴定机构运用科学技术或专门知识对诉讼涉及的专门性问题进行鉴别和判断并提供鉴定意见时，向委托人收取的服务费用。表 5-15.1 是一些常见的收费范围，可供参考。

表 5-15.1　常见收费范围

鉴定种类	费用（元/人）
损伤程度鉴定	300~600
交通事故伤残评定	300~600
劳动能力、评残鉴定	400~800
行为能力鉴定	800~1000
活体年龄鉴定	400~800
损伤与疾病关系鉴定	600~1000
男性性功能鉴定	500~800
……	……

上述鉴定费并不是一成不变的，它会随时间、规定等变化而不断调整。鉴定费的收费标准由省级人民政府价格主管部门会同同级司法行政部门结合当地实际情况制定出台本地区的司法鉴定服务收费标准。如同样一个常染色体 DNA 检验，北京的标准是 800 元，宁夏是 700 元。对于伤残程度评定鉴定项目，在黑龙江需要 910 元，在上

海需要是 1050 元。具体各省都有一套相对固定的收费标准，可以参照当地相关文件，受害人只要保管好鉴定费发票、鉴定意见书即可。

案例链接　（2024）皖 15 民终 1897 号民事判决书

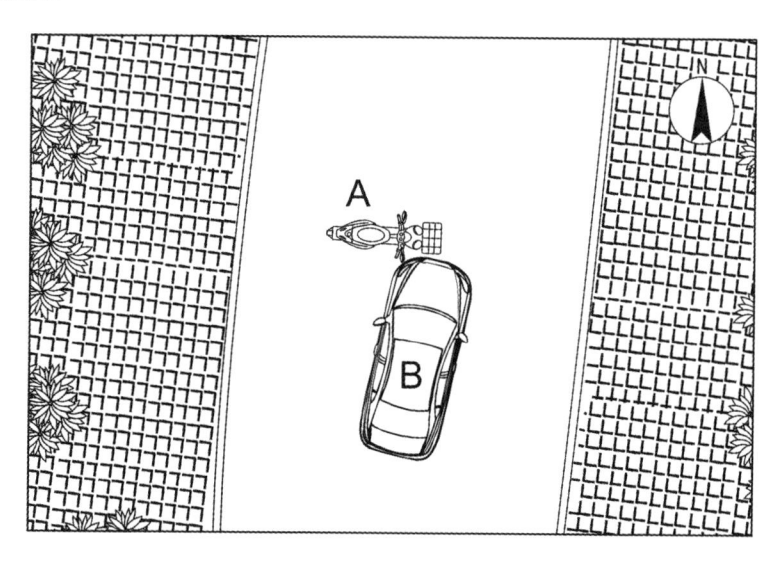

如图所示，20××年 9 月 3 日，A 车驾驶人驾驶电动车 A 行驶至事发地横过道路时，与正常行驶的 B 车发生碰撞，造成 A 车驾驶人受伤及车辆受损的交通事故。事故责任和赔偿比例的关系见表 5-15.2。

表 5-15.2　事故责任和赔偿比例的关系

当事人	事故责任	赔偿权利	赔偿义务	赔偿比例	鉴定费	赔偿责任
A 车驾驶人	主要	有		70%	800 元	
B 车驾驶人	次要		有			
B 车保险公司			有	30%		有

A 车驾驶人在司法鉴定机构对误工期、护理期和营养期进行了鉴定，并支付鉴定费 800 元。

A 车驾驶人向法院起诉，请求判令 B 车驾驶人、B 车保险公司赔偿其包含鉴定费在内的各项损失。

B 车保险公司辩称，鉴定费属于间接损失，不属于保险赔偿范围。

法院认为

A 车驾驶人支付的鉴定费系为查明因交通事故对其造成伤害程度和造成经济损失

的必要支出。《保险法》第 64 条规定："保险人、被保险人为查明和确定保险事故的性质、原因和保险标的损失程度所支付的必要的、合理的费用，由保险人承担。"该鉴定费应该由 B 车保险公司承担。

总　结

本案中，受害人为了明确误工期、护理期和营养期费用，进行司法鉴定并支付鉴定费。该鉴定费属于处理交通事故必要、合理的费用，应当获得赔偿。

16 交通事故伤者的伤残赔偿金的认定与计算

专业解答

伤残赔偿金是用来赔偿因人身伤害导致受害人残疾或丧失劳动能力的一定数额的财产损害性质的赔偿。交通事故发生后，有些人会留下一定程度的伤残，由最高人民法院、最高人民检察院、公安部、国家安全部、司法部联合发布的《人体损伤致残程度分级》把伤残划分为 10 个等级，每个等级都有对应的伤残程度。至于受害人的具体伤残等级划分，则需要有专业资质的鉴定机构进行鉴定。

确定了伤残等级后，可以按照伤残等级对应的赔偿系数计算出伤残赔偿金。两者关系详见表 5-16.1。

表 5-16.1　伤残等级与赔偿系数关系

伤残等级	一级	二级	三级	四级	五级	六级	七级	八级	九级	十级
赔偿系数	100%	90%	80%	70%	60%	50%	40%	30%	20%	10%

如果当事人存在多处伤残，则需要确定一个主赔偿系数，即最高等级的伤残等级对应的赔偿系数。在涉及多个伤残等级的情况下，赔偿系数通常有以下几种方式：

1. 叠加计算法

将各个伤残等级对应的赔偿系数简单相加，得到总的赔偿系数。如受害人被鉴定为一处八级伤残（赔偿系数为 30%）和一处十级伤残（赔偿系数为 10%），按照叠加计算法，总的赔偿系数就是 30%+10%= 40%。

2. 晋级计算法

当存在多个伤残等级时，如果几个伤残等级中最高等级的赔偿系数不能完全反映伤残的实际严重程度，就将最高伤残等级向上晋升一级来计算赔偿系数。如受害人一处九级伤残（赔偿系数为20%）和一处十级伤残（赔偿系数为10%），按照晋级计算法，可将九级伤残晋级为八级伤残（赔偿系数为30%）来计算赔偿。

3. 公式计算法（综合计算法）

采用公式来综合计算多个伤残等级的赔偿系数，最为常见的公式是：伤残赔偿系数＝最高伤残等级的赔偿系数＋附加系数。

附加系数是其他伤残等级赔偿系数乘以10%。一级伤残时，不设附加指数；二级伤残附加指数为9%（赔偿系数90%×10%）；三级伤残附加指数为8%（赔偿系数80%×10%）；以此类推，十级伤残附加指数为1%（赔偿系数10%×10%）。如受害人最高伤残等级为八级伤残（赔偿系数为30%），还有一处九级伤残（赔偿系数为20%）和一处十级伤残（赔偿系数为10%），其附加系数为20%×10%，与10%×10%，则伤残赔偿系数＝30%+（20%×10%）+（10%×10%）=30%+2%+1%=33%。需要注意的是，附加系数总和不超过10%，累计赔偿指数不超过100%。

需要注意的是，不同地区的法律法规和司法实践可能对多个伤残等级的赔偿计算方式有不同的规定。如有些地区明确规定采用晋级计算法，而有些地区可能更倾向于公式计算法。

在涉及保险赔偿时，有些保险合同可能对多个伤残等级的赔偿计算有专门的条款，这些条款可能与一般的法律规定有所不同，这时需要根据保险合同中关于伤残赔偿的约定来计算。

之后需要去查一下受诉法院所在地上一年度城镇居民人均可支配收入，这是计算伤残赔偿金所需要的第二个数值。这个数值可以在很多地方查到，如国家统计局、地方统计局、裁判网的判决案例。需要注意的是，根据2022年5月1日起施行的《人身损害赔偿解释》规定，人身损害赔偿标准由原来的城乡区分修改为统一采用城镇居民标准计算。

然后需要计算一下赔偿年限，这是计算伤残赔偿金所需要的另一个数值。如果受害人未满60周岁，则从定残之日起，按20年计算。若受害人年龄在60周岁以上，每增加1岁减少1年；若年龄在75周岁以上，则赔偿年限按5年计算。如受害人甲45周岁，未满60周岁，那么赔偿年限就是20周岁；受害人乙65周岁，已满60周岁，且超过了5年，所以赔偿年限是20-5=15年；丙80周岁，大于75周岁了，直接按5年计算。这里年龄需严格按照身份证上登记的出生年月为准，法官也只以身份证或户口本上的日期为准。（见表5-16.2）

表 5-16.2 赔偿年限计算

年龄段	<60 周岁	60 周岁≤75 岁	>75 周岁
计算年限	20 年	每增加 1 岁减少 1 年	5 年

伤残赔偿金的计算方式如下：

伤残赔偿金＝受诉法院所在地上一年度城镇居民人均可支配收入 × 赔偿年限 × 伤残赔偿系数。

案例链接 （2024）云 06 民终 973 号民事判决书

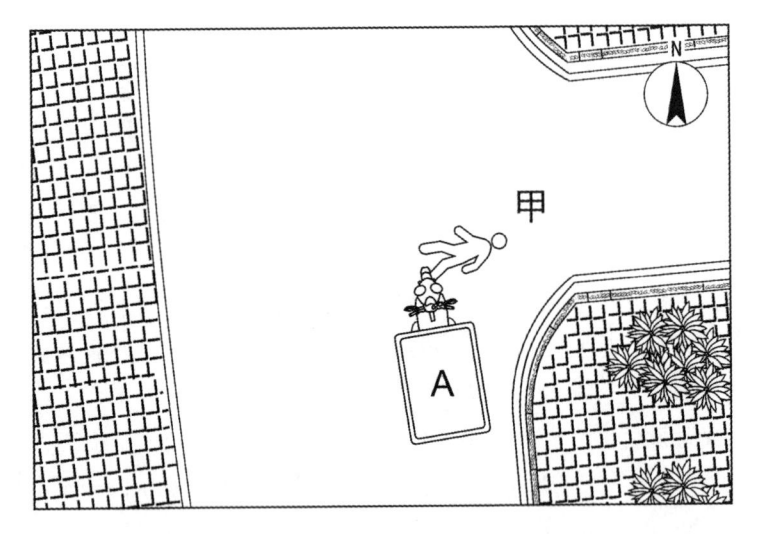

如图所示，20××年 11 月 8 日，A 车驾驶人驾驶三轮载货摩托车 A 由南往北行驶，在行驶至某交叉路口时，与行人甲发生接触，造成甲受伤的交通事故。交警认定 A 车驾驶人承担全部责任，甲无责任。

甲向法院起诉后，与 A 车驾驶人、A 车保险公司协商一致，同意由法院指定鉴定机构对甲伤残等级进行鉴定。法院依法委托司法鉴定所进行鉴定，该机构出具鉴定报告，鉴定意见为：甲此次双侧下颌骨突骨折遗留张口受限伤残评为九级，右侧第 1~7 及左侧第 2~7 肋骨骨折伤残评为九级。

对于甲的伤残赔偿金，法院认定为：甲生于 1946 年 5 月 1 日，年龄超过 70 岁，赔偿年限按照 5 年计算，甲有 2 个九级伤残，其伤残系数按照公式计算法计算为 20%+20%×10%=22%，最后计算出甲伤残赔偿金为 42168 元 ×5 年 ×22% ＝46384.80 元。（见表 5-16.3）

表 5-16.3　甲伤残赔偿金计算

当事人	伤残等级	伤残系数	赔偿年限	伤残人员可支配收入	总计
行人甲	九级、九级	22%	5 年	42168 元/年	46384.80 元

17 交通事故受害人精神损害抚慰金的认定与计算

专业解答

精神损害抚慰金是一种法定赔偿形式，用于补偿因侵权行为给受害人造成的非物质性损害，即精神上的痛苦和困扰。这种损害通常与身体伤害、死亡或其他形式的物质损失相对，是一种无形的、主观的感受。

因交通事故给受害人带来的创伤不仅仅在身体上，还会对其精神造成损害，所以在交通事故的赔偿金中加入精神损害抚慰金是非常合理的诉求。根据《民事侵权精神损害赔偿解释》第 5 条的规定："精神损害的赔偿数额根据以下因素确定：（一）侵权人的过错程度，但是法律另有规定的除外；（二）侵权行为的目的、方式、场合等具体情节；（三）侵权行为所造成的后果；（四）侵权人的获利情况；（五）侵权人承担责任的经济能力；（六）受理诉讼法院所在地的平均生活水平。"

但精神损害是一个无法量化的指标，受害人有多痛苦，侵权人可能无法理解，也无法给出一个等级化的、数字化的量化评价。在一般的交通事故中，对于精神损害赔偿很难确定具体的等级，继而确定具体的赔偿数额，受害人不知道自己该主张多少合适，侵权人不知道自己该赔偿多少合适，只有受害人严重到患有精神疾病，才可以通过鉴定来确认相应赔偿。所以精神损害抚慰金计算的具体标准，会因个案和地域的不同而存在较大差异。

各地在司法实践中，大部分地区将精神损害赔偿与其他可以量化的损伤绑定，即人体损伤程度越高，精神损害赔偿越高。如《安徽省高级人民法院审理人身损害案件若干问题的指导意见》第 25 条规定："（一）公民身体权、健康权遭受轻微伤害，不支持赔偿权利人的精神抚慰金请求；（二）公民身体权、健康权遭受一般伤害没有构成伤残等级的，精神抚慰金的数额一般为 1000 元至 5000 元；（三）公民身体权、健康权遭受的伤害已经构成伤残等级，精神抚慰金的数额可以结合受害人的伤残等级确定，一般不低于 5000 元，但不高于 80000 元；（四）造成公民死亡的，精神抚慰金的数额一般不低于 50000 元，但不高于 80000 元。案件有其他特殊侵权情节的，精神抚慰金的数额可以不按上述标准确定。受害人自身有过错的，应按其过错程度减少精神抚慰金数额。"

其他地区，如《四川省高级人民法院贯彻执行最高人民法院〈关于确定民事侵权精神损害赔偿责任若干问题的解释〉的意见》提到，因侵权行为致人死亡的，精神损害抚慰金为死亡赔偿金。死亡赔偿金应按照受诉法院所在地平均生活费计算20年；对70周岁以上的受害人，年龄每增加1岁少计1年，但补偿年限最低不少于10年。因侵权行为致人残疾的，精神损害抚慰金为残疾赔偿金。

《陕西省高级人民法院审判委员会审判工作会议纪要》提到："一、致人死亡的，精神赔偿数额一般不少于1000元，最高不能超过20000元；二、致人残疾的，精神赔偿数额一般不少于1000元，最高不能超过20000元；三、因民事侵权致人精神损害，造成严重后果的，精神抚慰金可分为四个等级：一级15000至20000元，二级10000至15000元，三级5000至10000元，四级1000至5000元；若在以上规定的最高限额内仍不足以给当事人精神抚慰的，经该院审判委员会讨论决定，可在20000至50000元范围内决定赔偿数额。"

云南省高级人民法院《关于审理人身损害赔偿案件若干问题的会议纪要》（云高法〔2009〕147号）提到精神抚慰金的赔偿数额一般不超过50000元，特殊情况不超过100000元等。

内蒙古自治区规定，当事人死亡或因伤致残提出精神损害赔偿的，精神抚慰金分别按照总数50000元以下和30000元以下的金额酌情给付，并依据伤残等级递减计算。

山西省规定，精神损害抚慰金数额参照受害人的伤残等级，未构成伤残但符合特定情形或十级伤残的，数额不超过5000元；一级伤残或死亡的，在45000~50000元确定赔偿数额，最高不超过50000元。

新疆维吾尔自治区规定，受害人经鉴定符合伤残等级的，1~4级伤残在8000~30000元范围内确定，5~7级在4000~8000元范围内确定，8~10级在1000~4000元范围内确定。对于受害人死亡的，精神抚慰金在10000~40000元范围内确定。

各地区具体的精神损害抚慰金数额需要去当地法院网站查询，一般会出现在指导意见等文件中。

第五章 交通事故的人身损害赔偿

案例链接 （2024）粤20民终3703号民事判决书

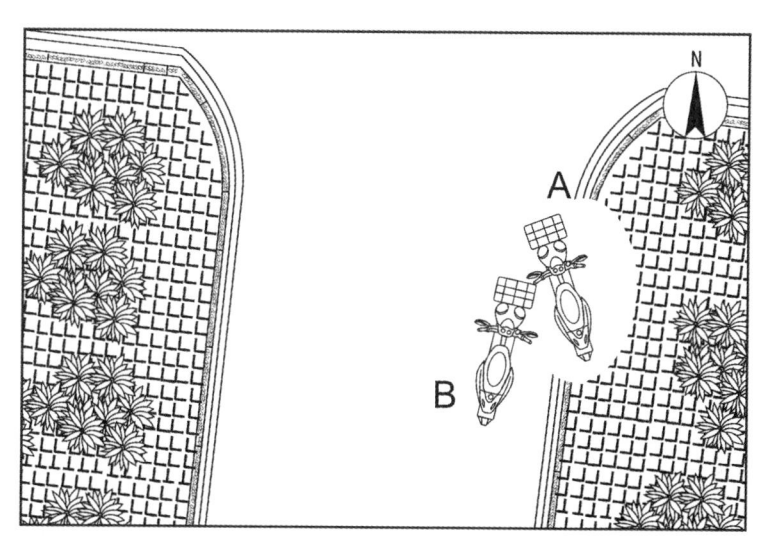

如图所示，20××年9月14日，A车驾驶人驾驶电动车A在某路段与行驶的电动车B发生碰撞，事故造成A车驾驶人、B车驾驶人受伤及车辆损坏。交警认定，A车驾驶人驾驶车辆驶入道路或借道通行时未避让正常行驶的车辆，应承担事故主要责任；B车驾驶人驾驶非机动车未确保安全，承担事故次要责任。（见表5-17）

表5-17 事故责任和赔偿比例的关系

当事人	事故责任	赔偿义务	赔偿比例	伤残等级	精神抚慰金数额
A车驾驶人	主要	有	70%		
B车驾驶人	次要		30%	十级	5000元

事故造成B车驾驶人住院治疗26天，并被诊断为急性开放性颅脑损伤（重型）、左侧额颞叶多发性大脑挫裂伤、右侧颞叶急性硬膜外血肿、右侧颞骨骨折、右侧脑脊液漏（耳漏）、头皮挫裂伤、右侧中耳乳突积血、双侧蝶窦积血等。法院依B车驾驶人的申请，通过摇号方式选定并委托甲司法鉴定所对其伤残程度进行鉴定，鉴定意见为：B车驾驶人因涉案交通事故致颅脑损伤遗留脑软化灶形成，构成10级伤残。双方当事人对鉴定意见均无异议。

B车驾驶人向法院起诉，请求判令A车驾驶人赔偿其包括精神抚慰金在内的各项损失。

法院对B车驾驶人的精神抚慰金赔偿数额的认定，按照B车驾驶人的伤残程度酌定为5000元。

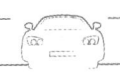

18. 交通事故的死亡赔偿金的认定与计算

专业解答

如果有人在交通事故中死亡，其家属可以依法主张死亡赔偿金。所谓死亡赔偿金是指在交通事故或其他侵权行为导致受害人死亡的情况下，赔偿义务人向受害人家属支付的一笔赔偿费用。死亡赔偿金不是死者遗产，因遗产是死者生前已经合法所有的财产权益，而死亡赔偿金的形成及实际取得均发生在死亡之后；死亡赔偿金也不是夫妻共同财产，夫妻共同财产是夫妻关系存续期间取得的合法财产，而死亡赔偿金产生于夫妻关系终结之后；死亡赔偿金是对死者近亲属的赔偿，是对受害人近亲属因受害人死亡导致的生活资源的减少和丧失的补偿，抚慰死者的近亲属，而非对死者自身的赔偿，旨在补偿因受害人死亡而给其家属带来的经济损失和精神损害。

计算死亡赔偿金数额需要确定两个数值：（1）受诉法院所在地上一年度城镇居民人均可支配收入；（2）赔偿年限。未满60周岁的死者赔偿年限按20年计算，60周岁以上的死者，年龄每增加1岁减少1年；75周岁以上的，按5年计算。如甲62岁在交通事故中死亡，则赔偿年限是20-2=18年。（见表5-18）

表5-18 死亡赔偿金赔偿年限

年龄段	<60周岁	60周岁≤75周岁	>75周岁
计算年限	20年	每增加1岁减少1年	5年

死亡赔偿金计算公式为：死亡赔偿金＝受诉法院所在地上一年度城镇居民人均可支配收入 × 赔偿年限

案例链接 （2024）新23民终773号民事判决书

20××年6月23日，A车驾驶人驾驶A车搭载维修工人甲，由东向西行驶至某路段处，由于其超速行驶导致车辆爆胎致使车辆失控驶入道路南侧空地，车体发生翻覆向西南方向运动，翻覆过程中车内乘坐人员甲被抛出车体后又被车体碰撞、碾轧致死，后车体继续向西南方向翻滚运动至现场道路南侧伴渠内，A车及驾驶人沿伴渠随水流方向（由东向西）被冲离现场，A车驾驶人因受伤后落水无力自救，最终溺水死亡，A车受损。交警认定A车驾驶人承担此次事故全部责任，甲不承担此次事故责任。

甲家属向法院起诉请求，判令A车驾驶人家属赔偿吴某家属各项损失。

因甲死亡时，年龄不满60周岁，法院对甲家属主张的死亡赔偿金的赔偿年限按

20 年计算，计算出甲死亡赔偿金为 768200 元（38410 元 ×20 年 =768200 元）。

19 交通事故丧葬费的认定与计算

专业解答

丧葬费是指受害人因人身伤害失去生命，受害人的亲属为了处理其丧葬事宜而支出的必要费用。根据《人身损害赔偿解释》（2022 年修正）第 14 条的规定，丧葬费按照受诉法院所在地上一年度职工月平均工资标准，以 6 个月总额计算。

这里的受诉法院所在地上一年度职工月平均工资标准指的是非私营单位就业人员的年平均工资，其数据可以在各地统计局网站或者国家统计局网站查询，也可以直接查询裁判文书网上该管辖法院在涉及死亡的交通事故案件裁判文书中的上一年度职工月平均工资标准。

丧葬费计算公式为：丧葬费赔偿额 = 受诉法院所在地上一年度职工月平均工资（元/月）×6 个月。或受诉法院所在地上一年度职工年平均工资 ÷2。

案例链接 （2024）苏 09 民终 1840 号民事判决书

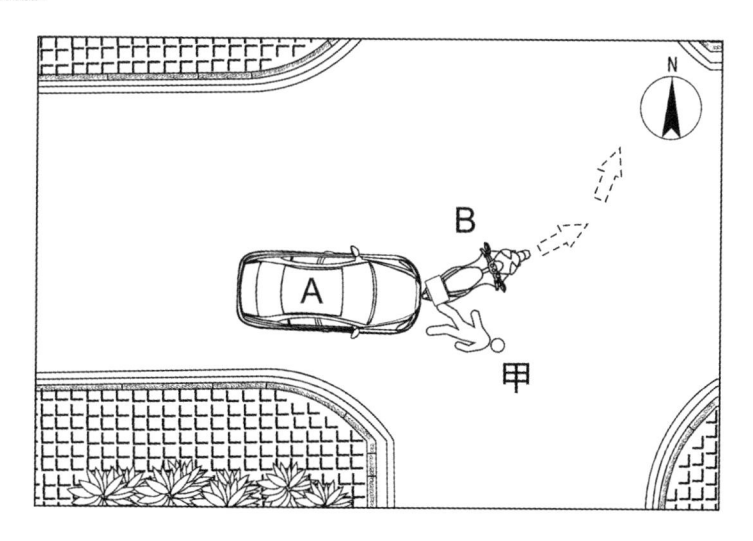

如图所示，20×× 年 11 月 2 日，A 车驾驶人驾驶 A 车由西向东行驶至某交叉路口时，与同向左拐弯行驶的电动轻便摩托车 B（后载乘客甲）发生碰撞，事故致 B 车驾驶人、甲抢救无效死亡，两车受损。事故责任和赔偿比例的关系见表 5-19。

表 5-19　事故责任和赔偿比例的关系

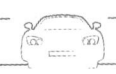

当事人	事故责任	赔偿比例	所在地上一年度职工年平均工资	丧葬费数额
A 车驾驶人	同等	60%		
B 车驾驶人	同等	40%		
甲	无			
甲家属			124175 元	62087.50 元

甲家属向法院起诉，请求判令 A 车驾驶人赔偿其包括丧葬费在内的各项损失。

对于甲家属主张的丧葬费，法院认定，根据甲死亡情况、侵权人的过错程度、侵权行为所造成的后果、受诉法院所在地平均生活水平等综合因素，确定赔偿甲亲属的丧葬费数额为 62087.5 元（124175 元/年÷2=62087.5 元）。

20 交通事故中被扶养人生活费的认定与计算

专业解答

被扶养人生活费，是指在受害人因人身伤害致残丧失劳动能力或者死亡的情况下，给予受害人依法应当承担抚养义务的未成年人或者丧失劳动能力又无其他生活来源的成年近亲属一定数额的维持其正常生活的费用。简单地理解，被扶养人就是受害人家中未成年的子女和没有收入和劳动能力的父母、配偶等；被扶养人生活费就是给他们的生活费。

根据《人身损害赔偿解释》（2022 年修正）第 17 条的规定，被扶养人生活费根据扶养人丧失劳动能力程度，按照受诉法院所在地上一年度城镇居民人均消费支出标准计算。被扶养人为未成年人的，计算至 18 周岁；被扶养人无劳动能力又无其他生活来源的，计算 20 年。但 60 周岁以上的，年龄每增加 1 岁减少 1 年；75 周岁以上的，按 5 年计算。被扶养人还有其他扶养人的，赔偿义务人只赔偿受害人依法应当负担的部分。被扶养人有数人的，年赔偿总额累计不超过上一年度城镇居民人均消费支出额。

被扶养人生活费的具体计算公式为：

（1）被扶养人为未成年人的生活费 = 城镇居民人均消费性支出或农村人均年生活消费性支出 ×（18- 实际年龄）。

（2）被扶养人为 18 周岁至 60 周岁，无劳动能力又无其他生活来源人员的生活费=城镇居民人均消费性支出或农村人均年生活消费性支出×20年。

（3）被扶养人为60周岁至75周岁，无劳动能力又无其他生活来源人员的生活费=城镇居民人均消费性支出或农村人均年生活消费性支出×［20-（实际年龄-60）］年。

（4）被扶养人为75周岁以上，无劳动能力又无其他生活来源人员的生活费=城镇居民人均消费性支出或农村人均年生活消费性支出×5年。

（5）有其他扶养人时生活费=被扶养人生活费÷扶养人数。

被扶养人有数人的，累计超过上一年度城镇居民人均消费性支出额就需要进行调整。

如受诉法院所在地上一年度城镇居民人均消费性支出为20000元。被扶养人甲是10岁的未成年人，计算至18周岁，还有8年的扶养年限，由父母2人共同抚养，其中父亲发生交通事故丧失了劳动能力，那么甲的被扶养生活费为20000元/年×8年÷2=80000元。被扶养人乙是65岁无劳动能力老人，按15年计算，有三个子女进行抚养。其被扶养生活费为20000元/年×15年÷3=100000元。

假设这两个被扶养人的生活费总和超过了限额，那么需要按照比例进行分配。先计算出两人的总扶养年限为8+15=23年。然后分别计算几个被抚养人各自所占比例，被扶养人甲的比例为8/23；被扶养人乙的比例为15/23。再用城镇居民人均消费性支出20000元乘以各自比例再乘以赔偿年限，得出调整后的生活费，被扶养人甲每年的生活费为20000元×8/23≈6956.52元/年，8年共计约55652.17元。被扶养人乙每年的生活费为20000元×15/23≈13043.48元/年，15年共计约195652.17元。

多个被扶养人生活费计算公式为：多个被扶养人生活费总额=［所在地上一年度城镇居民人均消费性支出×A年（一个被扶养人赔偿年限）/A+B年（所有被抚养人赔偿年限总和）×A年］+［所在地上一年度城镇居民人均消费性支出×B年（另一个被扶养人赔偿年限）/A+B年（所有被抚养人赔偿年限总和）×B年］。

有的地区，法院在计算被扶养人生活费时还会考虑受害人丧失劳动能力程度。有时被扶养人生活费在计算时会被法官直接加到死亡赔偿金或者伤残赔偿金中。

案例链接　（2024）新32民终865号民事判决书

20××年6月7日，A车驾驶人驾驶A车，在某封闭在建路段倒车时，将正在此处施工的工人甲碰撞致甲受伤。交警认定A车驾驶人承担交通事故的全部责任，甲无责任。

甲向法院起诉，请求判令A车驾驶人赔偿各项损失。

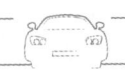

经甲申请，法院委托某司法鉴定机构对甲的伤残等级、误工期、护理期、营养期、护理依赖程度、劳动能力丧失程度进行鉴定，有关伤残等级的鉴定意见为：被鉴定人左下肢自膝关节以上12厘米处缺失，伤残等级评定为六级伤残；有关劳动能力的鉴定意见为：劳动能力丧失程度为完全丧失劳动能力。

另查明，甲的父亲乙，1963年2月20日出生，母亲丙，1965年1月24日出生，乙、丙育有3个子女；甲与妻子育有一女，于2013年12月26日出生。甲向法院提交由当地社会事务服务中心、办事处委员会、村民委员会共同出具的关于其父亲乙、母亲丙的抚养义务人情况以及没有生活来源的两份证明。

法院认为

法院根据甲提供的证据，结合其父母年龄和我国相关法律政策规定，认定甲的父母也属于被扶养人。事发时，乙已满61周岁，抚养年限为19年，丙58周岁，抚养年限为20年，女儿已满9周岁，抚养年限为9年，参照2022年新疆维吾尔自治区城镇居民人均消费支出标准24142元/年。根据《最高人民法院关于审理人身损害赔偿案件适用法律若干问题的解释》第17条的规定，结合甲丧失劳动能力程度，按50%标准计算被扶养费。

对于被扶养人生活费的计算，根据抚养义务人数量、被扶养人的被扶养年限，乙生活费为4023.666元/年，计算方式为：24142元÷3（扶养人数）×50%（甲丧失劳动能力程度）；丙生活费为4023.666元/年。计算方式为：24142元÷3（扶养人数）×50%（甲丧失劳动能力程度）；丁生活费为6035.50元/年，计算方式为：24142元÷2（扶养人数）×50%（甲丧失劳动能力程度）。（见表5-20）前9年，每年的被扶养人生活费为14082.832元（乙的4023.6666元＋丙的4023.6666元＋丁的6035.50元），前9年被扶养人生活费合计为126745.488元（14082.832元×9年）。中间10年，每年的被扶养人生活费为8047.332元（乙的4023.6666元＋丙的4023.6666元），中间10年被扶养人生活费合计为80473.32元（8047.332元×10年）。最后一年被扶养人生活费为4023.666元（系丙的生活费）。因此，甲的被扶养人生活费合计为211242.49元。（见表5-20）

表5-20　三被扶养人抚养情况计算

被扶养人	关系	年龄	扶养年限	扶养人数	标准/年
乙	父亲	61岁	19	3	4023.666元
丙	母亲	58岁	20	3	4023.666元
丁	女儿	9岁	9	2	6035.50元

21 超过法定工作年龄计算交通事故受害人的误工费

专业解答

对于年龄较大的受害人来说，不能单纯以超过法定退休年龄作为评判标准，否认受害人仍在工作的事实。在实际生活中，即使已超过法定退休年龄，但仍然有劳动能力、收入来源的，是很常见的现象。只要受害人能提供其有工作、有收入的证据，那么侵权人就需要赔偿受害人的误工损失。

超过法定工作年龄的误工费计算方法与一般误工费计算方法相同，主要根据受害人的误工时间和收入状况来确定。

案例链接 （2022）豫06民终276号民事判决书

20××年9月7日，A车驾驶人在驾驶三轮电动车A为其单位投送快递工作的途中，与行驶的电动车B发生碰撞，造成两车损坏、B车驾驶人受伤的交通事故。事故责任和赔偿比例的关系见表5-21。

表5-21 事故责任和赔偿比例的关系

当事人	事故责任	赔偿权利	赔偿义务	赔偿比例	年龄	误工费赔偿责任
A车驾驶人	全部		有			
B车驾驶人	无	有			64岁	
A车保险公司			有	100%		有

B车驾驶人受伤后，被送医院进行治疗。经某司法鉴定中心作出的鉴定意见为：被鉴定人B车驾驶人出院后的误工期拟定为90日。

A车投保有非机动车第三者责任保险，本次事故发生在保险期间。

B车驾驶人向法院起诉，请求判令A车保险公司和A车驾驶人单位赔偿其各项损失。

A车保险公司辩称，B车驾驶人于事故发生时已64周岁，根据《劳动法》等相关规定，B车驾驶人早已超出法定退休年龄，且未提供有效工作证明，不应支持误工费。

B车驾驶人称，其在本案事故受伤时，虽年满64周岁，但平时身体强健。除了农忙时耕种责任田，农闲时经常在建筑工地打工。B车驾驶人提供的农村土地承包经营权证和所在村委会据实出具的证明，可以证明上述事实。本案事故受伤后，经过几

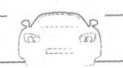

个月治疗和康复，后仍在建筑工地提供劳务，B车驾驶人的微信支付转账收到劳务费可以证明。B车驾驶人是长期以来无论在哪个工地提供劳务，均无须签订劳动合同或劳务合同，劳务报酬并非按月定期给付。村委会对B车驾驶人长期从事农业劳动和在建筑工地提供劳务知情，出具证明客观真实。

法院认为

法律规定退休年龄，是赋予劳动者的休息权。而劳动者因个人和家庭生活需要，在身体允许的条件下从事劳动生产，并不违反法律规定，况且，随着人民生活水平和医疗保健条件的提高，劳动者延迟退休已是大势所趋。因此，A车保险公司仅以B车驾驶人已年满60周岁即否定其有权取得误工费的理由，不能成立。B车驾驶人作为村民，村委会的证明对其村民的情况如是否有劳动能力及从事什么劳动等，并非绝对没有证据效力。结合B车驾驶人在事故发生时行进路线、本人陈述工作地点及法院对其观察情况来看，B车驾驶人的体貌特征，符合体力劳动者的生理状态，法院确信其具备实际劳动能力且存在误工情况。

故对B车驾驶人的误工费认定为：19148.49元（20××年度某省农、林、牧、渔业职工年平均工资标准50282元/年÷365天×139天）。

总　结

本案中，受害人超过法定工作年龄，但其仍在工作、劳动，有工作收入，并能提供相应证据。故法院认可受害人存在误工情况，侵权人应当赔偿其误工损失。

22 交通事故发生后受害人自杀死亡的赔偿

专业解答

在实际生活中，有的交通事故伤者因无法承受伤痛折磨等原因，选择自杀死亡。这种情形下，赔偿义务人是否需要向受害人家属赔偿死亡赔偿金、被扶养人生活费、丧葬费等相关费用呢？答案是不一定。赔偿与否的关键是受害人死亡与交通事故有没有因果关系。

如果受害人自杀死亡这一结果和交通事故不存在因果关系，那么赔偿义务人就不需要赔偿与死亡相关的费用。例如，某一交通事故受害人在医院跳楼自杀，其家属认为是交通事故所致。而法院认为，受害人身体受伤但不是很严重，不危及生命，其亦未进行手术，也未严重到在重病室特护。其作为一个成年人，具有完全民事行为能力，开窗跳楼是其自主行为导致，与他人无关，其坠落死亡造成的严重后果，应由其自担责任。法院虽然对受害人家属丧失亲人之痛与遭受的精神打击表示同情和理解，但同情、理解不能超越法律规定，受害人家属无证据证实受害人死亡与该交通事故存在法律上的因果关系，故受害人家属诉请的医疗费有诊断证明、住院病案、医疗费票据佐证，可予以采信，但诉请的死亡赔偿金、丧葬费、精神抚慰金，依法不予支持。

如果有证据证明受害人自杀死亡与交通事故存在因果关系，那么赔偿义务人就需要向受害人家属赔偿与死亡相关的费用。一般情况下，自杀与交通事故之间存在因果关系的证据，是通过司法鉴定等机构的鉴定意见。例如，受害人在事故后自杀死亡，鉴定结果表明，受害人自杀死亡与交通事故导致的损伤存在一定的因果关系，那么赔偿义务人就需要按照因果关系大小，向受害人家属赔偿相关费用。

案例链接 （2024）新28民终1979号民事判决书

20××年5月10日，A车驾驶人驾驶A车，由西向东行驶至某路口，与由南向北横过马路的自行车B发生碰撞，造成B车驾驶人受伤、车辆损坏的道路交通事故。交警认定A车驾驶人承担主要责任，B车驾驶人承担次要责任。

事故发生后，B车驾驶人在医院治疗，医院对B车驾驶人出具了闭合性颅脑损伤；急性脑动脉阻塞、脑梗死；言辞不当；两侧颈动脉缩窄（轻度）；脑外伤恢复期；左手、右下肢不完整的交叉性瘫麻痹等诊断意见。B车驾驶人于同年9月2日在家休养期间自缢死亡。经某司法鉴定所鉴定：B车驾驶人交通事故致闭合性颅脑（重型）与患者自缢死亡之间存在一定的因果关系，损伤参与度建议为30%~40%。

B车驾驶人家属向法院起诉，请求A车驾驶人、A车保险公司赔偿医疗费、误工费、护理费、住院伙食补助费、营养费、交通费、死亡赔偿金、丧葬费、被扶养人员生活费、鉴定费、精神损害赔偿金。

法院认为

法院采纳某鉴定机构的鉴定，认定本起交通事故对B车驾驶人死亡结果的原因力比例35%为宜。死亡赔偿金、丧葬费、被扶养人员生活费、精神损害赔偿金这四项费用考虑损伤参与度35%，其他赔偿项目不考虑损伤参与度。（见表5-22）

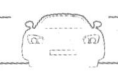

表 5-22　赔偿项目及费用

赔偿项目	赔偿费用
医疗费	90496.54 元
误工费	15971.50 元
护理费	4526.25 元
住院伙食补助费	4560 元
营养费	900 元
交通费	600 元
鉴定费	6000 元
死亡赔偿金	768200 元 ×35%
丧葬费	104811 元 ÷2×35%
被扶养人员生活费	27063 元 ×3 年 ÷2×35%
精神损害赔偿金	30000 元 ×35%

总　结

本案中，受害人事故后自杀死亡，经司法鉴定表明其自杀死亡与交通事故存在因果关系。因此，侵权人应当根据受害人损伤参与度承担相应的赔偿责任。

CHAPTER 6

第六章

交通事故伤残鉴定

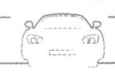

01 需要做伤残鉴定的损伤

> **专业解答**

在交通事故赔偿中，伤残鉴定结果是确定侵权人赔偿责任的关键依据。例如，伤残等级不同，赔偿的数额差异很大。伤残赔偿金的计算往往与伤残等级直接挂钩，较高的伤残等级意味着受害人身体机能受损更严重，相应地，侵权人需要支付更多的残疾赔偿金、护理费等费用。

发生交通事故时，人体损伤通常出现以下几种情形时，伤者需要做伤残鉴定：

1. 颅脑损伤

（1）脑挫裂伤。脑挫裂伤是脑挫伤、脑裂伤的统称，二者往往合并存在，其中脑挫伤是指单纯脑实质受到损伤，但软脑膜保持完整；脑裂伤则是指脑实质破损以及软脑膜撕裂。脑挫裂伤是由暴力作用于头部造成的脑组织挫伤和裂伤，多见于摔跌伤、交通事故、火器伤、打击伤以及爆炸伤等情况。脑挫裂伤后遗留精神、智能损害，存在肢体瘫痪、失语、癫痫等后遗症，这种情况就需要进行伤残鉴定，以确定其伤残程度和后续的赔偿问题。

（2）颅内出血。颅内出血包括硬脑膜外出血、硬脑膜下出血和脑内出血。头部遭受外力作用，造成脑挫裂伤或软脑膜血管破裂，血液直接流入蛛网膜下腔，出现神经症状和体征，有些症状体征与脑受压相同。外伤性蛛网膜下腔出血，可出现典型的脑膜刺激征等。颅内出血经治疗后遗留精神、智能损害、肢体瘫痪、失语、癫痫等后遗症，可进行伤残鉴定，以确定其伤残程度和后续的赔偿问题。

2. 脊柱、骨盆损伤

（1）脊柱损伤。成人脊柱由26块椎骨（颈椎7块，胸椎12块，腰椎5块，骶骨、尾骨各1块）经韧带、关节及椎间盘连接而成。在各种损伤中，椎体（尤其是胸椎、腰椎）可能遭受来自矢状轴的屈曲暴力以及来自纵轴的垂直暴力，易导致椎体压缩性骨折或者粉碎性骨折（后者多为椎体爆裂型骨折）。如出现椎体压缩性骨折压缩大于1/3、椎体粉碎性骨折、椎体骨折行手术治疗或者伴有脊髓损伤后遗症（如截瘫、大小便失禁）等情形，应进行伤残鉴定，以评估其伤残程度和对日常生活的影响。

（2）骨盆损伤。骨盆组成骨粉碎性骨折或者多处骨折，经各种治疗后遗留骨盆形态异常［如两侧闭孔形态不对称、耻骨联合分离（包括内固定术后）、骶髂关节分离（包括内固定术后）、髋臼骨折术后等］，可进行伤残鉴定。

3. 四肢损伤

各种致伤因素引起的四肢损伤，可能遗留肢体缺失或者肢体功能障碍。肢体缺失是指损伤导致肢体部分或者全部缺失，包括肢体在解剖结构上的全部缺失、部分缺失，也包括畸形、形态异常。肢体缺失可能伴有肢体功能障碍。肢体功能障碍是指损伤导致肢体不能发挥正常的生理功能，如上肢不能正常持物，下肢不能正常负重、行走，具体包括肢体功能降低、功能丧失，也包括功能紊乱。功能障碍可以发生于解剖结构尚完整的肢体，也可合并发生于解剖结构异常的肢体。当四肢损伤（如四肢长骨骨折、关节韧带损伤、肢体软组织毁损伤等）经治疗后仍遗留肢体缺失或者肢体功能障碍，就需进行伤残鉴定，确定伤残等级和赔偿标准。

4. 面部损伤

（1）严重毁容：交通事故可能导致面部严重损伤，如大面积烧伤、撕裂伤、骨折等，造成面部毁容。面部毁容不仅影响伤者的外貌，还可能对其心理造成极大的创伤。例如，伤者的面部在交通事故中被玻璃碎片划伤，导致面部出现多处伤口，经过治疗后留下的明显疤痕，影响容貌，需要通过伤残鉴定评估其伤残程度和精神损害赔偿。

（2）眼部损伤：交通事故可能造成眼部损伤，如眼球破裂、视网膜脱离、外伤性白内障等。眼部损伤可能导致视力下降、失明、眼球萎缩等严重后果。如伤者在交通事故中眼睛被异物击中，造成眼球破裂，经过手术治疗后，视力严重受损，甚至失明，这种情况需要进行伤残鉴定，确定伤残等级和后续的治疗需求。

耳部损伤：交通事故也可能导致耳部损伤，如耳廓撕裂、鼓膜穿孔、听神经损伤等。耳部损伤可能引起听力下降，如伤者在交通事故中颅底骨折，造成听神经损伤，经过治疗后听力仍有明显下降，需要进行伤残鉴定，评估其听力损失程度和伤残等级。

5. 其他复杂损伤

交通事故造成多发肋骨骨折、胸腹腔脏器损伤行手术治疗或治疗后遗留功能障碍等情形，需要进行伤残鉴定，确定伤残等级。

02 交通事故的伤残鉴定流程

专业解答

受害人需要做伤残鉴定的，应当从以下几个方面来走流程：

1. 确定鉴定时间

一般来说，伤残鉴定的时间是受害人治疗结束或病情稳定下来之后。伤情不同，治疗结束的时间或稳定时间不同，具体鉴定时机可以询问鉴定机构。

2. 选择鉴定机构

受害人可以自行选择具有资质的司法鉴定机构，也可以申请由法院选择鉴定机构。

3. 材料准备

交通事故伤残鉴定需要提供伤者本人的身份证或其他有效身份证明，受害人相关的病历资料，包括但不限于病历、出院记录、影像片、化验单、心电图等诊断材料，需要提供交警部门出具的《事故认定书》或《事故证明》等。受害人自行申请委托的，需要提交书面委托书。

4. 缴费、参加鉴定

本人携带材料前往选定的鉴定机构，与鉴定机构办理委托手续，并缴纳鉴定费用。按照鉴定机构通知的时间、地点准时参加鉴定。鉴定过程中，受害人可能需要接受检查、回答鉴定人员的询问等。鉴定机构受理鉴定后一般在30个工作日内出具鉴定意见书。

5. 异议处理

如果另一方当事人或保险公司对鉴定结果有异议，可以申请重新鉴定，但需注意是否符合重新鉴定的条件以及相关的时间限制等规定。

各地伤残鉴定的具体流程和要求可能会有所差异，受害人可以根据实际情况咨询相关部门或专业人士以确保鉴定顺利进行。（见图6-1）

第六章　交通事故伤残鉴定

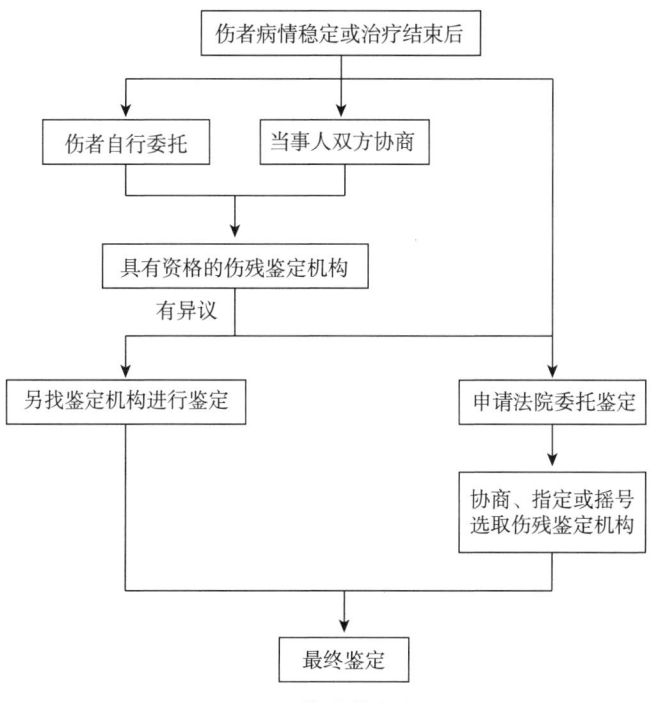

图 6-1　伤残鉴定流程

> **案例链接**　（2024）冀 09 民终 262 号民事判决书

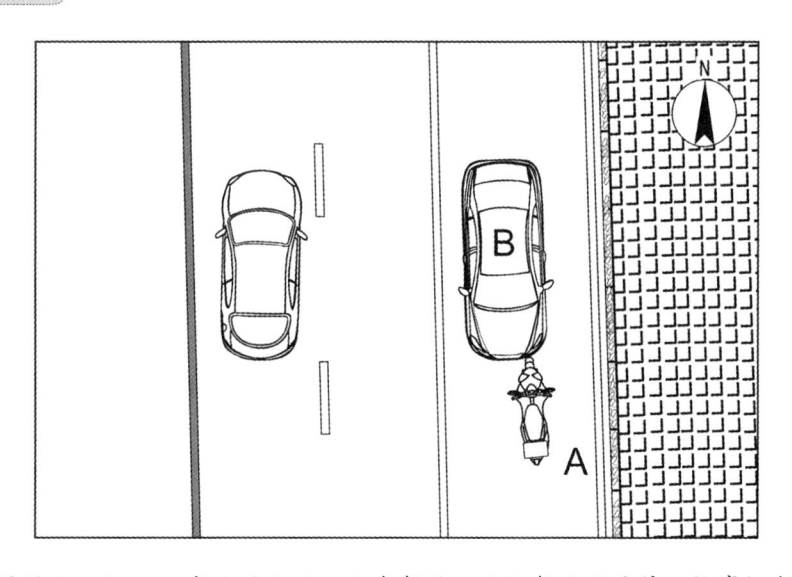

如图所示，20×× 年 9 月 3 日，A 车驾驶人无证驾驶无号牌二轮摩托车 A 由南向北行驶至某路段时，与在公路东侧非机动车道内由 B 车驾驶人逆行停放的 B 车相

299

撞，造成A车驾驶人受伤及双方车辆损坏的道路交通事故。交警认定，A车驾驶人承担事故的主要责任，B车驾驶人承担事故的次要责任。

事故后A车驾驶人先后在甲医院、乙医院进行手术治疗，在丙医院进行检查。

A车驾驶人就其损害赔偿事宜，向法院提起诉讼。在案件质证阶段，B车保险公司对A车驾驶人当庭提交的证据（甲医院诊断证明1份、病历1份、用药清单1份，丙医院住院病案1份、出院通知书1份、用药清单1份，甲医院数字造影照片报告单4份，丙医院放射诊断报告单1份，甲医院造影照片及CT片7份，甲医院CT片3份，丙医院CT片5份，乙医院CT片5份）的真实性、合法性、关联性予以认可，同意将A车驾驶人提交的上述证据作为鉴定检材提交到法院指定的某鉴定中心对A车驾驶人因本案所涉交通事故造成的伤残等级、护理期、误工期进行司法鉴定。

鉴定后，B车保险公司称，该鉴定报告中存在重大争议，鉴定报告中的误工期、护理期错误，请求重新进行鉴定。

法院认为

某鉴定中心出具的鉴定意见书是法院在当事人双方经过鉴定检材质证且协商鉴定机构一致的情况下，依法委托具有相关鉴定资质的鉴定机构出具的。在案件审理过程中，鉴定人员通过网络远程方式出庭接受质询，从司法鉴定专业角度合理回答了当事人双方质询的问题，讲明了鉴定程序合法，鉴定结论客观真实的事实。B车保险公司提交的证据无法推翻司法鉴定意见书的结论，法院对该司法鉴定意见书予以采信，故法院对A车保险公司要求重新鉴定的申请依法不予准许。（见表6-1）

表6-1 事故责任人及各方鉴定意见

当事人	事故责任	委托鉴定	鉴定异议	重新鉴定
A车驾驶人	主要	同意		
B车驾驶人	次要	同意		
B车祸保险公司		同意	有	
法院				不支持

总 结

本案中，尽管保险公司对伤残鉴定结果有异议，要求重新鉴定。法院认定保险公司提交的证据无法推翻鉴定意见书的结论，对保险公司要求重新鉴定的申请不予支持。

03 交通事故损伤参与度

> **专业解答**

交通事故损害赔偿中，当人身损害与既往伤、病共存时，宜运用医学和法医学的理论、技术和方法，全面审查病历资料并进行必要的法医学检验，全面分析并综合评定人身损害在现存后果中的原因力大小。如受害人本身患有心脏病，交通事故的碰撞导致受害人出现心脏功能衰竭等严重后果，此时患者本身的心脏病在该损害后果中就存在一定影响，而交通事故也是造成该损害后果的一个因素。这就需要确定交通事故这一损伤因素和伤者本身存在的心脏病等因素对心脏功能衰竭这一损害后果分别起到多大的作用。

人身损害与疾病的因果关系类型按照损害在疾病中的原因力大小，分为完全作用、主要作用、同等作用、次要作用、轻微作用和没有作用等5种类型。按照原因力大小（因果关系类型），依次将人身损害参与程度分为以下5个等级，见表6-2.1。

表 6-2.1　人身损害参与程度

序号	损伤作用	疾病作用	因果关系	建议赔偿比例
1	有	无	完全	96%~100%
2	主要	次要	主要	56%~95%
3	同等	同等	同等	45%~55%
4	次要	主要	次要	16%~44%
5	轻微	主要	轻微	5%~15%
6	无作用	全部	没有	0~4%

损伤参与度并不会影响交通事故责任认定，但它会影响交通事故的赔偿责任认定。

当赔偿义务人或侵权人对受害人的伤亡与交通事故是否存在关联存疑时，如受害人本身存在疾病、旧伤或年纪大、身体差等情况，赔偿义务人或侵权人可以要求通过鉴定机构对受害人进行损伤参与度鉴定，来确定受害人的伤亡与交通事故的关系。如果确定受害人的伤亡与交通事故存在关联，那么损伤参与度的比例就会影响赔偿数额。如交通事故引发受害人死亡的，经鉴定，该起事故在受害人死亡的结果中的损伤参与度为15%，那么在计算丧葬费、死亡抚恤金等与死亡有关的赔偿项目时，通常按照15%的比例进行计算。

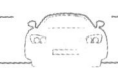

案例链接　（2024）浙06民终693号民事判决书

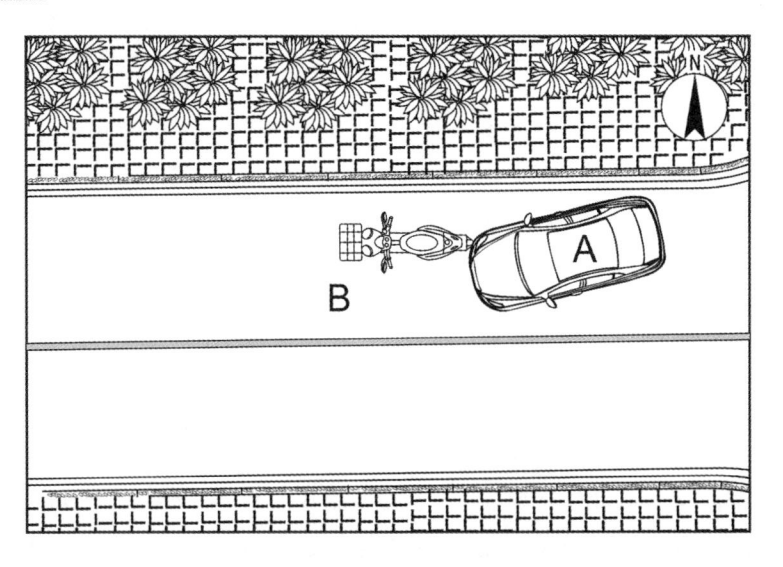

如图所示，20××年8月6日，A车驾驶人驾驶A车，因未确保安全驾驶，与行驶的电动车B发生碰撞，造成B车驾驶人受伤。事故责任和赔偿比例的关系见表6-2.2。

表6-2.2　事故责任和赔偿比例的关系

当事人	事故责任	损伤参与度	赔偿比例	误工费、护理费、财产损失	医疗费与残疾赔偿金
A车驾驶人	全部		100%	赔偿比例100%	赔偿比例80%
B车驾驶人	无	80%			

事故发生后，某司法鉴定所根据B车驾驶人的申请作出《司法鉴定意见书》：（1）B车驾驶人于20××年8月6日因车祸致伤，造成神经源性膀胱，致尿道综合症，下尿路梗阻等，目前遗留重度排尿功能障碍（残余尿≥50mL），可考虑行骶神经调控术（膀胱起搏器）治疗。其损害构成人损致残程度七级伤残。（2）B车驾驶人出现闭合性颅脑损伤、颈椎损伤、骶髂神经损伤等，建议评定伤后误工期180日、护理期90日、营养期60日。

在B车驾驶人提起的诉讼过程中，A车保险公司称，本次交通事故并没有直接导致B车驾驶人出现神经源性膀胱，且没有器质性损伤导致B车驾驶人出现神经源性膀胱，其出具的鉴定报告没有考虑因果关系，只是根据B车驾驶人现有情况评定了伤残等级。

📝 法院认为

对于上述《司法鉴定意见书》有否考虑因果关系的问题，根据 B 车驾驶人提供的门诊病历、医疗证明、入出院记录等证据并结合鉴定人员当庭言证，不能排除本次交通事故与 B 车驾驶人膀胱功能障碍的因果关系，当然从原因力来讲是次要的，不是主要的，更不是直接的。换言之，B 车驾驶人膀胱功能障碍主要是其自身疾病所致。但受害人个人体质状况不构成法律意义上的过错，故法院认定 B 车驾驶人本次外伤是导致 B 车驾驶人膀胱功能障碍的诱发因素，综合各情节酌定，本次损伤参与度为 80%。在计算 B 车驾驶人的赔偿项目时，其医疗费与残疾赔偿金按 80% 的比例计算。

📝 总　结

本案中，受害人的体质对损害结果有一定的影响，故法院将与损伤参与度有关的医疗费和残疾赔偿金数额做相应调整，而与损伤参与度无关的误工费、护理费、财产损失则按 100% 计算。

04 交通事故的损伤参与度与外伤参与度的区别

> **专业解答**

损伤参与度的概念范围比外伤参与度更为广泛，它指的是在人体受到伤害的过程中，各种因素（包括内在疾病、自身身体特质、外部因素等）对损伤形成和最终损害后果所起作用的比例关系。而外伤参与度主要侧重于外部因素（外伤）在导致人体损伤和损害后果中的作用比例。它重点关注的是外力作用（如交通事故碰撞、跌倒受伤、被物体击打等外伤情况）与损伤后果之间的因果关系程度。比如，在交通事故中，外伤参与度就是分析车辆碰撞这一外力作用对伤者身体损伤（如骨折、颅脑损伤等）的参与程度。

损伤参与度除了外伤因素，还会考虑被鉴定人自身的身体状况，如是否有基础疾病（如心脏病、糖尿病等）、先天性的身体结构异常（如血管畸形等）、身体的生理状态（如疲劳、醉酒等）。例如，一个患有先天性脑血管畸形的人，在情绪激动（自身生理因素）和轻微头部碰撞（外伤）后发生脑出血，在评估损伤参与度时就要综合考虑脑血管畸形、情绪激动和头部碰撞这三个因素对脑出血的作用。外伤参与度主要考虑外伤的性质（如钝性伤、锐器伤、撞击伤等）、外伤的严重程度（如碰撞

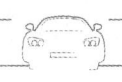

的速度、力量大小等）、外伤作用的部位（如头部外伤、胸部外伤等）对损伤后果的影响。例如，在分析胸部被撞击后的外伤参与度时，要考虑撞击的力度、撞击物的形状、胸部具体的受伤部位（肋骨骨折位置、心肺损伤情况等）对外伤导致的损伤后果（如气胸、血胸等）的作用程度。

损伤参与度在法医学鉴定、保险理赔（尤其是涉及疾病和外伤共同作用的情况）、医疗纠纷等场景中应用广泛。在医疗纠纷中，如果患者本身有多种基础疾病，在治疗过程中出现不良后果，损伤参与度的评估有助于区分是医疗行为导致的损伤还是患者自身疾病等因素导致的损伤。例如，一个癌症晚期患者在手术过程中出现并发症导致身体状况恶化，评估损伤参与度可以明确手术操作（可能的外伤因素）和癌症疾病本身对身体恶化后果的作用程度，从而确定责任归属。外伤参与度则主要应用于交通事故伤残评定、工伤认定（主要由外伤引起的情况）、人身伤害案件（如故意伤害、意外受伤等）等。在交通事故伤残评定中，外伤参与度用于确定交通事故这一外伤因素对伤者伤残等级的影响程度。例如，在两车轻微追尾后，伤者声称颈椎受伤并导致肢体功能障碍，可以通过评估外伤参与度来判断车辆碰撞这一外伤与颈椎损伤及肢体功能障碍之间的因果关系程度，来准确评定伤残等级。

为方便读者阅读理解，本书涉及外伤参与度和损伤参与度内容时，一律以损伤参与度说明。

05 "损伤参与度"减免交通事故赔偿责任的情形

专业解答

如果交通事故中受害人的外伤或外伤导致的组织器官损伤在损害后果中所起的作用有一定比例关系，那么损伤参与度可能会减轻侵权人的赔偿责任。

当损伤参与度明确后，法院在确定赔偿责任时会考虑外伤与原有疾病各自对损害后果的影响程度。如果损伤参与度较高，意味着外伤在损害后果中起到主要作用，责任方需要承担较大比例的赔偿责任；反之，则相对较小。如在一次交通事故中，伤者本身患有骨质疏松症，但因事故造成骨折。经鉴定，损伤参与度为 70%。那么在确定赔偿责任时，责任方可能需要承担 70% 的赔偿责任，而伤者自身因原有疾病则需承担 30% 的赔偿责任。

损伤参与度会影响残疾赔偿金、医疗费、护理费等赔偿项目的金额计算。一般来说，赔偿金额会根据损伤参与度进行相应调整。对于残疾赔偿金，通常会按照损伤参与度乘以伤残等级对应的赔偿系数来确定最终的赔偿金额。如伤者被评定为十级伤残，对应的赔偿系数为10%，如果损伤参与度为60%，那么残疾赔偿金的计算方式为当地上一年度城镇居民人均可支配收入 ×20 年 ×10%×60%。医疗费方面，如果能够明确区分因交通事故治疗和原有疾病治疗的费用，那么对于与本次交通事故无关的原有疾病治疗费用，责任方可能无须承担赔偿责任。但在实际操作中，往往很难完全区分，此时法院会根据损伤参与度进行综合判断。

但是，并不是所有的交通事故赔偿都会考虑损伤参与度。实践中，有的法官会结合具体案情，认为虽然受害人自身疾病对伤残损害后果的发生具有一定的影响，但是该疾病并没有扩大损害后果，也并非导致交通事故的过错因素，故不会支持减免赔偿义务人的赔偿责任。

案例链接 最高人民法院指导案例 24 号

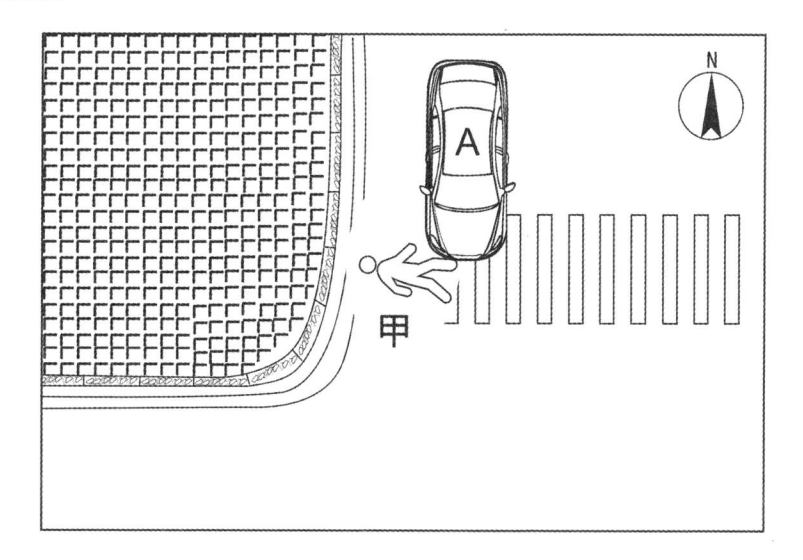

如图所示，20×× 年 2 月 10 日，A 车驾驶人驾驶 A 车，由北往南行驶至人行横道线时，碰擦行人甲致其受伤。事故责任和赔偿比例的关系见表 6-3。

表 6-3 事故责任和赔偿比例的关系

当事人	事故责任	赔偿权利	赔偿义务	赔偿比例	损伤参与度是否减轻侵权人赔偿责任
A 车驾驶人	全部		有	100%	否
行人甲	无	有			

甲申请并经某司法鉴定机构鉴定，结论为：甲左桡骨远端骨折的伤残等级评定为

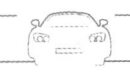

十级；左下肢损伤的伤残等级评定为九级。损伤参与度评定为75%，其个人体质的因素占25%。

甲向法院起诉，请求判令A车保险公司、A车驾驶人赔偿全部损失。

A车保险公司辩称，因鉴定意见结论中载明"损伤参与度评定为75%，其个人体质的因素占25%"，故确定残疾赔偿金应当乘以损伤参与度系数75%。

法院认为

虽然甲的个人体质状况对损害后果的发生具有一定的影响，但这不是《民法典》等法律规定的过错，甲不应因个人体质状况对交通事故导致的伤残存在一定影响而自负相应责任。因甲对本起事故不承担责任，其对事故的发生及损害后果的造成均无过错。虽然甲年事已高，但其年老骨质疏松仅是事故造成后果的客观因素，并无法律上的因果关系。因此，受害人甲对于损害的发生或者扩大没有过错，不存在减轻或者免除加害人赔偿责任的法定情形。

根据我国《道路交通安全法》的相关规定，机动车发生交通事故造成人身伤亡、财产损失的，由保险公司在机动车第三者责任强制保险责任限额范围内予以赔偿。而我国交强险立法并未规定在确定交强险责任时应依据受害人体质状况对损害后果的影响作相应扣减，保险公司的免责事由也仅限于受害人故意造成交通事故的情形，即便是投保机动车无责，保险公司也应在交强险无责限额内予以赔偿。因此，对于受害人符合法律规定的赔偿项目和标准的损失，均属交强险的赔偿范围，参照"损伤参与度"确定损害赔偿责任和交强险责任均没有法律依据。

总 结

本案中，法院认为受害人的个人体质状况对事故的发生和造成的损害结果都没有过错，也没有相关法律依据，不支持赔偿义务人的减轻赔偿的要求。

06 交通事故伤者选择伤残鉴定的时机

专业解答

应在原发性损伤及其与之确有关联的并发症治疗终结或者临床治疗效果稳定后进行鉴定。一般来说，各种致伤因素直接导致的损伤或损伤引起的并发症经过治疗，达到临床治愈或者临床效果稳定，可视为治疗终结。

常见损伤的临床治愈和好转标准如下：

（1）体表损伤的治愈：创口愈合，缝线拆除，局部肿胀及皮下血肿消退，症状基本消失，无感染。

（2）头颅损伤的治愈好转：局部肿胀消退，伴随的皮肤损伤已经愈合，无感染；合并骨折的碎骨片去除或局部已经整复；出血吸收；神经系统症状、体征好转或消失，遗留后遗症的趋于稳定。

（3）眼、耳、口腔损伤的治愈好转：局部肿胀和出血消失，刺激症状好转或消失，视、听及其他相应功能得到有效恢复或趋于稳定。

（4）骨折的治愈：骨折复位良好，骨折线消失，达到骨性愈合，功能得到有效恢复，局部症状消失。

（5）骨折的好转：骨折线消失或者不再出现动态变化，功能部分恢复，症状和体征趋于稳定。

（6）血、气胸及肺挫伤的治愈好转：局部出血消失，胸部症状好转或消失，X线摄片或CT扫描等检查显示胸腔无异常影像或趋于稳定。

（7）腹腔、盆部器官损伤的治愈好转：局部症状好转或消失，部分难以恢复的后遗症趋于稳定。

（8）脊髓损伤的治愈好转：肢体及其他相关功能恢复，或者症状、体征趋于稳定。

（9）肌腱损伤、周围神经损伤的治愈好转：肢体及其他相关功能恢复，或者症状、体征趋于稳定。

（10）肢体离断伤的治愈好转：损伤痊愈，残肢功能趋于稳定。

具体可参考的时间如下：

（1）损伤后3个月内可进行鉴定的情况：适用于以原发损伤后果作为鉴定依据的案件，包括肢体、脏器缺失、内脏切除、修补，颅骨和颌骨缺损，肋骨骨折、缺损，牙齿脱落等。

（2）至少在损伤3个月后进行鉴定的情况：包括椎体压缩性或爆裂性骨折（不含脊髓损伤），心、肺挫伤，肋骨骨折引起的胸膜黏连，肢体骨折未手术且不涉及功能障碍等。

（3）至少在损伤6个月后进行鉴定的情况：适用于以损伤并发症或后遗症作为鉴定依据的案件，主要包括面部或体表瘢痕（含色素改变），视、听觉功能障碍，性功能障碍，肢体骨折或软组织等损伤后涉及关节功能障碍（含手、足功能），颅脑损伤后涉及智力缺损、精神障碍、大小便失禁、语言功能障碍，脏器损伤后的功能障碍及中枢或周围神经损伤引起的肢体瘫痪。

（4）至少在损伤9个月后进行鉴定的情况：颅脑损伤所致重度精神、智力障碍等情形。

（5）至少在损伤12个月后进行鉴定的情况：适用于持续性植物生存状态、外伤性癫痫、肢体长骨骨折并发骨髓炎、骨不连。另外，如果体内有内固定物，如钢钉、钢板，且内固定在位可能影响关节功能并需据此关节功能评定伤残等级的，原则上需取出内固定并经适当功能锻炼1个月以上方能进行鉴定。但存在特殊情形，如内固定物不影响伤残等级评定、因年龄（60周岁以上）或身体等原因不宜取出且有临床证明、双方当事人同意根据现状进行鉴定等情况，可以在不取内固定物的情况下进行鉴定。

案例链接 （2024）苏07民终978号民事判决书

20××年9月23日，A车驾驶人驾驶电动车A由北向南闯红灯通过某路口，遇B车驾驶人驾驶B车由西向东行驶，两车发生碰撞，致A车驾驶人受伤、两车损坏。事故责任和赔偿比例的关系见表6-4。

表6-4 事故责任和赔偿比例的关系

当事人	过错行为	事故责任	赔偿比例	伤残鉴定时机
A车驾驶人	驾驶非机动车通过交叉路口遇有停止信号时，未依次停在路口停止线以外	主要	60%	事故7个月后，临床治疗效果稳定
B车驾驶人	驾驶机动车通过交叉路口，未按照操作规范安全驾驶、文明驾驶	次要	40%	

次年4月26日，A车驾驶人单方通过某司法鉴定中心对伤情进行鉴定。鉴定意见为：被鉴定人A车驾驶人因交通事故致右侧髂骨粉碎性骨折、左侧粗隆间粉碎性骨折、左侧胫腓骨开放性骨折（中下段）、头面部挫裂伤等。目前遗留左髋关节功能丧失达25%以上（未达50%），构成人体损伤十级残疾。

B车保险公司称：B车保险公司对A车驾驶人的伤残等级不予认可，鉴定系单方委托，鉴定时内固定在位，不符合伤残鉴定的时机，且A车驾驶人未达到较大年龄，其放弃再次取出内固定明显不符合实际情况，应当在内固定取出后再进行鉴定，请求法庭准许重新鉴定。

法院认为

关于B车保险公司要求重新鉴定的主张，法院认为，A车驾驶人的伤残等级鉴定是司法鉴定机构出具的，该司法鉴定机构及鉴定人员均具有相应鉴定资质。某鉴定机构根据 A 车驾驶人实际伤病情况，依据相关规范对 A 车驾驶人的伤情进行鉴定，鉴定报告中写明 A 车驾驶人签字确认放弃再次手术取出内固定物，A 车驾驶人在鉴定时和庭审中均承诺不再取出内固定，故关于鉴定时机的确定，依据《人体损伤致残程度分级》第 4.2 条"鉴定时机应在原发性损伤及其与之确有关联的并发症治疗终结或者临床治疗效果稳定后进行鉴定"之规定，鉴定时间距交通事故发生时间已经超过 7 个月，临床治疗效果稳定，某司法鉴定中心出具的鉴定意见载明已达伤残评定时机，且保险公司派员参与鉴定过程，鉴定结论亦符合相关规范要求，法院予以确认。B 车保险公司虽提出异议，但未提供证据足以推翻鉴定结论，也未证明涉案鉴定结论确有错误或鉴定程序不合法，其对伤残等级不认可且应待内固定取出后重新鉴定伤残等级的主张，法院不予采纳。

总 结

本案中，受害人的鉴定时间距离事故发生时间虽相隔数月，但临床治疗效果稳定，并且鉴定机构认定其已达伤残评定时机。可以认定受害人的伤残鉴定时机恰当。

07 交通事故伤者的医疗终结时间

医疗终结时间，是指机体通过治疗达到临床治愈或临床稳定状态所需要的时间。临床治愈是指疾病的症状和体征完全消失，功能恢复正常；临床稳定是指疾病的症状和体征基本固定，不再进展或恶化，功能处于相对稳定的状态。例如，对于单纯的轻度软组织挫伤，经过一段时间的消肿、止痛等治疗，疼痛和肿胀完全消失，受伤部位的功能恢复如初，这个时间就是该软组织挫伤的医疗终结时间。

不同类型的损伤医疗终结时间差异很大。例如，一般的皮肤擦伤可能在 1~2 周内愈合，医疗终结时间较短；而骨折的愈合时间则相对较长，简单的骨折可能需要 3~6 个月，复杂骨折可能需要更长时间。对于严重的颅脑损伤，其医疗终结时间可能会因脑损伤的程度、是否有并发症等情况而延长，可能需要数月甚至数年，而且还可能存在长期的康复治疗阶段。

采用的治疗方法不同，医疗终结时间也会不同。例如，对于同一种骨折，保守治疗（如手法复位、石膏固定）可能需要较长时间来达到愈合和功能恢复，而手术治疗（如切开复位内固定）如果成功，在合适的康复措施下，可能会缩短骨折愈合的时间，使医疗终结时间提前。同时，患者对治疗的反应也会影响医疗终结时间，如有的患者

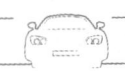

对药物敏感，伤口愈合快，医疗终结时间就会相应缩短。

患者的年龄、身体状况等个体因素对医疗终结时间有显著影响。一般来说，年轻人的组织修复能力强，相同损伤下医疗终结时间比老年人短。例如，老年人骨折后，由于骨质密度降低、身体机能衰退等原因，骨折愈合速度慢，医疗终结时间会延长。同时，患者如果有基础疾病，如糖尿病会影响伤口愈合，使医疗终结时间超出正常范围。

在交通事故赔偿尤其是保险理赔中，医疗终结时间是确定赔偿期限的一个重要依据。例如，在健康保险中，对于因疾病或意外受伤导致的医疗费用赔付，保险公司通常会参考医疗终结时间来判断理赔的合理性。如果医疗终结时间已经确定，而患者仍持续要求不合理的医疗费用赔偿，保险公司可以根据医疗终结的标准进行评估，避免过度赔付。

08 交通事故鉴定的项目

专业解答

交通事故鉴定不仅包括损伤程度鉴定和伤残等级评定，还包括护理期、误工期、营养期等其他项目的评定。主要评定项目分析如下：

一、损伤程度评定

损伤程度评定，是指对受害人损伤部位的状态、严重程度进行评估。主要有以下几个方面：

1. 头部损伤

（1）头皮损伤：检查头皮是否有裂伤、挫伤、血肿等，评估损伤的面积和深度。

（2）颅骨骨折：通过 X 光、CT 等影像学检查确定颅骨是否有骨折，判断骨折的类型（如线性骨折、凹陷性骨折等）和严重程度。

（3）脑损伤：评估脑部是否有挫伤、出血、水肿等，检查神经系统功能，如意识状态、认知能力、言语表达、肢体运动等，判断是否存在脑功能障碍。

2. 面部损伤

（1）面部软组织损伤：查看面部皮肤、肌肉等软组织是否有裂伤、挫伤、缺损等，评估损伤对容貌的影响。

（2）面部骨折：检查鼻骨、眼眶骨、颧骨等面部骨骼是否有骨折，判断骨折的位置和严重程度，以及对面部外观和功能的影响。

（3）眼部损伤：评估眼睛的视力、视野、眼球运动等功能，检查是否有眼睑损伤、眼球破裂、视网膜损伤等。

（4）耳部损伤：检查耳部的听力、外耳道、鼓膜等是否有损伤，判断是否存在听力障碍。

3. 颈部损伤

（1）颈椎骨折：通过 X 光、CT 等检查确定颈椎是否存在骨折，评估骨折的类型和严重程度，以及对脊髓神经的影响。

（2）颈部软组织损伤：检查颈部肌肉、韧带等软组织是否有拉伤、挫伤等，评估损伤对颈部活动功能的影响。

4. 胸部损伤肋骨骨折

检查肋骨是否有骨折，确定骨折的数量和位置，评估对呼吸功能的影响。

5. 肺部损伤

检查肺部是否有挫伤、气胸、血胸等，评估呼吸功能障碍的程度。

6. 心脏损伤

检查心脏是否有挫伤、破裂等，评估心脏功能受损情况。

7. 腹部损伤

（1）腹部脏器损伤：检查肝、脾、肾等腹部脏器是否有破裂、出血等，评估脏器功能受损程度。

（2）腹部软组织损伤：查看腹部皮肤、肌肉等软组织是否有裂伤、挫伤等，评估损伤对腹部外观和功能的影响。

8. 脊柱损伤

（1）脊椎骨折：通过 X 光、CT 等检查确定脊椎是否有骨折，判断骨折的类型和严重程度，以及对脊髓神经的影响。

（2）脊髓损伤：评估脊髓是否有挫伤、断裂等，检查神经系统功能，如肢体感觉、运动、大小便功能等，判断脊髓损伤的程度。

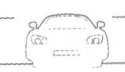

9.四肢损伤

（1）骨折：检查四肢骨骼是否有骨折，确定骨折的位置、类型和严重程度，评估骨折对肢体功能的影响。

（2）关节损伤：检查四肢关节是否有脱位、损伤等，评估关节活动功能受限的程度。

（3）软组织损伤：查看四肢皮肤、肌肉、肌腱等软组织是否有裂伤、挫伤、缺损等，评估损伤对肢体外观和功能的影响。

二、伤残等级评定

根据损伤程度和对身体功能的影响，《人体损伤致残程度分级》将伤残等级划分为一级到十级。每个等级都有具体的评定依据，其评定依据主要考虑以下几个方面：

（1）日常生活能力受限程度：包括进食、穿衣、洗澡、大小便自理等日常生活活动是否需要他人帮助以及帮助程度。

（2）活动能力和范围受限程度：评估伤者是否有行动、移动能力，如伤者完全不能行走和移动、借助轮椅或拐杖等辅助工具可以移动等。评估伤者能够活动的范围，如只能卧床、活动仅限于室内等。

（3）工作和学习能力受限程度：评估伤者是否能够继续从事原来的工作或学习，以及工作和学习能力受到的影响程度。

（4）社会交往能力受限程度：判断伤者在社会交往中的能力是否受到影响，如与人沟通的流畅度、参与社交活动频次与主动性等方面。

三、护理依赖程度评定

护理依赖程度分以下三个等级。

（1）完全护理依赖：指伤者生活完全不能自理，需要他人全天护理。具体表现为，伤者在进食、床上活动、床椅转移、翻身、大小便、穿衣洗漱、自我移动等日常生活的各个方面均无法独立完成，必须依靠他人的帮助才能进行。如一位因严重交通事故导致高位截瘫的伤者，无法自己进食，需要他人将食物喂入口中；不能自主翻身，需他人定时协助翻身以防止压疮；无法控制大小便，需要他人帮助清理排泄物；不能自行穿衣、洗漱，必须由他人协助完成这些日常活动；无法自主移动身体，无论是从床上转移到轮椅上，还是在室内外进行移动，都需要他人的扶持或搬运。

（2）大部分护理依赖：指伤者生活大部分不能自理，需要他人护理。具体表现为，伤者在进食、穿衣、洗漱、大小便控制、行动等方面虽有一定的自主能力，但仍存在较大困难，需要他人经常给予帮助。如伤者能够自己拿起勺子进食，但速度很慢且容易洒出食物，需要他人不时协助调整姿势和清理桌面；在穿衣方面，可以自己穿上一些简单的衣物，但对于复杂的衣物如套头衫等则难以独立完成，需要他人帮忙；能在一定程度上控制大小便，但可能需要他人提醒和协助清理；行动上，可以借助辅助器具缓慢移动一小段距离，但长距离行走或上下楼梯等仍需他人搀扶或使用轮椅推送。

（3）部分护理依赖：指伤者生活部分不能自理，部分时间需要他人护理。具体表现为，伤者在进食、穿衣、洗漱、大小便控制、行动等方面具备一定程度的自主能力，但在某些特定情况下或特定活动中需要他人给予一定的帮助。如伤者可以自己进食，但可能需要他人帮忙准备食物或切割食物；能够独立穿衣，但对于系扣子、拉拉链等精细动作可能需要他人协助；在控制大小便方面基本能自主完成，但偶尔可能需要他人提醒或协助清理；可以自主行动，但在上下楼梯、远距离行走或在不熟悉的环境中可能需要他人陪伴或使用辅助器具。护理依赖程度具体依据 GB/T 31147—2014《人体损害护理依赖程度评定》标准进行鉴定。

四、后续诊疗项目评定

对于需要后续治疗的伤者，如二次手术、康复治疗等，治疗项目进行评估，为受害人主张后续治疗费提供依据。

五、误工期限评定

根据伤者的损伤情况和恢复情况，评定误工期限，即伤者因交通事故受伤而无法工作的时间。

六、护理期限评定

根据伤者的损伤情况和恢复情况，评定护理期限，即伤者因交通事故受伤而需要他人护理的时间。

七、营养期限评定

考虑到伤者的损伤程度和身体恢复情况，有的伤者需要加强营养，因此需要评定营养期限，确定伤者在康复过程中需要加强营养的具体时间。

案例链接 （2024）陕 0104 民初 3248 号民事判决书

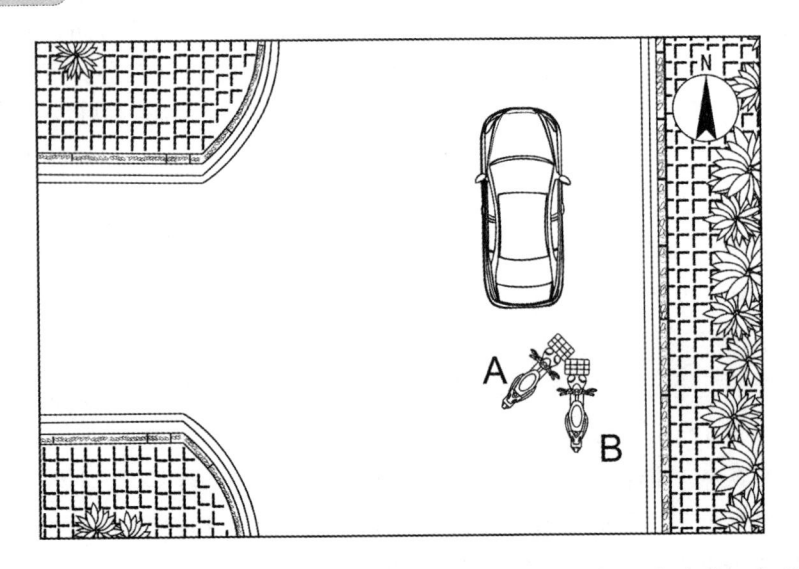

如图所示，20××年8月1日，A车驾驶人驾驶电动车A在某路段超越同方向其右前方直行的电动车B时，双方发生碰撞，造成B车驾驶人受伤。交警认定，A车驾驶人承担事故全部责任，B车驾驶人无责任。

经B车驾驶人申请，法院委托某司法鉴定所对其伤残等级、误工期限、护理期限、营养期限、后续治疗费进行鉴定，该鉴定中心作出司法鉴定意见书载明：（1）B车驾驶人的伤残等级为十级；（2）B车驾驶人误工期、护理期、营养期及其后续治疗费等内容。（见表6-5）

表 6-5　驾驶人误工期、护理期、营养期及其后续治疗费

伤残等级	误工期	护理期	营养期	后续治疗费
十级伤残	135 日	60 日	90 日	12000 元

总　结

本案中，受害人申请伤残鉴定，司法鉴定机构对伤残等级、误工期、护理期、营养期、后续诊疗项目等有关项目进行鉴定。其鉴定意见是受害人获取赔偿的有力证据。

09 精神损害的鉴定

> **专业解答**

精神损害鉴定，是指对被鉴定人由于遭受外来的物理、化学等因素作用，导致其精神功能出现障碍的性质、程度等进行评估和判定。其主要目的是为司法机关在处理涉及人身伤害、侵权等案件时提供科学依据，以确定侵权行为是否造成了精神损害以及损害的程度。

在交通事故等侵权赔偿案件中，有时需要评估受害人是否存在精神创伤，如创伤后应激障碍（PTSD）、焦虑症、抑郁症等，以及这些精神障碍对其日常生活、工作、学习等功能的影响程度。例如，在交通事故中，受害人头部受伤后出现情绪不稳定、失眠等症状，精神损害鉴定可以确定这些症状是否构成精神障碍以及与事故的因果关系。

精神鉴定通常由具有专业资质的精神疾病司法鉴定机构进行。这些机构一般需要获得司法行政部门的许可，并且鉴定人员需要具备相应的精神医学专业知识和司法鉴定资格。他们通常包括精神科医生、心理学专家等，这些专业人员会运用专业的知识和临床经验，结合科学的鉴定方法来进行评估。

鉴定方法包括临床检查、心理测试和医学检查辅助手段。

临床检查包括详细的精神病史采集，了解被鉴定人既往的精神健康状况、家族精神病史等。例如，询问被鉴定人是否曾经有过精神疾病发作，其家族中是否有精神分裂症等遗传性精神疾病患者。同时进行精神状态检查，观察被鉴定人的意识、感知、思维、情感、意志行为等方面的表现。如观察被鉴定人的情绪是否稳定，是否存在幻觉、妄想等思维异常现象。

心理测试运用标准化的心理测验工具，如明尼苏达多项人格测验（MMPI）、症状自评量表（SCL-90）等。这些测试可以帮助鉴定人员更客观地了解被鉴定人的心理特征和精神症状的严重程度。例如，通过 MMPI 可以检测被鉴定人是否存在人格异常，SCL-90 可以反映被鉴定人当前的心理症状，如焦虑、抑郁等症状的分值高低，从而辅助判断精神损害程度。

医学检查辅助手段包括脑电图（EEG）、脑成像技术（如 CT、MRI 等）等。这些检查可以帮助排除或发现可能导致精神障碍的脑部器质性病变。例如，在头部受伤导致精神异常的案例中，CT 或 MRI 检查可以发现脑部是否有血肿、脑挫伤等病变，以确定精神症状与脑部损伤的关系。

精神鉴定一般由法院、律师事务所或其他合法主体向鉴定机构提出委托，鉴定机

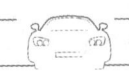

构对委托事项进行审查，符合受理条件的，如鉴定材料齐全等，予以受理。例如，委托方需要提供被鉴定人的病历资料、案件相关情况说明等材料。

鉴定人员根据上述鉴定方法对被鉴定人进行检查和评估，这个过程可能需要多次观察和测试，以确保鉴定结果的准确性。例如，对于一些症状复杂的被鉴定人，可能需要进行为期数周的观察和多次心理测试。

出具鉴定结束后，鉴定机构根据鉴定结果出具鉴定报告，报告内容包括被鉴定人的基本情况、鉴定依据、鉴定过程、精神损害的诊断结论（如是否存在精神障碍、障碍的类型和程度等）以及鉴定意见与建议等。鉴定报告需要由鉴定人员签名并加盖鉴定机构公章，然后提交给委托方。

10 选择伤残鉴定机构需要注意的事项和方式

专业解答

1. 鉴定机构选择的注意事项

（1）合法性与资质。首先要确保鉴定机构经过相关部门批准、具有合法资质。受害人可以通过当地的司法局、公安机关、法院等渠道进行查询核实，也可以上网查询鉴定机构的资质信息。只有具备合法资质的鉴定机构作出的鉴定意见才具有法律效力，才能被法院等相关部门认可。如精神病鉴定须选择有"法医精神病"资质的司法鉴定机构进行鉴定。

（2）信誉与公正性。选择信誉度高的鉴定机构，其鉴定结果更具权威性和可信度，也更容易被各方接受。受害人可以通过咨询律师、其他当事人，或者查看该鉴定机构的过往案例、社会评价等方式来了解其信誉情况。受害人还需要注意鉴定机构的公正性，避免选择到可能存在利益关联或不公正行为的机构，以防鉴定结果受到不当影响。

（3）专业能力。了解鉴定机构的专业技术水平，包括鉴定人员的资质、专业背景、从业经验等。如有些鉴定机构在某些特定领域具有较高的专业水平和丰富的经验，对于复杂的伤情能够进行准确的鉴定；查看鉴定机构是否拥有先进的检测设备、实验室等，先进的设备对于准确地进行伤残鉴定非常重要。鉴定机构高水平的专业能力能够为鉴定结果提供更可靠的依据。

（4）地理位置与便利性。尽量选择在受诉法院所在地有办公场所的鉴定机构，这样后续需要补充材料或重新鉴定时会比较及时，法院需要鉴定人员对鉴定内容进行解释说明或出庭作证时也会更加方便，减少当事人的时间和精力成本。如果不考虑受诉法院所在地的因素，受害人也可以选择距离自己较近的鉴定机构，方便当事人前往进行鉴定、提交材料等。

（5）律师或其他法律工作者建议。受害人在选择鉴定机构时可以咨询专业的医学或法律人士，了解他们对不同鉴定机构的评价和推荐。医学专业人员可以从专业技术角度提供意见，而律师则对当地的鉴定机构比较熟悉，能够根据具体的伤情和案件情况，为当事人推荐合适的、认可度较高的鉴定机构。

2.鉴定机构的选择方式

（1）协商确定。在交通事故案件中，如果双方当事人能够协商一致，可以共同选择一家鉴定机构。这种方式可以避免后续因鉴定机构的选择问题产生争议。

（2）委托鉴定。受害人可以向交通管理部门申请委托，由交警部门选择鉴定机构。如果案件涉及诉讼，可以由人民法院通过摇号等随机方式选取鉴定机构。法院委托主要流程有：首先，当事人直接向法院提交伤残鉴定书面申请书等材料。其次，法院收到申请同意后会组织双方当事人对司法鉴定的相关证据材料发表是否认可的意见，并相互商议选择鉴定机构，也可以由法院直接选定或摇号选定。最后，选定鉴定机构后，法院委托该机构进行伤残鉴定，并出具鉴定意见书。

（3）自行选择。受害人也可以单独选择鉴定机构进行伤残鉴定。

案例链接　（2024）辽07民终1555号民事判决书

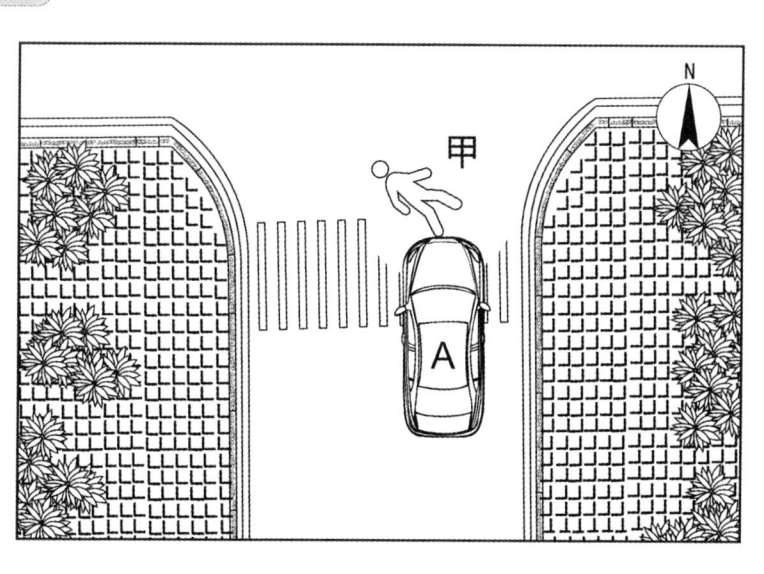

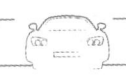

如图所示，20××年2月10日，A车驾驶人驾驶A车由南向北行驶至某路段时，因未注意瞭望，操作不当，与由东向西横过马路的行人甲相撞，致甲受伤。事故责任和赔偿比例的关系见表6-6。

表6-6 事故责任和赔偿比例的关系

当事人	事故责任	赔偿比例	选择鉴定机构方式
A车驾驶人	全部	100%	
行人甲	无		向法院申请

事故发生后，甲申请对其颅骨骨折、颈椎骨折的伤残等级、护理期、误工期、营养期进行鉴定，A车保险公司申请对甲的合理住院时长进行鉴定，经受诉法院委托，摇号选取了某司法鉴定中心。某司法鉴定中心出具的鉴定意见为"1.甲颅骨骨折、颈椎骨折未达评残标准，未予评定伤残等级；2.甲误工期187日、护理期187日、营养期60日（均包括住院期间）"。

总　结

本案中，当事人通过先向法院申请，再由法院以委托的方式选择鉴定机构，这也是较为常用的选择伤残鉴定机构的方式之一。

11 误工期的鉴定

专业解答

误工期鉴定依据分为医疗机构出具的证明和司法鉴定机构的鉴定意见两个方面，其中医疗机构出具的证明包括诊断证明与休假证明。受害人受伤后到医院就诊，医生会根据其受伤的部位、程度以及恢复情况等在病历本、诊断证明书或出院小结中注明建议休息的时间。对于受伤较轻、未进行司法鉴定的伤者，法院通常会依据受伤住院的实际天数与医院建议休息的天数二者之和来确定误工时间。如伤者因交通事故导致腿部骨折，出院时医生建议休息3个月，那么从受伤之日起到出院后的3个月这段时间可认定为误工时间。

医院出具的诊断或休假证明要有连续性。如果伤者在休养期间多次复查，每次复查医生都认为需要继续休息，那么每次复查时医生开具的继续休假证明也是确定误工时间的重要依据。

对于一些伤势较为复杂、双方对误工时间存在较大争议的案件，需要通过司法鉴定机构鉴定误工期。鉴定人员会依据相关的医学标准和专业知识，综合考虑伤者的损伤情况、治疗过程、恢复进度等因素，出具专业的鉴定意见，确定合理的误工期。如对于涉及脑部损伤、脊柱损伤等较为严重且恢复时间不确定的伤情，司法鉴定的意见具有重要的参考价值。

需要注意的是，司法鉴定机构出具的误工期鉴定意见只是一种倾向、建议性质的意见，并不必然被法官采纳。如果对方当事人对鉴定意见有异议，并且能够提供合理的理由和证据，经法院批准后可以申请重新鉴定。

误工时间可以计算至定残日前一天。这是因为从交通事故发生到定残日这段时间，受害人的劳动能力受到了影响，无法正常工作，所以将这段时间视为误工时间。如交通事故发生在 2024 年 1 月 1 日，伤残鉴定书的落款日期为 2024 年 5 月 15 日，那么误工时间就从 2024 年 1 月 1 日计算至 5 月 14 日。

12. 鉴定交通事故受害人的营养期的依据和方法

专业解答

一、营养期鉴定依据

1. 伤者的受伤部位和损伤程度

不同部位的损伤和不同程度的创伤对身体的影响不同，所需的营养支持也会有所差异。如严重的颅脑损伤可能会影响患者的意识状态和消化功能，需要更多的营养来促进神经修复；骨折患者则需要足够的蛋白质、钙等营养物质来促进骨骼愈合。

2. 治疗方式和恢复进程

手术治疗、康复治疗等不同的治疗方式会对身体造成不同程度的创伤和消耗，需要相应的营养补充。同时，恢复进程的快慢也会影响营养需求的持续时间。如术后患者在伤口愈合和身体恢复的过程中需要较高的营养摄入，而随着恢复进程的推进，营养需求可能会逐渐减少。

3. 医生的诊断和建议

医生会根据伤者的具体情况，提出营养方面的建议，包括饮食调整、营养补充剂的使用等。这些建议可以为营养期的鉴定提供参考。

4. 法律法规标准

相关的法律法规和司法解释对交通事故中的营养期鉴定也有一定的指导作用。例如，《人身损害赔偿解释》第 11 条规定，营养费根据受害人伤残情况参照医疗机构的意见确定。这意味着在鉴定营养期时，需要考虑受害人的伤残程度，并参考医疗机构的意见。各地的司法鉴定标准和规范也会对营养期的鉴定提供具体的指导。这些标准通常会根据不同的损伤类型和程度，规定相应的营养期范围，为鉴定人员提供参考。

二、营养期鉴定方法

营养期鉴定方法分为病历审查、临床检查、专家会诊、综合评估等四种。

1. 病历审查

鉴定人员会仔细审查伤者的病历资料，包括门诊病历、住院病历、手术记录、检查报告等。通过分析病历中的诊断结果、治疗过程和医生的建议，初步了解伤者的损伤情况和营养需求。例如，病历中如果记载了伤者的严重创伤、手术治疗等情况，则意味着需要较长时间的营养支持。尤其要关注病历中关于饮食记录和营养补充的内容。如果伤者在治疗过程中有特殊的饮食要求或使用了营养补充剂，这可能表明其需要额外的营养支持，从而影响对营养期的鉴定。

2. 临床检查

对伤者进行临床检查是鉴定营养期的重要环节。鉴定人员会检查伤者的身体状况，包括体重、身高、身体质量指数（BMI）、血常规、生化指标等。这些检查结果可以反映伤者的营养状况和身体恢复情况，为确定营养期提供客观依据。如伤者的体重下降明显、血红蛋白偏低、白蛋白水平下降等情形，这可能表明其营养摄入不足，需要延长营养期。

临床检查还可以帮助鉴定人员判断伤者是否存在营养不良的风险因素。如老年人、患有慢性疾病的人、长期卧床的人等更容易出现营养不良，需要更长时间的营养支持。

3. 专家会诊

在一些复杂的损伤案例中，可能需要邀请相关领域的专家进行会诊。专家可以根据自己的专业知识和经验，对伤者的损伤情况和营养需求进行更深入地分析和评估，为营养期的鉴定提供专业意见。例如，对于严重的颅脑损伤、烧伤等复杂病例，可能需要神经外科专家、烧伤科专家、营养师等进行会诊，共同确定合理的营养期。

4. 综合评估

鉴定人员会综合考虑病历审查、临床检查和专家会诊的结果，结合临床医学标准和法律法规标准，对伤者的营养期进行最终的评估和确定。在评估过程中，鉴定人员会充分考虑伤者的年龄、身体状况、饮食习惯、经济状况等因素，以确保营养期的鉴定符合伤者的实际情况。如对于年轻、身体状况较好的伤者，可能需要的营养期相对较短；而老年人、患有慢性疾病的伤者，可能需要更长时间的营养支持。同时，如果伤者的经济状况较差，无法承担昂贵的营养补充剂费用，可能需要通过调整饮食来满足营养需求，这也可能会影响营养期的长短。

13 交通事故护理期的鉴定

> 专业解答

交通事故伤者的护理期一般通过下列方式解决：

1. 依据医疗机构的诊断和证明

在受害人住院治疗期间，医院的医护人员会根据患者的病情和身体状况提供相应的护理服务。在此期间，医院的病历记录、护理记录等医疗文件可以作为判断护理期的重要依据。如患者因交通事故导致严重的骨折，住院期间行动受限，需要护士协助进行翻身、洗漱、进食等日常活动，那么住院期间都应算作护理期。患者出院时，医生会根据其恢复情况出具出院医嘱或诊断证明，其中可能会明确说明患者出院后是否仍需护理以及需要护理的时间。如医生在诊断证明中注明患者出院后仍需卧床休息两周，生活不能自理，需要专人护理，那么这两周的时间也应计算在护理期内。

2. 司法鉴定

司法鉴定机构的专业人员会根据患者的受伤部位、损伤程度、治疗方式、恢复情况等因素，综合评估患者所需的护理期。如对于头部受伤导致神经功能受损的患

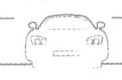

者，鉴定人员会考虑其认知能力、运动功能的恢复情况，以及日常生活中是否需要他人协助进行进食、穿衣、洗漱等活动，从而确定护理期的时间。一些地区会制定人身损害受伤人员护理期的评定标准，司法鉴定机构在进行护理期鉴定时也会参考这些标准。

3. 考虑受害人的年龄、健康状况等因素

一般来说，老年人的身体恢复能力相对较弱，受伤后需要的护理期可能会比年轻人更长。例如，同样是腿部骨折，年轻人可能在 3 个月左右就能基本恢复生活自理能力，而老年人可能需要 4~6 个月甚至更长时间的护理。如果受害人本身患有其他疾病，如糖尿病、心脏病等，这些疾病可能会影响伤口的愈合和身体的恢复，从而延长护理期。如患有糖尿病的患者在交通事故中受伤后，由于血糖控制不佳可能会导致伤口愈合缓慢，从而需要更长时间的护理和康复。

14 交通事故当事人对鉴定结果有异议的处理

专业解答

如果有一方当事人对伤残鉴定结果有异议，那么根据不同情形，当事人可以通过以下几种途径解决：

1. 自行委托重新鉴定

申请伤残评定的受害人自己不认可伤残评定结果时，可以自行寻找有资质、信誉良好的司法鉴定机构申请重新鉴定。这种方式的优点是相对灵活、便捷，受害人可以自主选择自己信任的鉴定机构。但是自行委托重新鉴定的费用通常需要自己先行垫付。而且，在一些情况下，如果自行委托的鉴定结果与之前的差异较大，可能需要在后续的法律程序中进行充分的解释和说明。

2. 申请法院委托重新鉴定

如果当事人在诉讼过程中对伤残鉴定结果有异议，可以向法院提出申请，要求法院委托专业的伤残鉴定机构进行重新鉴定。这种方式的权威性较高，因为由法院委托的鉴定机构通常具有较高的专业水平和公信力，鉴定意见容易得到法院支持。

通过法院委托，当事人需要向法院提交书面申请，说明对原鉴定结果的异议点及

申请重新鉴定的理由，并提供相关的证据材料。法院会根据具体情况进行审查，如果认为申请理由合理且符合法律规定，会准许重新鉴定；反之，则会驳回申请。

3. 向相关鉴定机构管理部门投诉

如果当事人认为鉴定机构在鉴定过程中存在违规操作、不公正行为或鉴定人员不具备相关资格等问题，可以向该鉴定机构的主管部门或相关管理部门进行投诉。鉴定机构的主管部门主要有两个层级：一是国务院司法行政部门，负责全国鉴定人和鉴定机构的登记管理工作；二是省级人民政府司法行政部门，负责对鉴定人和鉴定机构的登记、名册编制和公告。

如果鉴定机构由司法行政部门管理，那么可以向当地的司法行政部门反映情况。投诉后，相关部门会对投诉进行调查处理，如果确实存在问题，会对鉴定机构进行相应的处罚，并可能要求重新进行鉴定或采取其他纠正措施。

无论是通过上述哪种途径，都需要在规定的时间内提出异议和申请，以免超出法律规定的期限。同时，要注意收集和保留相关的证据材料，以便支持自己的主张。

案例链接 （2024）鲁 1003 民初 3399 号民事判决书

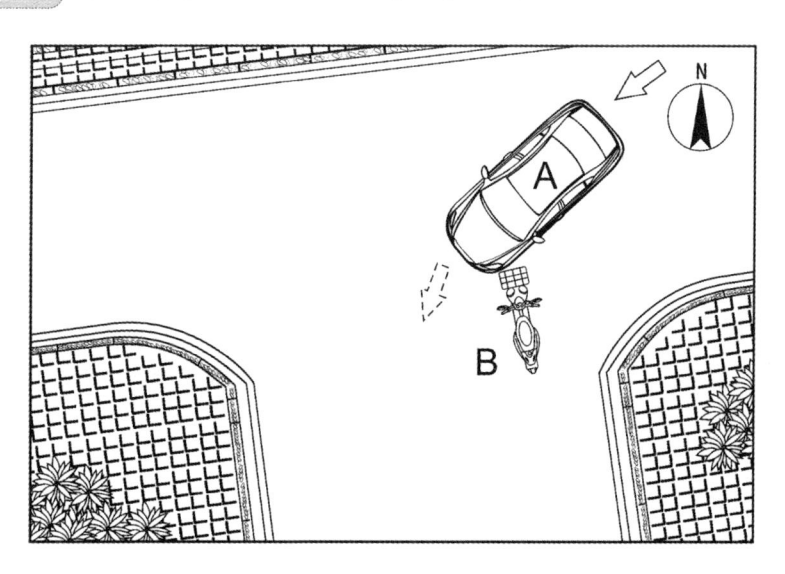

如图所示，20×× 年 5 月 11 日，A 车驾驶人驾驶 A 车由东向西行驶至某路口左转弯时，A 车前端与由南向北行驶的电动车 B 相碰撞，致 B 车驾驶人受伤。交警认定，A 车驾驶人承担本次事故的全部责任，B 车驾驶人无责任。

在赔偿诉讼庭审前，B 车驾驶人自行委托某司法鉴定中心对其伤残等级、误工期、护理期及营养期进行了鉴定，该中心出具司法鉴定意见书。鉴定意见为：（1）B

车驾驶人颈部损伤符合十级伤残；（2）评定了B车驾驶人的误工期（含住院期间）、护理期（含住院期间）和营养期（含住院期间）的天数。B车驾驶人为此支付了鉴定费（见表6-7）。诉讼期间，A车保险公司不认可B车驾驶人自行委托的司法鉴定机构出具的鉴定意见书，申请对全部事项进行重新鉴定，同时申请对致伤因素造成的人体损害与疾病之间因果关系和原因力大小进行鉴定。A车保险公司预交了诉中鉴定费。

表6-7 伤残损害期限及费用

鉴定时段	委托方式	伤残等级	误工期	护理期	营养期	鉴定费
诉前鉴定	自行	十级	180天	90天	90天	2080元
诉中鉴定	法院	十级	180天	90天	90天	3380元

受诉法院依法委托另外一家司法鉴定机构进行了鉴定，得出的司法鉴定意见与第一次基本相同。因两次鉴定结果相同，鉴定费全部由A车保险公司负担。

总　结

本案中，保险公司不认可受害人单方委托得出的伤残鉴定意见，申请重新鉴定。法院同意其申请，这就是说一方当事人如果对鉴定结果有异议，可以选择申请重新鉴定。

15 交通事故受害人的伤残鉴定费由谁承担？

专业解答

进行伤残鉴定就需要支付鉴定费，伤残鉴定费用由谁来承担，一般有三种解决方式：

1. 协商解决

当事人双方协商，一起商量伤残鉴定费由哪一方承担或双方各自承担多少。

2. 保险公司承担

如果侵权人有购买交强险、商业险等保险，且赔偿金额在保险赔偿限额范围内，那么伤残鉴定费可由保险公司承担。依据《保险法》第64条的规定，保险人、被保险人为查明和确定保险事故的性质、原因和保险标的的损失程度所支付的必要的、合理的费用，鉴定费就是属于这种费用，应当由保险人承担。

3. 诉讼解决

在诉讼过程中，一般遵循"谁主张，谁负担"的原则，由受害人先垫付鉴定费。如果受害人最终胜诉，鉴定费通常会由败诉方，也就是被告承担；如果是部分胜诉、部分败诉，即受害人的鉴定费主张中有一部分法院支持，有一部分法院不予支持，这时法院通常会根据案件的具体情况决定当事人双方各自承担的鉴定费金额。

案例链接（2024）黑 10 民终 584 号民事判决书

20××年6月18日，A车驾驶人驾驶A车行驶至某路段时，将行人甲撞倒，造成甲受伤。事故责任和赔偿比例的关系见表6-8。事故发生后，甲进行了伤残鉴定，并自行支付了鉴定费。

表 6-8　事故责任和赔偿比例的关系

当事人	事故责任	赔偿权利	赔偿义务	赔偿比例	鉴定费赔偿责任
A车驾驶人	全部		有		
行人甲	无	有			
A车保险公司			有	100%	有

甲向法院起诉，请求A车驾驶人、A车保险公司赔偿其各项损失，其中包括伤残鉴定费。

A车保险公司同意赔偿甲经法院认定的医疗费、护理费、交通费、住院伙食补助费、营养费，但不愿意承担本案伤残鉴定费。

法院认为

对于A车保险公司不愿意承担鉴定费的意见，法院认为，依据《保险法》第64条规定，本案甲申请鉴定所产生的鉴定费系为了明确甲误工期限、护理期限、营养期限而委托鉴定机构鉴定发生的必要费用，属于为了查明和确定保险标的而支付的必要费用，A车保险公司应当予以承担。

总　　结

本案中，法院依据《保险法》的相关规定，判令受害人的伤残鉴定费应该由保险公司承担。

CHAPTER 7

第七章
交通事故受害人的伤残划分依据及鉴定标准

本章采用《人体损伤致残程度分级适用指南》中的伤残划分依据和鉴定标准来进行分析解答。

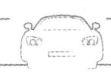

01 一级伤残的划分依据及鉴定标准

专业解答

一、一级伤残的划分依据

1. 组织器官缺失或者功能完全丧失，其他器官不能代偿

组织器官缺失，是指伤者身体的某个或某些重要组织器官完全不存在了，如眼球摘除、双上肢或双下肢高位缺失等。这种缺失是永久性的，且对身体的正常生理功能和整体健康状况造成了极其严重的影响，导致身体无法维持基本的生命活动和日常生活功能。

功能完全丧失，是指伤者身体的某个组织器官原本具备的正常生理功能，如呼吸、消化、运动、感知、排泄等，现在已经完全丧失，不能再发挥任何作用。例如，因脑损伤导致伤者的智能严重减退，大脑的认知、思维、记忆等功能完全丧失；或因脊髓损伤导致伤者完全截瘫，肢体的运动和感觉功能完全丧失。

其他器官不能代偿，是指当某个或某些组织器官缺失或功能完全丧失后，身体的其他器官无法替代其发挥相应的生理功能。人体具有一定的代偿能力，当部分组织器官受损或功能下降时，其他器官可通过调整自身功能来维持身体的生理平衡。比如，一侧肾脏缺失或功能丧失时，另一侧健康肾脏的肾小球会增生、肾小管会扩张，使其能够承担原本由双侧肾脏完成的排泄代谢废物、维持水盐平衡等任务；部分骨髓造血功能受损时，肝、脾等器官可恢复部分造血功能，以偿骨髓造血的不足等。但在一级伤残的情况下，这种代偿机制无法发挥作用，缺失或丧失功能的器官所承担的生理任务无法由其他器官来弥补，从而使伤者身体功能产生严重障碍、生活不能自理等后果。例如，小肠是人体消化和吸收营养的重要器官，如果大部分小肠切除，残余小肠不足 50 厘米，其他器官无法完全代偿小肠的消化和吸收功能，就会导致严重的营养不良和身体功能障碍等问题；伤者大脑严重受损，意识完全丧失，对外界刺激无任何有意义的反应，身体的各种反射活动也基本消失，仅存在一些基本的生命体征，如心跳、呼吸等，这时其他器官无法代偿大脑的高级神经功能；伤者上肢在肘关节以上部位缺失或完全丧失功能，导致手部及前臂的功能完全丧失，无法进行抓握、提举等日常活动，身体其他部位无法替代上肢完成这些精细和复杂的动作等。

判断是否存在"组织器官缺失或者功能完全丧失，其他器官不能代偿"情形时，需借助多种医学检查手段，全面、准确地评估病情。（1）影像学检查可以清晰显示伤者骨骼、体内器官、大脑神经、脊髓形态、结构等组织的损伤程度及是否存在功能完全丧失的情况。(2)实验室检查可以根据不同器官功能指标的数值大小,判断某个器官功能是否丧失且其他器官无法代偿,如肝脏因严重病变大部分切除或功能完全丧失,这些指标会显著异常且难以通过其他器官调节恢复;肾脏缺失或功能完全丧失,尿液成分和尿量会出现明显异常,且无法通过机体自身调节恢复正常。功能测试可以检查伤者某些组织器官是否还能维持正常生理功能,如通过肺活量、用力肺活量、一秒用力呼气容积等指标,评估肺通气功能。当肺部因严重疾病如毁损肺,导致大部分肺组织功能丧失,肺功能测试会显示通气功能严重障碍,且无法通过其他器官代偿改善,这时伤者会出现明显呼吸困难,甚至需依赖呼吸机维持生命的现象。(3)专科检查指眼科、耳鼻喉科等专项检查,如通过视力检查、眼压测量、眼底检查等可全面评估伤者眼部功能。若眼球因外伤摘除,或视网膜、视神经严重损伤导致视力完全丧失且无法恢复,其他器官不能代偿视觉功能。

2. 存在特殊医疗依赖

"存在特殊医疗依赖",是指伤者必须终身使用特殊医疗设备或装置进行治疗,或者必须持续接受特殊的医疗护理、治疗手段等才能维持生命或基本生理功能。

特殊医疗设备或装置,包括(1)维持生命类:如必须借助人工呼吸机来维持呼吸功能,或依赖体外膜肺氧合(ECMO)等设备来进行心肺支持,一旦脱离这些设备,伤者很可能会死亡。(2)替代重要器官功能类:像终末期肾病患者需要长期进行血液透析,以替代肾脏的过滤和排泄功能;或因肝脏功能严重受损,需进行人工肝支持治疗等。

特殊医疗护理或治疗手段,包括(1)复杂伤口或创面护理:对于大面积深度烧伤、严重创伤导致的开放性伤口等,可能需要长期专业的伤口护理,包括定期换药、清创、植皮等,以防止感染,促进愈合。(2)特殊药物治疗:某些一级伤残患者可能需要长期使用特定的、昂贵的或具有高风险的药物进行治疗,如因严重免疫缺陷疾病导致的伤残,需要长期使用免疫球蛋白等生物制剂进行替代治疗。(3)康复治疗:部分患者需要长期的康复治疗,如因脊髓损伤导致的高位截瘫患者,需要定期进行物理治疗、作业治疗、康复工程等综合康复治疗,以维持肌肉力量、关节活动度和预防并发症等。

3. 意识丧失

意识丧失具体表现为:对疼痛、声音、光线等刺激均无任何反应;身体完全没有自主的动作,如肢体的活动、头部的转动等;瞳孔对光反射消失,用强光照射眼睛时，瞳孔不出现缩小反应，瞳孔对光反射消失；生理反射消失，如膝跳反射、跟腱反射等各种生理反射。

对于"意识丧失"，在医学检查的鉴定流程方面包括：伤者意识消失需要通过各种医学检查来分析意识消失的原因、持续时间、发作频率。如医生会通过检查伤者的瞳孔对光反射、角膜反射、肢体运动和感觉等，评估神经系统的功能状态；通过神经电生理检查，如脑电图（EEG）可以检测脑部的电活动，来判断是否存在癫痫等脑部异常放电情况；通过头颅 CT 或 MRI 检查伤者脑部的是否出现结构变化，如出血、梗死、肿瘤、脑挫裂伤等，这些变化可能导致意识丧失；通过检测血常规、生化指标、凝血功能等血液检查，来判断是否是全身性疾病引起的意识丧失。

4. 日常生活完全不能自理

日常生活完全不能自理，是指伤者在进食、穿衣、洗漱、大小便等基本日常生活活动中完全不能自理，完全依赖他人帮助。如伤者无法自行摄取食物，不能拿起筷子、勺子、碗等餐具，需要他人完全协助将食物放入口中，咀嚼吞咽困难，只能食用小块或泥状、液体状的食物；伤者无法控制排泄，且不能自行完成如厕过程，需要他人协助进行清理和护理，也无法独立完成洗脸、刷牙、洗澡等其他清洁活动；伤者起床、睡觉、穿衣等行动完全依赖他人帮助，无法自主完成任何环节。

对于"日常生活完全不能自理"，在鉴定流程方面主要包括：

（1）医学检查：判定是否属于"日常生活完全不能自理"要进行很多医学检查和评估，如认知功能评估，伤者可能出现记忆力减退、计算力下降、语言表达和理解能力受损等。这使得伤者无法进行正常的思维活动和交流，也无法独立完成日常生活中的各种活动，如购物、做饭、算账等。

（2）行为观察：伤者生活完全不能自理，主要是从进食、洗漱、移动、排泄、交流、心理方面进行观察。如伤者无法自己拿起筷子、勺子；不能将食物送到口中，出现食物抖落、洒出现象；伤者咀嚼吞咽困难，只能食用小块或泥状、液体状的食物等。

（3）现场评估：伤者进行鉴定时会在指定地点接受几名相关专家进行现场评估，针对伤者受伤的部位和病情，结合提交的材料来进行技术鉴定，综合诊断。

5. 社会交往完全丧失

这意味着伤者无法进行任何形式的社会互动，如与他人言语交流、非言语沟通、参与社交活动、建立人际关系等。

无法与他人进行有效的言语交流，既包括不能理解他人的言语、面部表情和肢体语言，也包括伤者无法用言语、动作表达自己的想法和需求；不能参与任何社交活动，如聚会聚餐、娱乐活动等；无法建立和维持与家人、朋友、同事等的人际关系。

关于"社会交往完全丧失"的鉴定，主要从伤者的沟通能力、社交互动行为、情感反应、社会适应几个方面进行评估。

（1）沟通能力：社会交往完全丧失的伤者可能完全无法说话，或说话非常含糊不清，也不能做任何表情或肢体动作；对他人的话语、动作没有反应，无法理解。例如，当别人问伤者问题时，伤者毫无反应或做出错误的理解和回应或说话含混不清别人不能理解。

（2）社交互动行为：社会交往完全丧失的伤者通常不会主动发起社交互动，也对各种社交没反应，如不主动与他人打招呼、说话、寻求帮助、不回应不参与别人的邀请等。

（3）情感反应：一种是，伤者既不回应别人的感情，如别人高兴、难过时伤者没有表情变化，也没有关心或好奇，也不会表达自身的感情，如表现出高兴、愤怒、悲伤等情绪。另一种是伤者的情感波动幅度较大，不稳定。情感反应评估就是观察伤者情感表达的稳定性。他们的情感可能非常不稳定，或者完全没有变化，缺乏正常的情感波动。

（4）社会适应能力：伤者不适应社会环境的要求，如无法等待、会随意行动不顾及他人感受和需要等。无法再承担社会角色的责任，如无法履行父亲、员工等身份的职责。

在鉴定过程中，鉴定人员会收集伤者的医疗记录、康复报告、心理评估结果等多方面的证据，并与伤者的家人、朋友、医护人员等进行交流，以全面了解伤者的身体状况、认知功能、心理状态等。根据相关的伤残鉴定标准和专业知识，综合判断伤者的社会交往能力，这些标准通常包括对沟通能力、社交互动行为、情感反应、社会适应能力等方面的具体要求和评估指标。

二、一级伤残鉴定标准

1.1 颅脑、脊髓及周围神经损伤

1）持续性植物生存状态；

2）精神障碍或者极重度智能减退，日常生活完全不能自理；

3）四肢瘫（肌力3级以下）或者三肢瘫（肌力2级以下）；

4）截瘫（肌力2级以下）伴重度排便功能障碍与重度排尿功能障碍。

1.2 颈部及胸部损伤

1）心功能不全，心功能Ⅳ级；

2）严重器质性心律失常，心功能Ⅲ级；

3）心脏移植术后，心功能Ⅲ级；

4）心肺联合移植术后；

5）肺移植术后呼吸困难（极重度）。

1.3 腹部损伤

1）原位肝移植术后肝衰竭晚期；

2）双肾切除术后或者孤肾切除术后，需透析治疗维持生命；肾移植术后肾衰竭。

1.4 脊柱、骨盆及四肢损伤

1）三肢缺失（上肢肘关节以上，下肢膝关节以上）；

2）二肢缺失（上肢肘关节以上，下肢膝关节以上），第三肢各大关节功能丧失均达75%；

3）二肢缺失（上肢肘关节以上，下肢膝关节以上），第三肢任二大关节均强直固定或者功能丧失均达90%。

案例链接 （2024）辽14民终1557号民事判决书

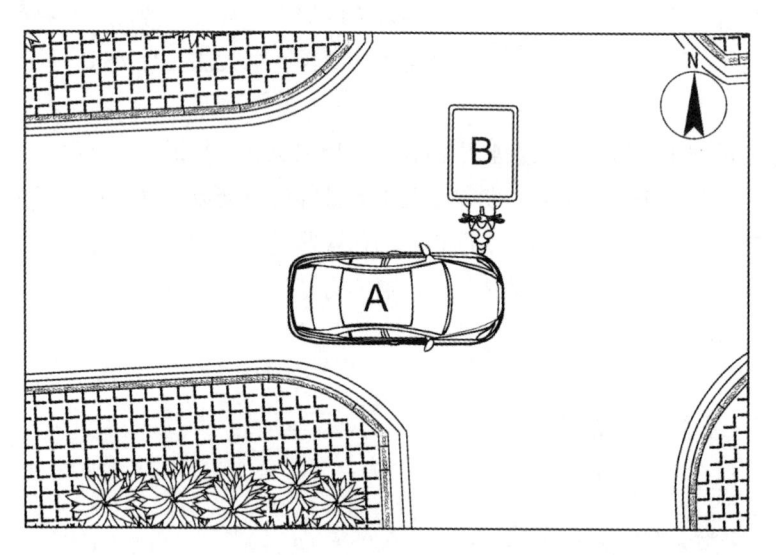

如图所示，20××年8月1日，A车驾驶人驾驶A车由西向东行驶至某路口时，与由北向南无机动车驾驶证的B车驾驶人驾驶的无牌照正三轮轻便摩托车B相碰撞，致B车驾驶人受伤。事故责任和赔偿比例的关系见表7-1。

表 7-1 事故责任、赔偿比例及"三期"时间

当事人	事故责任	赔偿比例	伤残等级	护理等级	营养期	护理期	误工期
A 车驾驶人	同等	50%					
B 车驾驶人	同等	50%	一级	完全护理依赖	493 天	493 天	493 天

B 车驾驶人向法院提交伤残鉴定申请，经法院依法委托，某司法鉴定机构于次年 12 月 19 日作出鉴定报告，鉴定意见为：（1）B 车驾驶人重度颅脑损伤后植物生存状态，评定为 1 级伤残；（2）B 车驾驶人如需做颅骨修补术可按实际发生数额支付；（3）B 车驾驶人评定为完全护理依赖；（4）B 车驾驶人护理期、营养期自受伤之日起至本次评残前一日，"三期"时间见表 7-1。

02 二级伤残的划分依据及鉴定标准

专业解答

一、二级伤残的划分依据

1. 组织器官严重缺损或者畸形，有严重功能障碍，其他器官难以代偿

组织器官严重缺损或者畸形，是指伤者的某些组织器官大部分缺失，或者组织器官的形态、结构发生了异常改变。如肢体的截断、眼球的摘除、肝脏或肾脏等脏器的大部分切除；脊柱严重畸形愈合可能会压迫脊髓或神经，导致肢体瘫痪或感觉障碍等。这种缺损或畸形是严重的、不可逆转的，直接导致了该组织器官的结构完整性被破坏，使其无法正常行使原本的正常功能和生理活动。

有严重功能障碍，是指伤者受损部位功能完全丧失或极度受限。例如，心脏功能严重受损会导致心功能衰竭，无法正常泵血维持身体的血液循环；肺部功能严重障碍，出现呼吸困难，严重的即使在静息状态下也无法满足身体对氧气的需求。

其他器官难以代偿，是指受损的组织器官的生理功能无法由其他器官完全替代。例如，胸廓严重畸形的伤者如出现严重的漏斗胸或鸡胸的，会压迫心肺等胸腔脏器，限制肺部的正常扩张和收缩。即使其他呼吸肌努力代偿，也难以维持有效的气体交换，伤者易出现反复呼吸道感染、呼吸功能不全等症状，严重影响生活质量和活动耐力。

针对二级伤残中"组织器官严重缺损或者畸形，有严重功能障碍，其他器官难以代偿"情况的常见医学检查有：

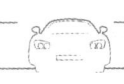

（1）神经系统检查，如头颅CT可清晰显示脑组织的结构，是否有脑出血、脑梗死、脑肿瘤、脑萎缩等病变，以及病变的部位、范围和严重程度，判断伤者脑组织的缺损或畸形情况。

（2）运动系统检查，如使用量角器等工具测量关节的主动和被动活动范围，评估关节功能障碍的程度。

（3）呼吸系统检查，如胸部X线检查可观察肺部的大致形态、结构，判断是否有肺部炎症、气胸、胸腔积液、肺不张、肺部肿块等病变。

（4）消化系统检查，如通过口服或灌肠造影剂，观察消化道的轮廓、蠕动情况、有无梗阻或狭窄等病变。

（5）泌尿系统检查，如尿常规检查可检测尿液中的红细胞、白细胞、蛋白质、葡萄糖、管型等成分，初步判断肾脏是否有病变，如肾小球肾炎、肾盂肾炎、肾结石等。

2.存在特殊医疗依赖

具体内容同一级伤残。

3.日常生活大部分不能自理

伤者无法独立完成进食、穿衣、洗漱、大小便等基本日常生活活动，各个环节都需要依赖他人的帮助。如伤者无法独立完成洗澡、刷牙、梳头等基本的个人卫生清洁工作，需要他人协助清洁身体、整理仪容，以保持基本的清洁和舒适；早上起床时可能需要他人帮忙坐起、穿衣，晚上睡觉时需要他人辅助调整舒适的体位；无法自己拿筷子、勺子，需要他人将食物送到嘴边，或者需要将食物切成小块、搅拌成流食等。

对于"日常生活大部分不能自理"，主要通过以下鉴定流程评估：

（1）医学检查：除了查看病历外，鉴定人员还会依据一些客观的医学检查，如关节活动度测量、肌力测试、神经系统检查等。如肌力测试中，四肢的主要肌肉群肌力都在3级以下，那么伤者很难独立完成日常生活动作，更可能需要他人随时帮助。

（2）行为观察：观察伤者在进行日常生活模拟场景时的表现。如设置一个穿衣场景，观察伤者能否自己伸手拿衣服、穿进袖子、系扣子等，如果伤者在这些过程中明显吃力、无法独立完成，或者在尝试过程中存在安全风险，如可能摔倒，说明伤者需要他人随时帮助。

（3）时间和频率：主要评估伤者在一天中需要他人帮助的时间长度和频率。如果伤者几乎在每个生活环节中都需要他人帮助，且这种需求贯穿全天大部分时间，那么就符合"日常生活需要随时有人帮助"的情形。

（4）现场评估：鉴定人员会对伤者进行面对面的检查，观察伤者在进行日常生活活动时的实际表现，如能否独立完成上述基本动作、需要他人何种程度的帮助等。

（5）综合判断：鉴定人员会结合医疗资料和现场评估结果，依据伤残鉴定标准进行综合判断，确定伤者是否达到"日常生活需要随时有人帮助"的程度以及对应的伤残等级。

4. 各种活动严重受限，仅限于床上或者椅子上的活动

这意味着伤者的活动范围基本被局限在床或者椅子上，伤者无法独立超出这个范围，且在床或椅子上的活动可能也并非完全自如，如出现在床上翻身困难、从床上起身坐起需要辅助等情况。

对于"各种活动严重受限，仅限于床上或者椅子上的活动"，主要通过以下鉴定流程评估：

（1）身体功能评估：评估伤者的肢体活动能力、平衡协调能力和感觉能力。如检查伤者的四肢肌力是否减退，还能不能完成站立、行走、抬手等动作。伤者在床上或椅子上能不能保持平衡，会不会摔倒。检查伤者的触觉、痛觉等感觉功能有没有减退或丧失，如伤者可能无法感知身体上的疼痛、痒、灼烧感等。

（2）日常生活活动能力评估：伤者只能在床上或椅子上活动，如在床上翻身，坐起，穿衣、在椅子上坐稳或从床移到椅子上等。即便是在床上或椅子上活动时，伤者也需要他人的帮助才能完成。

（3）心理和认知功能评估：心理评估是为了观察伤者的情绪稳定性和应对能力。在面对身体功能受限和日常生活困难时，伤者的情绪可能会出现波动，需要评估其是否能够有效地应对这些情绪问题，保持积极的心态。认知功能评估是检查伤者的认知功能，如注意力、记忆力、思维能力等是否受损以及可能会影响伤者对床上或椅子上活动的理解、执行能力、安全意识和自我保护能力。例如，伤者可能由于记忆力减退而忘记如何进行某些活动、由于注意力不集中而无法完成复杂的动作、伤者在进行床上或椅子上的活动时意识不到可能发生的意外，或发生意外时无法采取相应的措施来保护自己。

5. 社会交往基本丧失

伤者可能无法表达自己的想法，如说话含糊不清难以理解；听不到、不理解他人的言语和动作；伤者可能出现情绪与行为失常，如突然大笑、大哭、愤怒、冷漠等。这些情况会让伤者在与他人交流信息时出现极大困难。

对于"社会交往基本丧失"，主要通过以下鉴定流程评估：

（1）观察社交场景表现：鉴定人员会在不同的社交场景下观察伤者的行为表现，

335

如与陌生人交流、参与小组讨论等，看伤者是否能够发起交流、回应他人以及维持正常的交流互动。

（2）访谈相关人员：通过与伤者的家人、朋友、护理人员等进行访谈，了解伤者在日常生活中的社会交往情况，包括与他人交流的频率、质量、遇到的问题等方面的信息。

（3）心理和认知测试：进行专门的心理测试和认知能力评估，如智力测验、情绪稳定性测试、社交认知测试等，从而判断其是否达到"社会交往极度困难"的程度。

二、二级伤残鉴定标准

2.1 颅脑、脊髓及周围神经损伤

1）精神障碍或者重度智能减退，日常生活随时需有人帮助；

2）三肢瘫（肌力3级以下）；

3）偏瘫（肌力2级以下）；

4）截瘫（肌力2级以下）；

5）非肢体瘫运动障碍（重度）。

2.2 头面部损伤

1）容貌毁损（重度）；

2）上颌骨或者下颌骨完全缺损；

3）双眼球缺失或者萎缩；

4）双眼盲目5级；

5）双侧眼睑严重畸形（或者眼睑重度下垂，遮盖全部瞳孔），伴双眼盲目3级以上。

2.3 颈部及胸部损伤

1）呼吸困难（极重度）；

2）心脏移植术后；

3）肺移植术后。

2.4 腹部损伤

1）肝衰竭晚期；

2）肾衰竭；

3）小肠大部分切除术后，消化吸收功能丧失，完全依赖肠外营养。

2.5 脊柱、骨盆及四肢损伤

1）双上肢肘关节以上缺失，或者一上肢肘关节以上缺失伴一下肢膝关节以上缺失；

2）一肢缺失（上肢肘关节以上，下肢膝关节以上），其余任二肢体各有二大关节功能丧失均达75%；

3）双上肢各大关节均强直固定或者功能丧失均达90%。

2.6 体表及其他损伤

1）皮肤瘢痕形成达体表面积90%；

2）重型再生障碍性贫血。

案例链接 （2024）兵03民终110号民事判决书

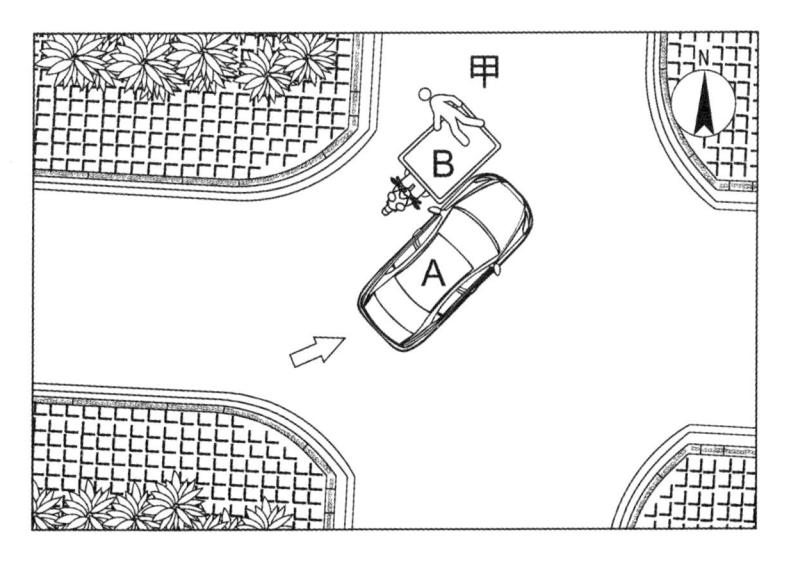

如图所示，20××年9月22日，A车驾驶人驾驶A车由西向东行驶并向北转弯时，与由北向南行驶并向西转弯的三轮电动车B发生交通事故。事故造成B车乘车人甲受伤。事故责任、赔偿比例及"三期"时间见表7-2。

表7-2 事故责任、赔偿比例及"三期"时间

当事人	事故责任	赔偿比例	伤残等级	护理等级	营养期	护理期	误工期
A车驾驶人	主要	70%					
B车驾驶人	次要	30%					
B车乘客人甲	无		二级、五级、七级	大部分护理依赖	200天	200天	200天

甲经司法鉴定，得出鉴定意见为：（1）甲因交通事故致脊髓、左前臂及左手损伤，其双下肢截瘫（肌力2级）的后遗症构成人体损伤2级伤残；排便伴排尿功能障碍（排尿功能重度障碍）的后遗症构成人体损伤5级伤残；左侧腕关节强制固定于

非功能位的后遗症构成人体损伤7级伤残;左手缺失并功能障碍、手功能丧失75分的后遗症构成人体损伤7级伤残。(2)甲为完全丧失劳动能力。(3)甲为大部分护理依赖。

03 三级伤残的划分依据及鉴定标准

> 专业解答

一、三级伤残的划分依据

1. 组织器官严重缺损或者畸形,有严重功能障碍

(1)组织器官严重缺损或者畸形:同二级伤残。

(2)有严重功能障碍:同二级伤残。

2. 存在特殊医疗依赖

同一级伤残。

3. 日常生活大部分或者部分不能自理

(1)生活自理方面。在穿衣、洗漱、进食、大小便等基本日常生活活动中,虽然伤者可能具备一定的自理能力,但还不足以独立完成所有操作。例如,穿衣时可能需要他人帮忙整理衣物、扣扣子等;吃饭时能够用勺子,却不能用筷子等需要灵活使用的餐具;洗漱时可能无法安全地使用水、清洁用品等。

(2)安全保障方面。伤者可能由于身体或精神方面的伤残,对自身安全缺乏足够的认知或防范能力,需要有人在旁监护,及时提供帮助和防范危险。如脑部损伤的伤者可能会忘记关火、忘记关门;肢体残疾的伤者在行动中可能会摔倒、碰撞。

关于"日常生活大部分或者部分不能自理",主要通过以下鉴定流程评估:

(1)日常生活活动能力评估。鉴定人员通过模拟日常生活场景,观察伤者在各项活动中的表现,记录其独立完成的程度以及需要他人协助的环节。如在进食场景中观察伤者是否能够自主选择食物、使用餐具、咀嚼和吞咽食物,是否需要他人提醒、辅助进食。

(2)风险评估。对伤者所处的生活环境进行评估,分析其可能面临的风险因素,如居住环境的安全性、是否有潜在的危险物品等。同时，结合伤者的身体和精神状况，判断其在没有监护的情况下应对风险的能力。

（3）跟踪观察。在一定的时间范围内，如1周或1个月，对伤者的生活情况进行跟踪观察，了解其在不同时间段、不同情境下的生活状态和对监护的需求程度，从而综合判断伤者是否符合"不能完全独立生活，需经常有人监护"的情况。

4. 各种活动严重受限，仅限于室内的活动

这意味着伤者的自主活动被限制在室内空间，如住宅、病房等室内环境。有的伤者在室内活动时可能也需要借助室内特定的设施来进行有限的活动。如需要依靠扶手、轮椅在室内移动；或者在进行一些简单的活动时，需要扶着墙壁或者家具来保持平衡。

伤者无法独自到院子、街道等室外环境进行活动。伤者可能由于身体伤残，无法完成上下楼梯、跨越门槛等动作，或者是在复杂的室外环境，如不平整的地面、不同的天气条件等情况下无法正常行走或移动。

关于"各种活动严重受限，仅限于室内的活动"，主要通过以下鉴定流程评估：

（1）医学检查。包括受伤后的门诊病历、住院病历（如果有住院治疗）、诊断证明、检查报告（如X光片、CT片、MRI片等）、手术记录等，这些资料是医生对伤者病情诊断和治疗过程的记录，对于鉴定人员了解伤者是否属于"仅限于室内活动"非常重要。

（2）身体机能检测。根据需要，鉴定人员可能会要求伤者进行一些身体机能检测，如肌力测试、关节活动度测试、平衡能力测试等，以更准确地评估伤者的活动能力受限情况。

（3）现场检查。司法鉴定机构会安排专业的鉴定人员对伤者进行现场检查。检查内容包括伤者的身体状况、受伤部位的恢复情况、活动能力等。对于"仅限于室内的活动"这一鉴定事项，鉴定人员会重点观察伤者在室内的行走、站立、坐下、起身等基本活动能力，以及是否能够完成一些简单的室内日常活动，如穿衣、吃饭、洗漱等。

5. 社会交往极度困难

社会交往极度困难主要表现在沟通方面和社交互动方面：

（1）沟通方面。表现为伤者可能说话不清晰、表达不流畅；对肢体语言、面部表情等的理解和运用存在问题。如伤者讲话逻辑不清难以让人听懂、不理解别人的肢体语言的含义。

（2）社交互动方面。伤者主动发起交往的意愿和能力降低，如不主动和别人讲话、打招呼。交往过程中伤者可能会出现突然中断、无法理解话题等现象。

对于"社会交往极度困难"，主要通过以下鉴定流程评估：

（1）情景模拟测试。鉴定人员设计不同的社交场景，如聚会、面试等，让伤者参与其中，观察其在这些场景下的交流表现、互动方式以及对社交规则的遵循情况。如，在模拟面试场景中，观察伤者是否能够清晰地自我介绍、回答面试官的问题，以及是否能够根据面试官的反馈调整自己的回答。

（2）他人反馈收集。通过与伤者的家人、朋友、同事等进行访谈，了解伤者在日常生活和工作中的社交表现。如询问伤者家人其在家庭聚会中的表现，是否能主动与亲戚交流，交流的质量如何等；询问伤者同事其在工作中是否能够与其他成员保持良好的沟通和互动。

（3）心理及认知评估。进行心理测试和认知能力评估，了解伤者的情绪状态、认知水平对社交交往的影响。如通过抑郁量表测试了解伤者是否因抑郁情绪而影响社交主动性；通过注意力测试了解伤者在交流过程中是否因为注意力不集中而导致交流困难。

二、三级伤残鉴定标准

3.1 颅脑、脊髓及周围神经损伤

1）精神障碍或者重度智能减退，不能完全独立生活，需经常有人监护；
2）完全感觉性失语或者混合性失语；
3）截瘫（肌力 3 级以下）伴排便或者排尿功能障碍；
4）双手全肌瘫（肌力 2 级以下），伴双腕关节功能丧失均达 75%；
5）重度排便功能障碍伴重度排尿功能障碍。

3.2 头面部损伤

1）一眼球缺失、萎缩或者盲目 5 级，另一眼盲目 3 级；
2）双眼盲目 4 级；
3）双眼视野接近完全缺损，视野有效值 ≤ 4%（直径 ≤ 5°）；
4）吞咽功能障碍，完全依赖胃管进食。

3.3 颈部及胸部损伤

1）食管闭锁或者切除术后，摄食依赖胃造口或者空肠造口；
2）心功能不全，心功能Ⅲ级。

3.4 腹部损伤

1）全胰缺失；

2）一侧肾切除术后，另一侧肾功能重度下降；

3）小肠大部分切除术后，消化吸收功能严重障碍，大部分依赖肠外营养。

3.5 盆部及会阴部损伤

1）未成年人双侧卵巢缺失或者萎缩，完全丧失功能；

2）未成年人双侧睾丸缺失或者萎缩，完全丧失功能；

3）阴茎接近完全缺失（残留长度≤1.0cm）。

3.6 脊柱、骨盆及四肢损伤

1）二肢缺失（上肢腕关节以上，下肢膝关节以上）；

2）一肢缺失（上肢腕关节以上，下肢膝关节以上），另一肢各大关节均强直固定或者功能丧失均达90%；

3）双上肢各大关节功能丧失均达75%；双下肢各大关节均强直固定或者功能丧失均达90%；一上肢与一下肢各大关节均强直固定或者功能丧失均达90%。

案例链接 （2023）浙02民终5845号民事判决书

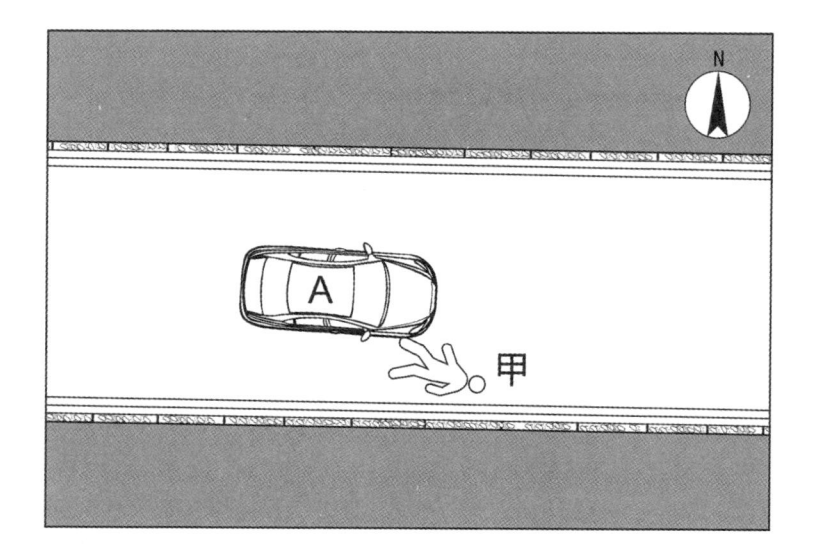

如图所示，20××年3月27日，A车驾驶人驾驶A车在某工地内部道路行驶至某路段时，与行人甲发生刮蹭，造成甲受伤的非道路交通事故。交警认定A车驾驶人承担本起事故的全部责任，甲无事故责任。

经过对甲进行伤残鉴定，司法鉴定所出具鉴定意见书一份，鉴定意见为：（1）甲因交通事故致双下肢毁损伤，双下肢皮肤坏死伴感染等，经手术治疗，目前双下肢膝

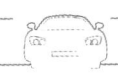

关节以上缺失（分析说明中记载：在活体检查中见左下肢自腹股沟中点以下23厘米以远肢体缺损，右下肢自腹股沟中点以下16厘米以远肢体缺损），评定其致残等级为三级伤残；因交通事故致骨盆多发粉碎性骨折等，经手术治疗，目前骨盆畸形愈合，其伤残等级为十级伤残。(2) 假肢安装前后的护理等级。(见表7-3)

表7-3 伤残等级、护理等级和"三期"时间

当事人	伤残等级	假肢安装前护理等级	假肢安装后护理等级	营养期	护理期	误工期
A车驾驶人						
行人甲	三级、十级	大部分护理依赖	部分护理依赖	150天	200天	236天

04 四级伤残的划分依据及鉴定标准

专业解答

一、四级伤残划分依据

1. 组织器官严重缺损或者畸形，有重度功能障碍

（1）组织器官严重缺损或者畸形：同二级伤残。

（2）有重度功能障碍：伤者受损的组织器官生理功能显著下降，身体各系统的器官功能都可能受到影响，如呼吸系统中，肺功能重度损害可导致呼吸困难，活动耐力明显下降，甚至在休息时也会感到气短；心血管系统中，心脏功能不全可能出现心悸、胸闷、水肿等症状，无法进行正常的体力活动。

2. 存在特殊医疗依赖或者一般医疗依赖

（1）存在特殊医疗依赖：同一级伤残。

（2）存在一般医疗依赖：一般医疗依赖，是指伤者在一般临床治疗终结后，仍需要持续或定期地接受医疗帮助和治疗，但这种需求的程度相对较轻，不属于特殊医疗依赖。伤者可能需要定期到医院进行复查，以监测身体的恢复情况和伤残相关并发症的发展；也可能需要长期服用一些药物来控制症状、缓解疼痛、预防感染或其他并发症等。如头部损伤导致外伤性癫痫发生，需服用抗癫痫药物控制症状；像一些患有高血压、糖尿病等基础疾病的患者，因伤残后身体状况变化，需要长期服用降压药、降

糖药等维持身体的基本功能。一般情况下，一般医疗依赖所需的医疗费用相对较为稳定和可预测，通常不会像特殊医疗依赖那样需要高昂的特殊治疗费用或特殊的医疗设备、药物等。

3. 日常生活能力严重受限，间或需要帮助

这是指伤者在进食、穿衣、洗漱、大小便等基本日常生活活动中，可以完成部分环节，但整体活动需要他人协助。如伤者可能在准备食材、使用厨具、餐具上有困难，无法安全地使用刀具切菜、在炒菜时难以控制锅铲、无法使用筷子或勺子、咀嚼和吞咽较硬或较大块的食物困难等，需要他人协助；伤者可能因手臂关节活动受限，无法自己将衣服套过头；因手部灵活性差，难以系好扣子、拉上拉链等，需要他人协助完成穿衣动作；伤者可能因身体平衡问题，洗澡时需要他人在旁扶持，以防滑倒。

关于"日常生活能力严重受限，间或需要帮助"，主要通过以下鉴定流程评估：

（1）日常生活活动能力评估。鉴定人员通过观察伤者在一段时间内，进行各项日常生活活动的实际情况，记录其独立完成的程度、所需时间以及需要他人帮助的频率和具体环节。例如，观察伤者每天的穿衣过程，统计其在一周内无法独立穿衣而需要他人帮助的次数。

（2）功能测试。进行专门的身体功能测试，如肌力测试、关节活动度测量、平衡能力测试等，以客观评估伤者的身体功能状况对日常生活能力的影响。如通过肌力测试可以了解伤者的肌肉力量是否足以支撑其独立完成如行走、上下楼梯等移动动作。

（3）模拟场景测试。设计一些日常生活场景，如模拟厨房烹饪场景、卫生间使用场景等，让伤者在这些场景中进行操作，观察其在操作过程中遇到的困难以及需要他人帮助的情况。如在模拟厨房场景中，让伤者尝试完成切菜、炒菜、洗碗等操作，记录其在操作过程中是否需要他人协助以及协助的程度。

4. 各种活动严重受限，仅限于居住范围内的活动

这意味着伤者的主要活动空间局限在居住的房屋内部，如卧室、客厅、卫生间，或房屋周边较小的范围区域活动，如房屋边的院子。同时，伤者在这些区域范围内的活动也会有各种困难，如从房间内的一端走到另一端可能会感到吃力；需要借助拐杖、轮椅等辅助器具，才能走动；需要依靠墙壁、栏杆等支撑物来维持平衡和进行移动；不能长时间持续活动等。

对于"各种活动严重受限，仅限于居住范围内的活动"，主要通过以下鉴定流程评估：

（1）环境观察。对伤者的居住环境进行详细观察，包括房屋的结构（如楼层、有无电梯、房间布局等）、周边环境（如院子大小、有无障碍物等）。同时观察伤者在居住环境内的日常活动情况，如从卧室到客厅、从室内到院子的移动方式和困难程度。

（2）活动跟踪。在一天或几天的时间内跟踪伤者在居住范围内的活动，记录其活动的时间、距离、是否借助辅助器具以及休息的频率等信息。例如，记录伤者从早上起床后在居住范围内的所有活动，包括去卫生间、到厨房准备食物、在院子里晒太阳等，以及每个活动过程中遇到的问题。

（3）模拟外出测试。在安全的前提下，尝试让伤者走到居住范围的边界，如走到家门口的街道上，观察其在跨越这个边界时的心理状态，如是否有恐惧、焦虑等情绪和身体反应（如呼吸困难、肢体疼痛等），以判断伤者是否确实难以超出居住范围进行活动。

5. 社会交往困难

伤者可能由于行动不便，难以参与社交或影响其出行社交场所。例如，老旧的建筑物、狭窄的街道等，可能会给伤者带来很大的出行困难。有的伤者因外貌上的变化可能会自卑、焦虑，从而影响他们的社交意愿和行为。如面部受伤的伤者可能会因为担心自己的外貌吓到他人或怕被别人议论、歧视从而减少社交活动。

关于"社会交往困难"，主要通过以下鉴定流程评估：

（1）身体与认知功能评估。评估伤者行动能力、感官能力、外貌变化对社交的影响程度。如伤者可能无法在没有无障碍环境设施的场所参加活动，或在行走过程中需要频繁休息，影响与他人的互动节奏；伤者在社交中无法记住别人说的话，从而影响与别人的互动。

（2）心理状态评估。对伤者的情绪稳定程度、情绪的自我调节能力以及对自身伤残的接受程度进行检测。如伤者能否接受自己的伤残状况，会不会因伤残产生抗拒与他人接触、交谈的情绪。

（3）社交行为与参与度评估。社交行为方面，观察伤者是否主动发起社交互动和面对社交机会的反应。社会交往严重受限的伤者可能很少主动与他人联系、邀请他人参加活动或、发起对话，面对社交机会可能会拒绝或犹豫。社交参与度方面，检查伤者参与社交活动的种类和频率。社会交往严重受限的伤者可能只参与极少数的社交活动，或长时间不参加任何社交活动。即便参加社交活动也是被动参与，不积极与人交流。

（4）综合评估。根据以上各个方面的评估结果，鉴定人员对伤者的社会交往情况进行综合分析。考虑伤者身体功能、认知、心理状态以及社交行为等多个因素的相互影响，判断伤者的社会交往是否达到严重受限的程度。

二、四级伤残鉴定标准

4.1 颅脑、脊髓及周围神经损伤

1）精神障碍或者中度智能减退，日常生活能力严重受限，间或需要帮助；
2）外伤性癫痫（重度）；
3）偏瘫（肌力3级以下）；
4）截瘫（肌力3级以下）；
5）阴茎器质性勃起障碍（重度）。

4.2 头面部损伤

1）符合容貌毁损（重度）标准之三项者；
2）上颌骨或者下颌骨缺损达1/2；
3）一眼球缺失、萎缩或者盲目5级，另一眼重度视力损害；
4）双眼盲目3级；
5）双眼视野极度缺损，视野有效值≤8%（直径≤10°）；
6）双耳听力障碍≥91dB HL。

4.3 颈部及胸部损伤

1）严重器质性心律失常，心功能Ⅱ级；
2）一侧全肺切除术后；
3）呼吸困难（重度）。

4.4 腹部损伤

1）肝切除2/3以上；
2）肝衰竭中期；
3）胰腺大部分切除，胰岛素依赖；
4）肾功能重度下降；
5）双侧肾上腺缺失；
6）永久性回肠造口。

4.5 盆部及会阴部损伤

1）膀胱完全缺失或者切除术后，行永久性输尿管腹壁造瘘或者肠代膀胱并永久性造口。

4.6 脊柱、骨盆及四肢损伤

1）一上肢腕关节以上缺失伴一下肢踝关节以上缺失，或者双下肢踝关节以上缺失；

2）双下肢各大关节功能丧失均达75%；一上肢与一下肢各大关节功能丧失均达75%；

3）手功能丧失分值达150分。

4.7 体表及其他损伤

1）皮肤瘢痕形成达体表面积70%；

2）放射性皮肤癌。

案例链接　（2024）粤1324民初420号民事判决书

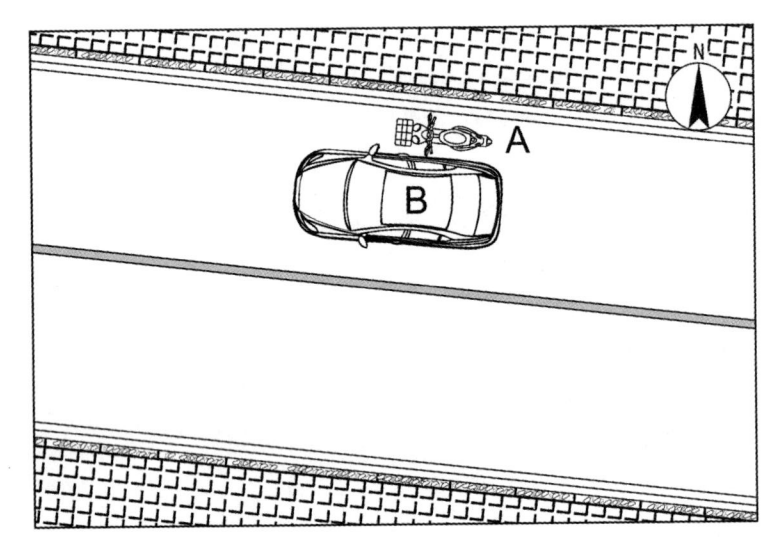

如图所示，20××年12月28日，A车驾驶人驾驶电动车A，与行驶的B车发生碰撞，造成A车驾驶人受伤。交警认定A车驾驶人与B车驾驶人承担事故的同等责任。

经A车驾驶人申请，法院委托司法鉴定机构对A车驾驶人的伤残情况进行了鉴定，该所出具了鉴定意见。鉴定意见载明：（1）被鉴定人A车驾驶人因交通事故致重型颅脑损伤，后遗偏瘫（右上肢综合肌力2级，右下肢肌力3级），评定为四级伤残；后遗单肢瘫（左上肢肌力4级），评定为八级伤残；开颅手术后，评定为十级伤残；（2）被鉴定人A车驾驶人的"三期"时间及A车驾驶人护理依赖程度等。（见表7-4）

表 7-4　事故责任、赔偿比例和"三期"时间

当事人	事故责任	赔偿比例	伤残等级	护理等级	营养期	护理期	误工期
A 车驾驶人	同等	40%	四级、八级、十级	部分护理依赖	150 天	200 天	236 天
B 车驾驶人	同等	60%					

05 五级伤残的划分依据及鉴定标准

> 专业解答

一、五级伤残的划分依据

1. 组织器官大部分缺损或者明显畸形，有中度（偏重）功能障碍

（1）组织器官大部分缺损或者明显畸形，大部分缺损意味着伤者身体的某个或某些重要组织器官有较大比例的缺失或损坏。如在肢体方面，可能是一只手的大部分手指缺失、一条腿从膝关节以下缺失等。明显畸形表示组织器官的形态发生显著改变，偏离了正常的结构和外观。如面部严重毁容导致五官变形、肢体骨折后畸形愈合影响肢体的正常形态和活动、脊柱侧弯或后凸畸形等。

（2）有中度（偏重）功能障碍，是指伤者身体的组织器官存在大部分缺损或明显畸形的情况下，相应的生理功能受到了中等程度且偏严重的损害，具体表现如下：

①身体运动功能方面。

肢体力量和活动能力下降。可能出现单肢瘫肌力 3 级，表现为肢体活动不灵活、力量不足，无法进行较重的体力劳动或精细操作，如搬运重物、书写、打字等。

关节活动受限。肩、肘关节之一功能完全丧失或其余肢体任二大关节功能丧失均达 50%，导致关节的正常活动范围明显缩小，影响肢体的屈伸、旋转等动作。

②感官功能方面。

视力障碍。一眼球缺失、萎缩或者盲目五级，另一眼中度视力损害，或双眼重度视力损害，视野有效值 ≤ 16%，会导致视觉功能显著下降，对物体的辨认、距离的判断、阅读、出行安全等方面产生严重影响，在光线较暗的环境中或进行精细视觉任务时困难更大。

听力障碍。双耳听力障碍 ≥ 81dB HL，或一耳听力障碍 ≥ 91dB HL，另一耳听力

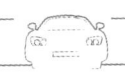

障碍≥61dB HL，会使听力严重受损，影响与他人的交流和沟通，在嘈杂环境中基本无法听清他人说话，可能需要借助助听器等辅助设备，并且对周围环境的感知能力也会下降。

③内脏器官功能方面。

呼吸系统功能障碍。可能出现肺叶切除，并肺段或楔形切除后，肺功能受到一定影响，表现为呼吸困难、气短、乏力等症状，在进行体力活动或上下楼梯时症状会加重，活动耐力明显下降，如快走、爬坡等会受到限制。

消化系统功能障碍。例如全胃或小肠部分切除术后消化吸收功能障碍，部分依赖肠外营养，会导致食物的消化和吸收受到严重影响，出现食欲不振、消化不良、营养不良等问题，需要在饮食上进行特殊调整，如少食多餐、食用易消化的食物等。

④神经系统功能方面。

精神和认知障碍。可能出现精神障碍或者中度智能减退，表现为记忆力下降、注意力不集中、思维迟缓、情绪不稳定等，对学习、工作和社交活动会产生较大影响，可能需要他人的照顾和帮助才能完成日常生活中的一些事务。

神经传导功能障碍。脊髓及周围神经损伤可能导致非肢体瘫运动障碍，如肢体的感觉减退、麻木、疼痛，或出现肌肉萎缩、运动不协调等症状，影响肢体的正常运动和感觉功能。

2. 存在一般医疗依赖

内容同四级伤残。

3. 日常生活能力部分受限，偶尔需要帮助

（1）基本生活自理方面。伤者在进食、洗漱、穿戴、大小便等方面有一定的自理能力，但对于较复杂或存在安全隐患的活动仍然需要他人协助。如伤者可能在进食过程中发生呛咳等危险情况，需要有人在旁边指导，以确保安全进食；有的伤者肢体活动能力下降、身体平衡感差或者存在单侧肢体功能障碍等，使自己穿脱衣服变得困难等。

（2）移动与行动方面。伤者在移动、行走、上下楼时可能需要借助拐杖、轮椅等辅助器具，并且需要有人在旁照看与帮助。伤者在移动与行动时速度非常缓慢，不能长时间坚持。

关于"日常生活能力部分受限，偶尔需要帮助"，主要通过以下鉴定流程评估：

（1）身体功能评估。对伤者的肢体功能、感官功能等进行检查和测试，判断其对伤者日常活动的影响程度。如检查上肢的抬举、抓握能力，下肢的行走、站立、蹲起能力等。

（2）日常生活活动能力评估。观察伤者是否能够独立完成出行、穿戴、洗漱等日常活动，来评估伤者需要进行指导的程度。如观察伤者是否能够独立完成进食动作，包括使用餐具、切割食物、将食物送入口中等。若存在困难，评估其需要何种程度的指导，如如何使用特殊餐具、调整食物的形状和质地等。

（3）心理与认知功能评估。观察伤者的情绪表现与认知能力对日常生活能力的影响。如是否存在焦虑、抑郁、烦躁等情绪，这些情绪对日常生活能力的影响程度，以及是否需要他人指导调节；认知能力是否下降，会不会影响伤者学习新技能、适应新环境的能力，是否需要他人指导伤者如何提高认知能力。

（4）综合分析。鉴定人员根据以上各方面的评估结果，对伤者的日常生活能力进行综合分析。确定伤者在哪些方面明显受限，需要何种程度的指导和支持，是否属于"日常生活能力明显受限，需要指导"的范畴。

4. 各种活动中度受限，仅限于就近的活动

这意味着伤者的活动范围限制在居住小区周边、附近的街道、社区等与伤者居住地较近的区域。如伤者因身体伤残，无法承受长时间的行走或长时间乘坐会造成身体不适，所以只能在居住地附近的街道、公园等区域活动。

关于"各种活动中度受限，仅限于就近的活动"，主要通过以下鉴定流程评估：

（1）日常活动范围记录与分析。鉴定人员通过追踪伤者的活动轨迹、活动时间和频率，来分析伤者日常活动能够到达的范围。如伤者的活动轨迹基本局限在住所附近的小范围内，如社区、街道等，那么可作为"仅限于就近的活动"的参考依据；伤者偶尔短时间在附近活动，长时间待在室内，也能说明其活动能力受限，只能进行就近的活动。

（2）专业评估工具和测试。通过专业的工具或方法对伤者的步行能力与平衡能力进行测试，评估伤者是否能步行以及坚持的时间长短。如果伤者在短距离的步行测试中就表现出明显的困难或无法坚持较长距离的行走，可证明其活动范围受到限制。

（3）环境适应能力评估。观察伤者在不同环境下的活动表现，如在平坦道路和崎岖道路、熟悉环境和陌生环境中的活动差异。如果伤者在稍微复杂或不熟悉的环境中就难以适应，说明其活动能力有限，只能在熟悉的近处环境活动。

（4）交通工具使用能力。评估伤者是否能够独立使用交通工具，如公交车、出租车、自行车等。如果伤者因伤残原因无法乘坐或驾驶交通工具，那么其出行范围会受到很大限制，只能进行就近的活动。

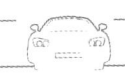

5.社会交往严重受限

由于伤者身体变化,如听力、视力下降、肢体伤残需要坐轮椅等;心理变化,如对自身的伤残感到自卑、抑郁等,导致伤者参加社交活动的频率降低,社交圈逐渐缩小。如伤者由于行动不便不愿参加朋友与同事的聚会、聚餐活动,从而导致朋友及同事关系逐渐疏远,缩小了社交圈。

关于"社会交往严重受限",主要通过以下鉴定流程评估:

(1)社交活动参与频率。记录伤者在一段时间内,如1个月或3个月,参与社交活动的次数。包括参加聚会、聚餐、户外活动、社区活动等。如果伤者很少参与这些活动,或者几乎不参与任何社交活动,可作为社会交往贫乏的一个指标。例如,观察伤者在一个月内是否参加过任何社交聚会或活动。如果伤者在这个时间段内没有参加过任何社交活动,或者仅参加了一两次非常简单的活动,如与家人一起吃饭,而没有与其他人进行更多的互动,那么可以初步判断其社交活动参与频率较低。

(2)社交互动的主动性。观察伤者在社交场合中是否主动与他人交流、发起对话或参与讨论。如果伤者总是被动地等待他人主动与自己交流,或者很少主动参与社交互动,那么可能表明其社会交往贫乏。

(3)社交圈子的大小。了解伤者的社交圈子大小是否变化。如果伤者的社交圈变得非常小,只有少数几个人,如父母、兄弟、姐妹,甚至与这些人的联系也很少,那么可以认为其社会交往贫乏。

(4)综合鉴定。鉴定人员收集多方面证据,包括伤者的医疗记录、康复报告、心理评估结果、社交活动记录等,综合分析伤者是否属于"社会交往贫乏"的范畴。如,结合伤者的医疗记录和康复报告,了解其伤残情况对社交交往的影响;通过心理评估结果,了解其心理状态对社交交往的影响;查看伤者的社交活动记录,了解其社交行为和参与情况。

二、五级伤残鉴定标准

5.1 颅脑、脊髓及周围神经损伤

1)精神障碍或者中度智能减退,日常生活能力明显受限,需要指导;

2)完全运动性失语;

3)完全性失用、失写、失读或者失认等;

4)双侧完全性面瘫;

5)四肢瘫(肌力4级以下);

6)单肢瘫(肌力2级以下);

7）非肢体瘫运动障碍（中度）；

8）双手大部分肌瘫（肌力 2 级以下）；

9）双足全肌瘫（肌力 2 级以下）；

10）排便伴排尿功能障碍，其中一项达重度。

5.2 头面部损伤

1）符合容貌毁损（重度）标准之二项者；

2）一眼球缺失、萎缩或者盲目 5 级，另一眼中度视力损害；

3）双眼重度视力损害；

4）双眼视野重度缺损，视野有效值 ≤ 16%（直径 ≤ 20°）；

5）一侧眼睑严重畸形（或者眼睑重度下垂，遮盖全部瞳孔），伴另一眼盲目 3 级以上；

6）双耳听力障碍 ≥ 81dB HL；

7）一耳听力障碍 ≥ 91dB HL，另一耳听力障碍 ≥ 61dB HL；

8）舌根大部分缺损；

9）咽或者咽后区损伤遗留吞咽功能障碍，只能吞咽流质食物。

5.3 颈部及胸部损伤

1）未成年人甲状腺损伤致功能减退，药物依赖；

2）甲状旁腺功能损害（重度）；

3）食管狭窄，仅能进流质食物；

4）食管损伤，肠代食管术后。

5.4 腹部损伤

1）胰头合并十二指肠切除术后；

2）一侧肾切除术后，另一侧肾功能中度下降；

3）肾移植术后，肾功能基本正常；

4）肾上腺皮质功能明显减退；

5）全胃切除术后；

6）小肠部分切除术后，消化吸收功能障碍，部分依赖肠外营养；

7）全结肠缺失。

5.5 盆部及会阴部损伤

1）永久性输尿管腹壁造口；

2）尿瘘难以修复；

3）直肠阴道瘘难以修复；

4）阴道严重狭窄（仅可容纳一中指）；

5）双侧睾丸缺失或者完全萎缩，丧失生殖功能；

6）阴茎大部分缺失（残留长度≤3.0cm）。

5.6 脊柱、骨盆及四肢损伤

1）一上肢肘关节以上缺失；

2）一肢缺失（上肢腕关节以上，下肢膝关节以上），另一肢各大关节功能丧失均达50%或者其余肢体任二大关节功能丧失均达75%；

3）手功能丧失分值≥120分。

案例链接 （2024）浙1082民初2316号民事判决书

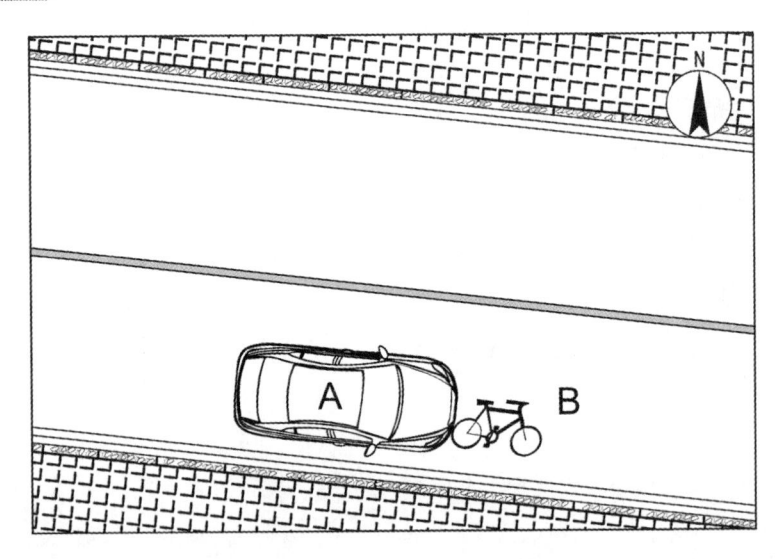

如图所示，20××年5月28日，A车驾驶人驾驶A车在某路段，因追尾碰撞同方向行驶的自行车B，造成B车驾驶人受伤。事故责任和赔偿比例的关系见表7-5。

受B车驾驶人家属委托，某司法鉴定机构对B车驾驶人伤情鉴定后出具鉴定意见：B车驾驶人构成器质性精神障碍（中度智能减退），目前遗留后遗症系其自身脑部基础病变与本次交通事故共同作用导致，评定为五级伤残。B车驾驶人目前日常生活能力明显受限，构成部分护理依赖，建议误工期限、护理期限、营养期限均为自受伤之日起至本次护理等级评定前一日止，以上时限均包括住院时间在内，"三期"时间见表7-5。

表7-5 事故责任、赔偿比例及"三期"时间

当事人	事故责任	赔偿比例	伤残等级	护理等级	营养期	护理期	误工期
A车驾驶人	全部	100%					
B车驾驶人	无		五级	部分护理依赖	150天	200天	236天

06 六级伤残的划分依据及鉴定标准

专业解答

一、六级伤残的划分依据

1. 组织器官大部分缺损或者明显畸形，有中度功能障碍

（1）组织器官大部分缺损或者明显畸形：同五级伤残。

（2）有中度功能障碍：伤者身体组织器官存在大部分缺失或者明显畸形的情况下，引发的中等长度的功能受损。具体如下：

①身体功能受限。

肢体运动方面。可能表现为肢体力量减弱，如四肢瘫肌力4级、单肢瘫肌力2级，无法长时间维持正常的肢体运动或进行较重的体力活动，提举重物、长时间行走或站立困难。

②关节活动度方面。

关节活动范围明显受限，影响正常的肢体动作完成，如肩、肘、腕关节中二个以上关节功能完全丧失，髋、膝、踝关节中两个关节以上功能完全丧失，导致肢体的灵活性和协调性下降，难以进行系鞋带、穿衣、打字、操作机器等需要较高灵活性和协调性的活动。

③感官功能障碍。

视力方面。可能存在一眼低视力2级，伴另一眼低视力1级，或双眼视野≤40%（或半径≤25°）等情况，导致视觉功能下降，对物体的辨认、距离的判断等出现困难。

听力方面。双耳听力损失≥71dB，会使听力严重下降，影响与他人的交流和沟通，在嘈杂环境中可能无法听清他人说话，需要借助助听器等辅助设备。

④内脏器官功能障碍。

呼吸系统。如肺叶切除，并肺段或楔形切除后，肺功能受到一定影响，可能出现

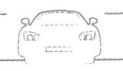

呼吸困难、气短、乏力等症状。

消化系统。例如胃切除 2/3、小肠切除 1/2 等，会导致消化和吸收功能障碍，可能出现食欲不振、消化不良、营养不良等问题，需要在饮食上进行特殊调整，如少食多餐、食用易消化的食物等。

内分泌系统。甲状腺功能中度损害、甲状旁腺功能中度损害等，会影响身体的代谢、生长发育、骨骼健康等，可能出现怕冷、乏力、记忆力减退、骨质疏松等症状。

2. 存在一般医疗依赖

内容同四级伤残。

3. 日常生活能力部分受限，但能部分代偿，需要条件性帮助

（1）日常生活能力部分受限。伤者因受伤导致身体功能、感官功能或认知功能受到一定程度的损害，使日常生活能力受限。如手部受伤可能影响抓握、拿捏等精细动作，导致穿衣、系扣子、刷牙、洗脸等需要手部精细操作的活动无法顺利完成。

（2）能部分代偿。伤者通过不断练习、调整生活方式和环境等方式，逐渐适应伤残状况，完成部分日常活动。如腿部受伤行动不便的伤者，通过练习学会使用拐杖或轮椅辅助行动，并且能够熟练地在室内外移动；腿部受伤的伤者，可以借助上肢的力量进行身体的支撑和移动，如在上下床、从椅子上起身等动作时，用手臂支撑身体的重量；在卫生间安装扶手，方便伤者起身和站立；将常用物品放置在易于拿取的位置，减少伤者的活动难度等。

（3）部分日常生活需要帮助。虽然伤者可以通过后期调整独自完成一些活动，但是对于较复杂或对身体能力要求较高的日常活动，仍然需要他人帮助才能完成。做饭时，伤者可能由于体力不足或操作不便，无法完成切菜、炒菜等动作，需要他人从旁协助。此外，如果遇到突发意外或身体不适时，伤者无法独立应对，需要他人的帮助。如伤者突然感到身体不适或突然摔倒，无法自己起身，那么就需要他人及时发现并提供帮助，像呼叫急救、赶紧拿药、处理伤口等。

对于"日常生活能力部分受限，但能部分代偿，需要条件性帮助"，主要通过以下鉴定流程评估：

（1）日常生活活动能力评估。对伤者的身体功能、基本生活自理能力、移动与行动能力、认知与心理能力等方面进行评估，观察伤者是否能独立完成日常生活活动，以及能做到的程度。如触觉减退可能使伤者在操作物品时不够灵敏，容易受伤或影响日常生活的正常进行；评估伤者是否能够独立完成进食动作，像使用餐具、切割食物等，是否需要他人协助准备食物或喂食；评估伤者是否能进行简单家务劳动的能力，如扫地、拖地、擦桌子等，是否能够完成这些基本的家务活动，完成的质量和效率如何，是否需要他人协助或花费较长的时间才能完成。

（2）模拟测试。模拟日常生活活动情节，测试伤者能否独立完成，是否需要他人指导，如穿衣模拟测试。准备不同季节、不同场合的衣物，让被测试者根据特定的场景选择合适的衣物。观察其是否能够考虑到天气、活动类型等因素，选择合适的服装。让被测试者尝试穿脱不同款式的衣服，如套头衫、开衫、裤子等，观察其是否能够独立完成穿脱动作，是否需要他人的帮助。例如，对于肩部受伤的人，可能在穿套头衫时需要他人协助将衣服套过头。

（3）综合判断。鉴定人员需要根据多方面评估结果来综合分析，考虑伤者在各个方面的表现和需求，分析伤者在不同日常生活活动中的表现和困难，确定哪些活动需要帮助，哪些活动可以部分代偿，最终确定其日常生活活动能力的受限程度和代偿能力。

4. 各种活动中度受限，活动能力降低

伤者由于身体或心理原因，限制了伤者能够参与活动的能力、活动范围以及活动种类，导致其参与各种活动的次数降低。如伤者可能需要花费更多的时间和精力来行走，因此只能在近距离范围内活动；手部受伤的伤者无法进行精细的动作，限制了其参与一些需要手部操作的活动，像手工制作、绘画等。

关于"各种活动中度受限，活动能力降低"，主要通过以下鉴定流程评估：

（1）身体机能与运动能力评估。评估伤者身体与感官等功能的损伤对各种活动的影响程度。如观察视力受损的伤者是否能进行阅读、看电视等活动，在进行这些活动时是否需要借助工具，以及对工具的依赖程度。

（2）日常生活活动能力评估。评估伤者在日常生活活动中的自理能力、劳动能力和出行能力。日常生活活动能力较强的伤者，往往有能够参与各种活动的能力，相应地参与各种活动的次数较多，就不符合"各种活动降低"的范畴。

5. 社会交往贫乏或者狭窄

伤者因身体与心理上的压力，减少参与社交活动的频次、缩小社交圈。如伤者可能因为外貌的改变、进入社交场所有困难等原因，不愿意参加朋友聚会，害怕被他人嘲笑或同情。

随着社交活动的减少，伤者与朋友、同事的联系也会逐渐减少，社交圈子逐渐缩小。

关于"社会交往贫乏或者狭窄"，主要通过以下鉴定流程评估：

（1）社交行为观察。记录伤者在一段时间内，如1个月或3个月，参与社交活动

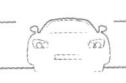

的次数。如果伤者很少参与这些活动，或者几乎不参与任何社交活动，可作为社会交往狭窄的一个指标。观察伤者在社交场合中是否主动与他人交流、发起对话或参与讨论。如果伤者总是被动地等待他人主动与自己交流，或者很少主动参与社交互动，那么可能表明其社会交往狭窄。

（2）社交活动模拟。组织一个小型的社交聚会，让被测试者参与其中。观察其与他人的交流能力、表情和肢体语言的表达能力。评估其是否存在沟通障碍或社交退缩的情况。或模拟一些社交场景，如购物、问路等，观察被测试者的应对能力和自信心。

（3）综合鉴定。综合伤者各个方面的评估结果，收集伤者的医疗记录、康复报告、心理评估结果、社交活动记录等材料来判断伤者是否存在社会交往狭窄以及达到何种程度，结合伤者的医疗记录和康复报告，了解其伤残情况对社会交往的影响；通过心理评估结果，了解其心理状态对社会交往的影响；查看伤者的社交活动记录，了解其社交行为和参与情况。

二、六级伤残鉴定标准

6.1 颅脑、脊髓及周围神经损伤

1）精神障碍或者中度智能减退，日常生活能力部分受限，但能部分代偿，部分日常生活需要帮助；

2）外伤性癫痫（中度）；

3）尿崩症（重度）；

4）一侧完全性面瘫；

5）三肢瘫（肌力4级以下）；

6）截瘫（肌力4级以下）伴排便或者排尿功能障碍；

7）双手部分肌瘫（肌力3级以下）；

8）一手全肌瘫（肌力2级以下），伴相应腕关节功能丧失75%以上；

9）双足全肌瘫（肌力3级以下）；

10）阴茎器质性勃起障碍（中度）。

6.2 头面部损伤

1）符合容貌毁损（中度）标准之四项者；

2）面部中心区条状瘢痕形成（宽度达0.3cm），累计长度达20.0cm；

3）面部片状细小瘢痕形成或者色素显著异常，累计达面部面积的80%；

4）双侧眼睑严重畸形；

5）一眼球缺失、萎缩或者盲目5级，另一眼视力≤0.5；

6）一眼重度视力损害，另一眼中度视力损害；

7）双眼视野中度缺损，视野有效值≤48%（直径≤60°）；

8）双侧前庭平衡功能丧失，睁眼行走困难，不能并足站立；

9）唇缺损或者畸形，累计相当于上唇2/3以上。

6.3 颈部及胸部损伤

1）双侧喉返神经损伤，影响功能；

2）一侧胸廓成形术后，切除6根以上肋骨；

3）女性双侧乳房完全缺失；

4）心脏瓣膜置换术后，心功能不全；

5）心功能不全，心功能Ⅱ级；

6）器质性心律失常安装永久性起搏器后；

7）严重器质性心律失常；

8）两肺叶切除术后。

6.4 腹部损伤

1）肝切除1/2以上；

2）肝衰竭早期；

3）胰腺部分切除术后伴功能障碍，需药物治疗；

4）肾功能中度下降；

5）小肠部分切除术后，影响消化吸收功能，完全依赖肠内营养。

6.5 盆部及会阴部损伤

1）双侧卵巢缺失或者萎缩，完全丧失功能；

2）未成年人双侧卵巢萎缩，部分丧失功能；

3）未成年人双侧睾丸萎缩，部分丧失功能；

4）会阴部瘢痕挛缩伴阴道狭窄；

5）睾丸或者附睾损伤，生殖功能重度损害；

6）双侧输精管损伤难以修复；

7）阴茎严重畸形，不能实施性交行为。

6.6 脊柱、骨盆及四肢损伤

1）脊柱骨折后遗留30°以上侧弯或者后凸畸形；

2）一肢缺失（上肢腕关节以上，下肢膝关节以上）；

3）双足跖跗关节以上缺失；

4）手或者足功能丧失分值≥90分。

6.7 体表及其他损伤

1）皮肤瘢痕形成达体表面积 50%；

2）非重型再生障碍性贫血。

案例链接 （2024）苏 0691 民初 506 号民事判决书

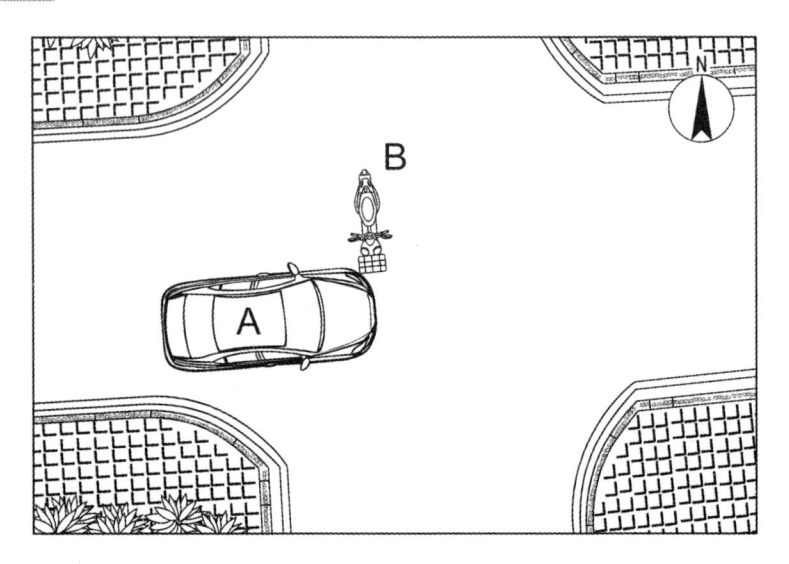

如图所示，20××年10月23日，A车驾驶人驾驶A车由西向东行驶时，发生A车左前侧与由北向南行驶的电动车B右侧碰撞，致B车驾驶人受伤的交通事故。事故责任及赔偿比例的关系见表7-6。

经B车驾驶人申请，法院诉前委托某司法鉴定机构对B车驾驶人伤情进行司法鉴定，该机构出具的鉴定意见书载明：B车驾驶人因交通事故致右小腿毁损伤、骨盆多发骨折、右多发肋骨骨折、双肺挫伤、双侧锁骨骨折，其右大腿截肢术后，构成六级伤残；骨盆畸形愈合，构成十级伤残；9根肋骨骨折，构成十级伤残；后遗右肩关节活动受限，构成十级伤残。"三期"时间见表7-6

表 7-6 事故责任、赔偿比例及"三期"时间

当事人	事故责任	赔偿比例	伤残等级	护理等级	营养期	护理期	误工期
A车驾驶人	主要	80%					
B车驾驶人	次要	20%	六级、十级、十级、十级	无	120天	120天	240天

07 七级伤残的划分依据及鉴定标准

> 专业解答

一、七级伤残的划分依据

1. 组织器官大部分缺损或者明显畸形，有中度（偏轻）功能障碍

（1）组织器官大部分缺损或者明显畸形：同五级伤残。

（2）有中度（偏轻）功能障碍。伤者的组织器官虽然大部分缺损或明显畸形，但仍保留了一定的功能，只是该功能在某些方面存在轻度的受限或异常。

2. 存在一般医疗依赖，无护理依赖

（1）存在一般医疗依赖：同四级伤残。

（2）无护理依赖。意味着伤者能够完成部分或全部或者在辅助下完成日常生活中的一些活动，如穿衣、进食等。

3. 日常生活有关的活动能力极重度受限

（1）基本生活自理能力。伤者在进食、穿戴、洗漱、大小便等日常生活活动中无法独自完成所有环节，自理能力严重受限。如由于手指灵活性下降，伤者可能无法准确地夹取食物，或者需要花费很长时间才能将食物送入口中；腿部受伤可能使伤者在穿裤子时感到困难，尤其是弯腰和抬腿的动作可能会引起疼痛或无法完成。

（2）出行能力。伤者在移动、行走、上下楼梯、乘坐交通工具等出行方面存在困难。如，脑部受伤可能影响伤者的平衡感和协调能力，使他们在行走时容易失去平衡，需要特别小心地行走，或者在他人的陪同下才能行走；伤者在上下楼时可能需要缓慢移动，或抓住扶手才能上下楼梯，严重的可能无法独立上下楼梯，需要他人的帮助；在车内，伤者可能需要特殊的座位或空间来放置辅助器具，并且可能需要他人的帮助才能保持身体稳定。

（3）家务劳动能力。伤者可能因伤残部位无法做一些动作，导致其在进行家务劳动时难以操作。例如，腰部受伤的伤者可能无法弯腰扫地或拖地；手臂受伤的伤者可能难以举起手臂擦高处的灰尘；手部伤残者可能无法握住刀具切菜、无法搅拌食物、无法打开炉灶等。

关于"日常生活有关的活动能力极重度受限"，主要通过以下鉴定流程评估：

（1）身体机能与活动能力评估。对伤者的行走能力、身体平衡与协调能力、视

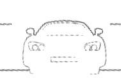

力、听力等各个方面进行评估，检测伤者的身体机能对日常生活有关的活动的影响程度。如伤者站立时身体摇晃明显，行走时难以保持直线，或者在进行简单的转身、弯腰等动作时容易失去平衡摔倒，说明其身体平衡与协调功能受到较大损害，这也会对日常生活活动造成严重限制。

（2）日常生活基本自理能力评估。判断伤者是否有能够独立完成各种基本生活活动的能力。如伤者无法稳定地使用餐具，用筷子夹菜、用勺子喝汤时食物容易洒落；因口腔、面部或手部的损伤，无法自己切割食物，需要他人将食物切好后才能进食；在吞咽食物时存在困难，容易噎食或呛咳，这些情况都表明伤者的进食能力受到严重影响，其日常生活活动受到严重限制。

4. 各种活动中度受限，短暂活动不受限，长时间活动受限

短暂活动不受限具体体现在时间短和动作简单这两个方面。伤者可能能够进行一些基本的行动，如在室内短时间行走、站立等。伤者可以进行一些简单的肢体动作，如伸手拿取身边的物品、系一个简单的扣子、打开一个小盒子等。

长时间活动受限是由于伤者长时间活动会加重伤者的身体疲劳与疼痛或身体功能障碍。如伤者走一段较长的路后，腿部会感到酸痛、无力，甚至出现疼痛难忍的情况；手部神经受损的伤者，在长时间使用手部后，可能会出现手指麻木、无法握住物品的情况。

除了身体上的不适，长时间活动也会增加伤者的心理压力，降低活动耐力。如伤者可能会担心自己在活动中再次受伤，或者因为身体的不适而感到焦虑，这些心理因素会使他们在长时间活动时更容易感到疲劳和无力；伤者可能因为害怕疼痛或担心身体出现问题而不愿意进行长时间的活动，从而使身体的功能得不到充分的锻炼和恢复。

关于"各种活动中度受限，短暂活动不受限，长时间活动受限"，主要通过以下鉴定流程评估：

（1）活动耐力评估。对伤者的心肺功能与体能耐力进行测试，评估伤者的活动耐力表现。如让伤者在跑步机上或功率自行车上进行运动，监测其运动过程中的心率、血压、呼吸频率、摄氧量等指标。如果伤者在短时间的低强度运动下指标基本正常，但随着运动时间延长、运动强度增加，很快就出现心率过快、血压异常升高或降低、呼吸困难等情况，提示心肺功能无法支持长时间活动，可判定其存在长时间活动受限。

（2）日常生活场景模拟评估。观察伤者在完成打扫房间、做饭等家务活动时的表现，是否能够在合理的时间内完成，以及完成后的身体状态。如果伤者在短时间内可

以进行一些简单的家务活动，但长时间做家务后就感到极度疲劳、身体不适，甚至无法继续进行，可作为长时间活动受限的依据。

（3）主观感受与症状评估。主要观察伤者疼痛与不适症状以及身体恢复时间的长短。询问伤者在活动过程中的主观感受，尤其是长时间活动后的疼痛、疲劳、呼吸困难等症状。伤者可能在短时间活动后仅有轻微的不适，但长时间活动后，疼痛加剧、疲劳感难以缓解，这些主观症状的描述也是判断长时间活动受限的依据之一。如果伤者在进行一定时间的活动后，需要比正常人更长的时间才能恢复体力、缓解不适症状，如一般人做完该活动休息1个小时就能恢复，而7级伤残者需要3个小时才能恢复，这也说明其长时间活动能力受到限制。

5. 社会交往能力降低

社会交往能力降低主要表现在伤残者的社交活动参与度或社交沟通能力降低两个方面。伤者因行动不便、自卑、敏感等身体与心理的原因，不愿意参加聚会、逛街活动，从而减少社交活动的次数。有的场合窄小拥挤不适合伤残者参与，或有人对伤残者有偏见不愿意邀请伤残者，导致伤者被动参与社交活动的机会减少。

有的伤者在受伤后，其沟通能力严重下降。如无法用语言、表情和动作顺利表达自己的想法，或理解能力下降，无法准确理解别人的意思。这些情况都会给伤者的社会交往带来消极影响，导致伤者的社会交往能力降低。

关于"社会交往能力降低"，主要通过以下鉴定流程评估：

（1）社交行为观察。观察伤者在一段时间内，如1个月或3个月，参加社交活动的次数，以及在社交场合中的表现，如是否主动与他人交谈、是否回应他人的询问等。观察伤者的社交圈是否变小，如果伤者的社交圈和以前相比明显缩小，与仅有的几人联系也很少，则可以认为其社会交往能力降低。

（2）沟通能力评估。评估伤者的语言表达能力、理解能力和非语言沟通能力，判断伤者的沟通能力是否会影响与他人的交流，从而导致伤者的社会交往能力降低。如伤者在表达某件事的过程中出现很多停顿、重复或用词不当的情况，那么可以认为其语言表达能力存在问题。

（3）模拟社交场景测试。设置一些模拟的社交场景，如聚会、面试、商务谈判等，让伤者参与其中，并观察其在这些场景中的表现。邀请一些志愿者扮演不同的角色，与伤者进行互动，评估其社会交往能力。如在模拟聚会场景中，观察伤者是否能够主动与他人交流、是否能够融入群体、是否能够处理可能出现的冲突等。通过这些模拟场景，可以更全面地了解伤者是否存在社会交往能力降低的问题。

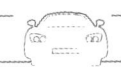

二、七级伤残鉴定标准

7.1 颅脑、脊髓及周围神经损伤

1）精神障碍或者轻度智能减退，日常生活有关的活动能力极重度受限；

2）不完全感觉性失语；

3）双侧大部分面瘫；

4）偏瘫（肌力 4 级以下）；

5）截瘫（肌力 4 级以下）；

6）单肢瘫（肌力 3 级以下）；

7）一手大部分肌瘫（肌力 2 级以下）；

8）一足全肌瘫（肌力 2 级以下）；

9）重度排便功能障碍或者重度排尿功能障碍。

7.2 头面部损伤

1）面部中心区条状瘢痕形成（宽度达 0.3cm），累计长度达 15.0cm；

2）面部片状细小瘢痕形成或者色素显著异常，累计达面部面积的 50%；

3）双侧眼睑重度下垂，遮盖全部瞳孔；

4）一眼球缺失或者萎缩；

5）双眼中度视力损害；

6）一眼盲目 3 级，另一眼视力≤0.5；

7）双眼偏盲；

8）一侧眼睑严重畸形（或者眼睑重度下垂，遮盖全部瞳孔）合并该眼盲目 3 级以上；

9）一耳听力障碍≥81dB HL，另一耳听力障碍≥61dB HL；

10）咽或者咽后区损伤遗留吞咽功能障碍，只能吞咽半流质食物；

11）上颌骨或者下颌骨缺损达 1/4；

12）上颌骨或者下颌骨部分缺损伴牙齿缺失 14 枚以上；

13）颌面部软组织缺损，伴发涎漏。

7.3 颈部及胸部损伤

1）甲状腺功能损害（重度）；

2）甲状旁腺功能损害（中度）；

3）食管狭窄，仅能进半流质食物；食管重建术后并发反流性食管炎；

4）颏颈粘连（中度）；

5）女性双侧乳房大部分缺失或者严重畸形；

6）未成年或者育龄女性双侧乳头完全缺失；

7）胸廓畸形，胸式呼吸受限；

8）一肺叶切除，并肺段或者肺组织楔形切除术后。

7.4　腹部损伤

1）肝切除 1/3 以上；

2）一侧肾切除术后；

3）胆道损伤胆肠吻合术后，反复发作逆行性胆道感染；

4）未成年人脾切除术后；

5）小肠部分（包括回盲部）切除术后；

6）永久性结肠造口；

7）肠瘘长期不愈（1 年以上）。

7.5　盆部及会阴部损伤

1）永久性膀胱造口；

2）膀胱部分切除术后合并轻度排尿功能障碍；

3）原位肠代膀胱术后；

4）子宫大部分切除术后；

5）睾丸损伤，血睾酮降低，需药物替代治疗；

6）未成年人一侧睾丸缺失或者严重萎缩；

7）阴茎畸形，难以实施性交行为；

8）尿道狭窄（重度）或者成形术后；

9）肛管或者直肠损伤，排便功能重度障碍或者肛门失禁（重度）；

10）会阴部瘢痕挛缩致肛门闭锁，结肠造口术后。

7.6　脊柱、骨盆及四肢损伤

1）双下肢长度相差 8.0cm 以上；

2）一下肢踝关节以上缺失；

3）四肢任一大关节（踝关节除外）强直固定于非功能位；

4）四肢任二大关节（踝关节除外）功能丧失均达 75%；

5）一手除拇指外，余四指完全缺失；

6）双足足弓结构完全破坏；

7）手或者足功能丧失分值 ≥ 60 分。

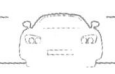

案例链接　（2024）兵08民终40号民事判决书

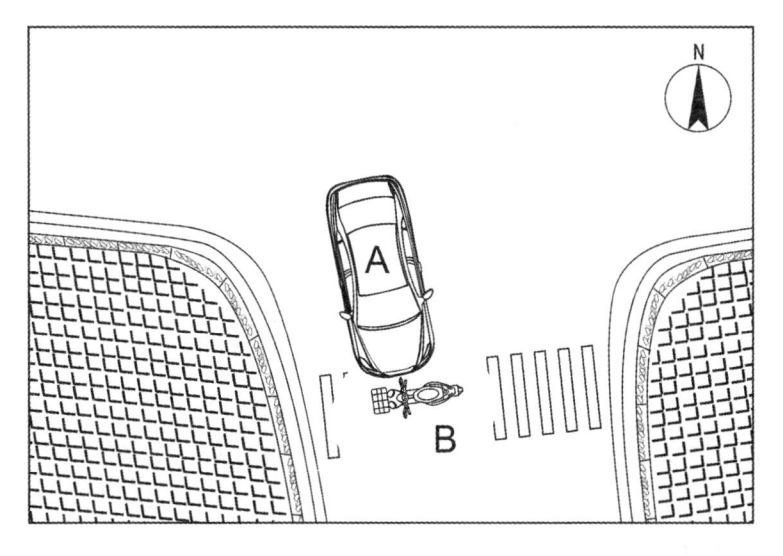

如图所示，20××年9月10日，A车驾驶人驾驶A车，由北向南行驶至某交叉路口南侧人行横道时，与沿此人行横道由东向西骑行的无号牌电动车B发生碰撞，造成B车驾驶人受伤。事故责任及赔偿比例见表7-7。

B车驾驶人家属委托司法鉴定机构对B车驾驶人伤情进行了鉴定，司法鉴定机构出具的鉴定意见书表明：（1）被鉴定人B车驾驶人双侧额叶及颞叶脑挫伤、双侧额颞顶部急性硬膜下血肿、创伤性蛛网膜下腔出血、额骨及右侧顶骨骨折、颅腔积气、左额部头皮血肿、认知障碍、言语障碍、器质性（脑外伤）智能损害—轻度损伤，与20××年9月10日交通事故受伤有直接因果关系；（2）被鉴定人B车驾驶人器质性（脑外伤）智能损害—轻度的损伤已构成七级伤残；颅脑外伤致右下肢瘫痪，肌力4级的损伤已构成八级伤残；脑叶部分切除术后的损伤已构成九级伤残；并给出了"三期"时间。（见表7-7）

表7-7　事故责任、赔偿比例及"三期"时间

当事人	事故责任	赔偿比例	伤残等级	护理等级	营养期	护理期	误工期
A车驾驶人	同等	60%					
B车驾驶人	同等	40%	七级、八级、九级	无	150天	249天	24个月

08 八级伤残的划分依据及鉴定标准

> 专业解答

一、八级伤残的划分依据

1. 组织器官部分缺损或者畸形，有轻度功能障碍，并造成明显影响

（1）组织器官部分缺损或者畸形。部分缺失意味着伤者身体的某个或某些组织器官存在一定程度的缺失，如部分肝脏切除、部分脾脏缺失、肢体的部分截肢、部分手指或脚趾缺失等。畸形意味着伤者的组织器官的外形、结构发生了改变，不再是正常的形态。如骨折后愈合不良导致肢体骨骼变形、脊柱侧弯、面部烧伤后瘢痕挛缩导致面部畸形、耳部外伤后耳廓变形等。有轻度功能障碍：伤者身体的各项生理功能，如运动、感觉、呼吸、消化、泌尿、生殖等系统的功能出现轻度的异常或下降。例如，轻度的肢体运动障碍，可能表现为关节活动范围轻度受限、肌肉力量轻度减弱，导致伤者在行走、抓握、肢体伸展等方面存在一定困难；轻度的视力障碍，如视力下降、视野缺损等，影响伤者的视觉功能，但仍能保留一定的视力进行日常生活活动；轻度的听力障碍，可能在嘈杂环境中听力明显下降，但在安静环境中基本能正常交流。除了生理功能外，还可能包括轻度的心理或认知功能障碍，如轻度的焦虑、抑郁情绪，记忆力轻度减退、注意力不集中等。

（2）造成明显影响。由于伤者的组织器官部分缺损或者畸形，有轻度功能障碍，从而影响到伤者的日常生活、社会交往等方面的活动。

针对八级伤残中"组织器官部分缺损或者畸形，有轻度功能障碍，并造成明显影响"的常见医学检查有：身体各部位（包括颅脑及神经系统）的检查，眼部如采用视野计检查双眼视野范围，判断是否存在视野缺损如双眼视野≤80%；耳部如纯音听阈测试可确定听力损失的程度和类型，判断是否存在双耳听力损失≥41dBHL 或一耳≥91dBHL 等情况；口腔颌面颈部，如查看牙齿缺失、牙槽骨损伤情况，如牙槽骨损伤长≥6cm，牙齿脱 8 个以上；检查舌体缺损程度，判断是否小于舌的 1/3；观察颞下颌关节的活动度，评估是否存在双侧颞下颌关节强直，张口困难 II 度等、胸部、腹部、脊柱及四肢以及血液检查、心理评估等。

2. 存在一般医疗依赖，无护理依赖

（1）存在一般医疗依赖：同四级伤残。

（2）无护理依赖：同七级伤残。

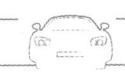

3. 日常生活有关的活动能力重度受限

（1）基本日常生活活动方面。伤者能够进行进食、穿衣、洗漱、大小便等基本的日常生活活动，但是需要借助辅助工具。在活动过程中也存在困难，无法像以前那样灵活、快速。如伤者可能无法像以前那样稳稳地握住筷子或勺子，进食速度变慢，甚至可能会有食物掉落的情况；有的伤者还需要使用特殊餐具，如带有特殊握柄的餐具、喂食器等，虽然能够在一定程度上帮助进食，但仍与正常进食状态有差距，体现了进食活动能力的部分受限；使用轮椅的伤者可能需要安装特殊的浴室设施，以便能够顺利进入浴室洗澡；手部功能受限可能影响伤者清洗身体的能力，可能无法像以前那样全面地清洗身体各个部位，尤其是背部等难以触及的地方，需要借助长柄沐浴刷等辅助工具等。

（2）出行能力方面。伤者在移动与行走时速度缓慢，可能需要借助拐杖、助行器等辅助器具。在上下楼梯或乘坐交通工具时，需要他人帮助才能确保安全。如腿部受伤的伤者在下楼梯时，需要有人在旁搀扶，否则伤者可能会因身体无法保持平衡而摔倒。

（3）家务劳动能力方面。伤者可能只能进行一些简单的家务活动，如整理物品、叠衣服等。在家务劳动时，可能需要频繁休息，或只能分阶段完成家务任务，无法像以前那样一次性完成。

关于"日常生活有关的活动能力重度受限"，主要通过以下鉴定流程评估：

（1）身体机能评估。观察伤者的肢体运动能力与感官能力，判断其损伤对移动、行走、视力、听力、触感等方面的影响程度。如通过听力测试了解伤者的听力水平。可能会发现伤者的听力有一定程度的受损，在安静环境下能够进行基本的交流，但在嘈杂的环境中听不清别人说话，说明听力障碍伤者的日常生活活动能力部分受限。

（2）日常生活活动能力模拟测试。通过模拟日常生活活动场景，观察伤者能否独自完成该活动，以及伤者活动时的具体表现。如准备一套洗漱用品，包括牙刷、牙膏、毛巾、脸盆等。让被测试者模拟进行洗脸、刷牙等日常洗漱动作。观察其是否能够独立完成这些动作，以及完成的速度和质量。如果被测试者在刷牙时无法准确握住牙刷，或者在洗脸时需要花费较长时间才能拧干毛巾，说明其洗漱能力部分受限。

（3）综合鉴定。对伤者进行多方面评估，考虑伤者在各个方面的表现和需求，确定其日常生活有关的活动能力是否为部分受限和受限程度。

4. 各种活动轻度受限，远距离活动受限

伤者能够进行短时间、短距离的行动，但是长时间、远距离的行动在能力与耐力方面受限。如交通事故可能导致伤者的肢体受伤，如腿部骨折、关节损伤等，使得其行走能力受到影响。伤者可能无法长时间行走或长时间行走时速度明显减慢，还会伴

随疼痛等困难。八级伤残可能使伤者的身体耐力明显下降。长时间的行走、站立或乘坐交通工具会让他们感到极度疲劳，难以承受远距离活动带来的身体负担。

关于"各种活动轻度受限，远距离活动受限"，主要通过以下鉴定流程评估：

（1）身体机能方面。对伤者的行走耐力、行走速度与步态、体力与体能、肢体活动范围进行评估，判断身体各方面机能对伤者远距离活动是否存在影响。如正常健康人在行走时有一定的速度标准，若被鉴定人行走速度明显低于同龄人正常水平，且步态异常，如跛行、摇晃、步伐不稳等，在长距离行走时这种情况会更加严重，影响其远距离行走的能力。

（2）交通工具适应方面。观察伤者能否独立乘坐交通工具，包括上下车、在车内站立或活动、找到座位并保持稳定。如果因身体原因导致其上下车困难，在车内无法站稳或因车内拥挤、晃动等情况而感到极度不适，影响其正常乘坐，可视为远距离活动受限的表现。

（3）既往出行记录和实际情况调查。收集被鉴定人在受伤前和受伤后的出行记录，包括出行的频率、目的地的距离、出行方式等，或向被鉴定人的家属、朋友、同事等了解其在日常生活中远距离出行的实际情况，对比受伤前后的变化，如果出现受伤后远距离出行的次数明显减少，出行的距离也大幅缩短，远距离出行时需要频繁休息，出行后身体状况恶化等，说明其远距离活动能力受到了影响。

5. 社会交往受约束

身体状况、心理情绪造成的不便，会使伤者的社会交往受到约束。如伤者可能因为自卑、焦虑，从而避免参与社交活动，或在社交场合中感到紧张、不安，甚至出现心跳加速、出汗、颤抖等现象。这些心理情绪会严重约束伤者的社会交往，使他们陷入孤立的状态。

关于"社会交往受约束"，主要通过以下鉴定流程评估：

（1）社会行为观察。记录伤者在一段时间内，如1个月或3个月，参与社交活动的次数，将其与受伤前的次数对比，判断其参与社会交往的频率是否明显降低。观察伤者在社交活动中的表现，判断其社交主动性与积极性是否受到约束。例如，在聚会中，伤者可能更多地等待别人与自己交流，而不是主动与他人互动。

（2）社会交往能力模拟测试。设置一个模拟聚会的场景，让被测试者在这个场景中与他人进行互动，观察其是否能够主动与他人交流、参与话题讨论、表达自己的观点等。如果被测试者在聚会中表现得比较被动，或者在交流过程中出现困难，说明其社会交往受到约束。

（3）综合鉴定。通过伤者的医疗记录、康复报告、心理评估结果、社交活动记录、家人和朋友的反馈等材料，综合鉴定伤者是否属于"社会交往受约束"。

二、八级伤残鉴定标准

8.1 颅脑、脊髓及周围神经损伤

1）精神障碍或者轻度智能减退，日常生活有关的活动能力重度受限；

2）不完全运动性失语；不完全性失用、失写、失读或者失认；

3）尿崩症（中度）；

4）一侧大部分面瘫，遗留眼睑闭合不全和口角歪斜；

5）单肢瘫（肌力4级以下）；

6）非肢体瘫运动障碍（轻度）；

7）一手大部分肌瘫（肌力3级以下）；

8）一足全肌瘫（肌力3级以下）；

9）阴茎器质性勃起障碍（轻度）。

8.2 头面部损伤

1）容貌毁损（中度）；

2）符合容貌毁损（重度）标准之一项者；

3）头皮完全缺损，难以修复；

4）面部条状瘢痕形成，累计长度达30.0cm；面部中心区条状瘢痕形成（宽度达0.2cm），累计长度达15.0cm；

5）面部块状增生性瘢痕形成，累计面积达15.0cm²；面部中心区块状增生性瘢痕形成，单块面积达7.0cm²或者多块累计面积达9.0cm²；

6）面部片状细小瘢痕形成或者色素异常，累计面积达100.0cm²；

7）一眼盲目4级；

8）一眼视野接近完全缺损，视野有效值≤4%（直径≤5°）；

9）双眼外伤性青光眼，经手术治疗；

10）一侧眼睑严重畸形（或者眼睑重度下垂，遮盖全部瞳孔）合并该眼重度视力损害；

11）一耳听力障碍≥91dB HL；

12）双耳听力障碍≥61dB HL；

13）双侧鼻翼大部分缺损，或者鼻尖大部分缺损合并一侧鼻翼大部分缺损；

14）舌体缺损达舌系带；

15）唇缺损或者畸形，累计相当于上唇1/2以上；

16）脑脊液漏经手术治疗后持续不愈；

17）张口受限Ⅲ度；

18）发声功能或者构音功能障碍（重度）；

19）咽成形术后咽下运动异常。

8.3 颈部及胸部损伤

1）甲状腺功能损害（中度）；

2）颈总动脉或者颈内动脉严重狭窄支架置入或者血管移植术后；

3）食管部分切除术后，并后遗胸腔胃；

4）女性一侧乳房完全缺失；女性双侧乳房缺失或者毁损，累计范围相当于一侧乳房 3/4 以上；

5）女性双侧乳头完全缺失；

6）肋骨骨折 12 根以上并后遗 6 处畸形愈合；

7）心脏或者大血管修补术后；

8）一肺叶切除术后；

9）胸廓成形术后，影响呼吸功能；

10）呼吸困难（中度）。

8.4 腹部损伤

1）腹壁缺损≥腹壁的 1/4；

2）成年人脾切除术后；

3）胰腺部分切除术后；

4）胃大部分切除术后；

5）肠部分切除术后，影响消化吸收功能；

6）胆道损伤，胆肠吻合术后；

7）损伤致肾性高血压；

8）肾功能轻度下降；

9）一侧肾上腺缺失；

10）肾上腺皮质功能轻度减退。

8.5 盆部及会阴部损伤

1）输尿管损伤行代替术或者改道术后；

2）膀胱大部分切除术后；

3）一侧输卵管和卵巢缺失；

4）阴道狭窄；

5）一侧睾丸缺失；

6）睾丸或者附睾损伤，生殖功能轻度损害；

7）阴茎冠状沟以上缺失；

8）阴茎皮肤瘢痕形成，严重影响性交行为。

8.6 脊柱、骨盆及四肢损伤

1）二椎体压缩性骨折（压缩程度均达 1/3）；

2）三个以上椎体骨折，经手术治疗后；

3）女性骨盆骨折致骨产道变形，不能自然分娩；

4）股骨头缺血性坏死，难以行关节假体置换术；

5）四肢长骨开放性骨折并发慢性骨髓炎、大块死骨形成，长期不愈（1 年以上）；

6）双上肢长度相差 8.0cm 以上；

7）双下肢长度相差 6.0cm 以上；

8）四肢任一大关节（踝关节除外）功能丧失 75% 以上；

9）一踝关节强直固定于非功能位；

10）肢体各大关节功能丧失均达 50%；

11）一手拇指缺失达近节指骨 1/2 以上并相应掌指关节强直固定；

12）一足足弓结构完全破坏，另一足足弓结构部分破坏；

13）手或者足功能丧失分值 ≥ 40 分。

8.7 体表及其他损伤

1）皮肤瘢痕形成达体表面积 30%。

案例链接 （2024）苏 09 民终 3826 号民事判决书

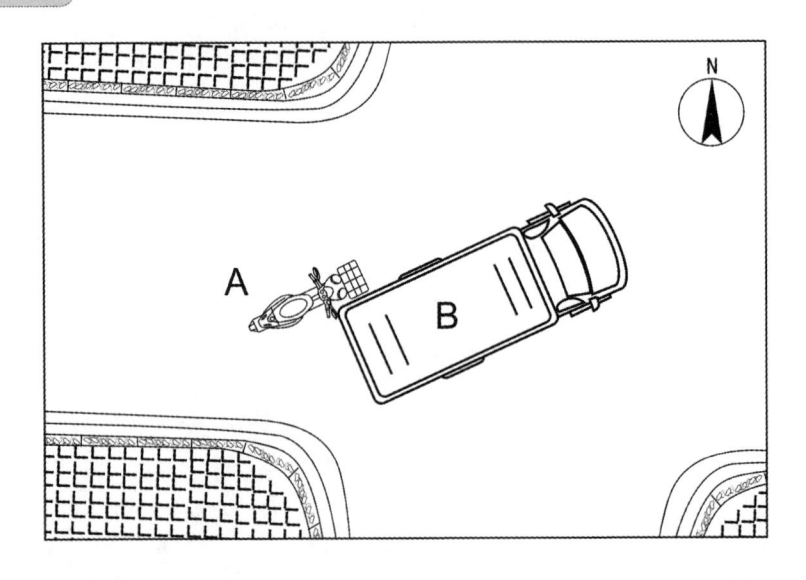

如图所示，20××年3月6日，A车驾驶人驾驶电动摩托车A由西向东行驶，至事发岔口东西方向左拐弯（信号灯为绿灯通行），A车驾驶人在左拐弯过程中，与同向左拐弯行驶的B车相撞，致A车驾驶人受伤。事故责任及赔偿比例的关系见表7-8。

A车驾驶人的伤情经司法鉴定机构鉴定，鉴定意见为：被鉴定人A车驾驶人右下肢单肢瘫（肌力4级）构成人体损伤八级伤残，交通事故系主要因素；颅脑损伤遗留精神障碍，日常生活有关的活动能力中度受限构成人体损伤九级伤残，交通事故系完全因素，"三期"时间见表7-8。

表7-8　事故责任、赔偿比例及"三期"时间

当事人	事故责任	赔偿比例	伤残等级	护理等级	营养期	护理期	误工期
A车驾驶人	同等	45%					
B车驾驶人	同等	55%	八级、九级	无	120天	120天	210天

09 九级伤残的划分依据及鉴定标准

> 专业解答

一、九级伤残的划分依据

1. 组织器官部分缺损或者畸形，有轻度功能障碍，并造成较明显影响

（1）组织器官部分缺损或者畸形，有轻度功能障碍：同八级伤残。

（2）造成较明显影响。主要表现在伤者日常生活活动、工作与学习、社会交往方面的能力变化上。

2. 无医疗依赖或者存在一般医疗依赖，无护理依赖

（1）无医疗依赖。意味着伤者不需要定期进行特定的治疗、不需要长期使用特殊的医疗设备或器械，也无需特殊的医疗护理和监测。

（2）存在一般医疗依赖：同四级伤残。

（3）无护理依赖：同七级伤残。

3. 日常生活有关的活动能力中度受限

（1）基本生活自理能力方面。伤者在进食、穿衣、洗漱、大小便等基本生活活动

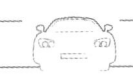

方面能够自理，但行动较为缓慢，有的还需要借助辅助工具。如伤者可能在选择合适的衣物、系扣、拉拉链等动作上稍显迟缓或需要耗费比常人更多的时间和精力；虽然能够独立进食，但在使用餐具时可能不够灵活，拿刀叉、筷子的动作可能不太协调；洗脸、刷牙、洗澡等日常洗漱活动可以基本完成，但在拧毛巾时可能会感到吃力，或在洗澡时需要使用扶手来保持身体平衡等。

（2）出行能力方面。伤者能够满足移动、行走、站立、上下楼等出行需求，但是存在部分受限。如行走速度可能比正常人稍慢，长时间行走后容易感到疲劳；在上下楼梯时可能需要扶着扶手，或者在不平坦的路面上行走时会显得较为艰难；长时间站立可能会引起不适，需要经常变换姿势或寻找支撑物等。

（3）家务劳动方面。伤者能够进行简单的家务劳动，但是无法承担繁重的清洁劳动。如伤者可能由于身体力量不足、平衡问题或疼痛等原因，无法完成一些像拖地、擦窗户等需要较大体力和身体协调性的任务。

关于"日常生活有关的活动能力中度受限"，主要通过以下鉴定流程评估：

（1）身体活动能力评估。对伤者的身体活动能力进行评估，了解伤者在哪些日常活动能力受限，哪些日常活动能力不受限。如伤者在手部动作上表现出明显的不灵活或困难，则说明其手部功能受到限制。

（2）心理状态评估。对伤者的情绪、自我认知等进行评估，判断伤者的心理状态是否会对日常生活产生负面影响。如伤者时常表现出明显的情绪不稳定，则说明其心理状态可能影响到日常活动能力。

（3）日常生活活动能力测试。让伤者进行拖地模拟，观察其动作的流畅性和完成任务所需的时间。如果伤者在拖地过程中表现出困难或疲劳，则说明其家务活动能力部分受限。

4. 工作与学习能力下降

（1）在工作方面，伤者的工作效率、工作质量下降，工作范围、技能运用受限。如伤者在受伤后，对以往掌握的职业技能的运用能力下降，无法像以前一样熟练地操作设备、使用工具或运用专业知识。例如，一位厨师在受伤后，可能因为手部受伤无法熟练地切菜、炒菜，对烹饪技能的发挥造成影响。

（2）在学习方面，伤者学习新知识的速度减慢，可能出现记忆力衰退、注意力无法集中、思维能力下降等现象使学习能力下降。如伤者的记忆力衰退，导致其可能在阅读书籍或学习资料后，很快就忘记了其中的内容；在背诵单词、公式等知识点时，需要花费更多的时间和精力才能记住，而且容易遗忘。

关于"工作与学习能力下降"，主要通过以下鉴定流程评估：

（1）医学检查与评估。通过医学检查对伤者的身体、心理进行评估，确定其是否对伤者的工作、学习能力有负面影响以及影响程度。如借助医学影像技术，如X光、CT、MRI等，了解身体内部的损伤情况，判断其伤情是否对神经系统、骨骼肌肉系统等造成了影响，从而可能导致其工作和学习能力下降。

（2）能力评估。对伤者的工作与学习能力进行模拟测试与评估。了解伤者的工作能力或学习能力的下降程度与适应能力。如根据伤者的职业特点，模拟工作场景，让伤者尝试完成一些典型的工作任务。观察伤者在完成任务过程中的表现，包括完成任务的时间、准确性、质量等，观察其体力和耐力是否受到影响；与同事或同行业的健康人进行对比，了解伤者在完成相同任务时与他人的差距，从而判断其工作能力下降的程度。通过观察伤者在学习中的表现和休息频率，评估其学习耐力和适应能力。如伤者是否能够适应教室的座位安排、灯光和音响效果等；是否能够熟练使用学习所需的设备和工具，如电脑、投影仪等；是否能够与同学和老师进行有效的沟通和协作。

（3）综合鉴定。将医学检查与评估、工作能力评估、学习能力评估等方面的结果进行综合分析。考虑伤者的身体状况、心理状态、工作和学习表现等多个因素，全面了解伤者工作和学习能力下降的情况。对比受伤前后的变化，确定伤残对工作和学习能力的具体影响程度。例如，通过对比伤者受伤前的工作绩效和学习成绩，以及受伤后的表现，判断其能力下降的幅度。

5. 社会交往能力部分受限

这意味着伤者在沟通交流、社交互动和心理情感等方面存在一定程度的困难，这些困难会影响伤者社会交往的意愿和社会交往的适应能力。如一位九级伤残者，可能在社交中缺乏兴趣和动力，对他人的关心和帮助表现出冷漠或拒绝，从而导致人际关系疏远；伤残者在新的社交环境中可能因身体不便、心理压力，感到不适应、紧张、不安等情绪。

关于"社会交往能力部分受限"，主要通过以下鉴定流程评估：

（1）观察社会交往表现。记录伤者在一段时间内，如1个月或3个月，参与社交活动的次数，观察伤者在这些社交活动中的主动性、持续时间以及耐力表现。例如，伤者以前可以在聚会中持续几个小时，现在可能在持续一两个小时后就感到疲惫，需要离开休息；在聚会中，伤者以前会主动与他人交流、分享自己的经历和观点，现在则是更多地等待别人来与自己交流；或伤者在社交活动中不再像以前那样主动去结识新朋友，而是更多地与熟悉的人待在一起。

（2）评估沟通能力。评估伤者的语言表达能力、倾听和理解能力、非语言沟通

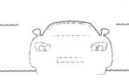

能力，判断伤者的沟通能力是否对其社会交往能力产生负面影响，以及影响程度。如观察伤者在讲述事情时能否准确表达出自己的观点、逻辑是否清晰、是否经常出现停顿、重复或找不到合适的词汇来表达自己的意思；在对话中，伤者是否会经常打断别人、误解对方的意思，或者需要对方重复多次才能理解；伤者是否能够准确地理解他人的面部表情、肢体语言、语气等非语言信号。

（3）评估心理状态。评估伤者的自信心和自尊感、情绪稳定性，观察伤者在社交活动中的表现是否受到自信心和自尊感的影响，社交时是否出现负面情绪以及面对负面情绪时的社交应对能力。如伤者是否会因为缺乏自信而不敢主动与他人交流、面对他人评价时过于敏感；在社交场合中，是否会表现出易怒、焦虑、暴躁等情绪，出现这些情绪时伤者是否能够有效控制自己，避免对他人造成不良影响，或者是否能够寻求适当的方式来缓解情绪，像与他人倾诉、进行放松训练等。

（4）综合鉴定。综合考虑伤者在社交行为表现、沟通能力、心理状态等方面的情况，收集医疗记录、康复报告、心理评估结果、社交活动记录、家人和朋友的反馈等鉴定材料来证明伤者是否存在社会交往能力部分受限以及其程度。

二、九级伤残鉴定标准

9.1　颅脑、脊髓及周围神经损伤

1）精神障碍或者轻度智能减退，日常生活有关的活动能力中度受限；

2）外伤性癫痫（轻度）；

3）脑叶部分切除术后；

4）一侧部分面瘫，遗留眼睑闭合不全或者口角歪斜；

5）一手部分肌瘫（肌力 3 级以下）；

6）一足大部分肌瘫（肌力 3 级以下）；

7）四肢重要神经损伤（上肢肘关节以上，下肢膝关节以上），遗留相应肌群肌力 3 级以下；

8）严重影响阴茎勃起功能；

9）轻度排便或者排尿功能障碍。

9.2　头面部损伤

1）头皮瘢痕形成或者无毛发，达头皮面积 50%；

2）颅骨缺损 $25.0cm^2$ 以上，不宜或者无法手术修补；

3）容貌毁损（轻度）；

4）面部条状瘢痕形成，累计长度达 20.0cm；面部条状瘢痕形成（宽度达

0.2cm），累计长度达 10.0cm，其中至少 5.0cm 以上位于面部中心区；

5）面部块状瘢痕形成，单块面积达 7.0cm²，或者多块累计面积达 9.0cm²；

6）面部片状细小瘢痕形成或者色素异常，累计面积达 30.0cm²；

7）一侧眼睑严重畸形；一侧眼睑重度下垂，遮盖全部瞳孔；双侧眼睑轻度畸形；双侧眼睑下垂，遮盖部分瞳孔；

8）双眼泪器损伤均后遗溢泪；

9）双眼角膜斑翳或者血管翳，累及瞳孔区；双眼角膜移植术后；

10）双眼外伤性白内障；儿童人工晶体植入术后；

11）一眼盲目 3 级；

12）一眼重度视力损害，另一眼视力 ≤ 0.5；

13）一眼视野极度缺损，视野有效值 ≤ 8%（直径 ≤ 10°）；

14）双眼象限性视野缺损；

15）一侧眼睑轻度畸形（或者眼睑下垂，遮盖部分瞳孔）合并该眼中度视力损害；

16）一眼眶骨折后遗眼球内陷 5mm 以上；

17）耳廓缺损或者畸形，累计相当于一侧耳廓；

18）一耳听力障碍 ≥ 81dB HL；

19）一耳听力障碍 ≥ 61dB HL，另一耳听力障碍 ≥ 41dB HL；

20）一侧鼻翼或者鼻尖大部分缺损或者严重畸形；

21）唇缺损或者畸形，露齿 3 枚以上（其中 1 枚露齿达 1/2）；

22）颌骨骨折，经牵引或者固定治疗后遗留功能障碍；

23）上颌骨或者下颌骨部分缺损伴牙齿缺失或者折断 7 枚以上；

24）张口受限 Ⅱ 度；

25）发声功能或者构音功能障碍（轻度）。

9.3 颈部及胸部损伤

1）颈前三角区瘢痕形成，累计面积达 50.0cm²；

2）甲状腺功能损害（轻度）；

3）甲状旁腺功能损害（轻度）；

4）气管或者支气管成形术后；

5）食管吻合术后；

6）食管腔内支架置入术后；

7）食管损伤，影响吞咽功能；

8）女性双侧乳房缺失或者毁损，累计范围相当于一侧乳房 1/2 以上；

9）女性一侧乳房大部分缺失或者严重畸形；

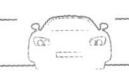

10）女性一侧乳头完全缺失或者双侧乳头部分缺失（或者畸形）；

11）肋骨骨折 12 根以上，或者肋骨部分缺失 4 根以上；肋骨骨折 8 根以上并后遗 4 处畸形愈合；

12）心功能不全，心功能Ⅰ级；

13）冠状动脉移植术后；

14）心脏室壁瘤；

15）心脏异物存留或者取出术后；

16）缩窄性心包炎；

17）胸导管损伤；

18）肺段或者肺组织楔形切除术后；

19）肺脏异物存留或者取出术后。

9.4　腹部损伤

1）肝部分切除术后；

2）脾部分切除术后；

3）外伤性胰腺假性囊肿术后；

4）一侧肾部分切除术后；

5）胃部分切除术后；

6）肠部分切除术后；

7）胆道损伤胆管外引流术后；

8）胆囊切除术后；

9）肠梗阻反复发作；

10）膈肌修补术后遗留功能障碍（如膈肌麻痹或者膈疝）。

9.5　盆部及会阴部损伤

1）膀胱部分切除术后；

2）输尿管狭窄成形术后；

3）输尿管狭窄行腔内扩张术或者腔内支架置入术后；

4）一侧卵巢缺失或者丧失功能；

5）一侧输卵管缺失或者丧失功能；

6）子宫部分切除术后；

7）一侧附睾缺失；

8）一侧输精管损伤难以修复；

9）尿道狭窄（轻度）；

10）肛管或者直肠损伤，排便功能轻度障碍或者肛门失禁（轻度）。

9.6 脊柱、骨盆及四肢损伤

1）一椎体粉碎性骨折，椎管内骨性占位；

2）一椎体并相应附件骨折，经手术治疗后；二椎体压缩性骨折；

3）骨盆两处以上骨折或者粉碎性骨折，严重畸形愈合；

4）青少年四肢长骨骨骺粉碎性或者压缩性骨折；

5）四肢任一大关节行关节假体置换术后；

6）双上肢前臂旋转功能丧失均达 75%；

7）双上肢长度相差 6.0cm 以上；

8）双下肢长度相差 4.0cm 以上；

9）四肢任一大关节（踝关节除外）功能丧失 50% 以上；

10）一踝关节功能丧失 75% 以上；

11）肢体各大关节功能丧失均达 25%；

12）双足拇趾功能丧失均达 75%；一足 5 趾功能均完全丧失；

13）双足跟骨粉碎性骨折畸形愈合；

14）双足足弓结构部分破坏；一足足弓结构完全破坏；

15）手或者足功能丧失分值 ≥ 25 分。

9.7 体表及其他损伤

1）皮肤瘢痕形成达体表面积 10%。

案例链接 （2024）青 01 民终 853 号民事判决书

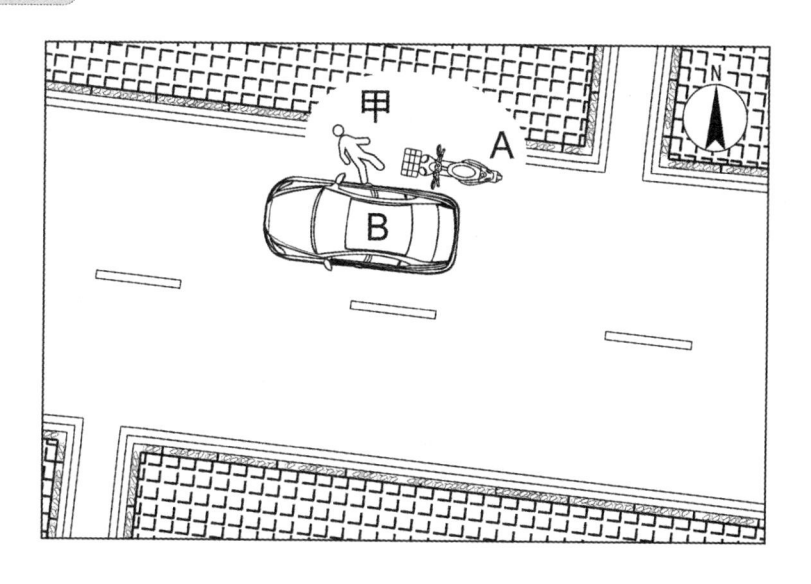

如图所示，20××年2月22日，A车驾驶人骑电动车A由东向西行驶时，与路边准备上B车的行人甲发生碰撞，致使甲受伤住院、车辆受损。事故责任及赔偿比例的关系见表7-9。

事故后甲进行伤残鉴定，司法鉴定机构鉴定意见为：(1)被鉴定人本次外伤致左侧胫腓骨开放性粉碎性骨折等诊断成立；(2)关于伤残等级的评定被鉴定人甲的左侧下肢损伤后，经临床行手术对症治疗及3年余的康复恢复，本次鉴定时法医临床学检查见其胫前部可见两处手术切口瘢痕，左侧踝关节被动活动受限，左侧臀部呈塌陷状，左侧下肢肌肉轻度萎缩，肌力4级。其左侧胫腓骨开放性粉碎性骨折，并行左侧胫骨骨折切开复位钢板内固定术等，本次鉴定时复查X线片示左侧胫腓骨粉碎性骨折术后，断端骨质硬化性愈合，局部骨质缺损，呈骨不连征象，腓骨呈畸形状，参照《人体损伤致残程度分级》应用说明中关于"鉴定要点"的说明，即"骨折后的骨不连已形成，该骨折以远(以下)相邻肢体大关节的功能视为丧失75%以上"之规定，就本例而言，其左侧胫腓骨开放性粉碎性骨折，经3年余的治疗，目前仍存在骨不连的情形，比照《人体损伤致残程度分级》第5.9.6条(10)款之规定，伤残等级评定为九级。"三期"时间详见表7-9。

表7-9　事故责任、赔偿比例及"三期"时间

当事人	事故责任	赔偿比例	伤残等级	护理等级	营养期	护理期	误工期
A车驾驶人	全部	100%					
行人甲	无		九级	无	1281天	1281天	1281天

10 十级伤残的划分依据及鉴定标准

专业解答

一、十级伤残的划分依据

1. 组织器官部分缺损或者畸形，有轻度功能障碍，并造成一定影响

(1)组织器官部分缺损或者畸形，有轻度功能障碍：同八级伤残。

(2)并造成一定影响，主要体现在伤者在日常生活、工作与学习、社会交往方面的能力降低。

2. 无医疗依赖或者存在一般医疗依赖，无护理依赖

（1）无医疗依赖：同九级伤残。

（2）存在一般医疗依赖：同四级伤残。

（3）无护理依赖：同七级伤残。

3. 日常生活有关的活动能力轻度受限

（1）基本生活活动方面。伤者在进食、穿衣、洗漱、大小便等基本生活活动中能够正常自理，但面对一些较复杂的、精细的或与受伤部位有关的活动时存在一定困难。如伤者手部受伤后，无法灵活地剥开坚果外壳，但可以正常使用餐具吃一般的饭菜；肩部关节活动轻度受限的伤者在穿脱套头衣服时有点困难，但穿衬衫等开襟衣物则没有问题；伤者可能在使用公共厕所或者在厕所设施不完善的特殊环境下解决大小便问题时会有不便，但在熟悉的环境中基本能够正常自理。

（2）出行活动方面。伤者能够自行移动、行走，但在长距离行走、上下楼梯或者在不平整的路面行走时可能会感到吃力或需要借助辅助工具。如伤者腿部受伤可能在行走时感到疼痛或无力，需要改变步态以减轻不适；膝关节轻度损伤后，伤者在爬楼梯时会有点疼痛和费力，但在平地上短距离行走影响不大。

（3）家务活动方面。伤者可以进行一些简单的、不影响受伤部位的家务劳动，如扫地、擦桌子、煮面条、炒简单的蔬菜等，但可能无法完成进行高强度或长时间的清洁工作，如大扫除、清洗窗户。或是无法完成需要受伤部位活动的家务，如手部受伤的伤者可能不能进行复杂的烹饪操作，如雕花、制作精细糕点。

关于"日常生活有关的活动能力轻度受限"，主要通过以下鉴定流程评估：

（1）日常生活活动能力评估。通过观察伤者在日常生活中的表现，记录其在各种基本生活活动和家务活动中完成的质量、效率以及遇到的困难情况。如观察伤者一周内的穿衣、洗漱、做饭等活动，统计其在哪些环节上出现了部分受限的情况。

（2）功能测试。进行一些专门的身体功能测试，如关节活动度测量、肌力测试、视力检查、听力测试等，根据测试结果判断身体功能的损伤程度对日常活动能力的影响。如通过关节活动度测量可以了解关节的活动范围是否缩小，从而判断在弯腰、伸手等活动中是否会受限。

（3）模拟场景测试。设计一些日常生活场景，如模拟超市购物场景，包括挑选商品、搬运物品、排队结账等、模拟家庭聚会场景，包括准备食物、布置餐桌、与亲友交流互动等，让伤者在这些场景中进行操作，观察其在活动中的能力表现。如在模拟超市购物场景中，观察伤者在搬运重物、弯腰挑选商品等方面是否存在部分受限的情况。

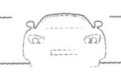

4.工作与学习能力受到一定影响

（1）工作能力方面。因身体、心理等原因，伤者可能会出现工作效率降低、工作质量下降、工作适应性变差等现象，工作能力下降。如手部伤残的人在操作电脑键盘或进行手工制作时，每分钟的操作次数可能明显低于受伤前的水平；听力伤残的翻译人员在听辨语音信息时可能出现遗漏或误解，从而影响翻译的准确性。一位办公室职员在经历精神创伤后，对工作压力的承受能力降低，在面对高强度的工作项目时容易出现焦虑、疲劳等症状，影响工作表现。

（2）学习能力方面。伤残者在学习新知识、新技能时理解和掌握的速度变慢，有的伤者需要改变原来的学习方式。如脑部受伤的学生在学习数学、物理等复杂学科时，对概念的理解和公式的运用可能存在困难；视力残疾的人在阅读学习资料时，需要借助盲文或语音辅助工具，这需要花费更多的时间和精力来适应新的学习方式。

关于"工作与学习能力受到一定影响"，主要通过以下鉴定流程评估：

（1）工作表现评估。通过查看伤者的工作记录、与伤者的同事和上级进行访谈等方式，了解伤者在工作中的效率、质量、适应性等方面的变化情况。例如，查看一位销售人员的销售业绩报表，对比其受伤前后的销售额、客户拜访数量等数据；与一位软件工程师的项目团队成员交流，了解他在项目开发过程中是否出现了代码质量下降、开发进度延迟等问题。

（2）学习过程观察。观察伤者在学习环境中的表现，包括课堂参与度、作业完成情况、考试成绩等。如在学校中观察学生在课堂上的注意力是否集中、是否积极回答问题；查看学生的作业和考试成绩，分析其在学习过程中是否存在困难。

（3）能力测试。进行专门的工作能力和学习能力测试，如职业技能测试、认知能力测试、记忆力测试、注意力测试等。如对一位机械工人进行机械操作技能测试，评估其伤残后操作机床、安装零部件等技能是否下降；对一位受伤的学生进行认知能力测试，了解其思维能力、逻辑推理能力等是否受到伤残的影响。

5.社会交往能力轻度受限

由于沟通交流障碍、身体行动不便、心理情绪问题等种种原因，伤者可以完成日常的简短交流，但其参与社会活动的次数、社交中的主动性及耐性会受到消极影响，从而使社会交往能力部分受限。如伤者在讲述事情时，可能会因为伤残导致语言组织能力稍差而表达不清楚，但在进行如打招呼、询问简单问题等日常交流时没有问题；在听专业讲座时，如果演讲者语速较快，伤者可能会跟不上节奏，理解不全面；在参加社交聚会时，可能不太愿意主动去结识新朋友，或者在需要主动和陌生人交流的场合中，会因为伤残带来的心理压力而减少主动交往的行为。

关于"社会交往能力轻度受限",主要通过以下鉴定流程评估:

(1)情景模拟测试。设计不同的社交场景,如小组讨论、与陌生人交流、商务谈判等,让伤者参与其中,观察其在这些场景下的沟通表达、倾听理解、主动和耐性等方面的能力表现。如在小组讨论场景中,观察伤者是否能够清晰地表达自己的观点、是否能够理解其他成员的意见、是否主动参与讨论以及是否能够与其他成员保持良好的互动。

(2)他人反馈收集。通过与伤者的家人、朋友、同事等密切接触者进行访谈,了解伤者在日常生活和工作中的社交表现。如询问家人了解伤者在家庭聚会中的主动交往情况和谈话耐性能力;询问同事了解伤者在工作团队协作中与其他成员的沟通交流是否顺畅。

(3)心理及认知评估。进行心理测试和认知能力评估,了解伤者的情绪状态、认知水平、沟通能力对社会交往的影响。如了解伤者是否存在社交焦虑情绪,以及这种情绪对其社会交往能力的影响程度;了解伤者在交流过程中是否因为注意力不集中而导致理解能力下降。

二、十级伤残鉴定标准

10.1 颅脑、脊髓及周围神经损伤

1)精神障碍或者轻度智能减退,日常生活有关的活动能力轻度受限;
2)颅脑损伤后遗脑软化灶形成,伴有神经系统症状或者体征;
3)一侧部分面瘫;
4)嗅觉功能完全丧失;
5)尿崩症(轻度);
6)四肢重要神经损伤,遗留相应肌群肌力4级以下;
7)影响阴茎勃起功能;
8)开颅术后。

10.2 头面部损伤

1)面颅骨部分缺损或者畸形,影响面容;
2)头皮瘢痕形成或者无毛发,面积达40.0cm²;
3)面部条状瘢痕形成(宽度达0.2cm),累计长度达6.0cm,其中至少3.0cm位于面部中心区;
4)面部条状瘢痕形成,累计长度达10.0cm;
5)面部块状瘢痕形成,单块面积达3.0cm²,或者多块累计面积达5.0cm²;
6)面部片状细小瘢痕形成或者色素异常,累计面积达10.0cm²;

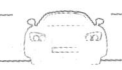

7）一侧眼睑下垂，遮盖部分瞳孔；一侧眼睑轻度畸形；一侧睑球粘连影响眼球运动；

8）一眼泪器损伤后遗溢泪；

9）一眼眶骨折后遗眼球内陷 2mm 以上；

10）复视或者斜视；

11）一眼角膜斑翳或者血管翳，累及瞳孔区；一眼角膜移植术后；

12）一眼外伤性青光眼，经手术治疗；一眼外伤性低眼压；

13）一眼外伤后无虹膜；

14）一眼外伤性白内障；一眼无晶体或者人工晶体植入术后；

15）一眼中度视力损害；

16）双眼视力≤0.5；

17）一眼视野中度缺损，视野有效值≤48%（直径≤60°）；

18）一耳听力障碍≥61dB HL；

19）双耳听力障碍≥41dB HL；

20）一侧前庭平衡功能丧失，伴听力减退；

21）耳廓缺损或者畸形，累计相当于一侧耳廓的 30%；

22）鼻尖或者鼻翼部分缺损深达软骨；

23）唇外翻或者小口畸形；

24）唇缺损或者畸形，致露齿；

25）舌部分缺损；

26）牙齿缺失或者折断 7 枚以上；牙槽骨部分缺损，合并牙齿缺失或者折断 4 枚以上；

27）张口受限Ⅰ度；

28）咽或者咽后区损伤影响吞咽功能。

10.3　颈部及胸部损伤

1）颌颈粘连畸形松解术后；

2）颈前三角区瘢痕形成，累计面积达 25.0cm²；

3）一侧喉返神经损伤，影响功能；

4）器质性声音嘶哑；

5）食管修补术后；

6）女性一侧乳房部分缺失或者畸形；

7）肋骨骨折 6 根以上，或者肋骨部分缺失 2 根以上；肋骨骨折 4 根以上并后遗 2 处畸形愈合；

8）肺修补术后；

9）呼吸困难（轻度）。

10.4 腹部损伤

1）腹壁疝，难以手术修补；

2）肝、脾或者胰腺修补术后；

3）胃、肠或者胆道修补术后；

4）膈肌修补术后。

10.5 盆部及会阴部损伤

1）肾、输尿管或者膀胱修补术后；

2）子宫或者卵巢修补术后；

3）外阴或者阴道修补术后；

4）睾丸破裂修补术后；

5）一侧输精管破裂修复术后；

6）尿道修补术后；

7）会阴部瘢痕挛缩，肛管狭窄；

8）阴茎头部分缺失。

10.6 脊柱、骨盆及四肢损伤

1）枢椎齿状突骨折，影响功能；

2）一椎体压缩性骨折（压缩程度达 1/3）或者粉碎性骨折；一椎体骨折经手术治疗后；

3）四处以上横突、棘突或者椎弓根骨折，影响功能；

4）骨盆两处以上骨折或者粉碎性骨折，畸形愈合；

5）一侧髌骨切除；

6）一侧膝关节交叉韧带、半月板伴侧副韧带撕裂伤经手术治疗后，影响功能；

7）青少年四肢长骨骨折累及骨骺；

8）上肢前臂旋转功能丧失 75% 以上；

9）双上肢长度相差 4.0cm 以上；

10）双下肢长度相差 2.0cm 以上；

11）四肢任一大关节（踝关节除外）功能丧失 25% 以上；

12）一踝关节功能丧失 50% 以上；

13）下肢任一大关节骨折后遗创伤性关节炎；

14）肢体重要血管循环障碍，影响功能；

15）一手小指完全缺失并第 5 掌骨部分缺损；

16）一足拇趾功能丧失 75% 以上；一足 5 趾功能丧失均达 50%；双足拇趾功能

丧失均达 50%；双足除拇趾外任何 4 趾功能均完全丧失；

17）一足跟骨粉碎性骨折畸形愈合；

18）一足足弓结构部分破坏；

19）手或者足功能丧失分值 ≥ 10 分。

10.7　体表及其他损伤

1）手部皮肤瘢痕形成或者植皮术后，范围达一手掌面积 50%；

2）皮肤瘢痕形成达体表面积 4%；

3）皮肤创面长期不愈超过 1 年，范围达体表面积 1%。

案例链接　（2024）辽 07 民终 1147 号民事判决书

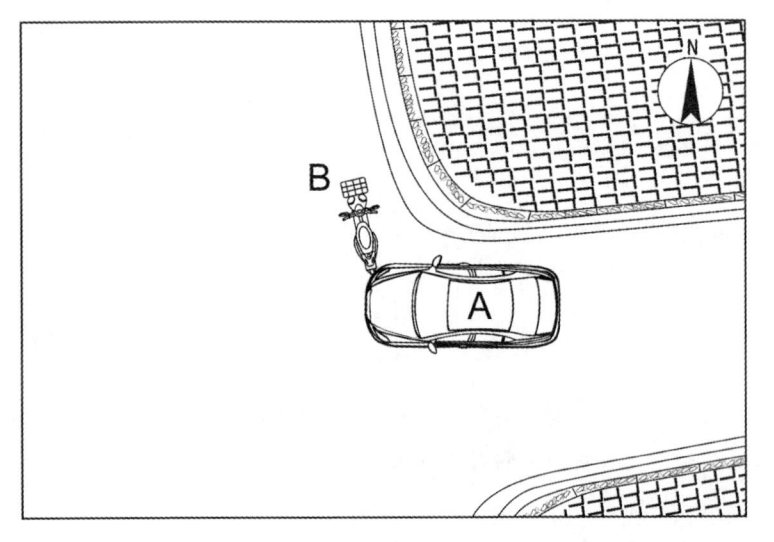

如图所示，20××年 5 月 21 日，A 车驾驶人驾驶 A 车从停车场出口驶出进入某路段时，与电动车 B 相撞，造成 B 车驾驶人受伤。事故责任、赔偿比例及"三期"时间划分见表 7-10。

表 7-10　事故责任、赔偿比例及"三期"时间

当事人	事故责任	赔偿比例	伤残等级	护理等级	营养期	护理期	误工期
A 车驾驶人	全部	100%					
B 车驾驶人	无		十级、十级	无	90 天	162 天	527 天

经 B 车驾驶人申请，法院摇号选取了司法鉴定机构为 B 车驾驶人作鉴定，鉴定意见为：(1) B 车驾驶人右髋关节损伤评定为十级伤残。(2) B 车驾驶人左膝关节功能丧失 42.86%，评定为十级伤残。

11 伤者损伤程度与个体能力对应的伤残等级

根据本章内容所介绍的各等级伤残的划分依据来看，《道路交通事故受伤人员伤残评定》主要从日常生活能力、意识、行动能力与范围、工作与学习能力、社会交往能力五个方面来划分伤情对受害人的影响程度。其具体划分应对情况如下，仅供参考。

一、组织器官

组织器官	伤残等级对应关系
组织器官缺失或者功能完全丧失，其他器官不能代偿	一级伤残、二级伤残
组织器官严重缺损或者畸形，有严重功能障碍，其他器官能以代偿	二级伤残、三级伤残
组织器官严重缺损或者畸形，有重度功能障碍	四级伤残、五级伤残
组织器官大部分缺损或者明显畸形，有中度功能障碍	五级伤残、六级伤残、七级伤残
组织器官部分缺损或者畸形，有轻度功能障碍，并造成较明显影响	八级伤残、九级伤残、十级伤残

二、医疗依赖

医疗依赖	伤残等级对应关系
存在特殊医疗依赖	一级伤残、二级伤残、三级伤残、四级伤残
存在一般医疗依赖	四级伤残、五级伤残、六级伤残
存在一般医疗依赖，无护理依赖	七级伤残、八级伤残、
无医疗依赖或者存在一般医疗依赖，无护理依赖	九级伤残、十级伤残

三、意识

意识	伤残等级对应关系
意识消失	一级伤残

四、日常生活能力

日常生活	伤残等级对应关系
日常生活完全不能自理	一级伤残、二级伤残
日常生活大部分不能自理	一级伤残、二级伤残
日常生活大部分或者部分不能自理	三级伤残
日常生活能力严重受限，间或需要帮助	四级伤残
日常生活能力部分受限，偶尔需要帮助	四级伤残、五级伤残

日常生活	伤残等级对应关系
日常生活能力部分受限，但能部分代偿，条件性需要帮助	五级伤残、六级伤残
日常生活有关的活动能力严重受限	七级伤残、八级伤残
日常生活有关的活动能力中度受限	九级伤残
日常活动能力轻度受限	十级伤残

五、行动能力与范围

行动能力与范围	伤残等级对应关系
各种活动均受到限制而卧床	一级伤残、二级伤残
仅限于床上或椅子上的活动	一级伤残、二级伤残
各种活动严重受限，仅限于室内的活动	二级伤残、三级伤残、四级伤残
各种活动严重受限，仅限于居住范围内的活动	三级伤残、四级伤残
各种活动中度受限，仅限于就近的活动	五级伤残
各种活动中度受限，活动能力降低	六级伤残
各种活动中度受限，短暂活动不受限，长时间活动受限	七级伤残、八级伤残
各种活动中度受限，远距离流动受限	五级伤残、六级伤残、七级伤残、八级伤残、九级伤残
日常生活有关的活动能力轻度受限	九级伤残、十级伤残

六、工作与学习能力

工作与学习能力	伤残等级对应关系
工作与学习能力下降	九级伤残
工作与学习能力受到一定影响	十级伤残

七、社会交往能力

社会交往能力	伤残等级对应关系
社会交往完全丧失	一级伤残、二级伤残
社会交往基本丧失	一级伤残、二级伤残
社会交往极度困难	三级伤残、四级伤残、五级伤残、六级伤残
社会交往受限	二级伤残、三级伤残、四级伤残
社会交往严重受限	四级伤残、五级伤残、六级伤残
社会交往贫乏或者狭窄	五级伤残、六级伤残
社会交往能力降低	五级伤残、六级伤残、七级伤残
社会交往受约束	五级伤残、六级伤残、七级伤残、八级伤残
社会交往能力部分受限	六级伤残、七级伤残、八级伤残、九级伤残
社会交往能力轻度受限	八级伤残、九级伤残、十级伤残

CHAPTER
8

第八章
交通事故的证据

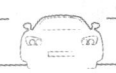

01 交通事故需要证明的事实

专业解答

发生交通事故，通常需要证明以下事实：

一、事故发生相关事实

1. 时间和地点

（1）时间。需要明确事故发生的具体时间，包括年、月、日、时、分。这对于判断交通流量、光线条件、驾驶员的状态（如是否疲劳驾驶等）因素至关重要。

（2）地点。要精确到具体的路段、路口或地标性建筑附近。不同的地点有不同的交通规则和道路环境，比如十字路口有交通信号灯和交通标志，弯道处需要注意减速和保持车道等。

2. 事故参与方

（1）车辆信息。包括车辆的型号、颜色、车牌号码等。这些信息可以帮助确认事故车辆的身份，特别是在多车事故或者涉及车辆逃逸的情况下。

（2）驾驶员信息。需要证明驾驶员的身份，包括姓名、驾驶证号码、准驾车型等。这对于判断驾驶员是否具备合法的驾驶资格至关重要。

（3）行人或非机动车信息。如果事故涉及行人或非机动车，需要他们在事故发生时的位置、行走或骑行方向等信息。

二、事故过程的相关事实

1. 车辆行驶状态

（1）行驶方向。明确车辆在事故发生前是直行、左转弯、右转弯、掉头还是倒车等。

（2）车速。需要尽量准确地证明车辆在事故发生前的行驶速度。车速的快慢直接影响到车辆的制动距离和碰撞力度。可以通过现场刹车痕迹的长度、车辆损坏的程度、监控录像以及目击证人的证言等多种方式来推断车速。

2. 碰撞过程

（1）碰撞部位。确定车辆之间或者车辆与其他物体（如行人、建筑物等）的具体碰撞部位。如碰撞到车头、车尾、车身侧面等。

（2）碰撞顺序。在多车事故中，需要确定车辆碰撞的先后顺序。

三、损害结果相关事实

1. 人员伤亡情况

人员伤亡情况包括伤亡程度和治疗费两个方面。其中，伤亡程度需要证明事故中人员受伤的严重程度，如轻微伤、轻伤、重伤或者死亡。这可以通过医院的诊断证明、病历、法医鉴定等专业机构的鉴定结果来确定。伤亡程度是确定赔偿金额和是否追究刑事责任的重要依据。

治疗费即事故中受伤人员的治疗费用，包括挂号费、检查费、手术费、医药费、住院费等各项费用。这些费用的单据，如医院收费发票、费用清单等都是证明治疗费用的直接证据。

2. 车辆及其他财产损失

（1）车辆损失。可以通过汽车维修厂的定损报告、维修发票、专业机构评估意见等证明事故车辆的具体损失情况。

（2）其他财产损失。如果事故还导致除车辆以外的其他财产，如道路设施、建筑物、货物等受损，那么也需要证明这些财产的损失情况。

根据《最高人民法院关于民事诉讼证据的若干规定》（2019年修正）第10条的规定，下列事实，当事人无须举证证明：（1）自然规律以及定理、定律；（2）众所周知的事实；（3）根据法律规定推定的事实；（4）根据已知的事实和日常生活经验法则推定出的另一事实；（5）已为仲裁机构的生效裁决所确认的事实；（6）已为人民法院发生法律效力的裁判所确认的基本事实；（7）已为有效公证文书所证明的事实。前款（2）项至（5）项事实，当事人有相反证据足以反驳的除外；（6）（7）项事实，当事人有相反证据足以推翻的除外。

只要当事人掌握了事故发生时间、事故具体位置、车辆行驶状态、车辆信息、驾驶员信息、乘客和行人信息、天气状况、道路状况等交通事故事实证据，后续的事故赔偿就会更加公平合理，其正当权利也会得到有效保障。尤其是在诉讼阶段，相关证据的掌握至关重要。

02 《事故认定书》的解读

专业解答

一、从格式和内容方面解读

1. 标题和编号

（1）标题。明确表明这是一份关于道路交通事故责任认定的文书。

（2）编号。具有唯一性，方便事故的查询、统计和管理。

2. 事故基本信息

（1）事故时间和地点。精确到具体的时刻和详细的地理位置，对于还原事故场景至关重要。如与停车有关的交通事故中，停车地点是否属于禁停区域，事故发生时间是白天还是夜晚，都会影响事故责任划分。

（2）天气和道路状况。天气情况（如晴、雨、雪、雾等）会影响驾驶员的视线和路面的摩擦力，道路状况（如干燥、潮湿、结冰、有障碍物等）直接关系到车辆的操控性能，这些都是分析事故原因的重要因素。

（3）当事人信息。包括驾驶员的姓名、性别、年龄、驾驶证号、准驾车型、车辆信息（包括号牌、类型、所有人和保险情况等），这些信息可以明确事故涉及的主体以及责任承担的主体。

3. 事故的经过及证据

（1）事故经过描述。详细叙述事故发生前车辆的行驶路线、操作行为（如转弯、超车、刹车等）以及碰撞的具体过程、碰撞部位、先后顺序等，这是判断事故责任的核心内容。

（2）证据主要包括以下内容：

①现场勘查笔录。其是对事故现场客观情况的详细记录，如车辆位置、刹车痕迹长度和方向、散落物分布等，这些细节可以通过科学的方法进行分析，从而推断车辆的行驶速度、碰撞力度等信息。

②现场照片。其能直观地展示事故现场的全貌、车辆损坏情况、交通环境等，为事故分析提供直观的视觉依据。

③证人证言。目击者对事故发生过程的描述，可以从第三方的角度补充和验证其他证据，有助于更全面地了解事故情况。

④车辆检验报告。对事故车辆的安全性能，如制动系统、转向系统、灯光系统等

进行检测，判断车辆本身是否存在故障。

4. 事故原因分析和责任认定

（1）原因分析。分别对每个当事人的行为进行分析，找出其违反交通法规或安全驾驶原则的行为，如超速、酒驾、疲劳驾驶、违反信号灯等，这些行为是导致事故的直接原因。

（2）责任认定。根据当事人的行为对事故发生的作用大小，确定其承担的责任类型，分为主要责任、次要责任、同等责任、全部责任或无责任。责任认定遵循以事实为依据、以法律为准绳的原则，确保公平公正。

（3）复核途径。如果当事人对《事故认定书》的内容尤其是事故责任划分有异议，可以在规定期限内向作出《事故认定书》的公安机关交通管理部门提出复核申请或向上一级公安机关交通管理部门提出书面复核申请，同时可以提交自己收集到的新证据或者对原有证据的分析意见，以争取对责任认定进行重新评估。

二、从法律意义方面解读

1. 确定赔偿责任的基础

《事故认定书》是确定民事赔偿责任的重要依据，在赔偿的诉讼阶段所起的作用是证明作用，一般而言，法庭会采纳《事故认定书》的责任划分意见来划分赔偿责任。

2. 刑事诉讼的证据之一

在涉及交通肇事罪等刑事案件中，责任认定书是重要的证据之一。

3. 保险理赔的依据

保险公司在处理交通事故理赔时，一般会依据《事故认定书》来确定理赔的范围和金额。

03 交通事故的证据类型

> 专业解答

在交通事故中，有以下常见的证据类型：

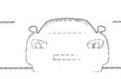

一、书证

（1）交通事故责任认定书。这是由公安交通管理部门出具的，在交通事故赔偿和法律诉讼中具有关键作用。

（2）病历资料。包括伤者在医院的诊断证明、住院病历、手术记录、检查报告（如 X 光、CT、磁共振等影像报告）、出院小结等。这些资料在证明伤者的受伤情况、治疗过程以及预后情况等方面至关重要。

（3）医疗费用单据。如挂号费发票、门诊收费收据、住院费用清单、药品购买发票等。这些单据是计算医疗费用赔偿的直接依据，能够清晰地反映出伤者因交通事故所产生的医疗支出。

（4）维修发票和清单。如果车辆在事故中受损，维修车辆的发票和维修清单可以证明车辆的维修费用。维修清单通常会详细列出维修的项目、更换的零部件以及相应的价格，为车辆损失赔偿提供依据。

（5）鉴定意见书。指具有专业技术的鉴定人和鉴定机构利用专门的仪器、设备，对与案件有关的专门问题所作的技术性结论，如车辆损失鉴定、伤残鉴定等。

二、物证

（1）车辆。事故车辆本身就是重要的物证。车辆的损坏部位、碰撞痕迹、变形情况等可以反映出事故发生时的碰撞角度、力度等信息。

（2）事故现场的散落物，如车辆零部件（如保险杠碎片、车灯、后视镜、货物、血迹、玻璃碎片等）。这些散落物的位置、分布情况可以帮助还原事故现场。

三、证人证言

（1）现场目击者。事故现场的目击者能够提供关于事故发生过程的直接描述。他们可以讲述事故发生前车辆的行驶状态，如车速、行驶方向、是否违规变道等、事故瞬间的情况，如碰撞顺序、是否有紧急制动等以及事故后的现场情况，如是否有人员被困、车辆是否起火等。

（2）同车人员。与事故当事人同乘一辆车的人员可以提供从他们的视角所看到的事故情况。

四、视听资料

（1）监控录像。事故现场附近的监控摄像头拍摄的录像是非常有力的证据。

（2）行车记录仪视频。车辆安装的行车记录仪所拍摄的视频可以记录车辆行驶过程中的前方或后方的情况。在交通事故中，行车记录仪视频可以提供事故发生前的车辆行驶状态、事故瞬间的碰撞情况以及事故后的现场情况等信息，为事故责任认定提供直观的证据。

（3）手机等拍摄。手机等设备拍摄的事故现场图片、视频，如碰撞痕迹、财务损坏和人身伤害情况等，也是事故责任认定赔偿的证据之一。

五、电子数据

电子数据指电子化技术形成的文字、数字，像一些电子邮件、聊天记录等。现下，电子数据往往在证明赔偿义务人之间的关系、当事人对医疗费的垫付、当事人工资收入情况等方面有着重要作用。如微信记录中能够证明当事人收入的转账、证明雇佣关系的微信工作群、工作内容等。

需要注意的是，交通事故的当事人尤其是受害人需要向交警收集对方的复印件资料，尤其是车辆行驶证、身份证、驾驶证以及保险单，也就是人们常说的"三证一单"。收集另一方当事人的"三证一单"主要是为了了解对方当事人的基本信息以及车辆保险情况，确保受害人的损失能及时得到赔偿。

案例链接 （2024）冀 0681 民初 2335 号民事判决书

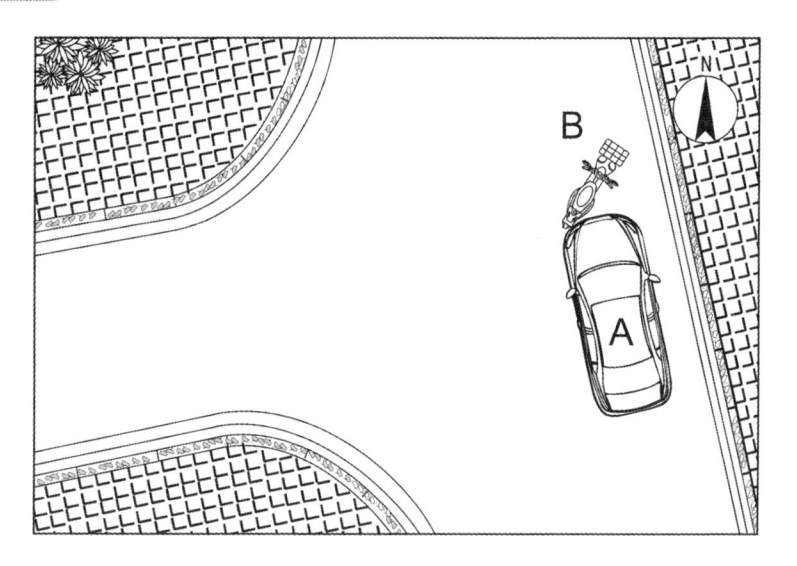

如图所示，20××年9月5日，A车驾驶人驾驶A车由南向北行驶至某路口时，与行驶的电动车B相撞，致B车驾驶人受伤。交警认定，A车驾驶人承担此次事故的

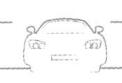

主要责任，B车驾驶人承担此次事故的次要责任。

B车驾驶人向法院起诉，请求判令A车驾驶人赔偿因此事故产生的各项损失。

法院认为

法院经审理，对于B车驾驶人的主张，有以下证据可以认定：B车驾驶人提交的身份证、户口页、《事故认定书》、B车驾驶人驾照复印件、A车车辆登记信息查询单、A车保险公司信息单、保险单、医院诊断证明书1、门诊病历、CT检查报告单、住院病历、医院诊断证明书2、出院记录、住院病历、医疗费票据、电子医疗收费明细单、患者明细单、护工身份证与护工资质证复印件、甲公司营业执照复印件、服务协议书、护理费发票、付款凭证、B车驾驶人妻子身份证、户口页、结婚证、司法鉴定意见书及鉴定费发票、支付凭证、被扶养人（B车驾驶人儿子2）身份证、户口页复印件、乙村民委员会证明、拖车费发票、丙公司车损鉴定书、住宿费发票、订单打印件、病历复印费发票、邮寄费票据、运单详情；A车驾驶人庭前提交的住院押金条打印件、B车驾驶人家属写的预交款收据凭证打印件及转账记录截图，事故当天垫付的门诊检查费发票及明细及转账记录截图。以上有庭审笔录在卷为凭。

对B车驾驶人提交的以下证据不予认定：（1）必要护理用品费用收据17张、发票1张，金额2694元，用以证明B车驾驶人在住院期间购买必要的护理用品而实际支出的费用损失，该项不是交通事故案件赔偿范围。（2）餐费发票1张，支付凭证1份，金额217元，用以证明B车驾驶人及其家属去鉴定机构鉴定而支出的中午饭费损失，该项不是交通事故案件赔偿范围。（3）B车驾驶人儿子身份证、户口页、某公司营业执照复印件、公司名称变更原件、法定代表人身份证复印件、公司名称变更通知书原件、原某公司营业执照复印件、劳动合同书、误工证明、说明、事发前4个月工资表、B车驾驶人儿子1工资卡银行交易流水明细清单、交易流水明细说明、个税纳税记录、社保缴费对账单及公告，庭后补充提交2022年7月7日起至11月30日银行工资流水，用以证明自2022年9月9日起至10月1日止计22天由护工和B车驾驶人儿子1护理，B车驾驶人儿子1月工资12000元，因护理B车驾驶人而减少收入的事实。从现有证据显示其工资在持续发放，本项按照居民服务业标准予以认定。（4）交通费票据6张、支付凭证7页，金额1108.32元，用以证明B车驾驶人于2023年2月7日因到医院支付的交通费、于2023年11月16日去鉴定机构心做司法鉴定的交通费（其中含加油费、高速费、停车费）；另证实B车驾驶人在医院两次住院天数是73天，依据每日20元计算，住院期间发生交通费1460元，交通费合计2568.32元。对于本项住院期间按照每天20元标准予以支持。

总　结

本案中，当事人提交的身份证、保险单、医院病历单、发票等都是有关赔偿认定的证据，法院根据案件事实对这些证据加以调查和分析，最终确定赔偿数额。

04 交通事故证据的取得途径

专业解答

交通事故有关证据可以通过以下途径：

一、书证获取

（1）《事故认定书》。当事人可以在规定的时间内到处理事故的交警部门领取《事故认定书》。

（2）医院病历资料。伤者本人或者其家属可以在医院病案室，凭有效身份证件（如身份证、医保卡等）申请复印病历资料，包括诊断证明、住院病历、手术记录、检查报告、出院小结等。

（3）医疗费用单据。在医院缴费的窗口或者医院的财务部门，可以获取医疗费用的相关单据，如挂号费发票、门诊收费收据、住院费用清单等。这些单据通常是在缴费后由医院出具的，要注意妥善保存。

（4）维修发票和清单。车辆维修完成后，在维修厂的财务部门或者服务窗口可以获取维修发票和维修清单。维修厂会根据维修的实际情况开具发票，并列出详细的维修项目和价格清单。

（5）拍摄照片。对于事故现场，需要挪动车辆或清理散落物的，当事人可以及时拍摄事故现场痕迹和散落物照片，为之后的赔偿提供证据。如车辆碰撞部位照片、散落物损坏照片。对于一些难以拿到的原始文件，当事人也可以通过拍照保存的方式获取。

（6）鉴定报告。当事人对车辆、人身损伤作出各种鉴定报告可以到出具鉴定报告的机构领取。交警部门在处理交通事故时，也可能会对事故车辆的安全性能、制动性能、灯光系统等方面进行检验、检查。当事人可以向交警部门了解车辆检验的情况，并要求查看车辆检验报告。

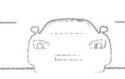

二、物证获取

（1）保护现场。在交通事故发生后，当事人应尽可能地保护好现场，避免现场被破坏。如果车辆还能移动，应尽量将车辆移至不妨碍交通的地方，并在现场周围设置警示标志，防止其他车辆对现场造成破坏。

（2）收集散落物。在确保安全的情况下，可以对事故现场的散落物进行收集，如车辆零部件、玻璃碎片等。这些散落物可以用干净的袋子或者盒子进行收集，并做好标记，注明收集的位置和时间。

三、证人证言获取

（1）现场询问。在事故现场，可以及时与现场目击者进行沟通，礼貌地询问他们是否愿意提供证人证言，并记录下他们的联系方式。在询问时，要注意保持客观、冷静，不要引导证人作出不实的陈述。

（2）后续跟进。如果在事故现场没有来得及详细询问证人，可以在后续的时间里通过电话或者面谈的方式与证人进行深入沟通。在面谈时，可以邀请其他无利害关系的人员在场，以增强证人证言的可信度。

（3）提供证人信息给交警。将收集到的证人信息，包括姓名、联系方式等及时提供给处理事故的交警部门，交警会根据需要对证人进行询问和调查。

四、视听资料获取

（1）申请调取监控录像。如果事故现场附近有监控摄像头，可以向相关的管理部门，如交警部门、市政管理部门、小区物业等申请调取监控录像。申请时需要提供事故的基本信息，如事故发生的时间、地点等，并说明调取录像的目的。

（2）行车记录仪视频保存。如果车辆安装了行车记录仪，在事故发生后，应及时将行车记录仪的视频保存下来，防止视频被覆盖。可以将视频文件复制到电脑、移动硬盘或者其他存储设备中，并做好备份。

当事人自行收集证据的，应当在举证期限结束前完成，并向法院提交。如果有当事人出于各种原因无法自己获取证据，那么可以请求法院收集证据。《民事诉讼法》第67条第2项规定："当事人及其诉讼代理人因客观原因不能自行收集的证据，或者人民法院认为审理案件需要的证据，人民法院应当调查收集。"司法机关在诉讼中有权向有关的单位和个人收集、调取证据，任何单位和个人不得拒绝。当事人申请法院调查证据的，可以在向法院立案提交诉状的时候，一并提交调查证据申请书，最晚提交时间是举证期限到期前 7 天。《最高人民法院关于民事诉讼证据的若干规定》（2019 年修正）第 20 条规定："当事人及其诉讼代理人申请人民法院调查收集证据，应当在举证期限届满前提交书面申请。申请书应当载明被调查人的姓名或者单位名称、住所地等基本情况、所要调查收集的证据名称或者内容、需要由人民法院调查收集证据的原因及其要证明的事实以及明确的线索。"

当事人应当采用合法手段来获取证据。《民事诉讼法》第 124 条第 4 项规定，起诉状中应当记明证据和证据来源。

案例链接 （2023）赣 10 民终 2273 号民事判决书

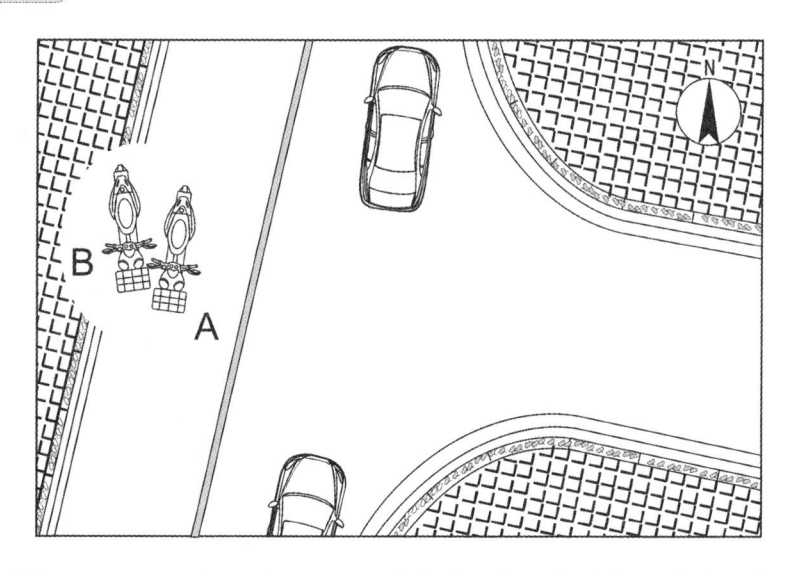

如图所示，20×× 年 4 月 6 日，A 车驾驶人驾驶电动车 A 由北往南行驶至某交叉口路段，超越前方右侧行驶的电动车 B，两车并行时 B 车往左边摆动，致使两车发生碰撞，致 A 车驾驶人受伤。交警认定，A 车驾驶人驾驶非机动车未确保安全通行，B 车驾驶人驾驶非机动车未确保安全通行，二者应承担本次交通事故的同等责任。

事故发生后，交警委托司法鉴定机构对此次交通事故有关车辆进行了车体碰撞痕迹检验鉴定。司法鉴定机构出具了鉴定意见书。交通部门对 A 车驾驶人、B 车驾驶人和证人进行了询问，A 车驾驶人、B 车驾驶人和证人三人分别对此次事故发生的过程进行陈述。经 A 车驾驶人委托，司法鉴定机构对 A 车驾驶人的伤残等级作出了鉴定，并出具鉴定意见书。

B 车驾驶人向法院提交调取证据申请书，要求调取以下视频：（1）20×× 年 4 月

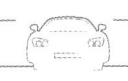

6日11时12分左右，某交叉口路段各卡口的高清监控视频；（2）20××年4月6日下午，交管部门人员在某大楼门口，用执法记录仪拍摄的B车驾驶人电瓶车左前侧有雨衣和挡风棉布双重包裹；（3）20××年4月10日上午B车驾驶人在事故中队的笔录监控视频；（4）证人的笔录视频及证人在场的现场监控视频。经联系办案交警部门，该交警部门于次年1月12日提交了一份情况说明，主要内容为：（1）事故发生时的视频已调阅刻盘提供，其他卡口监控视频并未拍摄到事故发生时的情况；（2）事故发生第一时间双方当事人并未报警，而是到医院之后报警，执法记录仪视频已刻盘提供；（3）B车驾驶人及证人的询问笔录视频保存时效为1个月，视频已被覆盖。庭审中，法院向各方当事人出示了交警部门出具的情况说明和提供的视频。

总 结

本案中，《事故认定书》来自交警部门，鉴定意见书来自司法鉴定机构，监控视频由法院调取。本案证据（见表8-4）能够帮助法院了解事故成因和当事人损失程度。这也是交通事故当事人常见的获取证据的方式之一。

表8-4 主要证据来源

证据形式	证据名称	证据来源	内容
书证	鉴定意见书	司法鉴定	车体痕迹检验
书证	《事故认定书》	交警	责任认定
视听资料	事故视频	法院	事故发生经过

05 交通事故赔偿诉讼中的举证责任和举证期限

专业解答

举证是指出示证据，即提出证据来证明某种事情或情况。在法律诉讼过程中，举证是当事人对其提出的主张中须确认的事实依法负有的提供证据的义务。《民事诉讼法》第67条规定，当事人对自己提出的主张，有责任提供证据。

在交通事故赔偿案件中，当事人对自己提出的主张有举证责任。举证责任就是指当事人对自己提出的诉讼请求或反驳对方诉讼请求的，需要根据事实提供证据来证明自己的请求合理或对方的请求不合理。

如果当事人没有证据或者证据不足，那么当事人请求的大多主张将无法得到法院支持。《最高人民法院关于适用〈中华人民共和国民事诉讼法〉的解释》(2022年修正)第90条规定:"当事人对自己提出的诉讼请求所依据的事实或者反驳对方诉讼请求所依据的事实,应当提供证据加以证明,但法律另有规定的除外。在作出判决前,当事人未能提供证据或者证据不足以证明其事实主张的,由负有举证证明责任的当事人承担不利的后果。"

《最高人民法院关于民事诉讼证据的若干规定》中规定,举证期限可以由当事人协商,并经人民法院准许。人民法院指定举证期限的,适用第一审普通程序审理的案件不得少于15日,当事人提供新的证据的第二审案件不得少于10日。适用简易程序审理的案件不得超过15日,小额诉讼案件的举证期限一般不得超过7日。举证期限届满后,当事人提供反驳证据或者对已经提供的证据的来源、形式等方面的瑕疵进行补正的,人民法院可以酌情再次确定举证期限。如果当事人在举证期限内无法完成举证的,可以在举证期限内向法院申请延期举证,经法院准许后,可适当延长举证期限。

案例链接 (2024)新01民终4654号民事判决书

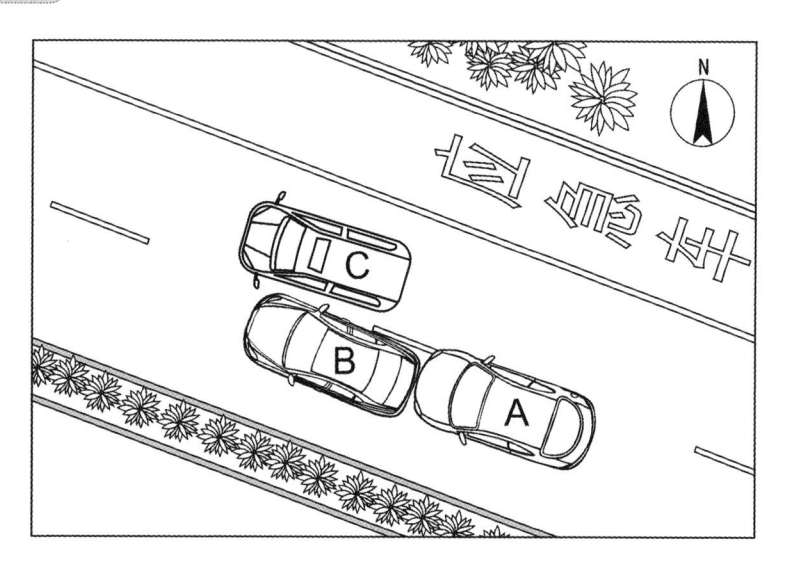

如图所示,20××年3月24日,A车驾驶人驾驶A车在高速路上行驶,因驾驶时使用手机未做到安全驾驶,与前方行驶速度低于规定最低时速的B车相撞,随后B车右前移动与行驶的C车碰撞,造成C车驾驶人死亡、A车驾驶人和B车驾驶人受伤、三车不同程度损坏的交通事故。事故责任和赔偿比例的关系见表8-5。

表 8-5　事故责任和赔偿比例的关系

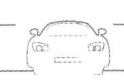

当事人	事故责任	赔偿权利	赔偿义务	赔偿比例	举证责任
A 车驾驶人	主要		有	70%	
B 车驾驶人	次要		有	30%	
C 车驾驶人	无				
C 车驾驶人家属		有			有
B 车保险公司			有		有

上述事实由 C 车驾驶人亲属提供的如下证据予以证实：（1）受理交通事故案件登记表；（2）交通事故现场图；（3）交通事故现场摄影、摄像；（4）交通事故现场勘查笔录；（5）当事人询问笔录、陈述材料及证人证言；（6）某高速路段下行监控视频；（7）乙司法鉴定意见书、丙鉴中心鉴定意见书。

事故发生后，某村村委会出具证明，证实某村村民即 C 车驾驶人，男，汉族，身份证号×××，C 车驾驶人现有母亲甲，父亲乙，其父母共有三个子女，为长子丙、次子丁、三女戊（现出嫁，户口已迁出）。以上三人与 C 车驾驶人系亲属关系。

B 车的交强险和商业险保险期间自 2022 年 3 月 22 日 0 时 0 分始至 2023 年 3 月 21 日 24 时 0 分止。由于在疫情期间，B 车没有及时投交保险，而是到 2023 年 3 月 25 日签单日，B 车再次投保，其交强险和商业险保险期间自 2023 年 3 月 27 日 0 时 0 分始至 2024 年 3 月 26 日 24 时 0 分止。

C 车驾驶人家属向法院起诉，请求判令 B 车保险公司在承保责任范围内承担赔偿。

B 车保险公司辩称，B 车属于货车，不应当享受延保政策，故其不应当在商业险内承担本案赔偿责任。B 车保险公司提供以下证据：（1）中国保险监督管理委员会关于中国保险行业协会调整机动车交通事故责任强制保险费率的批复。（2）中国保险行业协会机动车商业保险示范条款。（3）机动车交通事故责任强制保险单。（4）关于开展全国车险信息平台商业车险延期版本在某地区正式上线工作的函。上述证据可以互相印证，证明案涉车辆属于货车，按照相关规定，其不属于家庭自用客车的范围，所以不应当享受延保政策。

📝 法院认为

经核查，对上述证据的真实性予以确认，但上述证据仅能证明存在相应的行业规范，不足以证明 B 车不应当享受延保政策。

本案中，B 车商业险截止日期为 2023 年 3 月 21 日 24 时 0 分，后在 2023 年 3 月 25

日签单续保，而本案事故发生在 2023 年 3 月 24 日。因此，案涉车辆是否享受延保政策决定 B 车保险公司是否应当承担本案相应责任。某自治区保险行业协会出具的某保协函〔2022〕157 号《关于征求 2022 年新某某情静态管理期间车险纾困措施工作实施方案意见的通知》载明"对静态管理期间停驶的家庭自用车按照车辆在静态管理期间内商业车险保单有效天数，给予相等天数保单延期，最长延长期间不超过 90 天。"对于该通知中的"家庭自用车"，B 车保险公司认为 B 车为非营业货车，不属于"家庭自用车"范畴，但就其提供的证据中对车辆的分类来看，并不足以与通知中的"家庭自用车"一一对应，故对其主张法院不予认可。《最高人民法院关于适用〈中华人民共和国民事诉讼法〉的解释》第 90 条规定，当事人对自己提出的诉讼请求所依据的事实或者反驳对方诉讼请求所依据的事实，应当提供证据加以证明，但法律另有规定的除外。在作出判决前，当事人未能提供证据或者证据不足以证明其事实主张的，由负有举证证明责任的当事人承担不利的后果。据此，B 车保险公司应当承担举证不能的不利后果。综上所述，B 车保险公司的主张不能成立，需要在商业险责任范围内承担赔偿责任。

总　结

本案中，受害人家属提供交通事故现场摄影、摄像、监控、鉴定意见书等证据来支持自己的主张。而保险公司认为其不应当在交强险范围内承担赔偿责任，并提供了保险单、商业保险示范条款、商业车险延期版本在当地正式上线工作的函等证据，来支持自己的主张。

06 交通事故证据的保全

专业解答

证据保全，是指在证据有可能毁损、灭失，或以后难以取得的情况下，如证人将要出国或因病可能死亡，现场痕迹模糊甚至消失，物证可能会腐烂、变质或变形等，为了有效地利用证据认定案情，司法机关和有关机关必须采取措施对证据加以保全。

常见的证据保全方法大致分有三类，详见表 8-6.1。

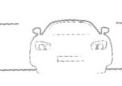

表 8-6.1　证据保全方法分类

类别	方法	说明
物证保全	提取原物	对于体积较小、便于移动的物证，可以直接提取原物。提取时要注意使用适当的工具和方法，避免对物证造成损坏。比如提取易碎物品时，要使用专门的防护包装
	封存原物	当物证不便搬运或者提取可能会影响其性质、状态时，可以采取就地封存的方法。封存过程要确保封存的完整性，记录封存的时间、地点、参与人员等信息。同时，要保证封存的环境条件不会对物证产生不利影响，如对于易受潮的物证，要保证封存环境的干燥
	拍照、录像	利用摄影、摄像技术对物证的外观、形态、位置等进行记录。在交通事故现场，对车辆的碰撞位置、损坏程度、道路上的刹车痕迹等进行拍照和录像。这些视听资料能够生动、形象地反映物证的情况。拍照和录像时要注意角度的全面性和准确性，保证能够清晰地展示物证的关键特征。同时，要记录拍摄的时间、拍摄人等信息，以确保其作为证据的合法性和真实性
书证保全	复印、复制	对于书证，如合同、文件、票据等，可以通过复印或者复制的方式进行保全。复印或者复制时要保证内容的完整性和准确性，核对原件和复印件、复制件的内容是否一致，并且要注明复制的时间、出处等信息
	扣押或者封存原件	扣押或者封存过程要严格按照法定程序进行，制作详细的清单，记录书证的名称、数量、特征等信息，并且要有相关人员的签字确认
	公证	公证是一种有效的书证保全方式。当事人可以将书证提交给公证机构，由公证机构对书证的真实性、合法性进行公证。公证机构出具的公证书可以作为书证保全的有力证据
证人证言保全	询问笔录	由执法人员或者相关工作人员对证人进行询问，并制作询问笔录。在笔录中要详细记录证人的基本信息、与案件的关系、证言的内容等。询问过程要遵循合法的程序，保证证人是自愿陈述，并且询问笔录制作完成后，要让证人核对内容并签字确认
	录音、录像	对证人证言进行录音或者录像。这种方式能够更加真实地记录证人的表情、语气等细节。录音录像设备要保证正常运行，并且要事先告知证人正在进行录音录像，取得证人的同意。同时，要对录音录像的时间、地点、参与人员等进行记录，以便作为证据使用时能够提供完整的背景信息

交通事故的证据保全，可以由诉讼参与人提出申请，也可以由人民法院根据需要主动采取。当事人在起诉前进行证据保全的，应当申请公证机关将所保全的证据，提交给受诉人民法院。当事人在起诉后申请证据保全，应由人民法院经过审查后作出是否准许的裁定。

按照法定程序保全的证据，法院在审判案件时是否采用，要以被保全的证据对案件是否符合真实性、关联性以及合法性来决定。

第八章 交通事故的证据

案例链接 （2024）云 01 民终 2557 号民事判决书

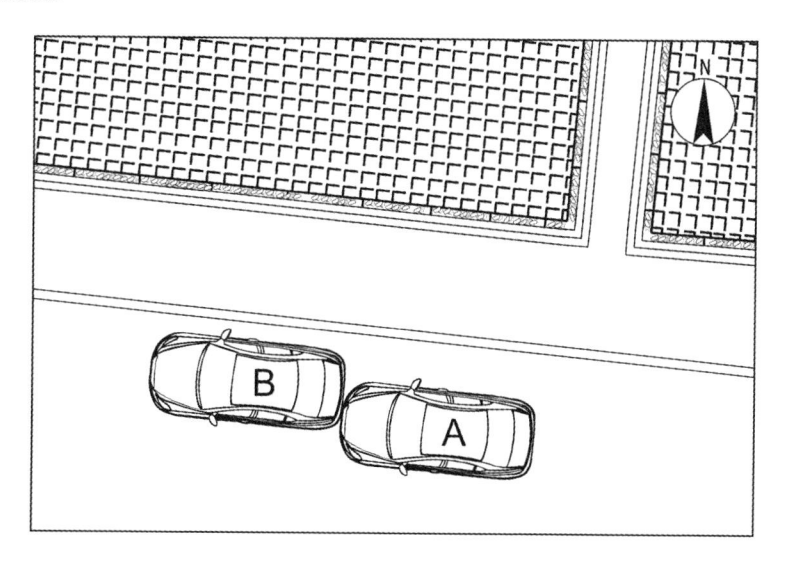

如图所示，20××年5月11日，A车驾驶人驾驶A车，在某道路辅路与前方行驶的B车发生交通事故，致B车驾驶人轻微受伤、两车受损。事故责任和赔偿比例的关系见表 8-6.2。

表 8-6.2　事故责任和赔偿比例的关系

当事人	事故责任	赔偿比例	保全项目
A 车驾驶人	全部	100%	
B 车驾驶人	无		B车维修前现状、维修报价、需要更换维修的配件清点，维修后现状及维修结算单等事项

事故发生后，A车保险公司工作人员对B车进行定损时，认为该车不具备修复价值，拒绝定损。B车驾驶人、A车驾驶人及A车保险公司协商未果后，B车驾驶人于同年6月27日向A车驾驶人发出了律师《告知函》并进行了公证，要求A车驾驶人自收到《告知函》之日起5日内联系并配合B车驾驶人到4S店现场，共同对车辆需维修或更换的部件及费用进行逐一确认，并沟通赔偿事宜等。A车驾驶人针对该《告知函》未予以书面回应。B车驾驶人遂将B车交由某修理厂公司进行维修，于次年1月11日完成维修。其间，B车驾驶人对B车维修前现状、维修报价及需要更换维修的配件清点等事项进行了公证。完成维修后，B车驾驶人向某公证处申请证据保全，就B车维修后现状及维修结算单进行了公证。

法院根据B车驾驶人提供的车辆维修单和保全的证据，对车辆实际维修金额予以认定，判令A车保险公司赔偿B车驾驶人的相关损失。

📝 总　结

本案中，当事人通过向公证处申请证据保全，使自己在向侵权人主张车辆损失赔偿时，能够提供有效证据，以支持自己的主张。

07 交通事故的证据交换

专业解答

证据交换，是指在交通事故诉讼过程中，在开庭审理前，由法院组织双方当事人将各自持有的证据向对方展示的一种诉讼活动，它是民事诉讼中的一个重要环节。

一、证据交换的目的

1. 明确争议焦点

通过交换证据，双方当事人可以清楚地了解对方的证据情况，从而找出双方在事故责任划分、赔偿范围、赔偿主体、赔偿方法及赔偿金额等方面的争议点。如一方认为事故是由于对方超速行驶导致的，而在证据交换后发现对方提供了车速符合规定的证据，那么双方就可以围绕车速的准确性以及其他可能的事故原因展开进一步的协商。

2. 促进案件和解

当双方当事人充分了解彼此的证据后，对于案件的事实和各自的责任会有更清晰的认识，这有助于双方对赔偿金额等问题进行理性的协商。如果一方当事人意识到自己的证据存在不足，可能会更倾向于接受合理的和解方案，有利于案件及时解决。

二、证据交换的时间和地点

1. 时间

通常由法院或相关调解机构根据案件的复杂程度和审理进度来确定。一般来说，证据交换会在案件受理后的一定期限内进行，以确保双方有足够的时间准备证据，同时也不会过度拖延案件的审理。例如，在交通事故诉讼中，法院可能会在立案后的30~60天内安排证据交换。

2. 地点

一般在法院的特定法庭或调解室进行，也可以在双方当事人协商一致且经法院认可的其他地点，如律师事务所等地进行。

三、参与人员

1. 双方当事人或其代理人

当事人本人可以亲自参与证据交换，直接了解对方的证据并发表意见。如果当事人委托了律师作为代理人，律师可以代表当事人进行证据交换，并根据法律专业知识对对方的证据质疑和反驳。如在证据交换过程中，律师可以针对对方证据的"三性"，即真实性、关联性以及合法性进行深入分析，发现和指出其中存在的问题。

2. 法官或调解员

法官或调解员在证据交换过程中起到主持和监督的作用。他们确保证据交换的程序合法、有序进行，防止双方当事人发生冲突或出现违反证据交换规则的行为。同时，法官或调解员也可以在双方当事人对某些证据存在争议时，及时进行调解和引导，促使双方理性地对待证据交换过程。

四、证据交换的流程

1. 证据展示

双方当事人按照一定的顺序（通常是先原告后被告）逐一展示自己准备的证据。在展示过程中，需要对证据的来源、证明内容等进行简要说明。例如，原告可以出示事故现场的照片，说明照片是由自己在事故发生后第一时间拍摄的，能够证明事故车辆的碰撞位置和现场道路状况。

2. 证据质证

在一方展示证据后，另一方可以对该证据质疑和质证。质证的内容包括对证据的真实性、合法性和关联性等方面进行分析。如被告对原告提供的医疗费用单据提出质证，认为其中某些费用与交通事故无关，是治疗原告原有疾病的费用。

3. 记录与确认

在证据交换过程中，书记员会对双方展示的证据、质证意见等进行详细记录。交换结束后，双方当事人需要对记录的内容进行确认，如果有异议可以当场提出并进行修正。

08 交通事故证据的分析和判断

专业解答

在交通事故中，证据的"三性"即客观真实性、关联性和合法性，是判断证据是否有效的关键要素。无论在调解阶段还是在诉讼阶段，交通事故证据的"三性"分析对于赔偿责任的确认和划分都尤为重要。交警、调解员、法官都需要对当事人提交的证据进行审查，确定这些证据的真假。《民事诉讼法》第67条规定，人民法院应当按照法定程序，全面地、客观地审查核实证据。《刑事诉讼法》第50条中规定，证据必须经过查证属实，才能作为定案的根据。审查证据的"三性"（真实性、关联性以及合法性），一方面要进行个别审查，就是从证据的本身进行审查，如该证据与案件是否有关系，鉴定报告的结论所依据的资料是否可靠等；另一方面要对全部证据进行综合审查，分析它们之间是否有矛盾，确定它们的证明效力。《民事诉讼法》第78条规定："人民法院对当事人的陈述，应当结合本案的其他证据，审查确定能否作为认定事实的根据。当事人拒绝陈述的，不影响人民法院根据证据确定对案件事实的认定。"

个别审查和综合审查，通常是同时进行的。

案例链接 （2024）浙01民终×××号民事判决书

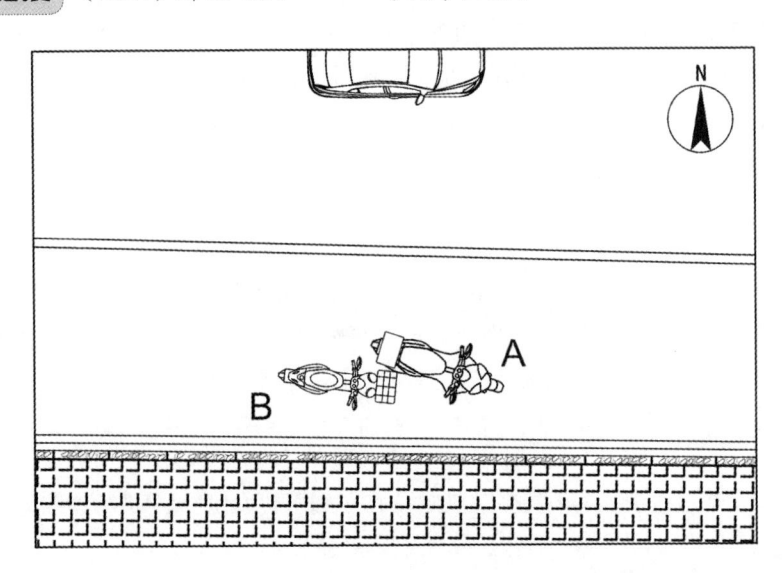

如图所示,20××年3月26日,A车驾驶人驾驶无号牌电动两轮轻便摩托车A由西向东行驶至某路段,超越同向右侧行驶的电动车B时发生碰撞,造成B车驾驶人受伤。交警认定,A车驾驶人未取得机动车驾驶证驾驶依法不予登记的机动车上道路行驶,超越前车时未确保安全,是造成交通事故发生的根本原因。事故责任和赔偿比例的关系见表8-8。

表8-8 事故责任和赔偿比例的关系

当事人	事故责任	赔偿权利	赔偿义务	赔偿比例
A车驾驶人	全部		有	100%
B车驾驶人	无	有		

在赔偿诉讼的法院庭审中,A车驾驶人先对《事故认定书》的认定有异议,其次认为B车驾驶人的伤残鉴定过程存在违反法定程序的情形。A车驾驶人提交鉴定时照片2张、微法院截图1页、企业基本信息与公司章程各1份来证明其鉴定报告不具有法律效力。

法院认为

法院针对A车驾驶人的意见一一进行回应:(1)现A车驾驶人认为B车驾驶人存在加装挡风被、尾箱的交通违法行为,应承担事故责任。对此,根据交警部门拍摄的案涉车辆照片及B车驾驶人陈述,案涉交通事故发生时,B车确装有挡风被及尾箱,但缺乏证据证明该电动自行车装有挡风被及尾箱系造成案涉交通事故的原因之一,故A车驾驶人对上述事故责任认定提出的异议,法院不予采信。

(2)本案中,经法院委托,鉴定机构对B车驾驶人伤残等级及"三期"进行了重新评定,作出《司法鉴定意见书2》。现A车驾驶人对上述鉴定意见提出多项异议,法院逐一评析如下:①关于鉴定材料问题。本案诉前调解阶段,B车驾驶人申请重新鉴定时将某司法鉴定机构作出的有关B车驾驶人的《司法鉴定意见书1》作为鉴定资料提交;A车驾驶人对该材料予以质证,表示不同意作为检材;对此,法院已告知双方当事人相关材料是否作为鉴定材料由法院依法作出决定,最后以鉴定报告为准。现鉴定机构确将其所做的《司法鉴定意见书1》作为"鉴定材料"记载于《司法鉴定意见书2》,其向法院发函说明:"我中心出具的鉴定意见书中,将被鉴定人B车驾驶人的'原鉴定结论'载入在'基本案情'中,目的是反映委托方委托事项的实际情况与重新鉴定的要求,不作他用。"而《司法鉴定意见书2》的"鉴定过程""分析说明"均未见该次鉴定受甲司鉴所《司法鉴定意见书1》影响,与上述函的内容相互印证。②关于鉴定人是否参与鉴定及签名问题。根据《司法鉴定意见书2》"鉴定过程"记载,该机构鉴定人依照相关规范对B车驾驶人进行检验并对其影像片进行审阅。本案中，A车驾驶人虽提交了鉴定时照片2张，但该证据尚不足以证明鉴定人员并未实际参与本案鉴定工作。《司法鉴定程序通则》第37条规定："司法鉴定意见书应当由司法鉴定人签名。多人参加的鉴定，对鉴定意见有不同意见的，应当注明。"案涉司法鉴定的鉴定人，在该鉴定意见书中落款签名，符合上述规定。综上，A车驾驶人对《司法鉴定意见书2》所提异议，本院均不予采信。

总　结

本案中，面对当事人的异议和提交的证据，法院从真实性、合法性、关联性方面一一作出分析与解答。

09 交通事故常用证据目录表

序号	证据名称	证据来源	证明目的
1	《交通事故认定书》	××公安局交警大队	原、被告双方于××（时间）发生交通事故的事实及双方责任（被告承担××责任，原告承担××责任）
2	驾驶证、行驶证、保险单复印件	被告、××交警大队	被告主体适格
3	身份证、户口簿、死亡证明、亲属关系证明	原告、公安机关、村委会、居委会	原告主体适格
4	出院记录、诊断证明书、医疗费票据、费用清单	医院	原告因发生交通事故住院的事实、住院治疗情况及医疗费用的支出
5	伤残司法鉴定意见书	鉴定机构	原告伤残等级以及"三期"（误工期、护理期）期限
6	车辆损失评估意见书	鉴定机构	原告车辆损失情况、维修项目、维修费用
7	鉴定费票据	鉴定机构	原告的各项鉴定费用支出
8	误工证明、营业执照复印件	如实提供	原告的误工费损失
9	护理人员工资证明、护理合同	如实填写	原告护理期间产生的护理费用
10	残疾辅助器具费发票	××有限公司	原告因事故需残疾辅助器具费用支出
11	交通费票据	如实填写	原告因交通事故产生的交通费用支出
12	住宿费票据	如实填写	原告因交通事故产生的住宿费用支出
13	……	……	……

CHAPTER 9

第九章

交通事故赔偿的自行协商与调解

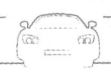

01 交通事故赔偿的自行协商

> **专业解答**

1. 自行协商的原则

自行协商需要坚持自愿原则，这是进行自行协商的法律基础。民法中的自愿原则是指民事主体在法律允许的范围内，根据自己的意愿自由地设立、变更或终止民事权利和义务的原则。简单来说，只要交通事故中的双方当事人是自愿的且不违反其他法律，不危害他人利益、不胁迫和欺诈他人，双方当事人就可以针对该交通事故案件自行商讨解决方案并履行。如在一起交通事故中，按照法律规定和现行的赔偿标准计算，甲应当赔乙 20 万元，但是甲、乙经过协商，甲愿意赔给乙 25 万元，那么在不违法、不妨碍他人利益的情况下，甲就可以支付给乙 25 万元。但是，如果甲仅剩下 25 万元财产，且甲还欠丙 10 万元，甲、乙协商，甲先赔偿乙 25 万元，乙再私下还给甲 45000 元，这种做法显然损害了丙的利益，那么这样的协商是无效的，丙也有权提出异议。或者甲乙之间有不正当利益往来，甚至交通事故都是甲乙故意制造的，这时甲愿意"赔偿"乙 150 万元，这种协议也是无效的，甚至是违法的。

2. 与保险公司的协商

肇事车辆购买保险的，需要和保险公司联系。如果对方当事人不愿意提供保险公司信息，可以去处理该案件的交警部门拿保险单，然后带着交通事故认定书和保险单直接找保险公司。联系上保险公司后，会有一位理赔员上门对接，之后和他商谈赔偿即可。

需要注意的是，在实际生活中，有些理赔员会要求受害人前往指定的医院就医，称在该医院的治疗费用保险公司会全额赔付，而在其他医院治疗的，赔偿起来会比较麻烦。此时，如果受害人前往这种医院治疗，可能会有较大风险。首先，指定医院的医疗水平未知，不确定是否有理想的治疗效果。其次，如果自行协商失败，受害人要打官司时，保险公司可能质疑受害人的医疗费用是否合理。所以，交通事故中，受害人应该按照自己的意愿，尽可能本着利于伤病治疗的原则选择医院机构。

协商之前需要清楚赔偿项目，估算出各项赔偿数额，做到心中有数。理赔员根据受害人提交的证据计算赔偿时，可以适当给予纠正。等理赔员给出计算的赔偿金额后，就可以开始协商了。对于医疗费、残疾辅助器具、财产损失等有明确发票且合理的赔偿就按照发票计算。营养费、住院伙食补助费等无发票的受害人可以做出适当让步。误工费则主要根据受害人的证据是否充足来判断，如果误工费证据十分充足，就按照实际损失的要求赔偿；如果证据不充足，可以适当让步；如果没有证据就按照地方年人均可支配收入主张。死亡赔偿金、被抚养人生活费、丧葬费等都有固定的赔偿标准。交通住宿费金额较小，一般依照理赔员的意见。在各个赔偿项目都计算完后，受害人和理赔员再进行整体讨论，通常情况下可能还要再减少。

3. 自行协商的效力

和解协议一般不具有强制执行力，全凭双方当事人自觉履行。如果当事人想要更加稳妥，可以进行司法确认。司法确认程序是民事诉讼法规定的一种特别程序，是依据双方当事人的申请，对当事人在诉讼程序之外达成的民事调解协议进行自愿性、合法性的审查，并赋予其强制执行力的非讼程序。根据《人民调解法》第33条和《最高人民法院民事诉讼程序繁简分流改革试点实施办法》第3条的规定，双方当事人可以自调解协议生效之日起30日内共同向人民法院申请司法确认。《民事诉讼法》第206条规定，人民法院受理司法确认申请后，经审查，符合法律规定的，裁定调解协议有效，一方当事人拒绝履行或者未全部履行的，对方当事人可以向人民法院申请执行。不符合法律规定的，裁定驳回申请，当事人可以通过调解方式变更原调解协议或者达成新的调解协议，也可以向人民法院提起诉讼。

进行司法确认后，如果对方没有执行的迹象，可以向法院申请司法确认或直接提起诉讼。判决下达后，受害人可凭司法确认裁定或判决书、调解书向法院申请执行。

02 交通事故赔偿的自行协商的范围及注意事项

> **专业解答**

出于各种原因，并不是所有的交通事故都可以自行协商，像事故重大、损伤严重、事故认定有异议等情况，一般不能通过自行协商解决。因此，需要明确自行协商的范围和注意事项，才能更好地维护自己的利益。

《道路交通事故处理程序规定》第13条规定，"发生死亡事故、伤人事故的，或者发生财产损失事故且有下列情形之一的，当事人应当保护现场并立即报警：（一）驾驶人无有效机动车驾驶证或者驾驶的机动车与驾驶证载明的准驾车型不符的；（二）驾驶人有饮酒、服用国家管制的精神药品或者麻醉药品嫌疑的；（三）驾驶人有从事校车业务或者旅客运输，严重超过额定乘员载客，或者严重超过规定时速行驶嫌疑的；（四）机动车无号牌或者使用伪造、变造的号牌的；（五）当事人不能自行移动车辆

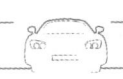

的;(六)一方当事人离开现场的;(七)有证据证明事故是由一方故意造成的。"

也就是说,自行协商的范围应当排除上述规定的情形,能够进行自行协商的需要满足未造成人员伤亡或损伤程度很轻、财产损失较轻微、当事人对事实及成因无争议这三个条件。如在一些轻微的追尾、刮蹭事故中,事故仅导致车辆表面的轻微划痕、小面积的凹陷,双方当事人都清楚事故是如何发生的,对于事故的责任划分没有异议,也没有造成任何人员伤亡的,这时就可以选择自行协商。

一、自行协商的注意事项

1. 保持理智冷静

发生事故后不要过于情绪化,避免与对方发生争吵甚至肢体冲突,否则可能会使原本简单的事故变得复杂,还可能导致重要证据灭失或引发其他麻烦。要以平和的心态与对方协商解决问题,共同找到一个双方都能接受的解决方案。

2. 及时保存证据

事故发生后一定要及时保存相关证据,避免之后出现说不清、没证明的问题。对此通常可以采用拍照、保留相关文件等方式来保存证据。

(1)拍照取证。在自行协商前,要对事故现场、车辆损伤部位、车辆位置等进行拍照,照片要清晰地反映出事故的全貌和细节,以便后续作为证据使用。如拍摄车辆碰撞的部位、角度,以及事故现场的道路情况、交通标志等。

(2)保留相关文件。保留好与事故相关的文件,如驾驶证、行驶证、保险单等,同时可以要求对方提供相关证件的复印件,以备后续可能的需要。

3. 不要轻易承诺

在未完全了解事故损失和责任的情况下,当事人不要轻易对对方做出赔偿承诺或签署相关协议。如需要赔偿车辆损失的,当事人应该对车辆的损伤情况进行仔细检查和评估,如果自己不确定,可以咨询专业的汽车维修人员或保险公司的定损员。

4. 核实对方身份信息

事故发生后一定要确认对方的身份信息是否真实有效,包括姓名、身份证号码、联系方式、驾驶证等。如果对方驾驶的是单位车辆,还需要了解其单位信息等,以便在后续出现赔偿金没有全部支付等问题时能够及时找到对方。

5. 明确赔偿事项

在协商赔偿时,双方当事人要明确赔偿的项目和金额,包括车辆维修费用、受伤人员医疗费用、误工费用等。对于赔偿的方式和时间也要进行明确约定，如是一次性支付还是分期支付，是现金支付还是转账支付，支付的具体时间等。如果赔偿数额巨大（20万元以上）的不建议自行协商。另外在实践中，社会保险已报销的医疗费不计入赔偿范畴，但是如果受害人投保了商业险，如人身意外伤害险，且已赔付的，侵权人不应抵扣这部分赔偿款。

6. 签订书面协议

自行协商时一定要签订书面的协议，协议中要详细记录事故的时间、地点、当事人信息、事故经过、责任划分、赔偿金额及方式等内容。双方当事人要在协议上签字确认，并且各自保留一份协议原件。

7. 及时告知保险公司

即使选择了自行协商，也应当及时告知保险公司事故的情况。有些保险公司可能要求在一定时间内报案，如果超过了报案时间，可能会影响到保险理赔。及时告知保险公司事故情况，也能让当事人准确地了解事故自行协商后的理赔流程和需要准备的材料。

8. 谨慎对待人员受伤情况

如果事故中有人员受伤，尽量不要先轻易自行协商。因为有些损伤可能在事故发生一段时间后才会显现出来，特别是一些内伤。一旦自行协商后发现伤情严重的，后续的治疗和总的赔偿数额都会发生变化，这时再向另一方当事人要求补偿，其难度会大大增加。所以事故中有人员受伤的，不管受伤程度怎么样，建议及时去医院检查，确保伤情无大碍后再考虑是否自行协商。

总　结

自行协商没有一个固定的标准，只要最后的赔偿金额、支付方式与支付时间双方都满意即可。达成协议之后，双方当事人签订书面和解协议，自行协商就结束了。

03 交通事故调解流程

专业解答

如果当事人无法自行协商，可以通过交通事故调解来解决纠纷。根据《交通事故

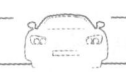

处理程序规定》第 84 条规定，"当事人可以采取以下方式解决道路交通事故损害赔偿争议：（一）申请人民调解委员会调解；（二）申请公安机关交通管理部门调解；（三）向人民法院提起民事诉讼。"

以下是各个方式的调解流程：

一、交警部门调解

交警部门调解，即公安机关交通管理部门调解。

1. 提出调解申请

交通事故损害赔偿权利人和义务人一起请求公安机关交通管理部门调解损害赔偿的，可以自收到交通事故认定书之日起 10 日内申请书面调解。申请时需填写相关的调解申请表，并提交必要的材料，如身份证明、交通事故认定书等。

2. 确定调解参与人员

公安机关交通管理部门会确定调解的时间、地点，并通知事故双方当事人及相关人员参加调解。一般来说，每一方参加调解的人数不得超过 3 人，包括道路交通事故当事人及其代理人、道路交通事故车辆所有人或者管理人等。

3. 调解前的准备

调解开始前，交警会向当事人告知道路交通事故各方当事人的权利和义务，确保当事人了解调解的程序和自己的权益。

4. 进行调解

（1）听取陈述。当事人各方陈述事故发生的经过、自己的诉求以及对事故责任的看法等。

（2）确定责任。交警根据道路交通事故认定书认定的事实以及《道路交通安全法》第 76 条的规定，确定当事人承担的损害赔偿责任。

（3）计算赔偿数额。依据相关法律和司法解释，计算人身损害赔偿和财产损失的总额，确定各方应分担的数额。人身损害赔偿标准按照《人身损害赔偿解释》执行，财产损失的修复费用、折价赔偿费用按照实际价值或者评估机构的评估结论计算。

（4）协商赔偿方式和期限。当事人在交警的主持下，协商赔偿的履行方式和期限，如一次性支付、分期支付等。

5. 达成协议或终止调解

（1）达成协议。如果当事人经协商达成一致意见，公安机关交通管理部门会制作调解书，由各方当事人签名，分别送达各方当事人。调解书经双方当事人签字后生效，对双方具有法律约束力。

（2）未达成协议。调解期满后未达成协议的，公安机关交通管理部门应当制作调解终结书，发送给各方当事人，调解终结书应当载明未达成协议的原因。当事人可以选择向人民法院提起民事诉讼来解决纠纷。

二、人民调解委员会调解

1. 申请调解

当事人可以向事故发生地的人民调解委员会提出调解申请，提交书面申请材料，说明事故的基本情况、争议焦点和调解请求。

2. 受理申请

人民调解委员会对申请进行审查，如果符合受理条件，会予以受理，并确定调解的时间和地点。

3. 开展调解

人民调解委员会会选派经验丰富、专业能力强的调解员主持调解。调解过程与公安机关交通管理部门调解类似，包括听取当事人陈述、分析事故责任、计算赔偿数额、协商赔偿方式等。

4. 签订调解协议

如果当事人达成一致意见，人民调解委员会会制作调解协议书，双方当事人签字确认。调解协议书具有民事合同的法律效力，当事人应当按照协议约定履行各自的义务。

三、法院调解

1. 提起诉讼

当事人向有管辖权的人民法院提起民事诉讼，法院受理案件后，会根据案情情况决定是否进行调解。

2. 组织调解

如果法院决定进行调解，会安排法官或法院聘请的调解员组织双方当事人进行调

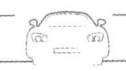

解。调解过程中,法官或调解员会引导当事人进行协商,提出合理的解决方案。

3. 达成调解协议

如果当事人在法院的主持下达成调解协议,法院会制作调解书,经双方当事人签收后生效。调解书具有法律效力,如果一方当事人不履行调解书确定的义务,另一方当事人可以申请法院强制执行。

4. 未达成调解协议

如果当事人无法达成调解协议,法院会依法进行审理,并作出判决。

案例链接

20××年9月,A车驾驶人无驾驶证驾驶无号牌、无保险的装载机A在甲公司门口向外倒建筑垃圾时,将由东向西正常乘骑两轮电动车B的B车驾驶人碾轧致死。当事人过错行为、事故责任和赔偿比例的关系见表9-3。交警认定责任后第一时间通知交通事故纠纷人民调解委员会提前介入配合做好调解工作。

表9-3 过错行为、事故责任和赔偿比例的关系

当事人	过错行为	事故责任	赔偿比例	调解情况
A车驾驶人	无证驾驶无牌机动车	全部	100%	
B车驾驶人		无		
人民调解委员会				调解成功

调解员首先对双方当事人的身份信息进行核实,告知双方在人民调解中的权利和义务,详细了解了事故的时间、地点及过程,受害人年龄及第一顺序继承人的基本情况,了解双方当事人的基本诉求,开展了调解前期的调查询问工作。

调解员在调查询问过程中了解到,B车驾驶人家属认为,在本次事故中,A车驾驶人承担全部责任、B车驾驶人无责任,故要求A车驾驶人赔付全部损失。在询问A车驾驶人时,A车驾驶人认为,车虽然是他开的,但车是A车驾驶人所属单位甲公司的,事故时其是在执行职务,应由甲公司赔偿。甲公司负责人认为,车是公司的,但车是A车驾驶人未经公司同意偷开的,赔偿应由A车驾驶人个人承担,公司不予赔偿。

调解员在仔细询问案情以后,找到了矛盾症结所在:一是赔偿金额;二是赔偿责任主体。

关于赔偿金额的计算,调解员帮助B车驾驶人家属计算出赔偿金数额,B车驾驶人家人对赔偿金额予以认可。

在确定了赔偿金额后,调解员开始做A车驾驶人和甲公司负责人的工作。调解

员先找到 A 车驾驶人，并请他的儿子和女儿一同参加，调解员向他们详细阐释了《刑法》第 133 条规定："违反交通运输管理法规，因而发生重大事故，致人重伤、死亡或者使公私财产遭受重大损失的，处三年以下有期徒刑或者拘役；交通运输肇事后逃逸或者有其他特别恶劣情节的，处三年以上七年以下有期徒刑；因逃逸致人死亡的，处七年以上有期徒刑。"根据法律规定，A 车驾驶人承担事故全部责任，且致 1 人死亡，可能涉嫌交通肇事罪，A 车驾驶人在事故中不仅需要承担民事赔偿，可能还要负刑事责任。如果积极赔偿，取得 B 车驾驶人家属的谅解，可以争取法院从轻或者减轻处罚，调解员也会对甲公司进行劝说沟通，看能不能由甲公司作为用人单位承担一部分赔偿责任。A 车驾驶人和家人最终同意了调解员的方案。

调解员又找到甲公司负责人。调解员表示，A 车驾驶人开的装载机属于公司所有，装载机未办理牌照，未购买相应的保险，已经违反了《道路交通安全法》的相关规定，另外，甲公司对车辆管理疏忽，也有不可推卸的责任。经过调解员耐心调解，甲公司负责人经过权衡利弊同意了调解员的方案，答应承担一部分赔偿金。

最后，调解员再次组织 B 车驾驶人家属、A 车驾驶人、甲公司开展现场调解，各方签订调解协议，B 车驾驶人家属给 A 车驾驶人出具书面谅解书。[①]

总　结

本案中，交通事故发生后，交警第一时间通知交通事故纠纷人民调解委员会介入，经过调解员的努力帮助与调解，最终当事人双方都得到了较为满意的结果。

04　无关人员旁听交通事故赔偿的调解

专业解答

按照《交通事故处理程序规定》第 87 条规定，道路交通事故损害赔偿调解应当公开进行，但当事人申请不予公开的除外。

也就是说，一般情况下，交通事故的调解过程允许其他无关人员旁听。因调解过程可能会涉及当事人的隐私和具体赔偿数额，当事人希望能在相对私密的环境中进行，确保其充分表达自己的意见和诉求，放心地进行协商谈判，这种情形下可以申请不予公开。

[①] 本案来自中国法律服务网司法行政案例库，载 https：//alk.12348.gov.cn/Detail?dbID=48&dbName=RTHZ&sysID=34933。

05 调解的条件

> 专业解答

交通事故调解需要满足以下三个条件才能够顺利进行。

一、事故基本情况明确

1. 责任认定清晰

交通事故必须经过交警部门进行责任认定，且双方当事人都认可交警部门的责任认定结果，对责任划分无重大争议。

2. 损失确定

交通事故造成的损失应当有一个较为准确的数额，包括车辆损失、人员伤亡情况以及其他财产损失等。

二、当事人自愿原则

1. 双方主动申请

调解必须是事故双方当事人一起自愿提出申请，或一方申请另一方同意调解。不能由一方强迫另一方进行调解。如双方当事人可以共同向交警部门、人民调解委员会或者法院提出调解申请，表明他们希望通过调解的方式解决纠纷。

2. 积极接受调解

在调解过程中，当事人应积极配合，真诚地参与协商，表达自己的真实意愿和诉求。

三、合法合规

1. 调解主体合法

调解应当由具有合法调解资格的机构或人员主持进行。公安机关交通管理部门、人民调解委员会以及法院都是合法的调解主体。

2. 调解依据合法

调解过程必须依据相关法律法规进行，确保调解结果的合法性。例如，在确定赔

第九章 交通事故赔偿的自行协商与调解

偿数额时，要依据《道路交通安全法》《民法典》《保险法》等以及相关司法解释等法律法规，计算人身损害赔偿和财产损失赔偿的标准和范围。不能超出法律规定的范围进行调解，更不能违反法律规定达成调解协议。

06 交通事故赔偿的调解开始时间

专业解答

《程序规定》第90条规定，"公安机关交通管理部门受理调解申请后，应当按照下列规定日期开始调解：（一）造成人员死亡的，从规定的办理丧葬事宜时间结束之日起；（二）造成人员受伤的，从治疗终结之日起；（三）因伤致残的，从定残之日起；（四）造成财产损失的，从确定损失之日起。公安机关交通管理部门受理调解申请时已超过前款规定的时间，调解自受理调解申请之日起开始。公安机关交通管理部门应当自调解开始之日起十日内制作道路交通事故损害赔偿调解书或者道路交通事故损害赔偿调解终结书。"

治疗终结，一般是指受伤者的病情经过治疗后，达到了医学上认为不需要再继续治疗的程度，如骨折后的骨头愈合、伤口拆线且恢复良好等情况。

定残，是指经过法定的伤残鉴定机构对伤者的伤残程度进行评定，并出具伤残鉴定报告的日期。

确定损失，是指对交通事故中涉及的车辆损坏、物品损毁等财产损失的情况进行评估、定损，明确具体的损失金额。

07 交通事故赔偿中不适用调解的情形

专业解答

交通事故中不适用调解的情形主要有以下几种：
（1）当事人对道路交通事故认定有异议的。
（2）拒绝在事故认定书上签名的。
（3）当事人不同意调解的。如一方认为自己在事故中不应承担主要责任，而交警

419

的认定结果与之相悖，此时无法在双方对责任认定有异议的情形下进行调解。

（4）当事人提供不出交通事故证据，或因现场变动、证据灭失，导致交通交警无法查证交通事故发生经过、无法进行责任划分的，这种交通事故就不具备调解的条件。

（5）驾驶人无有效机动车驾驶证。

（6）交通事故中存在肇事逃逸等犯罪行为的。

（7）有酒驾、吸毒驾驶等严重违法行为的。酒驾、毒驾等行为严重危害公共交通安全，一旦发现驾驶人有此类嫌疑，必须依法进行调查和处罚，相应的交通事故不能调解。

（8）造成重大伤亡且有重大争议的。这类情形不适用调解来解决问题，需要通过诉讼等法律途径解决。

（9）涉及损坏碰撞建筑物、公共设施或者其他设施且未处理完毕的。

（10）单方事故等。

08 交通事故赔偿调解协议的效力

专业解答

调解协议书经双方当事人签名或者盖章后生效，对双方当事人具有约束力，当事人应当履行。从性质上说，调解协议书是双方在自愿的基础上达成的，是双方意思表示一致的结果，具有合同效力。同时，其又是在公安交管部门、人民调解委员会或法院主持下达成的调解协议，因此具有一定的法律约束力。

实际生活中存在受害人因交通事故受伤住院，无法签署调解协议书的情况。这时，通常由受害人的家属签署调解协议书。为了确保家属代签的调解协议合法有效，受害人需要通过书面委托等形式授权表明由家属代为处理交通事故赔偿事宜并签订协议，或者在家属签订调解协议后，受害人通过书面等形式对家属代签的赔偿协议予以追认，明确表示认可该协议。

但是，如果存在以下几种情形的，由受害人家属代签的调解协议可能无效：

（1）受害人无授权且不认可。如果家属在没有任何授权的情况下代签赔偿协议，且受害人明确表示不认可该协议内容，那么此协议通常不具有法律效力。因为在这种情况下，家属的代签行为不能代表受害人的真实意思表示。

（2）调解协议内容对受害人不利。如果调解协议内容对受害人不利，像赔偿金额远低于受害人实际损失的,即使是家属代签,受害人也可以在一定期限内请求人民法院撤销该协议。

(3)存在重大误解。如果受害人家属在签订协议时存在重大误解,如对受害人的伤情严重程度、赔偿项目和标准等存在错误认识,导致签订的赔偿协议与实际情况相差甚远,那么受害人可以请求人民法院变更或撤销该协议。

通常情况下,当事人不能反悔或者不履行调解协议书。但是存在当事人有法定的正当理由的;调解协议存在违反法律、行政法规等强制性规定的;调解有欺诈、胁迫等情形的,当事人可以向法院申请撤销该调解协议。在这种情况下,调解协议将不具有法律效力。

09 交通事故当事人达成调解协议后又反悔的处理

专业解答

交通事故发生后,若双方选择和解并达成一致,通常情况下一旦和解协议达成,便不允许轻易反悔。当事人如果对协议内容存在疑问或认为其有不合理之处时,可以先与对方当事人进行沟通协商来寻求解决方案,而非直接采取违约行为。

如果调解协议确实有不合理之处,如调解过程中可能因疏忽而导致赔偿金额出现重大偏差,或是赔偿金支付方式未能充分满足双方的实际需求,抑或当事人在仔细考虑后,可能会发现他们理应获得的赔偿远超过调解协议上所载的数额。面对这样的情况,应当坚守公平正义的原则,重新回到谈判桌前,进行新一轮的协商。无论是选择调解还是诉讼,初衷都是确保当事人能够获得应有的、合理的赔偿,而非单纯追求经济利益。因此,再次协商显得尤为重要,双方应当以开放的心态,充分倾听并表达各自的立场和需求,协商出一个更加公正、合理且双方都能欣然接受的解决方案。

如果当事人在调解成功后选择向法院申请出具调解书或进行司法确认,那么这份经过法律程序认可的调解书便具备了强制执行力,意味着双方均需严格遵守,不得轻易反悔。法院在出具调解书或进行司法确认的过程中,会严谨地审查双方达成的赔偿协议,确保其内容准确无误,保证赔偿金额的精确性以及支付方式的合理性,从而有效避免因金额误差或支付方式不当等后续问题引发的争议。通过这一系列的法律程序,法院实际上为调解协议提供了坚实的法律保障,消除了对方当事人事后反悔的可能性。因此,一旦调解书经司法确认生效,便具有了强制执行力,双方当事人均须无条件执行,无法再行反悔。

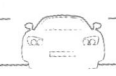

案例链接 （2022）粤14民终270号民事判决书

20××年3月25日，A车驾驶人在工地操作工程车A车时，因伸展的灌浆臂碰撞到在半山腰施工的工人甲，致甲受伤。事故发生时，A车驾驶人是乙公司的员工，A车登记所有人为乙公司。同年6月25日，甲与乙公司达成和解，签订《交通事故赔偿协议书》。《交通事故赔偿协议书》显示，20××年6月25日，乙公司与甲双方自愿达成如下协议：（1）乙公司一次性赔偿甲受伤医疗费、护理费、误工费、交通费、后续治疗费、精神损害抚慰金、伤残补偿等一切赔偿费用共计人民币183000元。自本协议签订之日起乙公司以转账方式付给甲人民币183000元。（2）乙公司投保的交强险及商业三者险，由乙公司委托诉讼代理人向保险公司主张权利，所得赔偿款全部归乙公司所有。甲应提供相关资料给相关部门并协助乙公司向保险公司主张权利。（3）本协议签订后，本起交通事故引起的民事、刑事及行政责任等一次性处理终结，甲不得再以任何理由向乙公司主张任何权利。同日，乙公司通过银行转账方式向甲指定账户支付183000元。同时，甲向乙公司出具收据3张，表明其已收到乙公司涉案事故赔偿款共183000元。（见表9-9）

表9-9 和解与反悔具体金额

当事人	和解金额	反悔金额
A车驾驶人		
工人甲	183000元	183000元 +237437.15元

甲签订调解协议后反悔，于7月起诉请求法院，在抵减乙公司按《交通事故赔偿协议书》赔偿的183000元外，A车保险公司仍应赔偿237437.15元。同年9月，甲进行伤残鉴定，评定为九级伤残。

法院认为

首先甲主张的损失项目除误工费请求按450元/天计算外（调解协议中的误工费是按400元/天计算的），其余损失项目的计算标准与《××省道路交通事故损害赔偿项目计算标准（试行）》一致，损失清单列明伤残赔偿金按20%计算，即请求按九级伤残计算。说明甲清楚各项损失的金额和总金额，且已预判到伤残程度达到九级。其次《交通事故赔偿协议书》载明：乙公司一次性赔偿甲赔偿费用共计183000元；本协议签订后，甲不得再以任何理由向乙公司主张权利。

如前所述，甲在签订《交通事故赔偿协议书》时已清楚因本次事故造成的各项损失、相应金额及预判构成九级伤残，其仍愿意与A车驾驶人所在单位签订《交通事故赔偿协议书》不属基于重大误解实施的民事法律行为，《交通事故赔偿协议书》是甲与乙公司真实意思表示，协议内容不违反法律、行政法规的强制性规定，合法有效。最后，乙公司按《交通事故赔偿协议书》向甲支付了赔偿款 183000 元，乙公司的义务已履行完毕，甲与乙公司基于侵权责任产生的权利义务已终结。在甲签订《交通事故赔偿协议书》时不存在重大误解的情况下，其要求抵减乙公司按《交通事故赔偿协议书》赔偿的 183000 元外，A 车保险公司仍应赔偿 237437.15 元的主张，无事实和法律依据，不予支持。

总　结

本案中，双方达成的调解协议不存在重大误解，受害人清楚本次事故造成的各项损失，仍然坚持签订《交通事故赔偿协议书》。因此，受害人签订协议反悔，又无充分、合理的理由与证据，难以获得法院支持。

CHAPTER

10

第十章

交通事故赔偿案件的起诉、应诉和反诉

在调解无果之后,交通事故当事人大多通过诉讼途径来维护自身的权益。下面介绍诉讼环节的一些基本内容。

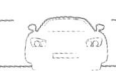

01 交通事故案件适格诉讼主体的确定

> **专业解答**

打交通事故官司要确定适格的诉讼主体，即谁来告，告谁？适格的诉讼主体是指对于特定的诉讼可以自己的名义成为当事人的资格。判断诉讼主体是否适格，主要看其是否与案件所涉及的民事法律关系有直接利害关系，或者依法对该案件享有管理权、处分权。只有与案件有直接利害关系或者有相应管理、处分权的主体，才有资格提起诉讼或者被诉。

常见适格的诉讼主体有驾驶人、保险公司、车主、乘客、车辆管理人、挂靠公司、用工单位、施工单位、道路管理单位、出租车公司、网约车平台、公交公司等。显然，并不是交通事故中任何一个人都可以被起诉，只能起诉和本案有关的、有应诉能力的人。如在交通事故中当事人死亡或成了植物人，这样的人就不是适格的主体。

不适格的诉讼主体一般可分为三种情况：

1. 诉讼原告不当

原告与案件没有直接的利害关系，简单地说就是和本案没有关系，不是案件中的当事人。如父亲被撞了，儿子觉得父亲太老了，神志不清，腿脚不便，自己以原告的身份起诉对方，这在法律上是不允许的。如果当事人确实需要他人代替起诉，那么"他人"应当是作为代理人而不是作为原告起诉，原告必须是与案件有关的当事人。

2. 诉讼被告不当

一般有以下几种情况：（1）错误的被告。原告可能由于信息错误或误解，将与案件无直接利害关系的个人或实体作为被告。如对方车辆上的其他无责任的乘车人；再如，我们被一个老年人开着老头乐撞了，我们觉得老人没钱赔，起诉他儿子，这也是不可以的。（2）遗漏真正的被告。原告可能没有将同样需要承担责任的人或公司列为被告。如侵权人是在执行职务，那么其所属单位也在被告范围内；肇事车辆存在挂靠关系的，被挂靠公司也应当是被告之一。

3. 原告与被告不具备主体资格

无论原告还是被告都需要具有主体资格，如果是自然人就需要具备完全民事行为能力，如果是法人就需要处在存续状态。

交通事故中如何选择正确的当事人，分己方和对方讨论，具体如下：

己方主体及原告。原告如果是完全民事行为能力人则以自己的身份起诉即可，如果是儿童或有精神问题等限制民事行为能力人的诉讼应由其法定代理人代理进行。此时需要向法院提出申请，申请认定该公民为无民事行为能力或者限制民事行为能力人，申请应当由其近亲属或者其他利害关系人向该公民住所地基层人民法院提出。申请书应当写明该公民无民事行为能力或者限制民事行为能力的事实和根据。人民法院受理申请后，必要时应当对被请求认定为无民事行为能力或者限制民事行为能力的公民进行鉴定。申请人已提供鉴定意见的，应当对鉴定意见进行审查。法院认定其为无民事行为能力人或者限制民事行为能力人之后，就由其法定代理人进行诉讼，这和普通诉讼差别不大。

对方主体一般有2~4个，分别是车辆驾驶人、车辆所有人、交强险保险公司、商业险保险公司。驾驶人和车辆所有人可能是同一个人，交强险和商业险也可能是同一家保险公司。因此要确认这2~4个主体是否都是合格的应诉主体。首先，这些主体必须与诉讼案件有法律上的权利义务关系，即直接利害关系。驾驶人以交通事故认定书为准；车主以交通事故认定书上的车辆号牌对应的为准，可在交警队查到；交强险公司和商业险公司都以交警队提供的保单为准。

之后，需要核查被告是否为适格主体。自然人是否为应诉主体主要看是否为完全民事行为能力人：一是成年人即年满18周岁，二是有辨认和控制自己行为的能力。如果应诉主体是无民事行为能力或者限制民事行为能力人，那么由其近亲属代为应诉。"法人"这里主要指的是保险公司、车辆所有人、用人单位等，只要这些单位是存续状态，均可以认定主体适格。

案例链接　（2024）新28民终1183号民事判决书

20××年1月5日，A车驾驶人驾驶A车，由西向东行驶至某交叉路口时，与由南向北行驶的B车碰撞，造成B车驾驶人受伤的交通事故。事故责任和赔偿比例的关系见表10-1。

表10-1　事故责任和赔偿比例的关系

当事人	事故责任	赔偿比例	原告主体
A车驾驶人	全部	100%	
B车驾驶人	无		是

在赔偿诉讼中，A车保险公司称，B车驾驶人没有主张停运损失的主体资格。B车驾驶人与某出租车公司签订了《出租车租赁经营合同》，合同中第1条第1款约定：被承租车辆的产权、经营权一律归某出租车公司所有；第3条约定承租经营期限为8年，承租金160元/天。《出租车租赁经营合同》系双方当事人真实的意思表示，

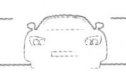

B车驾驶人与某出租车公司之间应严格按照合同约定履行权利义务，某出租车公司才是车辆的真正所有人，在合同存续期间车辆经营权应归属某出租车公司所有。B车驾驶人系案件发生当事人，但不是本案中主张停运损失的适格主体，没有车辆经营权。

法院认为

《交通事故损害赔偿解释》（2020年修正）第12条第3项规定："依法从事货物运输、旅客运输等经营活动的车辆，因无法从事相应经营活动所产生的合理停运损失，当事人请求侵权人赔偿的，人民法院应予支持。"根据上述法律规定，停运损失是机动车所有人或管理人因交通事故停止运营期间产生的损失。本案中，B车驾驶人从某出租车公司承包案涉车辆，向该公司缴纳承包费，从事客运经营，是案涉车辆的经营者和管理者，B车驾驶人向某出租车公司支付的承包费未因交通事故而减少，案涉车辆停运直接导致B车驾驶人无法从事经营活动而产生停运损失，故B车驾驶人有权主张停运损失赔偿。

总　结

本案中，原告虽然不是受损车辆的所有人，但其是涉案车辆的经营者和管理者，在符合法律规定的情形下，依然是适格的诉讼主体。

02 交通事故赔偿诉讼案件管辖法院的确定

专业解答

确定主体后就需要确定管辖法院。从地域管辖来看，根据《民事诉讼法》第29条的规定："因侵权行为提起的诉讼，由侵权行为地或者被告住所地人民法院管辖。"因此有关交通事故的诉讼，通常由交通事故发生地或被告住所地人民法院管辖。

从级别管辖来看，县、县级市、自治县、市辖区设立的基层人民法院管辖第一审交通事故损害赔偿民事案件。中级人民法院管辖的第一审交通事故损害赔偿的民事案件类型有：（1）重大的涉外案件；（2）在本辖区有重大影响的案件；（3）重大的涉港、澳、台的交通事故损害赔偿案件；（4）诉讼标的额大（如医疗费、康复费、残疾赔偿金等赔偿数额巨大），赔偿项目和计算方式十分复杂；或者诉讼属于省、自治区、直辖市以上交通事故损害赔偿经济纠纷案件。如省、自治区、直辖市以上交通事故损害赔偿经济纠纷案件可能引起社会高度关注；重大案件有时还涉及政府部门、社

◀ 第十章　交通事故赔偿案件的起诉、应诉和反诉

会救助机构等多方主体参与；案件可能需要适用的法律复杂等，这对司法机关的公正审判提出了更高的要求，需要较高级别的法院进行审理。

此外，交通事故案件不仅仅只有交通事故发生地法院可以管辖，被告住所地法院也有权管辖，特殊的案件较高级别的法院也可以管辖。在此基础上，再从是否方便自己诉讼、看地方赔偿标准的高低及法院的管辖范围来选择管辖法院。

《民事诉讼法》第 36 条规定："两个以上人民法院都有管辖权的诉讼，原告可以向其中一个人民法院起诉；原告向两个以上有管辖权的人民法院起诉的，由最先立案的人民法院管辖。"这就是说，如果有两个以上的法院都可以进行起诉，如被告人有甲、乙、丙三人，分别住在三个不同地区，有三个适合的管辖法院，那么原告可以向其中一个管辖法院起诉。如果原告没有正确地选择管辖法院，如法院管辖地区不是被告的经常居住地、只是临时住所，法院可能会以无管辖权为由驳回起诉。法院在驳回起诉时，可以询问一下立案庭的工作人员应当起诉到哪个法院，并让其出具不予立案通知。这里介绍一个号码"××××—12306"，前面加上区号就是各地的高级人民法院热线，可以报自己的案号、姓名、案由、管辖法院等查询自己的案件进度、承办法官电话等。

03 交通事故赔偿诉讼时效

专业解答

诉讼时效，是指民事权利受到侵害的权利人在法定的时效期间内不行使权利，当时效期间届满时，债务人获得诉讼时效抗辩权。简单来说，它是一种法律规定的时间限制，督促权利人及时行使自己的权利。《民法典》第 188 条规定："向人民法院请求保护民事权利的诉讼时效期间为三年。"这一规定同样适用于交通事故案件的诉讼时效。具体到交通事故来说，一般在交通事故发生当天，由于交通事故的特殊性，当事人一般当场就知道自己的身体或财产被侵害了。当事人在计算诉讼时效时，需要根据具体情况进行判断。

（1）如果伤害明显。如当事人感到剧烈疼痛，有流血、头晕、站不稳、受伤部位异常弯曲等现象，诉讼时效就从当事人受到伤害之日起算。

（2）对于因交通事故受伤害的，如果当事人申请交警部门调解但未达成协议，诉讼时效则从取得调解终结书之次日起算。

（3）如果当事人就损失达成了赔偿协议，诉讼时效则从协议约定的履行期限届满

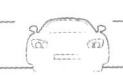

之次日起算。

（4）对于伤害不明显或当时没发现受伤的案件，如交通事故发生时当事人只有轻微刮蹭，几天后身体不适去医院检查才发现内脏破裂了，这时诉讼时效的起算点则从伤势确诊之日起算。

部分当事人在受伤后更加愿意在治疗完成、医药费完全结清之后再起诉，所有费用一并结算，一次性诉讼结束。这样的想法是好的，但是要注意避免超过诉讼时效，为保险起见，在交通事故发生后的3年内一定要起诉。一旦起诉，诉讼时效就不再计算。如果自当事人权利受到损害之日起超过20年，人民法院将不予保护。但在特殊情况下，人民法院可以根据权利人的申请决定是否延长诉讼时效。

04 交通事故当事人向法院起诉

专业解答

确定好诉讼主体、管辖法院后，就可以准备提交立案材料了。通过这些立案材料向法官陈述我们的诉讼请求和依据。立案材料包括：（1）交通事故认定书（原件）；（2）各主体适格的证明（一份），如身份证、家属关系证明、保险公司信息证明等。（3）起诉状（份数按被告人数加一份）；（4）证据材料（按被告人数加一份）如事发时的监控、行车记录仪监控视频、工资收入证明、劳动关系证明、保险单、保险合同、受损照片、鉴定报告、费用清单等。

这里的"按被告人数加一份"，是指假设有4个被告那么要寄5份，有3个被告要寄送4份。因为开庭时，每个被告需要有一份材料，法官也需要一份材料，一共需要"被告人数+1"份材料。

原告将这些材料一起送到法院立案窗口立案，或者网上立案后邮寄材料即可。

05 交通事故赔偿受理立案的流程

专业解答

所有材料提交完成之后，就到法院审查—受理—立案这个过程，在此期间需要做的是耐心等待，如果有法院的工作人员联系，则如实回复即可。

如果诉讼材料内容有变动，如追加被告、变更诉请、撤诉、更改联系方式等，需要及时告知法院。如果向法院打电话但打不通，可以写在纸上，用中国邮政邮寄。法院有规定，这些邮寄的文件都有专人送到法官办公室，所以法官一定会看见，一般同城的中国邮政次日就能送达。另外需要送文件到法院的，最好预约，否则可能白跑一趟。

法院收到材料后，会对案件进行审查，符合立案条件的，会通知当事人在规定时间内缴纳诉讼费，完成立案；若不符合立案条件，法院将不予受理，并通知当事人。

当事人对裁定不服的，可以在收到裁定结果后的 10 天之内向上级人民法院提出上诉。

06 交通事故赔偿案件诉讼文书送达的方式

专业解答

送达，是指人民法院依照法定程序和方式，将诉讼文书送交当事人和其他诉讼参与人的诉讼行为。在交通事故诉讼中，送达是确保当事人知晓诉讼进程、行使诉讼权利的关键环节。例如，通过送达起诉状副本，被告可以了解原告的诉讼请求和事实理由，从而准备答辩；送达传票可以通知当事人按时参加庭审等。

法院立案后就会开始送达，一般送达内容包括诉讼状、传票、证据材料、举证告知书等。

送达方式有直接送达、留置送达、委托送达、邮寄送达、转交送达、公告送达等。直接送达是最基本的送达方式。由法院的工作人员将诉讼文书直接送交受送达人本人。例如，法院工作人员亲自将开庭传票送到被告的住所或工作单位，交给被告本人签收。如果受送达人本人不在，可交他的同住成年家属签收；受送达人是法人或者其他组织的，应当由法人的法定代表人、其他组织的主要负责人或者该法人、组织负责收件的人签收。

留置送达是指当受送达人或者他的同住成年家属拒绝接收诉讼文书时，送达人可以邀请有关基层组织或者所在单位的代表到场，说明情况，在送达回证上记明拒收事由和日期，由送达人、见证人签名或者盖章，把诉讼文书留在受送达人的住所。比如，被告故意躲避签收传票，送达人员在居委会工作人员见证下，将传票留在被告住所，这种方式就是留置送达。

委托送达，是指如果直接送达诉讼文书有困难，可以委托其他人民法院代为送达。例如，被告住所地在外地，受理案件的本地法院可以委托被告住所地法院进行送达。

邮寄送达，是指法院通过邮局以挂号信或特快专递的方式将诉讼文书邮寄给受送达人。一般以回执上注明的收件日期为送达日期。实践中，如邮件被退回，就需要考虑采用其他送达方式。

转交送达，其适用于特殊的受送达人。比如，受送达人是军人的，可以通过其所在部队团以上单位的政治机关转交；受送达人是被监禁的人的，可以通过其所在监所转交；受送达人是被采取强制性教育措施的人的，可以通过其所在强制性教育措施机构转交。

公告送达，是指当受送达人下落不明，或者用其他方式无法送达的情况下，法院可以通过公告的方式送达。例如，在报纸、法院公告栏等地方发布公告，经过一定期限（国内民事诉讼公告送达期限为30日），即视为送达。在交通事故诉讼中，如果肇事司机逃逸且无法找到其联系方式等信息，就可能采用公告送达的方式来送达起诉状副本、开庭传票等诉讼文书。

一旦诉讼文书按照法定程序送达成功，就会产生相应的法律效果。对于当事人来说，就应当按照诉讼文书的内容行使权利、履行义务。例如，传票送达后，当事人就有义务按照传票上注明的时间和地点参加庭审，否则可能会被视为缺席审判，承担不利的法律后果。同时，送达成功也使得法院后续的诉讼程序能够依法顺利进行。

送达工作由法院处理，如果是公告送达，需要原告垫付公告费，一般法院会发送电子缴纳链接，线上缴纳即可。

《最高人民法院关于适用〈中华人民共和国民事诉讼法〉的解释》（2022年修正）第213条规定："原告应当预交而未预交案件受理费，人民法院应当通知其预交，通知后仍不预交或者申请减、缓、免未获批准而仍不预交的，裁定按撤诉处理。"公告送达费属于案件受理费的一部分，若原告拒不缴费，那么案件审理程序中止，法院会参照上述规定裁定按撤诉处理。

案例链接　（2024）粤民再123号民事判决书

20××年9月22日，A车驾驶人驾驶A车行驶至某路段时，与B车驾驶人驾驶的电动车B碰撞，造成两车损坏、B车驾驶人受伤。C车驾驶人驾驶C车违法停车，A车驾驶人驾车未注意路面安全。事故责任和赔偿比例的关系见表10-6。

表 10-6　事故责任和赔偿比例的关系

当事人	事故责任	诉讼地位	赔偿比例	送达方式	公告费
A 车驾驶人	主要	被告	70%	公告送达	
C 车驾驶人	次要	被告	30%		
B 车驾驶人	无	原告			预交
A 车保险公司		被告			
C 车保险公司		被告			

事故发生后，B 车驾驶人向法院起诉，请求判令 A 车驾驶人、C 车驾驶人、A 车保险公司和 C 车保险公司赔偿其全部损失。

法院在审理过程中，因无法以直接送达、邮寄送达等方式向 A 车驾驶人、C 车驾驶人送达起诉状副本、开庭传票等诉讼文书，故法院依法采用公告送达的方式进行送达，公告在 20×× 年 6 月 30 日的《人民法院报》上刊登。按照《诉讼费用交纳办法》规定，公告费 300 元由 B 车驾驶人预交，和案件受理费一起，由法院按照赔偿义务人的赔偿责任划分的比例承担。

07 交通事故赔偿案件中当事人申请审判人员回避的情形

专业解答

在诉讼过程中，申请回避是当事人或诉讼参与人对可能影响案件公正审理的审判人员、检察人员、鉴定人员或翻译人员等提出的一种权利要求。

《民事诉讼法》第 47 条规定，"审判人员有下列情形之一的，应当自行回避，当事人有权用口头或者书面方式申请他们回避：（一）是本案当事人或者当事人、诉讼代理人近亲属的；（二）与本案有利害关系的；（三）与本案当事人、诉讼代理人有其他关系，可能影响对案件公正审理的。审判人员接受当事人、诉讼代理人请客送礼，或者违反规定会见当事人、诉讼代理人的，当事人有权要求他们回避。审判人员有前款规定的行为的，应当依法追究法律责任。前三款规定，适用于法官助理、书记员、司法技术人员、翻译人员、鉴定人、勘验人。"

送达完成后会知道本案件的相关承办人员都有哪些，如果发现法院审理人员中有我们认为可能影响公正审理的人，就应当及时申请回避。法官在开庭时也会询问是否需要申请相关审判人员回避。

那么，如何申请法官回避呢？

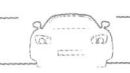

首先，需要明确回避情形，也就是理由，可能有的理由如下：

（1）亲属关系：若法官是本案当事人或者当事人、诉讼代理人的近亲属，应当回避；

（2）利害关系：如果法官与本案有利害关系，可能影响其公正审判，当事人有权申请其回避；

（3）其他关系：当法官与本案当事人、诉讼代理人有其他关系，如朋友关系、上下级关系、老同事、老战友关系，或存在恩怨、借贷关系等，且可能影响对案件公正审理的，也需回避；

（4）不当行为：审判人员接受当事人、诉讼代理人请客送礼，或者违反规定会见当事人、诉讼代理人的，当事人有权要求他们回避。

其次，明确申请时间。一般应在案件开始审理时提出回避申请，若回避事由在案件开始审理后才知道，可在法庭辩论终结前提出。

最后，明确申请方式。《民事诉讼法》第47条规定了申请方式有书面申请和口头申请两种：

书面申请需撰写正式的回避申请书。申请书应包含申请人与被申请人的基本信息，如姓名、性别、年龄、职业、住址等；明确申请回避的对象，即具体的法官姓名及所在法院、审判职务等；详细阐述申请回避的理由，尽可能提供相关证据或线索以支持申请理由；最后由申请人签名，并注明申请日期。

口头申请则是直接向法院的相关人员以口头形式提出回避申请。口头申请时，要清晰、准确地说明申请回避的法官及回避理由，法院工作人员会将口头申请记录在案。

提交申请是指将书面回避申请书或口头申请记录提交给案件的承办法院。一般是向该法院的立案庭、审判管理部门或负责审理该案的审判庭提交，具体可咨询法院的工作人员。

法院在收到回避申请后，会对申请进行审查，并在3日内以口头或者书面形式作出决定。复议期间，被申请回避的人员是否继续参与审理，由上一级法院决定。

若决定法官回避，被回避人员应立即停止参与本案审理工作，法院将重新指定审判人员继续审理；若驳回申请，案件将继续由原法官审理。

如果对法院作出的回避决定不服，申请人可以申请复议1次。复议期间，被申请回避的人员不停止参与本案的工作，法院会在3日内对复议申请作出复议决定，并通知复议申请人。

08 交通事故赔偿案件的保全申请

> **专业解答**

保全，是指冻结被告与原告主张相当的财产或者停止其转移财产的行为或者保存相关涉案证据的行为，通过这些行为来保障当事人能够得到应有的赔偿。在被告不知情时，法院出其不意地查控其财产，通过保全与审判执行相互衔接，能够提高调撤率、自动履行率。

保全是民事诉讼中非常重要的一步，甚至可以说是最重要的一步。因为交通事故案件最后都涉及赔偿和给付的问题，而被告根据交通事故认定书往往能知道自己的责任，也就是说被告清楚自己几乎必然要承担赔偿责任。所以有些当事人会转移财产，一旦其将财产转移完，即使当事人胜诉也可能拿不到赔偿，所以说保全是实现最终目的的保障。《民事诉讼法》第103条第1项规定："人民法院对于可能因当事人一方的行为或者其他原因，使判决难以执行或者造成当事人其他损害的案件，根据对方当事人的申请，可以裁定对其财产进行保全、责令其作出一定行为或者禁止其作出一定行为；当事人没有提出申请的，人民法院在必要时也可以裁定采取保全措施。"

民事诉讼法中的，按照保全标的不同，可以划分为财产保全、行为保全和证据保全。

（1）财产保全，是指人民法院为了保证将来的生效判决能够得到切实执行，或者为了及时、有效地避免原告的合法权益受到难以弥补的损害，根据原告的申请，所采取的限制被告有关财产处分或者转移的强制性措施。在交通事故中，财产保全的主要目的是防止肇事方转移、隐匿财产，确保受害者在后续的赔偿诉讼中能顺利获得赔偿。实际上我们常常听到的冻结财产，就是当事人被冻结的这部分财产无法转出，也无法消费，直到赔偿额支付完成。例如，在交通事故发生后，发现肇事者十分无赖、不讲道理，我们就要考虑到肇事者转移财产、拖延赔偿的可能性，因此在诉讼过程中就应当积极向法院申请保全。财产保全的数额一般不宜超过诉讼标的。

（2）行为保全，是指对于完成行为的给付请求，因被申请人的行为或者其他原因，可能导致申请人的合法权益遭受难以弥补的损害，或者使判决不能执行或者难以执行，申请人可以向法院申请制止某种行为或者要求做出某种行为，保全内容为"要求协助执行对象履行作出一定积极行为义务，或禁止作出一定行为的消极义务"。简单地说就是行为禁止令，即法院命令其停止可能影响支付赔偿金的行为。如肇事者在酒驾全责的重大交通事故后出现异常的大量出售物品、低价卖房等行为时，我们可以向法院申请行为保全，要求肇事者禁止作出可能损害一方当事人权益的行为。

（3）证据保全已在第八章介绍，这里不再赘述。

法院一般会支持原告做保全，经过原告的申请，法院冻结了被告的一部分财产，被告往往就会积极配合司法活动了。所以在起诉过程中，要积极地做保全，即使数额不大，也不要嫌麻烦，该申请就申请，一是为了能顺利执行到财产，二是为了间接地督促被告积极配合推进案件的进程。

申请保全需要提供的材料有：保全申请书、保函、承保公司（为保全提供担保的公司）的营业执照等有关信息。申请书的内容应包含申请人和被申请人的身份信息、送达地址、联系方式、请求保全的具体事项和理由、保全数额或争议标的、被保全财产的明确信息或财产线索以及担保信息或不需担保的理由等。

对于财产线索，如果不清楚对方有哪些财产，可以申请网络查控。全国网络执行查控机制建设主要采取两种模式。一是"总对总"联网，即最高人民法院通过中国银行业监督管理委员会金融专网通道与各银行业金融机构总行网络对接。各级人民法院可通过最高人民法院网络执行查控系统实施查控。二是"点对点"联网，即高级人民法院通过当地银监局金融专网通道与各银行业金融机构省级分行网络对接。本地人民法院可通过高级人民法院执行查控系统实施本地查控，外地法院通过最高人民法院网络中转接入当地高级人民法院执行查控系统实施查控。需要注意的是，在提交保全申请书的时候可以附上网络系统查控申请书。

在实际生活中，不必对所有被告都申请财产保全，对自然人申请财产保全就足够了，不用对保险公司申请财产保全，保险公司一般会有足够的资金足额支付保险赔偿，也不会转移财产。

《最高人民法院关于人民法院办理财产保全案件若干问题的规定》第5条规定："人民法院依照民事诉讼法第一百条规定责令申请保全人提供财产保全担保的，担保数额不超过请求保全数额的百分之三十；申请保全的财产系争议标的的，担保数额不超过争议标的价值的百分之三十。"

利害关系人申请诉前财产保全的，应当提供相当于请求保全数额的担保；情况特殊的，人民法院可以酌情处理。财产保全期间，申请保全人提供的担保不足以赔偿并可能给被保全人造成的损失的，人民法院可以责令其追加相应的担保；拒不追加的，可以裁定解除或者部分解除保全。所以申请保全需要有一定的担保，且一般找担保公司担保。缴纳担保费之后，担保公司会出具保函。这里不详细描述，实操过程中联系担保公司即可，服务一般都很全面，会帮忙解决有关的材料。

申请保全材料备齐之后可以直接给法官邮寄，法官在收到材料后会要求申请保全人缴纳保全费，保全费和保全金额成正比，但最高不超过 5000 元。缴纳保全费后，法院在一定时间内就会下达裁定，之后由法院申请银行、支付宝等协助执行，冻结财产。

最后申请保全人会收到一张已经完成保全的回执，到此保全就完成了。

有时对方会提出保全异议，即己方申请冻结的财产影响了对方的正常生产生活，对方申请更换被保全标的，这些都属于正常现象。法院一般会辨别替换的标的是否满足要求。

根据《诉讼费用交纳办法》第 10 条、第 29 条和第 38 条规定，保全费属于诉讼费用的一部分，最终由谁承担，还要看案件处理结果。如果原告胜诉，保全费通常由被告承担，原告可申请法院在执行阶段从被告财产中直接扣划，无须单独退回；如果原告败诉，则由原告自行承担，保全费不退回。如果原告在保全错误前主动解除保全，法院可能酌情减免部分费用（需申请）。若因原告自身原因或保全错误，主动解除保全，保全费不退。若法院发现保全不当，依职权解除保全，则由法院裁定保全费是否退回。

案例链接 （2024）苏 03 民终 1713 号民事判决书

20××年 7 月 8 日，A 车驾驶人驾驶 A 车，由东向西行驶至某路口处，与由南向北 B 车驾驶人驾驶的 B 车发生交通事故，致 A 车乘车人甲受伤、两车损坏、金属护栏损坏。事故责任和赔偿比例的关系见表 10-8。

表 10-8 事故责任和赔偿比例的关系

当事人	事故责任	赔偿比例	申请保全
A 车驾驶人	同等	40%	
B 车驾驶人	同等	50%	
A 车乘车人甲	无	10%（好意同乘）	财产保全

事发后，为保障自身权益，甲向法院提出诉讼保全申请，申请保全 A 车驾驶人名下位于某地区房屋 1 套和保全登记在吊装中心名下的 A 车 1 辆。法院于同年 8 月 4 日作出保全上述财产的民事裁定，甲预支保全费 3020 元。

最终经法院判决，全部保全费由 A 车驾驶人承担。A 车驾驶人对此有异议。法院认为，甲先行承担的保全费用，未超过《诉讼费交纳办法》的规定，驳回了 A 车驾驶人的异议。

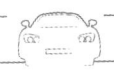

09 交通事故赔偿案件的开庭审理的环节

> **专业解答**

上文中的环节都顺利完成后,交通事故纠纷案件就来到了开庭审理阶段。整个开庭审理的过程如下:

1. 核对当事人信息

开庭时,审判长或书记员会核对当事人的身份信息,确保到庭的当事人是案件的相关人员。同时,宣布法庭纪律,告知当事人有关诉讼权利与义务,询问是否提出回避申请。

2. 法庭调查

(1)原告陈述。原告或其代理人陈述起诉请求和理由,说明交通事故发生的经过、自己的损失情况以及要求被告赔偿的依据等。

(2)被告答辩。被告或其代理人针对原告的陈述进行答辩,说明自己的观点和理由,对原告的诉求进行反驳或承认部分诉求。

(3)出示证据。双方当事人按照顺序出示证据,包括物证,如事故现场的照片、车辆损坏的部件等;书证,如交通事故认定书、医疗记录、维修发票等;视听资料,如行车记录仪视频、现场监控视频等;证人证言,如有现场目击者或相关证人等。

(4)质证。双方对对方出示的证据进行质证,发表对证据的真实性、合法性、关联性的意见。如一方当事人对另一方当事人出示的证据是否真实、合法等进行质疑和辩论。

(5)询问证人。如果交通事故案件中有证人,法庭可以传唤证人出庭作证。证人需要如实陈述自己所知道的该案件的事实,并接受双方当事人和法庭的询问。如当事人可以询问证人事故发生时的具体情况,如车辆的行驶速度、碰撞的部位。

(6)询问鉴定人员。必要时,相关鉴定人员像伤残鉴定员、车辆鉴定检测员等需要出庭接受当事人和法庭的询问。例如,在交通事故案件中,原告对伤残等级进行了鉴定。对于被告的异议,鉴定人应当出庭说明鉴定的过程和依据,以及伤残等级的确定标准。

3. 法庭辩论

在法庭调查结束后,就进入法庭辩论阶段。原告及其诉讼代理人发言,阐述自己的观点和理由;被告及其诉讼代理人答辩,对原告的观点进行反驳;第三人及其诉讼代理人发言或者答辩。各方可以就案件的事实、法律适用等问题进行辩驳和论证。

4. 调解（可选）

法庭辩论结束后，如果双方当事人愿意，法庭可以进行调解。调解过程中，法庭会根据双方的意愿和案件的实际情况，提出调解方案，促使双方达成和解协议。如果调解成功，法院会制作调解书，双方当事人签收后生效。

5. 庭审结束

（1）审判长总结。审判长会对庭审过程进行总结，归纳双方的争议焦点和主要观点。
（2）询问意见。审判长会询问双方当事人是否还有其他意见或补充。
（3）宣布休庭或宣判。如果案件事实清楚，法庭可以当庭宣判；如果案件较为复杂，需要进一步审理或合议，审判长会宣布休庭，择日宣判。宣判时，会公开宣布判决结果。如对原告的请求予以认可，则判令被告支付原告×××元，并告知当事人的上诉权利和期限。

10 交通事故赔偿案件常见的上诉理由

> **专业解答**

在交通事故纠纷案中，如果当事人不服一审判决的，可以向上一级人民法院提起上诉。

首先，请求上诉的人员必须是一审案件中的原告、被告或第三人等。只有这些与案件有直接利害关系的人才能对一审判决提出上诉。其次，上诉需要有合理的理由和明确的请求，如上诉人要求撤销一审判决、改判或者发回重审等。上诉时的请求应当具体、明确，以便二审法院能够准确了解上诉人的诉求。

那么，上诉的理由有哪些呢？上诉理由大致分为事实方面、法律方面、审判公正方面等类。

1. 事实方面的理由

（1）事实认定错误，即一审法院可能错误地认定了案件发生的基本事实。例如，在交通事故责任纠纷中，对事故发生的时间、地点、车辆行驶方向、碰撞位置等关键事实认定有误。这可能是由于对证据的错误解读，如对现场勘查笔录、事故照片、监控视频等证据没有准确理解其显示的内容。

（2）对证据的采信存在问题。可能错误地排除了关键证据，或者采纳了不具有证明力的证据。比如，在合同纠纷中，一方提供了有双方签字的补充协议作为关键证据

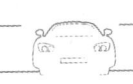

来证明合同变更的内容，但一审法院却以该协议的签字有瑕疵为由不予采信，而没有进行必要的笔迹鉴定等进一步的核实工作。

（3）没有充分考虑案件的全部事实。有些事实虽然单个看起来可能不重要，但综合起来却对案件的走向有着关键影响。例如，在民间借贷纠纷中，除了借条这个关键证据外，借款的交付方式（现金交付还是转账交付）、借款的用途、双方的交易习惯等事实因素一审法院可能没有全面审查，导致对借贷关系是否真实有效认定错误。

（4）发现新证据。如果上诉人在一审判决后发现了新的证据，这些证据足以影响案件的判决结果。例如，在侵权损害赔偿案件中，一审判决后，上诉人发现了新的证人能够证明侵权行为发生时被侵权人自身存在故意或重大过失，或者找到了新的医疗记录可以更准确地反映伤害程度和治疗费用的合理性等。

2. 法律方面的理由

（1）法律适用错误，是指一审法院适用的法律条文与案件的性质不符。例如，在行人与机动车交通事故赔偿纠纷中，《道路交通安全法》第76条与《民法典》第1165条哪个适用，就容易混淆。

实践中，也会有对法律条文的理解有误情形。

（2）程序违法，是指审判程序违反了民事诉讼法规定的程序规则。例如，应当送达的法律文书没有送达给当事人，使当事人无法及时知晓诉讼程序的进展，从而丧失了答辩、举证等权利。又如，违反了举证期限的规定。如果一审法院允许一方当事人在超过法定举证期限后随意提交证据，而这些证据又对案件结果产生重大影响，这对另一方当事人是不公平的，构成程序违法。

3. 审判公正方面的理由

（1）法官在审判过程中表现出明显的偏见。比如，在庭审过程中对一方当事人的态度明显不同于另一方，在询问问题、听取陈述等环节有偏袒的表现，影响了审判的公正性。

（2）法官与案件当事人或者代理人存在利害关系而没有依法回避。例如，法官与一方当事人是亲属关系或者有经济利益关联，这种情况下可能会影响法官作出公正的裁决。如判决结果明显违背公平、公正的原则就是判决结果不合理。例如，法官在行使自由裁量权时，没有基于合理的因素（如案件的具体情况、法律原则、社会公共利益等）进行判断。例如，在确定精神损害赔偿金额时，法官没有考虑侵权行为的严重程度、当地的经济水平等因素，随意确定一个过高或过低的赔偿数额，这就是滥用自由裁量权的一种情形。

一审判决时法院会告知当事人上诉期限。法律规定当事人可以在判决书送达之日起 15 日内向上一级人民法院提起上诉；在裁定书送达之日起 10 日内向上一级人民法院提起上诉。如果当事人决定上诉，那么必须在规定的期限内向法院提起，否则将丧失上诉权。

上诉条件和时间都符合要求时，就可以准备材料向上一级人民法院提交上诉状。上诉状应当包括以下内容：当事人的基本情况，包括上诉人、被上诉人的姓名、性别、年龄、民族、职业、住所、联系方式等；原审人民法院名称、案件的编号和案由；上诉的请求和理由，可以引用相关的法律条文和证据支持自己的主张。

上诉人在提交上诉状的同时，还需要按照规定缴纳上诉费用。上诉费用的数额根据案件的类型和标的金额确定（见表 10-10）。如果上诉人在规定的期限内未缴纳上诉费，二审法院可以按自动撤回上诉处理。

表 10-10　上诉费的确定

序号	上诉金额	上诉费比例	上诉费金额（元）
1	不超过 1 万元		50
2	超过 1 万元至 10 万元的部分	2.5%	
3	超过 10 万元至 20 万元的部分	2%	
4	超过 20 万元至 50 万元的部分	1.5%	
5	超过 50 万元至 100 万元的部分	1%	
6	超过 100 万元至 200 万元的部分	0.9%	
7	超过 200 万元至 500 万元的部分	0.8%	
8	超过 500 万元至 1000 万元的部分	0.7%	
9	超过 1000 万元至 2000 万元的部分	0.6%	
10	超过 2000 万元的部分	0.5%	

例如，上诉请求的赔偿金是 15 万元，那么上诉费用为：50 ＋（100000－10000）×2.5% ＋（150000－100000）×2%=50 ＋ 2250 ＋ 1000=3300 元。

11 交通事故赔偿案件的二审流程

专业解答

当事人上诉后，就来到二审阶段。二审的主要流程如下：

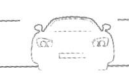

1. 一审法院的工作

一审人民法院收到上诉状后，需要在 5 日内将上诉状副本送达对方当事人。并在规定的期限内将一审的全部案卷材料移送至二审法院，以便二审法院进行审查。

2. 二审法院的审查与立案

二审法院对一审法院移送的上诉材料及卷宗进行审查，包括上诉状的格式和内容是否符合要求、上诉是否在法定期限内提出等。如果上诉材料符合条件，二审法院应予以立案，并将案件移送审判庭准备审理。

3. 审理前的准备

（1）确定审理方式。二审法院根据案件的具体情况，决定是开庭审理还是不开庭审理，不开庭审理也称书面审理。如果案件事实基本清楚，且没有提出新的事实、证据或者理由，合议庭认为不需要开庭审理的，可以不开庭审理，但必须与双方当事人进行谈话。

（2）通知当事人。如果确定开庭审理，二审法院会提前 3 日通知当事人开庭的时间、地点、承办人等信息；对于公开审理的案件，还会提前 3 日进行公告。

4. 开庭审理

（1）宣布开庭。审判长核对当事人身份，宣布合议庭成员，告知当事人权利义务，询问是否申请回避。

（2）法庭调查。当事人陈述案件事实，告知证人的权利义务，证人作证，宣读未到庭的证人证言，出示书证、物证和视听资料，双方当事人就证据材料发表意见。

（3）法庭辩论。各方当事人就有争议的事实和法律问题，进行辩驳和论证。这个环节和一审的开庭审理基本相同，可能会增加休庭合议环节，就是法庭辩论调解后，合议庭成员会进行合议，对案件进行讨论和分析。

（4）法庭调解。在法庭主持下，双方当事人协议解决纠纷。

5. 作出判决或裁定

（1）维持原判。如果二审法院认为一审判决认定事实清楚、适用法律正确，会判决驳回上诉，维持原判决。

（2）改判。如果二审认为一审判决在适用法律或认定事实等方面存在错误，会依法改判。

（3）发回重审。如果一审判决存在严重的程序违法、认定事实不清或证据不足等问题，二审法院会裁定撤销原判决，发回原审人民法院重审。

▸ 第十章 交通事故赔偿案件的起诉、应诉和反诉

二审判决和裁定是终审判决和裁定，一经宣判和送达，即发生法律效力。二审法院的判决和裁定是终审的，当事人不得再上诉，但符合法定条件的，可以申请再审。

12. 交通事故赔偿案件的二审调解步骤

二审法庭调解，是指在民事或行政诉讼的第二审程序中，由二审法院的法官主持，在双方当事人自愿的基础上，就案件争议的实体权利义务关系进行协商，以达成和解协议，从而解决纠纷的一种诉讼活动。

调解要遵循自愿原则和合法原则。自愿原则是核心原则，调解的启动、调解协议的达成以及调解协议的内容都必须是双方当事人完全自愿，法院不能强迫任何一方接受调解或调解方案。如一方当事人明确表示不愿意调解，法院就不能强行推进调解程序。

合法原则，是指调解协议的内容不得违反法律、行政法规的强制性规定，不得损害国家利益、社会公共利益和他人合法权益。

调解的启动，可以由当事人申请，也可以由法院依职权主动提出调解建议。法院在审理过程中，如果认为案件有调解的可能性和必要性，会向双方当事人询问是否愿意调解。

调解时，法院会组织双方当事人进行协商。协商过程中，法官可能会分别与双方当事人沟通，了解他们的诉求和底线，然后提出调解方案供双方参考。双方当事人可以就调解方案进行讨论、修改，也可以提出自己的方案。

如果双方当事人达成调解协议，法院会对调解协议进行审查，确认其符合自愿、合法原则后，再制作调解书。调解书经双方当事人签收后，即具有法律效力，且与二审判决书具有同等的法律效力，能够终结诉讼程序，当事人不得上诉。如果调解不成，法院会继续进行审判程序，及时作出二审判决。

13. 交通事故赔偿案件的强制执行

专业解答

一审、二审法院作出判决或裁定生效后，当事人必须执行。如果一方当事人拒绝履行裁判文书确定的义务，另一方当事人可以向法院申请强制执行。

（1）申请时间。如果败诉方在规定的履行期限届满后仍未履行判决义务，胜诉方

可以在判决书规定履行日期的最后一日起（具体看法院的规定和安排），向作出二审判决的法院或一审法院申请强制执行。申请强制执行的期限为2年，从判决规定的履行期间的最后一日起计算。

（2）提交材料。申请强制执行时，当事人需要向法院提交强制执行申请书、二审判决书、申请人的身份证明等相关材料。强制执行申请书应详细写明申请执行的事项、理由、被执行人的基本信息等。

（3）法院受理。法院收到强制执行申请后，会对申请材料进行审查。如果申请材料齐全、符合法定形式，法院会予以受理，并向被执行人发出执行通知。

（4）执行措施。法院执行人员会根据案件的具体情况，采取相应的执行措施，如查询被执行人名下的房产、车辆、证券、存款等财产信息，并依法进行冻结、扣划、拍卖等。如果被执行人有其他收入来源，法院可以向其工作单位或相关机构发出协助执行通知书，要求扣留、提取被执行人的收入。对于拒不履行判决义务的被执行人，法院可以对其采取限制出境、在征信系统记录不良信息、通过媒体公布不履行义务信息等措施，情节严重的，可能会以涉嫌拒不执行判决、裁定罪追究其刑事责任。

14 交通事故赔偿案件的被告人应诉前的准备

专业解答

这里重点介绍被告当事人的庭前准备工作。

在收到法院送达的起诉状副本、传票以及原告提交的相关证据材料等法律文书后，被告不能消极应对，应当及时查看传票上的信息，逐字逐句地加以研读包括开庭时间、地点、案由等，确保自己清楚了解诉讼的基本情况。同时要仔细阅读原告的起诉状，了解原告的诉讼请求、事实与理由，重点关注原告主张的赔偿金额、赔偿项目以及事故责任的划分等内容。如果对原告的主张与理由有异议，需要积极收集这方面的证据。如被告认为事故责任划分不合理，可以收集能够证明自己无过错或过错较小的证据，像事故现场的监控视频、证人的陈述等。

当事人可以根据自身情况决定是否委托代理人。如果委托律师作为代理人，需要与律师事务所签订委托代理合同，并向律师出具授权委托书，明确代理权限，如一般授权或特别授权。特别授权可以包括代为承认、放弃、变更诉讼请求，进行和解，提起反诉或者上诉等。

当事人应当根据原告的诉讼请求和证据，有针对性地收集反驳证据。这包括收集证明自己不存在侵权行为或者存在免责事由的证据，如事故发生时的不在场证明等。收集证据时要注意证据的"三性"要求，确保证据能够被法院采信。

当事人需要根据交通事故案件的性质，查找并深入研究适用的法律法规和司法解释，关注法律条文的细节和具体适用条件。

之后，就需要准备答辩状了。法院在送达起诉状副本时，会同时告知被告答辩期限。一般情况下，被告应在收到起诉状副本之日起 15 日内提出答辩状。但在一些特殊情况下，如适用简易程序审理的案件，答辩期限可能会缩短。答辩状应按照规范的格式书写，包括标题、当事人信息、答辩请求、事实与理由、此致法院、落款等部分。语言要简洁明了，逻辑清晰，避免使用过激或不当的语言。

在答辩状中，首先，要详细阐述事故发生的经过，说明自己在事故中的行为以及对事故的看法，引用相关法律条文和证据支持自己的观点。如被告可以说明自己在事故发生时遵守了交通规则，是由于原告的过错导致了事故的发生。其次，要明确回应原告的诉讼请求和理由，可以针对事故责任的认定、赔偿金额的合理性、证据的真实性等方面进行答辩。如果被告认为原告主张的赔偿金额过高，可以指出具体哪些赔偿项目不合理，并说明理由。答辩状应按照规范的格式书写，包括标题、当事人信息、答辩请求、事实与理由、此致法院、落款等部分。语言要简洁明了，逻辑清晰，避免使用过激或不当的语言。

如果被告对法律程序不熟悉或者案件较为复杂，也可以考虑聘请专业的律师代理应诉。律师具有专业的法律知识和丰富的诉讼经验，能够为被告提供有效的法律帮助。

15. 被告人在交通事故赔偿案件中的质证

专业解答

原告提出自己主张的同时会提供相关证据，而被告可以从这些证据的真实性、合法性以及关联性三个方面进行质证。

1. 对证据的真实性进行质证

如对于交通事故认定书，被告可以审查其制作程序是否合法、认定事实是否准确，交警在勘查现场时是否全面、是否存在遗漏重要证据的情况，认定事故责任的依据是否充分等。如果被告认为事故认定书存在问题，可以质疑并提供证据。对于赔偿

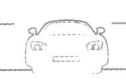

部分，被告可以核实原告的医疗费用发票、病历等书证的真实性，查看发票是否为正规医疗机构出具、是否有重复报销的情况，病历记载的病情是否与交通事故有关等。若发现发票有伪造嫌疑或病历存在不合理之处，可以要求法院进行调查核实。对于视频类证据，被告可以审查其是否经过剪辑处理，查看视频的画质是否清晰，能否准确反映事故发生的过程。若视频存在模糊不清或关键画面缺失的情况，可以要求提供更清晰的版本或其他证据进行补充。

2. 对证据的合法性进行质证

审查原告的各种鉴定书、票据、病历等证据是否合法，程序是否符合法律规定。审查证人的身份是否合法，证人是否与案件有利害关系，证人作证的程序是否符合法律规定。

3. 对证据的关联性进行质证

审查原告的各项证据是否与该交通事故有关。如原告主张高额的误工费，但提供的证据仅能证明其有工作，却不能证明因交通事故导致的实际误工损失，被告可以认为该证据与赔偿请求的关联性不足，不应支持原告的误工费主张。如果审查原告主张的医疗费用清单时发现有部分医疗费与交通事故导致的损伤无关，那么被告可以不赔偿与交通事故无关的医疗费用。

就一般被告人而言，虽然不熟悉法律法规，没有诉讼经验，但自己的事情自己最清楚，只要开庭之前将原告提出的证据对比"三性"加以分析，在质证阶段就会立于不败之地。

案例链接 （2024）鄂96民终882号民事判决书

20××年5月11日，A车驾驶人驾驶A车行驶至某人行横道时，与在该处推行人力三轮车和由南向北过人行横道的行人甲相撞，造成甲受伤。事故责任和赔偿比例的关系见表10-15。

表10-15 事故责任和赔偿比例的关系

涉案人	事故责任	赔偿比例	质证权利
A车驾驶人	全部		有
行人甲	无		有
A车保险公司		100%	有

甲向法院起诉，请求判令A车驾驶人、A车保险公司赔偿其因此次交通事故产生

的全部损失。

作为被告之一的Ａ车保险公司进行质证：（1）甲自行委托鉴定机构进行鉴定，剥夺了Ａ车保险公司的抗辩权。鉴定材料未经Ａ车保险公司质证，不应作为鉴定的依据。鉴定时未重新拍片检查。因此，鉴定程序存在瑕疵，鉴定结论依据不足。（2）甲未提供护理费支出凭证无法佐证护理费发票的真实性，且护理费过高，应按居民服务业标准计算护理费。（3）甲主张的辅助器具费无对应医嘱，无法证明与本案具有关联性，不予认可。

法院认为

本案争议焦点为：（1）甲提交的鉴定意见是否有误？（2）甲的护理费、辅助器具费是否有误？针对上述争议焦点，法院认为：

（1）关于甲提交的鉴定意见是否有误的问题。《最高人民法院关于民事诉讼证据的若干规定》第41条规定："对于一方当事人就专门性问题自行委托有关机构或者人员出具的意见，另一方当事人有证据或者理由足以反驳并申请鉴定的，人民法院应予准许。"可见，当事人就专门性问题可以自行委托有关机构或者人员出具意见。本案中，甲通过交通事故人民调解委员会委托鉴定机构对其伤残程度等进行鉴定，不违反法律规定。伤残情况均有甲提供的病历资料、送检Ｘ线片与ＣＴ片予以印证，鉴定机构结合检查所见伤情，依照《人体损伤致残程度分级》相关规定，对甲的损伤所构成的相关残疾程度作了详尽分析说明，鉴定程序合法，意见客观真实。现已将甲的住院病历和鉴定意见交由Ａ车保险公司进行了质证，Ａ车保险公司对鉴定意见虽有异议，但未提供足以推翻原鉴定意见的证据，故法院对上述鉴定意见予以采信。

（2）关于甲的护理费、辅助器具费的认定。甲提供的护理协议及护理费发票，可以证明其护理费支出，甲主张的护理费具有事实依据。甲的出院记录医嘱载明，甲预防压疮、跌倒、坠床继续髋、膝、踝关节功能锻炼，甲据此购买护理床、手动轮椅车、护理垫等辅助器具用品而产生的费用，具有必要性和合理性，法院予以认定。

总　结

本案中，Ａ车保险公司对受害人提供的鉴定意见书、主张的护理费和辅助器具费进行了质证，法院均作了分析解答。

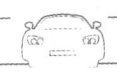

16 交通事故赔偿案件的反诉

专业解答

反诉是在已经开始的诉讼程序中，本诉的被告以本诉的原告为被告，向受理本诉的法院提出的与本诉有牵连关系的独立的反请求。如在交通事故诉讼中，原告会提出自己的赔偿请求，而被告认为自己在事故中也遭受了损失的，如车辆、物品损失，或者被告认为原告在事故中有过错，应当承担相应赔偿责任的，被告可以通过反诉，要求原告赔偿自己的损失，或者减轻自己的赔偿责任。

反诉的原告只能是本诉的被告，反诉的被告只能是本诉的原告。反诉应当在本诉受理后、法庭辩论结束前提出。反诉与本诉的诉讼请求或诉讼理由基于同一法律关系、同一事实或者具有因果关系。反诉虽然是在本诉程序中提起，但它本身是一个独立的诉，可以独立于本诉存在，即使本诉撤回，反诉也可以继续审理。反诉的程序如下：

（1）提出反诉请求。被告在法定的时间内，向法院提交反诉状，明确提出反诉的请求和理由。反诉状的内容应当包括反诉原告即本诉被告，和反诉被告（本诉原告）的基本信息、反诉请求、事实与理由、证据和证据来源等。

（2）法院审查受理。法院收到反诉状后，会对反诉进行审查。审查的内容包括反诉是否符合法定条件、是否属于法院管辖范围、反诉请求是否明确等。如果反诉符合条件，法院会受理反诉，并将反诉与本诉合并审理。

（3）送达反诉状副本。法院受理反诉后，会将反诉状副本送达本诉原告，告知其反诉的内容和答辩期限。本诉原告在收到反诉状副本后，应当在规定的期限内提出答辩意见。

（4）审理和判决。法院会对本诉和反诉进行合并审理，分别听取双方当事人的陈述和辩论，审查双方提供的证据。在审理过程中，法院可以根据需要进行调解。如果调解不成，法院会根据事实和法律作出判决，对本诉和反诉一并作出处理。

案例链接 （2024）川1112民初391号民事判决书

20××年7月24日，A车驾驶人驾驶电动车A行驶至某道路向左斜跨道路并越道路中心双黄实线横过道路时，与由B车驾驶人驾驶二轮摩托车B发生碰撞，造成A车驾驶人、B车驾驶人受伤及两车损坏。事故责任和赔偿比例的关系见表10-16。

表 10-16 事故责任和赔偿比例的关系

当事人	事故责任	本诉要求赔偿比例	反诉要求赔偿比例	判决赔偿比例
A 车驾驶人	主要	60%	80%	60%
B 车驾驶人	次要	40%	20%	40%

A 车驾驶人向法院提出诉讼请，判令 B 车驾驶人和被告 B 车保险公司共同赔偿原告因交通事故造成的各项损失。

B 车驾驶人辩称，对 A 车驾驶人主张的交通事故、车辆投保等基本事实无异议，但对交警部门的责任划分有异议，A 车驾驶人在本次事故中存在多处过错行为，B 车驾驶人为了拿回被扣押的车辆才在事故认定书上签字。A 车驾驶人的过错行为是造成本次事故的主要原因，其应当承担 80% 的责任。本次交通事故也造成 B 车驾驶人身体和财产损失，故 B 车驾驶人提出反诉，请求 A 车驾驶人赔偿 B 车驾驶人各项损失。

A 车驾驶人对 B 车驾驶人的反诉辩称，对 B 车驾驶人主张的基本事实无异议。A 车驾驶人在本次交通事故中确实存在过错，所以对本次事故责任承担主要责任，A 车驾驶人驾驶非机动车与 B 车驾驶人驾驶的机动车发生交通事故，B 车驾驶人应当承担 40% 的次要责任，A 车驾驶人承担 60% 的主要责任。

法院认为

本案中，A 车驾驶人、B 车驾驶人因交通事故受伤，均有请求赔偿损失的权利。B 车驾驶人虽然对交警部门的责任划分有异议，但未提供相反的证据，故法院对本次交通事故的民事赔偿责任认定由 A 车驾驶人承担主要责任，B 车驾驶人承担次要责任，确认了双方当事人的赔偿责任比例。庭审中，就 B 车驾驶人的反诉请求，A 车驾驶人与 B 车驾驶人达成一致意见并获法院认可，确认 B 车驾驶人因本次交通事故造成的各项损失为 6900 元，在 B 车驾驶人应当向 A 车驾驶人支付款项中予以扣减。

总 结

本案中，法庭审理时，一方当事人提出诉讼要求，另一方当事人同时提出反诉主张。只要当事人的反诉主张有事实根据和法律依据，一般会获得法院认可。

17 交通事故赔偿案件的诉讼缴纳费用

专业解答

交通事故的诉讼费，是指当事人为向人民法院提起民事诉讼程序应当缴纳的费用，主要包括案件受理费和其他诉讼费用，对不予受理、驳回起诉和管辖权异议裁定不服，提起上诉的案件以及行政赔偿案件，不交纳案件受理费。

交通事故的案件受理费按财产案件的收费标准缴纳，其标准详见表 10-17.1。

表 10-17.1　交通事故案件受理费

序号	诉讼金额	案件受理费比例或金额
1	不超过 1 万元	50 元
2	超过 1 万元至 10 万元的部分	2.5%
3	超过 10 万元至 20 万元的部分	2%
4	超过 20 万元至 50 万元的部分	1.5%
5	超过 50 万元至 100 万元的部分	1%
6	超过 100 万元至 200 万元的部分	0.9%
7	超过 200 万元至 500 万元的部分	0.8%
8	超过 500 万元至 1000 万元的部分	0.7%
9	超过 1000 万元至 2000 万元的部分	0.6%
10	超过 2000 万元的部分	0.5%

除了诉讼费，可能还有其他诉讼费用，如申请费、证人、鉴定人、翻译人员、理算人员出庭费用、复制案件卷宗材料和法律文书工本费、诉讼过程中发生的费用等。

申请费，是指申请执行人民法院发生法律效力的判决、裁定、调解书，仲裁机构依法作出的裁决和调解书，公证机构依法赋予强制执行效力的债权文书等，按照表 10-17.2 所列标准交纳。

表 10-17.2　申请执行费

序号	执行金额或价额	申请费比例或金额
1	没有执行金额或者价额	50~500 元
2	不超过 1 万元	50 元
3	超过 1 万元至 50 万元的部分	1.5%
4	超过 50 万元至 500 万元部分	1%
5	500 万元至 1000 万元的部分	0.5%
6	超过 1000 万元的部分	0.1%

申请保全措施的，根据实际保全的财产数额交纳保全费：财产数额不超过 1000

元或者不涉及财产数额的，每件交纳 30 元；超过 1000 元至 10 万元的部分，按照 1% 交纳；超过 10 万元的部分，按照 0.5% 交纳，但最多不超过 5000 元。

申请支付令的，比照财产案件受理费标准的 1/3 交纳。

申请公示催告的，每件交纳 100 元。

申请撤销仲裁裁决或者认定仲裁协议效力的，每件交纳 400 元。

破产案件依据破产财产总额计算，按照财产案件受理费标准减半交纳，但最高不超过 30 万元。

在诉讼过程中，可能需要证人、鉴定人、翻译人员、理算人员等人员出庭，这就需要支付相应的费用。如他们在法院指定日期出庭发生的交通费、住宿费、生活费和误工补贴等，由法院按照国家规定标准代为收取。

如当事人需要复制案件卷宗材料和法律文书，应当按实际成本向人民法院交纳工本费。

诉讼过程中可能因鉴定、公告、勘验、翻译、评估、拍卖、变卖、仓储、保管、运输等发生的依法应当由当事人负担的费用，法院根据"谁主张，谁负担"的原则，决定由当事人直接支付给有关机构或者单位，法院不得代收代付。

案件受理费由原告、有独立请求权的第三人、上诉人预交。被告提起反诉，依照规定需要交纳案件受理费的，由被告预交。申请费由申请人预交，但执行申请费于执行后交纳。

减半或退还交纳案件受理费的情形有：（1）案件以调解方式结案或者当事人申请撤诉的，适用简易程序审理的案件。（2）被告提起反诉、有独立请求权的第三人提出与本案有关的诉讼请求，人民法院决定合并审理的，分别减半交纳案件受理费。（3）第二审人民法院决定将案件发回重审的，应当退还上诉人已交纳的第二审案件受理费。（4）第一审人民法院裁定不予受理或者驳回起诉的，应当退还当事人已交纳的案件受理费；当事人对第一审法院不予受理、驳回起诉的裁定提起上诉，第二审法院维持第一审法院作出的裁定的，第一审人民法院应当退还当事人已交纳的案件受理费。

案件结束后，一般情况下，诉讼费用由败诉方负担，胜诉方自愿承担的除外。部分胜诉、部分败诉的，法院根据案件的具体情况决定当事人各自负担的诉讼费用数额。共同诉讼当事人败诉的，法院根据其对诉讼标的的利害关系，决定当事人各自负担的诉讼费用数额。

APPENDIX
附录

交通事故常用文书

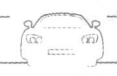

01 道路交通事故认定书

×××公安局交通管理大队
道路交通事故认定书（简易程序）
第××××××号

事故时间		天气					
事故地点							
当事人	驾驶证或身份证号码	联系方式	交通方式	机动车类型、牌号	保险公司	交强险凭证	
当事人1（姓名）			（驾驶机动车）	小型轿车××			
当事人2（姓名）			（驾驶机动车）	小型普通客车××			
当事人3（姓名）			乘车				
交通事故事实及责任	年 月 时 分，当事人1驾驶（车辆号牌车辆类型），在××路由××向××通过××路口时（车辆具体行驶方向、车速等），与当事人2驾驶（车辆号牌、车辆类型）由××向××通过××路口时发生碰撞。（车辆具体行驶方向、行驶状态、碰撞部位、车速等）致××（损伤情况），造成道路交通事故。 当事人1违反××（法律条款），当事人2违反××（法律条例）。 当事人1负××责任，当事人2负××责任，当事人3无责任。 ☑财产损失事故 ☑受伤当事人伤势轻微，各方当事人一致同意适用简易程序处理 当事人：（各方当事人签名） 交通警察：（交警签名或盖执法章）　　　　　（××交警大队事故处理专用章） 　　　　　　　　　　　　　　　　　　　　　　××××年××月××日						
损害赔偿调解结果	当事人： 交通警察：						

注：此文书存档一份，交付各方当事人各一份，可使用无碳复写纸制作。

当事人对交通事故认定有异议的，可以自道路交通事故认定书送达之日起三日内提出书面复核申请，同一事故的复核以一次为限。

损害赔偿有争议的，当事人可以申请人民调解委员会调解，或者向人民法院提起民事诉讼。

××交通警察大队
道路交通事故认定书（一般程序）
第×××××××号

交通事故时间：	天气：
交通事故地点：	
当事人、车辆、道路和交通环境等基本情况： 1. 当事人情况 （当事人姓名，性别，出生日期，身份证号，住址，事故时乘、驾情况，车辆类型，损伤情况，联系方式等） 2. 车辆情况 （车辆类型，车辆所有人，车辆牌号，保险情况等） 3. 道路和交通环境等基本情况 （事故地点，道路状况，事故时间，视线等）	
道路交通事故发生经过： （时间，地点，当事人行驶方向，碰撞部位，损伤情况等）	
道路交通事故证据及事故形成原因分析： 根据报警记录、现场勘查材料、当事人陈述、证人证言、视听资料、鉴定意见等证据证实： （当事人过错行为及事故原因）	
当事人导致交通事故的过错及责任或者意外原因： （当事人违反的法律规定，事故责任划分）	
	××交警大队事故处理专用章
交通警察：（交警签名或盖执法章）	××××年××月××日

☑当事人对本道路交通事故认定书有异议的，可以自送达之日起三日内提出书面复核申请，复核申请应当载明复核请求及详细理由和主要证据。同一事故的复核以一次为限。

☑当事人可以通过申请人民调解委员会调解、申请公安机关交通管理部门调解、向人民法院提起民事诉讼等方式解决事故损害赔偿争议。申请公安机关交通管理部门调解的，应当在收到本认定书或者上一级公安机关交通管理部门维持原道路交通事故认定的复核结论之日起十日内一致书面申请。

☑本道路交通事故认定书为复核后重新作出，原道路交通事故认定书/原道路交通事故证明（编号：）予以撤销。

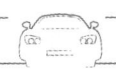

02 交通事故认定复核申请书

交通事故认定复核申请书								
申请人	姓名		性别		民族		出生日期		工作单位或家庭住址		身份证号码		联系方式	
被申请人	××公安局交警大队							
复核请求	（申请事项应具体明确，一般复核申请书的申请事项为两项：1.依法撤销××公安局交警大队作出的第　号《道路交通事故认定书》　2.依法认定××承担本次交通事故的某某责任。）							
事实与理由	（将事故认定书中涉及的事实及交警队认定责任所依据的证据及法律条文进行分析，找到对当事人有利的点，进行阐明。有证据的写明证据来源、证人姓名和住址）							
此致　××公安局交警支队								
申请人： ××××年××月××日								

03 民事起诉状

民事起诉状									
原告	姓名		性别		民族		出生日期		工作单位或家庭住址		身份证号码		联系方式	
被告一	姓名		性别		民族		出生日期		工作单位或家庭住址		身份证号码		联系方式	
被告二	公司名称		营业场所地址		法定代表人姓名		性别		职务		身份证号码		联系方式	
诉讼请求	（内容明确、具体、全面）								
事实与理由	（根据诉讼请求详细阐述当事人双方争议的事实或被告的侵权事实。一般交通事故的事实与理由首先要写明事故发生情况及车辆保险情况，其次写明原告的诊疗情况，最后依据事实，分清双方是非责任，以论证诉讼请求的合理、合法性。）								
此致　　××人民法院　　　　　　　　　　　　　　　　　　　　　　　　　　　具状人：　　　　　　　　　　　　　　　　　　　　　　　　　××××年××月××日								

注：原告或被告为无民事行为能力或者限制民事行为能力人的，应写明其法定代理人的基本情况。是公司的，须写明公司名称，公司经营地址，法定代表人姓名、性别、职务、联系方式等。

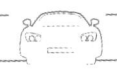

04 民事答辩状

答辩人	姓名		性别		民族		出生日期		工作单位或家庭住址		身份证号码		联系方式	

答辩人因原告（姓名）提起（案由）诉讼一案，现答辩如下：
（或答辩人于 年 月 日收到贵院转来原告（姓名）提起（案由）诉讼一案的起诉状，现提出答辩如下：）

（一般答辩状的内容可以从三个方面来写。一是就事实部分进行答辩。通过证据、事实对原告起诉状中所列明的事实提出自己的意见。二是就适用法律条款进行答辩。可以对原告引用的法律条款的正确性和适用性进行反驳，或对原告在起诉过程中出现程序方面的问题，如违反民事诉讼法程序方面的规定，进行反驳。三是提出自己的答辩主张。对原告在诉状中所列明的事实及诉求，我方全部认可或部分认可或全部不认可，同时提出自己的主张，请求法院裁判时予以考虑。）

此致
　　××人民法院

答辩人：
××××年××月××日

附：1. 答辩状副本 × 份。
　　2. 其他证明文件 × 份。

05 民事上诉状

民事上诉状								
上诉人	姓名		性别		民族		出生日期		工作单位或家庭住址		身份证号码		联系方式	
上诉请求	（上诉请求里面写明上诉人对原审判决全部不服还是某一部分不服，然后根据原审判决中裁判理由的不当，提出自己的上诉请求。如果要求撤销或者变更一审判决，在上诉请求里面写明要求重新审理。）							
上诉理由	（包括事实部分和适用法律部分。对于事实部分可以从一审法院对事实认定的错误所在出发，通过反驳一审判决中认定的事实和根据此事实运用的相关法律和证据，在反驳中得出自己的事实认定和证据支持。然后，援引相关的法律法规、规章，对上诉请求的合理性和合法性进行推理、论证。） 为此，特依照　　法律的规定，向你院上诉，请依法撤销（变更）原判决（裁定），予以改判（或重新审理）。							
此致 　××人民法院									

上诉人：
××××年××月××日

注：上诉人为无民事行为能力人或者限制民事行为能力人的，应写明其法定代理人的基本情况。上诉人是公司的，须写明公司名称，公司经营地址，法定代表人姓名、性别、职务、联系方式。

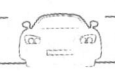

06 伤残鉴定申请书

伤残鉴定申请书								
申请人	姓名		性别		民族		出生日期		工作单位或家庭住址		身份证号码		联系方式	
申请事项	1. 对申请人进行伤残等级鉴定并列明赔偿指数； 2. 对申请人进行误工费、营养期、护理期鉴定等。							
事实和理由	申请人（姓名）、××保险公司机动车交通事故责任纠纷一案已诉至贵院，为确定申请人的伤残等级、误工费、营养期、护理期，特提出上述申请，请求贵院依法处理。							
此致 　××人民法院									

申请人：
××××年××月××日

07 变更诉讼请求申请书

变更诉讼请求申请书									
申请人	姓名		性别		民族	出生日期	工作单位或家庭住址	身份证号码	联系方式
申请事项	（写明变更内容）								
事实和理由	（写明事实、理由、相关法律） 现根据相关法律规定，特向贵院申请变更诉讼请求。								
此致 ××人民法院										
申请人： ××××年××月××日										

注：申请人可为原告本人或法定代理人。是公司的，须写明公司名称，公司经营地址，法定代表人姓名、性别、职务、联系方式等。

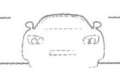

08 当事人自行协商交通事故协议书

<table>
<tr><td colspan="9" align="center">交通事故自行协商协议书</td></tr>
<tr><td rowspan="2">甲方</td><td>姓名</td><td></td><td>性别</td><td></td><td>民族</td><td>身份证号码</td><td>驾驶证档案编号</td><td>住址</td></tr>
<tr><td>车牌号</td><td></td><td>联系方式</td><td></td><td>交通方式</td><td>保险公司名称</td><td colspan="2">保险凭号</td></tr>
<tr><td rowspan="2">乙方</td><td>姓名</td><td></td><td>性别</td><td></td><td>民族</td><td>身份证号码</td><td>驾驶证档案编号</td><td>住址</td></tr>
<tr><td>车牌号</td><td></td><td>联系方式</td><td></td><td>交通方式</td><td>保险公司名称</td><td colspan="2">保险凭号</td></tr>
<tr><td colspan="2">事故事实</td><td colspan="7">（写明事故发生的时间、地点、过程、事故责任认定）</td></tr>
<tr><td colspan="2">协议内容</td><td colspan="7">依照现行法律及司法解释的相关规定，双方本着互谅互让、平等协商的原则，达成如下和解方案：
一、乙方选择按照下列第__种方式向甲方支付事故赔偿款。
1.乙方于本协议签订之日起××日内一次性向甲方支付事故赔偿款合计×××元；
2.乙方分次向甲方支付事故赔偿款合计人民币____元，具体还款周期和数额为：____。
二、乙方按照上述方案支付赔偿款后，甲方出具书面，保证不再就该部分提起诉讼。
三、乙方如果未依照本协议履行付款义务，须按同期贷款利率向甲方支付逾期付款利息；甲方保留通过诉讼方式获得交通事故损害赔偿司法救济的权利，并由乙方承担甲方为追回赔偿款所支付的合理律师费用。
四、乙方如欲变更还款日期需提前与甲方沟通并签订书面变更还款日期协议。
五、其他未尽事宜，双方应本着互谅互让的原则平等协商，签订书面补充协议。补充协议与本和解协议有同等效力。
六、在本协议履行过程中，双方有任何争议无法经过协商解决的，任一方均可向有管辖权的人民法院提起诉讼。
七、本协议自签订之日起生效。</td></tr>
<tr><td colspan="9">甲方（签章）：　　　　　　　　　　　　乙方（签章）：

　　　　　　　　　　　　　　　　　　　签订时间：××××年××月××日
　　　　　　　　　　　　　　　　　　　签订地点：</td></tr>
</table>

附件：双方身份证明文件（自然人身份证复印件或法人营业执照复印件）

09 公安交通管理简易程序处罚决定书

<table>
<tr><td colspan="9" align="center">××公安局交警大队
公安交通管理简易程序处罚决定书</td></tr>
<tr><td>编号</td><td colspan="8"></td></tr>
<tr><td rowspan="2">当事人</td><td>姓名</td><td></td><td>居住地址</td><td></td><td>电话</td><td></td><td>其他联系方式</td><td>驾驶证</td></tr>
<tr><td>驾驶证档案编号</td><td></td><td>发证机关</td><td></td><td>车辆牌号</td><td></td><td>车辆类型</td><td></td></tr>
<tr><td>处罚内容</td><td colspan="8">当事人于××××年×月×日×时×分，在　路段实施　的违法行为（代码）。根据　　　（法律法规），本机关决定，对你实施行政处罚。

□当场缴纳（行人、乘车人、非机动车驾驶人）
☑持本决定书在 15 日内到建设银行各营业网点缴纳。逾期不缴纳罚款的，每日按罚款数额的 3% 加处罚款。</td></tr>
<tr><td>事实和理由</td><td colspan="8">当事人不服处罚决定的，可以依照《中华人民共和国行政复议法》在 60 日内向××公安局交警大队（或者向辖区所在地县或市人民政府）申请行政复议；或者依照《中华人民共和国行政诉讼法》在 6 个月内向××区人民法院 提起行政诉讼。</td></tr>
<tr><td colspan="9">当事人签字：
备注：

　　　　　　　　　　　　　　　　　　　　　交通交警：（交警部门盖章）

　　　　　　　　　　　　　　　　　　　　　　××××年××月××日</td></tr>
<tr><td colspan="9">决定书一式三联：一联存档，一联交由当事人交银行，一联交当事人。
根据《机动车驾驶证申领和使用规定》有关规定，本次交通违法行为记　分。</td></tr>
</table>

10 交通事故损害赔偿调解申请书

交通事故损害赔偿调解申请书										
申请单位	（××交警队）									
当事人1	姓名		性别		民族		出生日期		工作单位或家庭住址		身份证号码		联系方式	
当事人2	姓名		性别		民族		出生日期		工作单位或家庭住址		身份证号码		联系方式	
申请原因	当事人1与当事人2在（时间、地点）发生交通事故，未向人民法院提起民事诉讼，现请求贵队对交通事故损害赔偿进行调解。									
请求事项	（写明赔偿人、赔偿项目、赔偿金额等） 　　　　　　　　　　　　　　　　　　申请人： 　　　　　　　　　　　　　　　　　××××年××月××日									

11. 交通事故赔偿协议书

\multicolumn{10}{c	}{当事人自行处理交通事故损害赔偿协议书}
当事人1	姓名		性别		民族		出生日期		工作单位或家庭住址		身份证号码		联系方式	
当事人2	姓名		性别		民族		出生日期		工作单位或家庭住址		身份证号码		联系方式	
事故经过和责任划分	（写明时间、地点、事故发生的过程、双方损害情况、事故责任认定。）
协议内容	现各方当事人对交通事故事实及事故责任无争议，且同意自行协议处理损害赔偿事宜。具体商议赔偿内容如下： 一、当事人2一次性支付给当事人1医疗费、护理费、残疾赔偿金、死亡赔偿金、丧葬费、交通费、误工费等共计人民币　　　元，大写　　　元。 二、当事人2将上述××元于本协议签订后××（具体支付时间）付给当事人××元，剩余的××元于　年　月　日前一次性付给乙方。 三、上述费用支付给当事人1后，由当事人2自行分配、处理，其分配、处理的方式、后果与当事人2无关。 四、当事人2履行付款义务后，当事人1就此事保证不以任何形式、任何理由就该事故向当事人2要求其他任何费用。 五、当事人2履行二次（最终）付款义务后，就此事处理即告终结，当事人双方之间不再有任何权利、义务。以后因此事衍生的结果亦由首先提出方自行承担，另一方对此不再承担任何责任。 六、本协议为双方平等、自愿协商之结果，是双方真实意思表示，且公平、合理。 七、本协议内容甲乙双方均已经全文阅读并理解无误，当事人双方明白本协议所涉及后果，双方对此协议处理结果完全满意。当事人2有证人××在场，当事人1有证人××在场，双方共同见证并都已对协议内容表示满意。 八、本协议为一次性终结处理协议。 九、本协议自当事人双方共　人（人数）签字时生效。本协议一式　份，当事人双方每人各执一份。
当事人1（签章）：　　　　　　　　　　　　　当事人2（签章）： 　　　　　　　　　　　　　　　　　　　　　签订时间：××××年××月××日 　　　　　　　　　　　　　　　　　　　　　签订地点：	

12 执行申请书

执行申请书									
申请执行人	姓名		性别		民族		出生日期	工作单位或家庭住址	身份证号码	联系方式
被申请执行人	姓名		性别		民族		出生日期	工作单位或家庭住址	身份证号码	联系方式
申请执行依据	[如：×××民事判决书（此处为已过付款期限的生效法律文书）请求执行事项：要求强制被申请执行人××向申请执行人××履行×××民事判决书确定的义务。]									
事实和理由	申请执行人××与被申请执行人××纠纷一案，人民法院于×年×月×日作出 字第 号民事判决书，现该判决书已经发生法律效力。但被申请执行人至今仍拒不履行判决。为维护申请执行人的合法权益，特向贵院提出申请，要求强制被申请执行人执行民事判决书确定的义务。									
此致　　××人民法院									
申请人： 　　　　　　　　　　　　　　　　　　　××××年××月××日									

13 财产保全申请书

财产保全申请书									
申请人	姓名		性别		民族		出生日期		工作单位或家庭住址		身份证号码		联系方式	
被申请人	姓名		性别		民族		出生日期		工作单位或家庭住址		身份证号码		联系方式	
请求事项	恳请贵院依法查封、冻结被申请人在××银行的账户资金（资金的数量一般是需要赔偿的金额），账户为：××。（或其他明确的财产情况，包括财产的名称、数额、价值）								
事实和理由	（1.事实要写明申请人与被申请人之间法律关系的具体情况；2.写明被申请人正在或可能通过转移、隐匿、出卖等方式改变自己的财产，表明申请人申请财产保全的紧迫性和必要性；3.理由部分将适用的法律法规列明，证明申请人请求的合法性；4.写明担保情况，用什么作为担保，如申请错误，申请人愿赔偿被申请人因财产保全行为所遭受的损失。）								
此致 　　××人民法院 　　　　　　　　　　　　　　　　　　　　　　　　申请人： 　　　　　　　　　　　　　　　　　　　　　××××年××月××日								

注：公司须写明公司名称、公司经营地址、法定代表人姓名、性别、职务、联系方式。

14 证据保全申请书

证据保全申请书						
申请人	姓名		性别		民族		籍贯		身份证号码	
^	家庭住址		工作单位与职务		联系电话	
案由	（事故人身损害赔偿纠纷）					
请求事项	（写明要求保全的证据内容。）					
事实和理由	（写明申请保全的理由，如证据有灭失或者以后难以取得的可能性，且该证据可能影响案件事实认定。）					
此致 　　××人民法院 　　　　　　　　　　　　　　　　　　申请人： 　　　　　　　　　　　　　　　　　××××年××月××日							

15 网络查控申请书

<table>
<tr><td colspan="8" align="center">证据保全申请书</td></tr>
<tr><td rowspan="2">申请人</td><td>姓名</td><td></td><td>性别</td><td></td><td>民族</td><td>出生日期</td><td>住址</td></tr>
<tr><td>身份证号码</td><td colspan="3"></td><td colspan="3">联系方式</td></tr>
<tr><td rowspan="2">法定/指定代理人</td><td>姓名</td><td></td><td>性别</td><td></td><td>民族</td><td>出生日期</td><td>住址</td></tr>
<tr><td>身份证号码</td><td colspan="3"></td><td colspan="3">联系方式</td></tr>
<tr><td rowspan="2">委托诉讼代理人</td><td>姓名</td><td></td><td>性别</td><td></td><td>民族</td><td>出生日期</td><td>住址</td></tr>
<tr><td>身份证号码</td><td colspan="3"></td><td colspan="3">联系方式</td></tr>
<tr><td rowspan="2">被申请人</td><td>姓名/名称</td><td></td><td>性别</td><td></td><td>民族</td><td>出生日期</td><td></td></tr>
<tr><td>住址</td><td colspan="3"></td><td colspan="3">身份证号码/统一社会信用代码</td></tr>
<tr><td>请求事项</td><td colspan="7">请求贵院依法使用网络执行查控系统查询被申请人名下的财产,并在(具体保全数额)元范围内采取相应的查封、扣押、冻结措施。</td></tr>
<tr><td>事实和理由</td><td colspan="7">申请人与被申请人之间的(案件名称)纠纷一案,申请人已向贵院申请财产保全。申请人因客观原因无法提供被申请人名下其他财产信息或线索,根据《最高人民法院关于人民法院办理财产保全案件若干问题的规定》第11条的规定,特向贵院提出上述申请。</td></tr>
<tr><td colspan="8">此致
　　××人民法院

　　　　　　　　　　　　　　　　　　　　　　　　申请人:
　　　　　　　　　　　　　　　　　　　　　　××××年××月××日</td></tr>
</table>

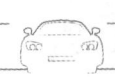

16 回避申请书

回避申请书								
申请人	姓名		性别		民族		出生日期		住址	
	身份证号码				联系方式			
被申请人	（法官）姓名		性别		职位		系（具体案号）的承办法官		
请求事项	请求被申请人（法官姓名）回避对本案的审理。							
事实和理由	在本案诉讼过程中，申请人发现存在可能影响案件公正审理的情形。具体表现为：（详细阐述导致你认为法官需要回避的具体行为或事件，例如法官与对方当事人存在密切的亲属关系且这种关系可能影响其公正裁决，或者法官在之前的类似案件中曾与一方当事人有过利益关联等情况，总之需有一定事实依据支撑而非无端猜测）							
	鉴于上述情况，申请人对被申请人能否公正审理本案产生合理怀疑。根据《中华人民共和国民事诉讼法》（或其他相关法律依据，如刑事诉讼法、行政诉讼法中关于回避的规定，依据案件所属类别填写准确法律条文）第四十四条（或对应法律条文序号）之规定，特向贵院提出回避申请，恳请贵院依法审查并批准，以保障本案能够得到公正的审理。							
此致　　××人民法院									
							申请人： ××××年××月××日		